한국어 종성 체계의 언어 유형론

서울대학교 규장각한국학연구원 한국학연구총서 45

한국어 종성 체계의 언어 유형론

초판 1쇄 발행 2024년 2월 29일

지은이 이진호

펴낸곳 서울대학교출판문화원
주소 08826 서울 관악구 관악로 1
도서주문 02-889-4424, 02-880-7995
홈페이지 www.snupress.com
페이스북 @snupress1947
인스타그램 @snupress
이메일 snubook@snu.ac.kr
출판등록 제15-3호

ISBN 978-89-521-3228-4 94710
978-89-521-1028-2 (세트)

이 저서는 서울대학교 규장각한국학연구원의 2021년도 21세기 신규장각자료구축사업의 지원을 받아 수행된 연구임 (KIKS-2021-452-31201, 한국어 종성 체계의 언어 유형론).

서울대학교 규장각한국학연구원 한국학연구총서 45

한국어 종성 체계의 언어 유형론

이진호 지음

서울대학교출판문화원

Phonological Typology of the Korean Syllable Coda

Lee, Jinho

Seoul National University Press

머리말

필자 주위의 사람들은 잘 알겠지만 필자는 몇 년 전부터 연구 주제를 꽤 많이 바꾸었다. 구체적으로는 한국어 음운론을 유형론적 관점에서 검토하는 방향으로 전환하였다. 정년 보장 심사를 받을 당시 아직 이 방면으로 본격적인 논문이나 책을 많이 쓰기도 전이었지만, 문학 전공의 학과장 선생님이 '연구 실적에 유형론이 많네요.'라는 말까지 할 정도였다. 비전공자의 눈에도 연구 업적의 상당수가 유형론이라는 방법론에 의지했다고 비춰진 모양이다.

언어 유형론이라고 하면 되게 거창할 것 같지만 적어도 필자가 하고 있는 작업을 생각하면 그렇지만도 않다. 좀 단순하게 말하자면, 전체 언어의 경향성을 파악하고 이에 비추어 한국어는 어떤 보편성과 특수성을 보이는지 확인하는 것이다. 물론 이 와중에 여러 가지 새로 밝히게 되는 점도 적지는 않다. 그렇지만 표면적인 논의 방식은 그리 복잡하다고 하기는 어렵다.

그런데 이렇게 단순한 논의를 하는 데에도 상당히 힘든 과정을 거쳐야만 한다. 이것은 순전히 필자의 욕심 때문이다. 그간 간간이 나오던 한국어 음운론의 유형론적 연구는 대부분 약 40년 전에 이루어진 서구의 분석 결과를 그대로 수용한 채 한국어만 더 포함해서 다루는 방식을 취하고 있다. 이렇게 되면 논문이나 책에서 언급할 수 있는 내용의 폭도 좁고 그 한계가 너무나 뚜렷하다. 그래서 필자는 유형론적 접근을 하겠다고 마음먹은 순간부터 대규모 언어 자료를 기반으로 한 일반 언어학적 분석을 스스로 하고, 필자만의 방식으로 유형론적 논의를 하겠다고 생각했다. 그래서 아무리 단순한 주제라도 먼저 확보할 수 있는 최대한의 언어 분석 자료를 대상으로 내용을 정리한 후 이것을 바탕으로 한국어를 고찰하고 있다. 언어 분석 결과를 정리하는 데 꽤 많은 시간이 걸리는 것은 필연적인 귀결이다. 그 대신 이러한 접근 자체가 거의 없기 때문에 연구 결과물에 대한 평가를 받을 때는 마음이 한결 편한 것도 사실이다.

다만 한 가지 마음에 걸리는 점이 있다. 지금 필자가 택하고 있는 연구 방식이나 주제는 한국어 음운론의 쟁점이나 문제점을 직접 해소하는 것은 아니다. 비유하자면 이미 지어진 집의 현실적인 문제를 뜯어고쳐서 수리하는 것이 아니라, 거의 한 번도 지어 본 적 없는 집을 조금씩 짓는 것이라고 할 수 있을지도 모르겠다. 문제가 되는 지점을 나름대로 명확히 해서 그것을 조금이라도 해소하는 방식으로 글을 써 왔던 필자로서는 현재의 논문이나 책을 쓰는 목적이 다소 생소하다. 그리고 가끔은 이런 결과들이 한국어 음운론 연구에 얼마나 기여할 수 있을지 회의도 든다. 그러나 대부분의 연구자가 관심을 가지지 않는 분야를 누군가가 나서서 하는 것이 의미가 없지는 않을 것이라는 막연한 기대를 갖고 있다. 특히 한국어에 대한 오해나 편견을 확인하곤 할 때에는 어느 정도 보람도 느끼게 된다.

이제 이 책의 이야기를 좀 더 구체적으로 할 차례이다. 이 책은 한국어 종성 체계가 언어 유형론적으로 볼 때 어떠한 보편성과 특수성을 가지는지를 다루고 있다. 그 과정에서 한국어의 종성과 관련된 일부 쟁점들도 언급하게 된다. 아마 이렇게 단일한 주제에 있어 한국어 음운론을 유형론적으로 다룬 책은 이전에 없었다고 보아도 무방하지 않을까 한다.

한국어의 종성 체계는 대체로 특수성이 강조되어 온 느낌이다. 음운론적으로 보면 음운으로 기능하는 자음 중 상당수가 음절 종성에서 실현되지 못하며, 이러한 사실은 1930년대에 이미 유럽의 구조주의 음운론에서 '중화'의 개념으로 설명된 바 있다. 이것은 자음 체계에서의 경음과 더불어 한국어의 특수성을 이루는 대표적인 현상 중 하나였다. 그런데 한국어 종성 체계가 전체 언어들의 경향성에 비추어 정말 특수한지는 구체적으로 실증된 바가 없다. 더 정확히는 음절 종성에 대한 언어 유형론적 논의 자체가 그다지 많지 않기 때문에 한국어 종성 체계의 보편성과 특수성에 대한 논의는 별다른 근거 없이 이루어질 수밖에 없었다.

이 책에서는 795개 언어의 종성 목록을 확보하여 분석한 후 종성 실현에 있어서 일반적인 경향성을 도출하였다. 그리고 이에 기반하여 한국어의 종성을 공시론과 통시론 모두에서 살펴보았다. 그 결과 한국어의 종성 체계는 역사적으로 끊임없이 보편성을 추구해 왔으며, 현대 한국어는 일반적인 경향성의 범주 안에 든다고 보아도 무방하다는 사실을 확인할 수 있었다. 특히 이러한 유형론적 검토를 위해 도출한 전체 언어의 경향은 한국어뿐만 아니라 다른 언어들의 종성 체계를 유형론적으로 검토하는 데 있어서도 중요한 기준점이 될 것으로 기대한다.

필자는 '한국어 음운론의 유형론적 연구'라는 단행본을 쓰는 것을 중요한 목표로 설정해 둔 상황이다. 이를 위해서는 정말 많은 논문과 책이 나와야만 한다. 누군가 이 길을 같이 걸어가 주면 좋겠지만, 현재로서는 필자 혼자 떠안아야 할 몫으로 생각된다. 과연 목적지까지 무사히 갈 수 있을지 가늠이 잘 되지는 않는다. 그렇지만 지금까지 해왔던 것처럼, 작지만 끊임없는 걸음을 계속 걷다 보면 생각한 지점의 언저리에 다다르지 않을까 한다.

몇 년 전부터 '소확행'이라는 말을 흔히들 한다. 개인적으로 생각할 때 필자에게는 유형론 연구야말로 학문에 있어서의 '소확행'이 아닐까 한다. 대규모 언어 자료를 바탕으로 도출한 결론은 비록 겉으로 화려해 보이지는 않을지 모르지만, 매우 명확하고 구체적인 무엇인가가 들어 있다. 어떤 주제든 유형론적으로 파면 그것은 확실한 연구 주제가 된다. 또한 언어 이론의 부침과 같은 시류를 타지도 않으며 웬만한 비판에도 잘 흔들리지 않는다. 나이 오십이 넘어서 조금씩 깨닫는 삶에 대한 생각과도 통하는 면이 있다. 그런 점에서 필자가 유형론적 논의를 하게 된 것에 매우 만족해하고 있다.

필자는 책의 머리말에 다음 작업에 대한 암시를 넣는 것을 즐기는 편이다. 지금 계획으로 다음 책의 주제는 현대 알타이 제어의 음운 체계를 유형론적으로 살펴보는 것이 되지 않을까 한다. 알타이 어학이라고 하면 현대 이전의 언어들이 주된 대상이 되는데, 필자는 직접 확인할 수 있는 현대 언어들의 모습을 정리하여 전체 언어들과의 대비를 통해 그 특성을 분석하는 것도 중요하다고 생각하고 있다. 그 작업을 작년부터 조금씩 하고 있었는데, 뜻밖에 학교 보직을 맡는 바람에 아직 속도를 내지는 못하고 있다. 몇 년 후에는 마무리되길 바라며, 여기에 그 다짐을 밝혀 둔다.

2024년 정초에 이진호 적음

차례

제 2 부 음절 종성의 유형론적 양상

제 3 부 한국어 종성 체계의 유형론적 검토

제1부
도입

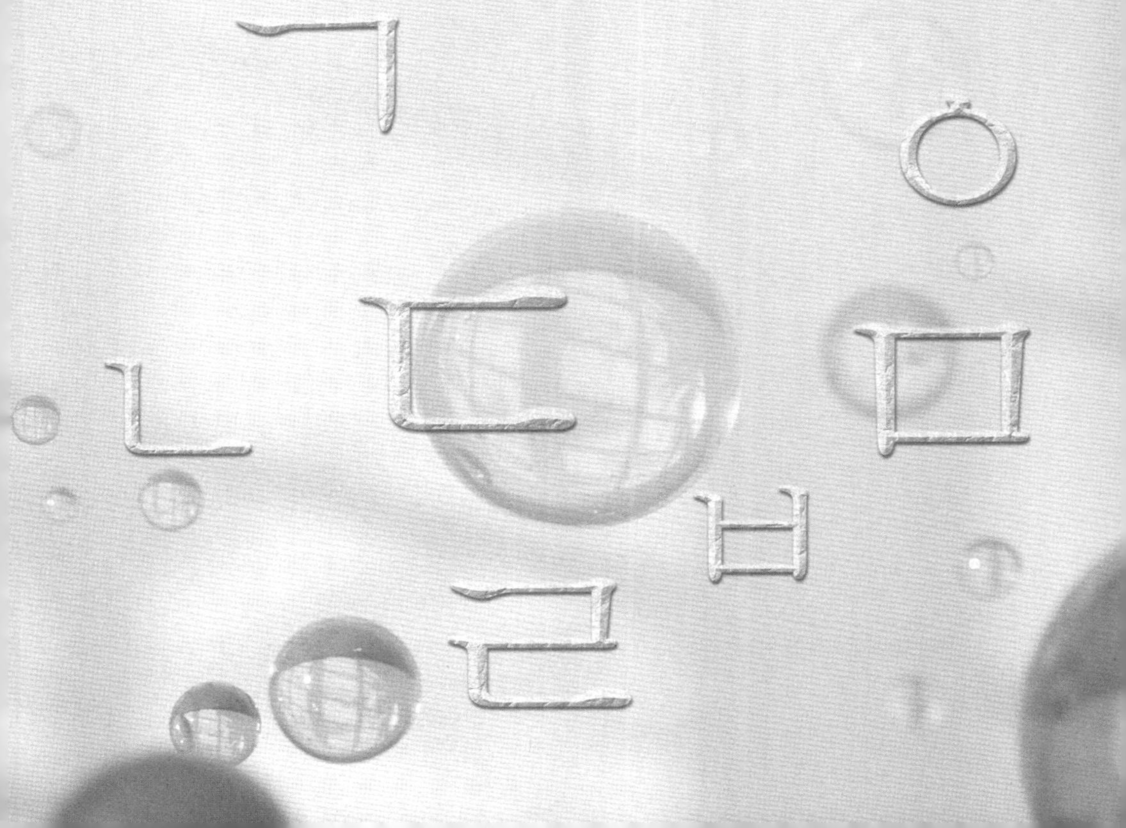

1장 연구 개관

이 장에서는 이 책에서 다룰 연구 대상과 목적, 음절에 대한 연구의 흐름, 전체 구성 등을 간략하게 다룬다. 음절이라는 음운론적 단위가 가지는 언어학적 의의가 간략히 언급될 것이며, 이 책에서 시도하고자 하는 연구가 어떠한 의미가 있는지도 설명될 것이다. 또한 이 책에서 어떻게 논의를 진행해 나갈 것인지에 대한 전체적인 개요가 제시될 것이다.

1.1. 연구 대상과 목적

음절은 음운들이 모여 이루는 음운론적 단위이며, 발음 가능한 최소 단위이자 여러 음운 현상의 적용 조건으로서 중요한 의미를 가지고 있다. 현대적 언어 연구가 본격화된 19세기 말엽 이래로 음절은 끊임없이 언어 연구 대상의 한 축을 담당해 왔다. 비록 생성 음운론 초기에 잠시 그 존재 가치가 부인되는 부침을 겪기도 했으나, 그러한 침체기는 1960년대 말부터 1970년대 초까지 짧은 기간 동안만 지속되었다. 오히려 1970년대 이후 음절은 이전보다 훨씬 더 다양한 측면에서 연구가 진행되어 왔다.[1] 최근에는 여러 언어의 음절 구조를 유형론적으로 검토하는 단계까지 이르렀다.[2] 이처럼 현시점에서 적어도 음절이라는 언어학적 단위의 존재와 중요성을 부인하는 것은 상상하기 어렵다.

음절은 초성(onset 또는 initial), 중성(nucleus 또는 medial), 종성(coda 또는 final)이라는 세 개의 구성 요소로 이루어져 있다. 이러한 구성 요소들이 평면적 구조를 이루는지, 또는 계층적 구조를 이루는지, 계층적 구조를 이룬다면 좌분지 구조인지 우분지 구조인지 등에 있어 여러 가지 이견이 존재하는 것이 사실이다. 그러나 음절이 초성, 중성, 종성으로 나뉜다는 점에는 특별한 이견이 없다고 할 수 있다. 초성, 중성, 종성은 15세기에 간행된 『훈민정음』에도 그 명칭이 동일하게 나올 만큼 오랜 역사를 가지고 있다. 이 중 이 책에서 관심을 두고 살피고자 하는 것은 음절의 종성이다.

음절 종성에 대해서는 이전부터 이론 언어학적인 측면에서 일반화가 몇 차례 이루어진 바가 있다. 4장에서 자세히 살펴보겠지만, 예컨대 초성과 종성에서 실현 가능한 자음의 목록에는 적지 않은 차이가 있다고 알려져 있다. 대체로 초성에서는 몇몇 예외적인 경우를 제외하면 거의 모든 자음이 실현될 수 있다.[3] 그에 비해 종성에서 발음 가

---

1. 이러한 논의들은 전상범(2004)에 잘 정리되어 있다.
2. 이와 관련된 최근의 논의로 Maddieson(2013), Gordon(2016), Easterday(2017) 등을 들 수 있다. 다만 아직 이 분야의 논의는 활발하다고 보기는 어렵다.
3. 초성에서 제약되는 대표적인 자음으로 연구개 비음 'ŋ'이 흔히 거론된다. 이 자음은 한국어를 포함한 여러 언어에서 초성으로 실현되지 못한다. 특히 널리 알려진 Indo-European 어족의 많은 언어에서 'ŋ'이 초성에서 발음되지 않기 때문에 이 자음은 초성에서 발음되지 못하는 것이 더 일반적이라는 오해도 존재한다. 그런데 이 책의 논의 대상인 795개 언어 중, 'ŋ'의 초성 분포 여부가 명확히 알려진 513개 언어를 대상으로 할 경우 그중 459개 언어에서 'ŋ'이 초성에 분포할 수 있어서 그렇지 않은 언어의 수를 압도한다. 'ŋ'이 초성에 오지 못하는 경향이 강하다는 것은 널리 알려진 일부 언어에 의해 성립된 편견에 불과하다. 대상 언어를 확대하면 'ŋ'은 음절 초성에서 발음되는 것이 오히려 더 일반적이다. 좀 더 자세한 것은 이진호(2023)을 참고할 수 있다.

능한 자음의 종류는 상당히 줄어든다.[4] 문제는 이러한 일반화 내용을 대규모 자료에 기반하여 구체적으로 검토한 적이 별로 없다는 사실이다. 좀 더 엄밀하게 말하면 음절 종성에 대한 유형론적 연구가 치밀하게 이루어진 적은 거의 없었다고 해도 과언이 아니다. 근래에 어말이라는 특수한 위치의 종성에 국한된 유형론적 연구가 VanDam(2004), Han(2008), 김선정(2020)에서 이루어지기는 했으나, 어말로 위치가 제한되었다는 점, 대상 언어의 수가 매우 적다는 점, 다루는 하위 주제가 단순하다는 점 등에서 음절 종성 전반에 대한 종합적 연구라고 보기에는 부족함이 있다.[5]

이러한 사정은 Gordon(2016), Easterday(2017), Hyman & Plank eds.(2018)과 같이 유형론에 기반한 음운론에 대한 최근의 해외 연구에서도 확인할 수 있다. Gordon(2016)은 이전의 음운론적 유형론과 관련된 연구 경향을 집대성한 일종의 개론서로, 여기에서 다루어진 종성 관련 내용은 이전의 그 어떤 논의보다도 많다. 그러나 종성에 대한 전반적 논의가 이루어졌다고 하기는 어렵다. 무엇보다도 종성의 목록 또는 종성에 실현되는 자음의 종류 등 핵심적인 사항에 대한 언급이 없다.[6] Easterday(2017)은 음절 구조와 관련된 유형론적 연구로는 가장 근래에 나왔을 뿐만 아니라, 100개라는 비교적 많은 언어를 논의 대상으로 삼고 있다. 그러나 논의의 초점은 음절 구조가 복잡한 언어들에 있어 그러한 복잡성과 다른 특징 사이의 상관성을 밝히는 데 있다. 음절 종성과 관련된 여러 가지 유형론적 특징을 검토하는 데

4. Rousset(2004)에서는 15개 언어 각각에서 자음 목록 중 초성으로 나타나는 것과 종성으로 나타나는 것의 비율을 조사한 바 있다. 자세한 논의 결과는 4장에서 제시한다.

5. 어말 음절과 비어말 음절의 종성은 그 구조나 목록 등이 여러 언어에서 차이를 보이기도 하므로 어말에만 국한해서는 종성에 대한 온전한 연구라고 하기 어렵다.

6. 뒤에서도 검토하고 12장에 자료로 제시되어 있기도 하지만, 음절 종성의 목록은 매우 다양해서 여러 언어에서 지배적으로 나타나는 것을 찾기가 쉽지 않다. 그러나 뚜렷한 경향성이 존재하지 않는 것은 아니다.

까지 이르지는 못했다. Hyman & Plank eds.(2018)은 음운론적 유형론에 관한 몇몇 논문을 모아 놓은 것이지만, 음절 종성에 대한 논문은 포함조차 되지 않았다.

이처럼 일반 언어학적 관점에서 종성에 대한 실증적 연구가 많이 이루어지지 않은 상황에서 한국어 음절 종성에 대한 유형론적 검토가 이루어지기를 기대하기란 매우 어렵다. 현대 한국어의 음절 종성에서 7가지 자음만 발음된다거나, 이전 시기로 거슬러 올라갈수록 종성에서 실현될 수 있는 자음의 종류 또는 종성의 구조가 더 복잡했다는 것은 역사적으로 잘 알려져 있다. 그러나 일반 언어학적 측면에서 이것이 얼마나 보편적이거나 특수한 것인지는 알 길이 없었을 뿐만 아니라 관심의 대상도 되지 못했다. 음절 종성 자체에 대한 유형론적 연구가 선행되지 않는 한, 한국어뿐만 아니라 어떤 언어라고 하더라도 음절 종성의 보편성 또는 특수성을 다룰 수는 없다.

이 책에서는 이러한 연구사 흐름에서의 명백한 빈틈을 메우기 위해 두 가지 측면을 중점적으로 다루고자 한다. 하나는 일반 언어학적 차원에서 음절 종성의 유형론적 특징을 다각도로 분석하는 것이다. 지금까지의 연구와는 비교되지 않을 만큼의 대규모 언어 자료에 기반하여 종성 목록을 정리하고, 그에 기반하여 음절 종성과 관련된 여러 측면들을 살필 것이다. 대규모 언어를 논의 대상으로 하는 만큼 그에 걸맞게 다양한 수치 자료 역시 표 또는 그래프로 제공할 것이다. 여기서 도출된 전체 언어들의 종성 실현 양상은 한국어뿐만 아니라 다른 언어 종성 체계를 유형론적으로 검토하는 데 있어서 일차적인 기준점이 될 수 있다.

다른 하나는 한국어의 음절 종성을 종합적으로 검토하고 이를 일반 유형론적 양상에 비추어 그 특성을 분석해 내는 것이다. 각 시기별로 종성 목록을 정리하고, 이와 관련된 연구사적 쟁점을 검토한다. 또한 현대 한국어의 평파열음화라는 음운 규칙에 대해 공시적 적용 양상과 통시적 변천 양상을 비교하면서 둘 사이의 차이를 살피기도 한다. 단일한 종성뿐만 아니라 자음군도 논의 대상에 포함한다. 그리고 이렇게 확인된 한국어 종성의 목록을 다른 언어들과 비교하여 한국어 종성 체계가 어떠한 유형론적 특징을 가지는지 분석할 것이다.

1.2. 논의의 구성

이 책은 모두 4부로 이루어져 있다. 제1부는 본격적인 연구에 앞서 기본적인 사항들을 검토하는 도입 부분이다. 1부에는 총 3개 장이 할애되어 있다. 1장은 연구 대상과 논의의 구성 등을 다루었다. 2장은 언어 자료에 대한 내용을 살핀다. 이 책에서는 795개 언어의 종성 목록을 정리하고 분석하여, 이로부터 종성의 유형론적 양상을 정리할 것이다. 이처럼 대규모 언어 자료를 다룰 때에는 자료의 출처는 물론이고 어족이나 사용 지역 등에 따라 어떤 분포를 보이는지를 자세히 검토할 필요가 있다. 그렇지 않으면 언어 자료에 대한 의심을 야기하여 결국은 연구 내용에 대한 불신으로 이어질 수도 있다. 3장은 종성의 범위를 명확히 하는 것과 관련된다. 음운론적 분석 태도에 따라 종성의 인정 여부가 달라질 수 있다. 따라서 이 책에서 상정하는 종성의 범위를 정확히 한정하는 과정이 필요하다.

제2부는 논의 대상이 된 전체 언어들의 종성을 유형론적으로 분석하는 부분이다. 2부에는 3개의 장이 포함되어 있다. 4장에서는 음절 종성에 대한 기존의 일반화 및 종성의 구성에 대해 다룬다. 여러 논의에서 대체로 인정하고 있는 음절 종성의 특징이 실제 언어 자료에서 어느 정도 유효하게 성립되는지를 살필 것이며, 종성에 단일 자음이 오는 경우와 자음군이 오는 경우를 구분하여 구조적인 차원에서 그 특징을 검토할 것이다. 5장에서는 종성의 수나 비율, 개별 종성의 빈도 등 양적 측면에서의 종성 유형론을 다룬다. 이 장에서는 빈도나 비

율이 매우 중시될 것이며, 종성과 관련된 다양한 수치가 제시될 것이다. 6장은 음절 종성을 질적인 측면에서 살피는 부분이다. 선호되는 종성 목록을 여러 기준에 의거해 확인할 것이며, 언어 내적 조건에 따라 종성 실현이 어떻게 달라지는지를 분석하게 된다. 이 밖에 종성과 관련된 여러 함의 관계도 살필 것이다. 기존 논의에서 제시되었던 함의 관계들을 검증할 것이며, 종성 실현에 있어서 추가적으로 확인되는 함의 관계도 제안할 것이다.

제3부에서는 한국어의 종성 체계에 대해 분석하게 된다. 3부에는 총 4개의 장이 들어 있다. 7장에서는 후기 중세 이전의 한국어, 후기 중세 한국어, 근대 이후의 한국어로 나누어 각 시기의 종성 체계가 어떠한지 살피고, 그와 관련된 쟁점도 정리한다. 8장에서는 한국어의 종성 실현과 직접적으로 관련되는 소위 '평파열음화'라고 불리는 음운 규칙의 공시론과 통시론을 비교하여 검토한다. 음운 규칙의 공시적 기술 내용이 통시적 변천 과정과 다를 수 있다는 것은 여러 자료를 통해 확인한 바 있는데, 평파열음화의 경우에도 마찬가지이다.[7] 특히 논의 과정을 통해 평파열음화가 다른 어떤 음운 규칙보다도 공시론과 통시론 사이의 불일치가 심함을 확인할 수 있다. 9장은 7, 8장의 내용을 바탕으로 현대 한국어의 종성 체계가 언어 유형론적으로 어떤 보편성과 특수성을 지니는지 살피게 된다. 아울러 한국어 종성 체계가 변천해 온 방향의 성격 또한 유형론적으로 고찰할 것이다. 10장은 후기 중세 한국어의 종성 자음군만을 따로 떼어서 유형론적으로 분석하는 장이다. 종성에서 자음군이 실현되던 당시의 자음군 목록을 분석하고 이러한 종성 자음군의 구성이 다른 언어와 비교하여 어떠한 특성을 지니는지 살피게 된다.

---

7. 한국어 음운론에서 공시론과 통시론의 불일치 문제는 이진호(2008)에서 다양한 자료와 더불어 다룬 바 있다.

제4부는 본문의 내용을 요약하는 11장과 종성과 관련된 분석 자료를 제시하는 12장으로 이루어져 있다. 특히 12장에는 두 가지 종성 자료가 제시된다. 하나는 795개 언어 전체에서 나타나는 개별적인 종성들을 빈도 및 종성 실현 비율에 따라 제시하는 것이고, 다른 하나는 795개 언어의 종성 목록을 제시하는 것이다. 종성 목록을 제시할 때는 종성에 오는 자음의 가짓수에 따라 일차 분류를 한 후 다시 종성을 이루는 자음의 부류와 종류를 고려하여 각각의 종성 목록 및 그 목록을 가진 언어들을 제시한다.

2장 언어 자료

언어 연구에서 언어 자료는 두말할 필요도 없을 만큼 중요한 의미를 지닌다. 특히 언어 유형론 연구에서 여러 언어 자료들을 수집할 때에는 소위 편중(bias)의 문제를 피하기 위해 다양한 방법론을 강구하게 된다.[1] 특정 어족이나 지역 또는 문화권으로 언어가 편중되면, 그로부터 도출된 결론은 전체 언어의 경향성을 대변한다고 보기 어려워진다. 그러므로 이 책에서 논의 대상으로 삼는 언어 자료들이 어떻게 수집되었으며, 어떤 분포를 보이는지를 제시하는 것은 본격적인 논의에 앞서 반드시 거쳐야 하는 단계이다.[2]

2.1. 언어 자료의 수집

언어 유형론 연구에서 논의 대상이 되는 언어의 수는 많으면 많을수록 좋다. 대상 언어의 수가 증가하면 소규모의 언어 샘플에 기대는 연

1. 이와 관련된 여러 논의들은 이진호(2017ㄴ: 229)에서 간략히 언급된 적이 있다.
2. 이 장의 내용은 이진호(2021)의 2.1을 좀 더 구체적이고 상세하게 보완한 것이다.

구에서 나타나기 쉬운 편중의 문제는 자동적으로 해결될 가능성이 높다. 또한 언어의 수가 많으면 그만큼 그로부터 얻은 결론은 전체 언어의 일반적인 모습을 더 잘 드러내게 된다. 그러나 대규모 언어 자료의 수집에는 두 가지 장애물이 존재한다. 하나는 다양한 언어들의 연구 결과물에 무엇이 있는지 알기가 쉽지 않고, 안다고 하더라도 접근에는 제약이 있다는 점이다. 특히 국내에서 언어 유형론 연구를 하는 데 있어서 이것은 큰 걸림돌이다. 다른 하나는 개별 언어들에 대한 깊이 있는 연구 자체가 그리 많이 되어 있지 않다는 점이다. 예컨대 Haspelmath et al(2005: 3)에서는 전 세계 언어 중 10~15% 정도만 문법 기술이 어느 정도 이루어졌다고 했다. 또한 Moran(2012: 44)에서는 전 세계 언어의 2/3는 문법 분석이 전혀 이루어지지 않았으며, 또한 나머지 1/3도 문법의 모든 부문에 걸쳐 연구가 진행된 것은 아니라고 했다. 이것은 주제에 따라 상당한 편차를 보인다. 그런데 상당수의 언어들은 제대로 된 언어 연구의 대상이 되지도 못한 채 소멸되고 있어서 앞으로도 많은 연구상의 제약으로 작용할 가능성이 높다.

이 책에서 연구 주제로 삼은 음절 종성과 관련해서는 795개라는 매우 많은 언어를 논의 대상으로 확보할 수 있었다. 100개 이상의 언어를 대상으로 한 음운론적 유형론 연구가 쉽게 찾아지지 않는 현실을 감안하면 연구 대상이 된 언어의 수가 거의 800개에 육박한다는 것은 상당히 규모가 큰 편이다. 이처럼 기존 연구에 비해 많은 언어를 수집할 수 있었던 데에는 두 가지 이유가 있다. 하나는 최근에 많은 언어들에 대한 정보가 웹 사이트를 통해 수집 가능해지면서 앞서 언급한 첫 번째 제약을 극복할 수 있게 되었다는 점이다. 뒤에서도 언급하겠지만 현재 언어들의 명칭, 어족 분류, 각 언어들에 대한 연구 업적 등을 제공해 주는 웹 사이트가 여러 개 존재하고 있기 때문에 예전과는 달리 언어 유형론 연구에 많은 도움이 되고 있다. 다른 하나는 음절 종성에 대한 분석이 이루어진 언어가 의외로 많이 존재한다는 점이다. 주제에 따라서는 극히 일부 언어만을 논의 대상으로 삼을 수밖에 없는 경우도 있지만, 음절 종성의 경우에는 다행히도 그런 제한에서 비교적 자유롭다.

이 책에서 확보한 795개 언어의 구체적인 정보는 기본적으로 Lee(2020)에 기반한다. Lee(2020)은 Glottolog(https://glottolog.org/glottolog/language)라는 웹 사이트의 정보에 기대어 4,356개 언어의 파열음 목록을 그 출처와 함께 제시하고 있다. Lee(2020)에서 이용하고 있는 Glottolog는 독일의 Max Plank 연구소에서 관리하고 있으며, 8,400여 개 언어에 대한 다양한 정보를 제공하고 있다.[3] Glottolog는 지속적으로 업데이트가 되고 있으며, 따라서 Lee(2020)에서 참고한 시점의 내용과 현시점의 내용이 일부 차이 나는 경우도 있기는 하다.[4] 이 책에서는 Lee(2020)에 제시된 4,356개 언어의 참고 문헌들을 일일이 검토하여, 종성 목록이 확인된 언어들을 추려 내었다. 특히 종성 목록의 양적 측면을 검토하기 위해서는 자음 목록도 참고해야 하기 때문에, 논의 대상이 된 언어들은 자음 목록과 종성 목록이 모두 명확하게 제시된 것으로 국한했다. 그 결과 Lee(2020)에서 총 793개 언어가 선정되었다. 또한 Lee(2020)에는 없던 Kyak어와 Masbatenyo어가 추가되어 총 795개 언어가 연구 대상이 되었다.[5]

앞서 언급했듯이 어떤 주제에 대해 795개 언어를 검토하여 유형론적 특징을 분석하는 경우는 흔치 않을 정도로 대규모 연구에 해당한다. 그렇지만 Lee(2020)에 수록된 파열음 목록이 4,356개 언어에 달한

---

3. 이진호(2018: 434~436)에서는 Glottolog 이외에도 유형론 연구에 활용할 수 있는 여러 웹 사이트를 소개하고 있다.
4. Lee(2020)에서 참고한 Glottolog의 정보는 대략 2019년 무렵의 것이기 때문에 현시점과 비교하면 약간의 시간 차이가 존재한다.
5. Kyak어는 Harley(2020), Masbatenyo어는 Rosero(2014)의 분석을 참고하였다. 이 두 언어는 각각 나이지리아와 필리핀에서 쓰이며, 가장 규모가 큰 Atlantic-Congo 어족과 Austronesian 어족에 속한다.

것을 고려하면, 종성 목록에 대한 정보는 언어 규모가 약 1/5로 줄어들었다. 이처럼 연구 대상이 줄어든 데에는 몇 가지 이유가 있다.

첫째, 음절 종성의 목록은 음절 구조의 분석이 이루어져야 가능한 정보이며, 이것은 음소 목록의 확인보다도 한 단계 더 나아간 언어학적 연구가 진행되어야 함을 의미한다. 전 세계 언어들에 대한 문법 기술이 그다지 많이 이루어지지 않았음을 고려할 때, 더 높은 수준의 연구를 전제하는 주제일수록 연구 대상에 포함되는 언어의 수는 줄어들 수밖에 없다. Lee(2020)에서 다룬 개별 언어들의 연구 논저들 중에는 음소 목록 제시 이상의 수준을 넘어서지 못하는 것들이 매우 많다.[6] 게다가 음절 구조에 대한 언급이 있어도 CV, CVC 등과 같은 단순한 음절 유형에 대한 서술에서만 그칠 뿐, 초성이나 종성의 목록까지 정밀하게 다루는 경우는 상대적으로 적다.

둘째, 음소 목록 이외에 음소의 분포에 대한 기술이 이루어졌다고 해도 논의 대상에 포함되지는 못할 때가 존재한다. 개별 언어의 참조 문법에서 음소의 분포를 서술했어도 그것이 음절 단위가 아닌 단어 단위를 중심으로 이루어진 경우가 그러하다. 예컨대 자음들의 분포를 어두, 어중, 어말로 구분하여 제시하는 논의가 꽤 많다. 어말에 오는 자음은 종성에 포함되기는 하지만, 어말과 종성은 서로 일치하는 대상이 아니다. 어말이 아닌 위치에서도 종성이 나타날 수 있는 것이다. 이처럼 어말의 종성 목록과 비어말의 종성 목록이 같으리라는 보장이 없기 때문에, 단어를 기준으로 자음 분포가 기술된 경우는 종성에 대한 논의 대상에 포함되기 어렵다.[7]

---

6. 특히 음절이 언어 기술에서 중요하게 간주되지 않던 시기에 나온 개별 언어의 참조 문법에서는 음절에 대한 기술 자체가 발견되지 않기도 한다.
7. Gordon(2016: 96)의 지적처럼 어말 종성 구조와 비어말 종성 구조는 여러 언어에서 차이를 보인다. 다만 어떤 언어들 중에는 폐음절이 어말에만 나타나기도 한다. 예컨대 Fataluku어나 Mateq어는 종성을 가진 음절이 어말에서만 확인되므로 이런 언어들의 경우 어말 자음의 목록을 종성 목록과 동일시해도 아무런 문제가 되지

셋째, 언어들 중에는 종성에 자음을 허용하지 않는 언어들도 적지 않다. 그 비율이 어느 정도 되는지를 통계적으로 확인할 수는 없지만, 꽤 많은 언어에서 자음은 오로지 초성에만 올 수 있다. 이처럼 개음절만 허용되는 언어들은 종성에 대한 논의에서 자동적으로 배제된다. 후술하겠지만 특정 어족에 속하는 언어들에서 이러한 경향이 강하게 나타나기도 하는데, 이것은 부득이하게 특정 어족이나 지역의 언어들이 논의 대상에 적게 포함되게 하여 일종의 역편중(逆偏重)을 낳기도 한다.

이상과 같은 이유로 음절 종성에 대한 유형론적 연구는 파열음을 비롯한 여타의 음소 목록에 대한 유형론적 연구와 비교하여 연구 대상이 제한적일 수밖에 없다. 그러나 795개라는 언어는 연구 대상으로서 결코 적은 숫자는 아니다. 이제 이 언어들이 어족 및 분포 지역에 있어 어떻게 분류되는지를 검토하기로 한다. 그에 앞서 795개 언어의 목록을 로마자 순서에 따라 제시해 둔다.

(1) 논의 대상 언어 목록

ʹAreʹare, Aari, Abui, Abun, Achinese, Adzera, Agusan Manobo, Ahom, Aimele, Aja(Benin), Akuntsu, Alabama, Amahuaca, Andoquero, Anfillo, Anjam, Anu, Ao Naga, Apalaí, Apatani, Apinayé, Apma, Aralle-Tabulahan, Arem, Arop-Lokep, Asháninka, Ashéninka Perené, Assiniboine, Asturian-Leonese-Cantabrian, Athpariya, Atong(India), Avá-Canoeiro, Awa(Papua New Guinea), Awa-Cuaiquer, Awar, Awetí, Ayoquesco Zapotec, Ayutla Mixe, Bafut, Baha Buyang, Baham, Bahinemo, Bahing, Bakhtiari, Bakoko, Balantak, Bamun, Bamunka, Bana, Bangolan, Bantawa, Bantik, Baoulé, Baré, Bargam, Bariai, Barok, Basque, Batak Karo, Batuley, Bauzi, Bekwil, Belanda Viri, Belep,

않는다. 그러나 이런 유형에 속하는 언어들은 그 수가 그리 많지 않다.

Benabena, Beng, Betta Kurumba, Biak, Biangai, Biao Mon, Biao-Jiao Mien, Bierebo, Bih, Bimin, Bine, Bininj Kun-Wok, Biri, Bissa, Bisu, Bit, Blang, Bokar-Ramo, Bolinao, Bom-Kim, Bonan, Bonggi, Bongo, Border Kuna, Bori-Karko, Boruca, Bouyei, Brao, Bribri, Brunei-Sabah Malay, Buginese, Buhid, Bullom So, Bulo Stieng, Bumthangkha, Bunak, Bunan, Burarra, Burum-Mindik, Burushaski, Bussa, Cacaopera, Calunga, Cambap-Langa, Cao Miao, Caquinte, Car Nicobarese, Cashibo-Cacataibo, Cashinahua, Cauho, Cemuhî, Central Berawan, Central Chong, Central Khmer, Central Mashan Hmong, Central Mnong, Central Nicobarese, Central-Eastern Niger Fulfulde, Cha'palaa, Chácobo, Chadong, Chak, Chang Naga, Chapakura, Chashan, Chavacano, Chimalapa Zoque, Chimariko, Chimborazo Highland Quichua, China Buriat, Chintang, Choapan Zapotec, Chocangacakha, Chong of Chanthaburi, Chothe, Chrau, Chru, Chuave, Chumburung, Coastal Konjo, Coatlán Mixe, Cocama-Cocamilla, Cofán, Cogui, Côông, Crimean Tatar, Cross River Mbembe, Cua, Cuiba, Cun, Daai Chin, Daba, Dai Zhuang, Dakpakha, Daman-Diu Portuguese, Damu, Danau, Dandami Maria, Dano, Darai, Dari, Darma, Dhimal, Dieri, Dii, Dime, Dizin, Djinang, Dobel, Donga Mambila, Dongxiang, Dungmali, Duoluo Gelao, Dutch, Dyaabugay, Dzao Min, Dzongkha, Dzubukua, E, East Berawan, Eastern Cham, Eastern Magar, Eastern Maninkakan, Eastern Newari, Eastern Puroik, Eastern Tamang, Eka, Elip, English, Eton-Mengisa, Faiwol, Fang(Equatorial Guinea), Far Western Muria, Fe'fe', Filomena Mata Totonac, Forest Enets, French, Fulniô, Fur, Gadsup, Gaikundi, Galibi Carib, Gapapaiwa, Garrwa, Gata', Gbari, Gbaya-Mbodomo, Geba Karen, Geko Karen, German, Ghayavi, Gikyode, Gilbertese, Ginyanga, Goemai, Golin, Gua, Guajá, Guambiano, Guayabero, Gugadj, Guiqiong, Guragone, Gurindji, Hagei Gelao, Haka Chin, Halang, Halh Mongolian, Halkomelem, Hamtai, Haroi, Hausa States Fulfulde, Hausa, Haya, Hdi, Helong, Highland Popoluca, Highland Puebla Nahuatl, Hills Karbi, Hiw, Hlai, Hmar, Ho, Horned Miao, Horpa, Hote, Hpon, Huachipaeri, Huambisa, Huehuetla Tepehua, Huichol, Humburi Senni Songhay, Hung, Hungarian,

Hunsrik, Iatmul, Iban, Icelandic, Iceve-Maci, Ikpeng, Inga, Iraya, Isconahua, Isthmus Mixe, Iu Mien, Iwaidja, Iyive, Japhug, Jeh, Jehai, Jingulu, Júma, Kaang, Kachama-Ganjule-Haro, Kaco', Kado, Kaduo, Kafoa, Kaingang, Kakua, Kala Lagaw Ya, Kalaktang Monpa, Kalamang, Kamang, Kamasa, Kamasau, Kamayura, Kankanaey, Kanoê, Karitiâna, Kasem, Kashmiri, Kathmandu Valley Newari, Kavalan, Kaxararí, Kayan Lahwi, Kela(Papua New Guinea), Kele(Papua New Guinea), Kemtuik, Kensiu, Kenswei Nsei, Kenyang, Kerinci, Kesawai, Khaling, Khamti, Kharam Naga, Khroskyabs, Khumi Chin, Kilivila, Kim Mun, Kim, Kiowa, Kiput, Kitemoka, Kman, Kobon, Koch, Koi, Koki, Kol (Cameroon), Kola, Kom(Cameroon), Komo(Democratic Republic of Congo), Konkomba, Kono(Sierra Leone), Konso, Konyak Naga, Koonzime, Korean, Koreguaje, Korubo, Kotiria, Koyraboro Senni Songhai, Krache, Krenak, Krung, Kucong, Kuku-Yalanji, Kula (Indonesia), Kumzari, Kuo, Kuot, Kurtokha, Kusaal, Kuy, Kuyubi, Kwara'ae, Kyak, Kyerung, Láá Láá Bwamu, Labuk-Kinabatangan Kadazan, Lachi, Laha(Viet Nam), Lahta-Zayein Karen, Lakondê, Lalana Chinantec, Lambya, Lamet, Lamjung-Melamchi Yolmo, Lamkang, Lamogai, Lao, Lavukaleve, Lawi, Lawu, Lehar, Leinong Naga, Lelepa, Lepcha, Lewo, Lianghe Achang, Liangmai Naga, Ligbi, Lijili, Limbu, Limbum, Lokaa, Loniu, Lote, Lotha Naga, Lotud, Lü, Luxi Achang, Ma Manda, Maang, Macaguán, Madurese, Maiani, Makaa, Makasae-Makalero, Makuri Naga, Makyan Naga, Mala(Papua New Guinea), Malabar-Sri Lanka Portuguese, Malayalam, Maleng, Maltese, Mamanwa, Man Met, Manam, Manange, Manda-Matumba, Mandari, Mandarin Chinese, Mang, Mangga Buang, Maniq, Maonan, Maquiritari, Maram Naga, Maring Naga, Marma, Marori, Maru, Masbatenyo, Mateq, Matís, Mato, Matsés, Mauwake, Maxakalí, Mazagway, Mbe, Mbelime, Mbule, Mehek, Melpa, Mengen, Menominee, Meriam, Mesaka, Meta', Mezontla Popoloca, Mian, Miani, Michif, Migabac, Milang, Min Nan Chinese, Misima-Paneati, Miya, Mizo, Mlabri, Mmaala, Mmen, Moken, Monsang Naga, Mosetén-Chimané, Mouk-Aria, Movima, Mpade, Mru, Muak, Mufian, Mulam, Mundabli, Mungbam, Muniche, Muong, Mure,

Murik(Papua New Guinea), Murriny Patha, Musey, Nabak, Nadëb, Nafaanra, Nakara, Namia, Nankina, Napeca, Naskapi, Nawuri, Ncane, Nchumbulu, Nda'nda', Ndengereko, Nehan, Nek, Nga La, Ngäbere, Ngarinman, Ngkontar Ngkolmpu, Ngomba, Ngungwel, Nimboran, Ningil, Nivaclé, Nizaa, Nkem-Nkum, Nocte Naga, Noon, Nopala Chatino, North Moluccan Malay, Northeast Maidu, Northeastern Dinka, Northeastern Thai, Northern Dagara, Northern Gondi, Northern Jinghpaw, Northern Khmer, Northern Kissi, Northern Rengma Naga, Northern Yokuts, Northwest Alaska Inupiatun, Nubaca, Nukak Makú, Nukna, Nung(Myanma), Nung(Viet Nam), Nyaheun, Nyahkur, Nyawaygi, Nyeu, Nyigina, Nyokon, Nyulnyul, Nzadi, Obokuitai, Ocaina, Oki-No-Erabu, Oko-Eni-Osayen, Oku, Omagua, Ono, Orizaba Nahuatl, Oro Win, Orok, Orokaiva, Oy, Ozumacín Chinantec, Pa Na, Pacoh, Pagu, Paiwan, Palor, Panare, Pangwa Naga, Pankhu, Panobo, Papuan Malay, Pará Gavião, Parakanã, Pela, Pemon, Pendau, Petats, Phukha, Pichi, Pilagá, Pisaflores Tepehua, Pite Saami, Pitjantjatjara, Pnar, Poqomam, Poqomchi´, Poyanáwa, Puinave, Puiron, Pu-Xian Chinese, Puyuma, Pwo Eastern Karen, Pwo Western Karen, Pyen, Q'anjob'al, Qujiang Hakka-Shibei Shaoguan Tuhua, Ralte, Rangpuri, Resígaro, Roma, Rongmei Naga, Ruching Palaung, Rumai Palaung, Sabanê, Sakhalin Ainu, Samtao, San Blas Kuna, San Dionisio del Mar Huave, San Francisco Matlatzinca, San Juan Guelavía Zapotec, Sanapaná, Sangil, Sangtam Naga, Sankaran Maninka, Sãotomense, Sapuan, Satawalese, Sateré-Mawé, Saya, Sedang, Seimat, Seke (Nepal), Selepet, Semnam, Senthang Chin, Shan, Shanenawa, Shanke, Shipibo-Conibo, Shor, Shwe Palaung, Siamou, Siar-Lak, Sierra de Juárez Zapotec, Sika, Sikkimese, Silt´e, Singpho, Siona-Tetete, Situ, Sô, Sobei, Sochiapam Chinantec, Solu-Khumbu Sherpa, Somray of Battambang-Somre of Siem Reap, Sorbung, Sou, South Efate, South Nuaulu, Southeast Ambrym, Southeastern Tepehuan, Southern Amami-Oshima, Southern Balochi, Southern Birifor, Southern Dong, Southern Jinghpaw, Southern Ohlone, Southern Pinghua, Southern Qiang, Southwestern Dinka, Standard Malay, Stodsde, Stoney, Sui,

Sumbawa, Sunwadia, Sursurunga, Suruí, Suyá, Tadaksahak, Tafi, Tagabawa, Tagakaulu Kalagan, Tagin, Tai Daeng, Tai Do-Mene-Yo, Tai Pao, Taman(Myanmar), Tampuan, Taos Northern Tiwa, Tataltepec Chatino, Tawang Monpa, Tawra, Tày, Tedim Chin, Teiwa, Telefol, Temoaya Otomi, Tempasuk Dusun, T'en, Tenetehara, Tenharim-Parintintin-Diahoi, Teojomulco Chatino, Teop, Teribe, Ternate, Ternateño, Texmelucan Zapotec, Thai, Thangmi, Thavung, Thulung, Tibetan, Tifal, Tigak, Timbe, Tiv, Tlahuitoltepec Mixe, Toba, Tobilung, Tohono O'odham, Tojolabal, Tombonuo, Tondano, Tonsea, Torá, Tosu, Totoro, Towa, Trió, Tsat, Tshangla, Tshobdun, Tsuvadi, Tu, Tugun, Tumak, Tunisian-Zuwara Berber, Turung, Ugong, Ukaan, Ulwa, Una, Upper Kinabatangan, Upper Tanana, Uri, Urim, Urupa, Usila Chinantec, Usui, Vaghri, Vengo, Vera'a, Vietnames, Vurës, Wa'ikhana, Wadiyara Koli, Wadjiginy, Waigeo, Waimiri-Atroari, Wakawaka, Wanang, Wancho Naga, Wandamen, Wano, Wantoat, Wanyam, Wanyi, Wapishana, Wara, Warapu, Warrgamay, Warrongo, Washo, Wayu, Wayuu, Wedau, Weri, West Coast Bajau, Western Bru, Western Karaboro, Western Keres, Western Lawa, Western Magar, Western Maninkakan, Western Sisaala, Wintu, Wogeo, Woi, Woods Cree, Wu Chinese, Wulguru, Wutung, Xamtanga, Ximeng-Menglian Awa, Xingú Asuriní, Xuzhang Lalo, Yabem, Yagaria, Yakan, Yakkha, Yalahatan-Haruru-Awaiya, Yalarnnga, Yanda Dom Dogon, Yanda, Yanesha', Yangben, Yangliu, Yanyuwa, Yaru, Yau(Morobe Province), Yawanawa, Yecuatla Totonac, Yeri, Yessan-Mayo, Yil, Yimchungru Naga, Yinchia, Yine, Yintale Karen, Yom, Yorta Yorta, Yoy, Yuracaré, Zacatepec Chatino, Zaiwa, Zeme Naga Zenzontepec Chatino, Zhenkang Wa, Zo'é, Zuni

2.2. 언어 자료의 어족별 분류

Glottolog에는 8,000개가 넘는 언어들이 어족별로 분류되어 있다. 어떠한 어족에도 포함되지 않은 고립적인 언어들을 제외한 나머지 언어들은 230여 개의 최상위 어족 중 하나에 속해 있다. 최상위 어족의 크기는 매우 다양하다. 1,000개가 넘는 많은 언어로 이루어진 대규모 어족도 존재하는 반면, 2개의 언어로 이루어진 매우 작은 어족도 존재한다. 이 책의 논의 대상인 795개 언어 중 대부분은 93개의 최상위 어족에 속하며, 이 외에 어느 어족에도 속하지 않는 고립된 언어가 21개 포함되어 있다. Glottolog와 비교해 논의 대상이 되는 언어가 줄어든 만큼 최상위 어족의 수도 줄어들었다.

795개의 언어들이 속한 어족들과 그 분포를 정리하면 다음과 같다.

(2) 논의 대상 언어의 어족별 분포

언어 정보 / 어족	이 책		Glottolog	
	언어 숫자	비율	언어 숫자	비율
Sino-Tibetan	141	18%	496	6%
Austronesian	113	14%	1,276	15%
Atlantic-Congo	90	11%	1,436	17%
Austroasiatic	54	7%	156	2%
Nuclear Trans New Guinea	37	5%	316	4%
Tai-Kadai	30	4%	95	1%
Indo-European	22	3%	588	7%
Pama-Nyungan	19	2%	248	3%
Afro-Asiatic	17	2%	375	4%
Otomanguean	17	2%	181	2%
Tupian	16	2%	71	1%
Pano-Tacanan	14	2%	45	1%

(2)에는 93개의 최상위 어족 중 10개 이상의 언어를 포함하고 있는 12개 어족이 포함되어 있다. 각 어족에 속하는 언어의 수 및 그것이 전체 795개 언어 중에서 차지하는 비중이 표시되어 있다. (2)에 제시된 언어들을 합치면 795개 언어의 70%가 넘을 정도로 높은 비중을 차

지한다.[8] 또한 비교를 위해 동일한 어족의 정보가 Glottolog에서는 어떻게 나타나는지도 함께 제시하였다.[9]

이상적으로는 Glottolog의 어족들이 전체 언어에서 보이는 비율이 이 책의 논의 대상인 795개 언어에서도 그대로 유지되면 매우 바람직하다. 그러나 (2)에서는 둘 사이에 괴리가 나타나고 있다. 그중에서도 특히 두 가지 차이점이 두드러진다. 하나는 Atlantic-Congo 어족의 비중이다. 아프리카의 언어들이 속한 Atlantic-Congo 어족은 Austronesian 어족과 더불어 그 규모가 가장 큰 대표적인 어족이다. Glottolog에서는 전체 언어의 17%가 이 어족에 속할 만큼 대규모 어족이다. 그러나 이 책의 논의 대상 중 Atlantic-Congo 어족에 속하는 언어의 비중은 11%로서 Glottolog에 비해 상대적으로 낮은 편이다. 다른 하나는 Sino-Tibetan, Austroasiatic, Tai-Kadai 어족과 같이 주로 아시아권에 위치한 어족의 비중이 Glottolog에 비해 상당히 높다는 점이다. 특히 Sino-Tibetan 어족에 속하는 언어는 Glottolog와 비교해서 그 비중이 약 3배 높으며, 가장 많은 언어가 이 어족에 속해 있다.

이처럼 이 책의 논의 대상인 언어들의 어족 분포와 Glottolog의 어족 분포가 차이 나는 데에는 몇 가지 이유가 있다. 가장 중요한 이유는 종성을 허용하지 않는 언어들의 분포가 어족에 따라 다르다는 점이다. 대표적으로 Atlantic-Congo 어족에 속하는 언어들 중에는 종성에 자음이 오지 못하는 언어가 상대적으로 많다. 특히 Nurse & Phillipson eds.(2003: 8)에서 언급한 것처럼 Atlantic-Congo 어족의 하위 어족 중 제일 큰 규모가 큰 Bantu 어족은 종성을 가지지 못한 언어가 상당수에 이른다.[10] 이것은 Atlantic-Congo 어족에 속하는 언어

8. (2)에 속하지 않는 81개 어족 중 5개 이상의 언어가 논의 대상에 포함된 어족은 13개에 불과하며, 특히 34개 어족은 논의 대상에 포함된 언어가 1개에 지나지 않는다.

9. Glottolog의 언어 정보는 계속 업데이트가 되기 때문에, 검색 시점에 따라서는 이 책에서 제시하는 수치와 일부 차이가 날 수도 있다.

10. Glottolog에 따르면 Bantu 어족에 해당하는 Bantoid 어족에 속하는 언어의 수가

의 비율이 Glottolog에 비해 줄어들게 하는 데 결정적 요인으로 작용했다.

다음으로 지역별 음운론 연구 전통에 의해 특정 지역 언어들이 더 많이 연구 대상에 포함되는 경우도 있다. 예컨대 아시아에 위치한 Sino-Tibetan 어족이나 Tai-Kadai 어족의 언어들은 예전부터 음절 구조에 대한 서술이 중요하게 다루어져 왔다. 즉, 음절을 성모와 운모로 나누고, 운모를 다시 여러 성분으로 구분하는 성운학적 방법론이 일찌감치 정착되었던 것이다. 이러한 연구 전통으로 인해 이 언어들에 대한 참조 문법에서는 초성과 종성의 목록이 구체적으로 제시되는 경우를 많이 찾을 수 있다. 이것은 (2)에서 아시아 권역 어족의 비율이 상대적으로 높은 결과를 초래하였다.

이상과 같이 어족에 따라 Glottolog의 언어 비율과 이 책에서 논의 대상으로 삼은 언어의 비율은 차이가 난다. 이러한 차이가 소위 편중(bias)의 문제를 심각하게 야기할지, 별다른 영향이 없을지에 대해 현재로서는 알 수가 없다. 다만 비율의 편중이 심각하다고 볼 정도는 아니라는 점, 대상 언어의 수가 워낙 많기 때문에 일부 어족으로의 편중이 있다고 하더라도 전체 경향을 심하게 왜곡할 위험이 적다는 점을 지적하고자 한다. 또한 본론에서 음절 종성과 관련된 논의를 함에 있어서도 어족별, 지역별 차이를 자주 다루어 이러한 변수들의 영향을 염두에 둘 것이다.

2.3. 언어 자료의 지역별 분류

이제는 795개 언어를 그 분포 지역에 따라 분류해 보기로 한다. 언어

728개에 이를 정도로 규모가 매우 크다. 다만, Bantoid 어족에 속하는 언어들 중 어느 정도 비율에서 종성을 허용하지 않는지 구체적인 수치가 제시된 적은 별로 없다.

의 사용 지역은 어족과 밀접히 관련되어 있는 것이 사실이다. 그러나 여러 어족이 같은 지역에 쓰이기도 하고 한 어족이 여러 지역에 분산되어 있기도 하므로, 어족별 분포와 지역별 분포는 분리해서 살필 필요가 있다. 각 언어들의 지역별 분포는 Glottolog의 대권역 구분을 참조하여 크게 아프리카, 파푸네시아, 아시아, 유럽, 북미, 남미, 호주의 7개 권역으로 나누기로 한다.[11] 각 권역별 언어 분포를 정리하면 다음과 같다.

(3) 논의 대상 언어의 권역별 분포

언어 정보 / 대권역	이 책		Glottolog	
	언어 숫자	비율	언어 숫자	비율
아프리카	131	16%	2,348	28%
파푸네시아	183	23%	2,209	26%
아시아	270	34%	1,971[12]	23%
유럽	13	2%		
북미	66	8%	788	9%
남미	101	13%	711	8%
호주	31	4%	386	5%

Glottolog에서는 아프리카 지역에서 쓰이는 언어가 전체의 28%로 가장 높은 비중을 차지하며, 파푸네시아 지역의 언어들도 26%를 차지한다. 이 두 지역의 언어가 전체의 50%를 상회할 정도이다. 그러나 이 책의 논의 대상이 된 언어들을 보면 아프리카 대신 아시아 지역의

11. 파푸네시아(Papunesia)는 Glottolog에서 전 세계 언어의 사용 권역을 크게 6개로 나누었을 때 그중 한 지역으로, 호주를 제외한 오세아니아 지역의 섬들과 동남아의 섬들을 아우른다.

12. Glottolog에서는 아시아와 유럽을 구분하지 않고 유라시아(Eurasia)로 통합하여 제시하였다. 그러나 이 두 지역은 음절 종성과 관련해서는 상당한 차이를 보이기 때문에 구분하는 것이 유리하다고 보고 여기서는 분리하였다.

언어 비중이 매우 높다. 이것은 앞서 2.2에서 살핀 것과 같은 현실적인 이유 때문에 나타난 결과이다. 그 외에 남미 지역의 언어 역시 Glottolog에 비해서는 그 비율이 높은 편이다. 정확한 이유는 알지 못하지만, 남미 지역의 언어 기술에서도 음절 구조에 대한 기술이 전반적으로 중시되는 경향을 보인다. 이처럼 (3)에 제시된 언어들의 지역적 분포는 다소간의 편차는 있지만 대체로 그 규모에 비례하여 여러 지역이 모두 포괄되어 있다는 점에서 편중의 문제를 야기할 정도는 아니라고 할 수 있다.

3장 종성의 정의와 범위

음절 종성은 일견 매우 자명한 개념이지만 음절 종성의 분석 태도에는 차이가 존재한다. 즉, 종성이라는 단위 자체는 부인할 수 없지만, 종성 목록에 어떤 음들이 포함되는지는 입장에 따라 달라질 수 있는 것이다. 여기에는 여러 가지 사정이 있다. 예컨대 탈음절적(extra-syllabic) 성분의 설정 여부처럼 음절 구조의 분석과 직접적인 관련을 맺는 요인도 있고, 원음소(archiphoneme) 또는 불완전 음소(marginal phoneme)의 처리와 같이 전체 음소 체계의 설정과 관련을 맺는 요인도 있다.[1] 이런 문제들에 대해 어떤 태도를 취하느냐에 따라 종성의 목록이 달라지며, 이것은 곧 종성과 관련된 유형론적 검토에도 영향을 미친다. 그러므로 이 장에서는 종성의 정의와 범위를 먼저 명확히 한정하기로 한다.

1. 이진호(2020: 8)에서는 'marginal phoneme'을 온전한 음소의 자격을 갖추지 못했다는 의미로 '미비 음운'이라고 번역한 적이 있다. 최적의 번역어를 찾기 위한 노력이 계속 필요해 보인다.

3.1. 종성의 정의

종성은 비교적 명확한 개념이라서 별도의 정의를 하지 않는 경우가 많다. 예컨대 허 웅(1985), 배주채(1996), 최명옥(2004), 이진호(2005) 등과 같은 한국어 음운론의 개설서에서는 종성을 다루고 있으나 그 개념을 따로 정의하지는 않았다. 다만 종성의 음운론적 특성이나 필요성을 설명할 뿐이다.[2] 이것은 서구에서 간행된 음운론 개론서도 예외는 아니다. 대부분 음절 구성 성분 중 하나로서 종성을 제시하는 것으로 논의를 시작할 뿐, 그 개념을 정의해 두는 경우는 쉽게 눈에 띄지 않는다. Crystal(1985), Trask(1996)와 같은 음운론 용어 사전에서도 종성은 음절의 중성을 뒤따르는 성분 정도로 매우 간략히 정의되어 있다.

이처럼 음절의 종성은 분명하게 정의하지 않아도 될 만큼 널리 인식되는 단위이다. 비록 기존 논의와 비교해 새로운 것은 없지만, 향후의 논의를 위해 여기서는 종성을 다음과 같이 규정하기로 한다.

(1) 종성의 정의
한 음절의 구성 성분을 셋으로 나눌 때, 중성의 오른쪽(또는 뒤)에 위치한 성분

(1)이 좀 더 명확한 개념이 되기 위해서는 두 가지 조건이 필요하다. 첫째, 종성의 판단 기준이 되는 중성에 대한 정의가 필요하다. 일반적으로 용인되는 중성은 음절 내에서 가장 돋들리는 요소이며, 모음으로 이루어진 성분을 가리킨다. 이때의 모음에는 단모음(simple vowel)과 중모음(compound vowel)이 모두 포함된다. 중모음의 경우 반모음

2. 이러한 사정은 음절 초성도 마찬가지이다.

의 처리 문제에 따라 종성 목록에 영향을 줄 수 있다.[3] 둘째, 음절화가 명확히 이루어져야 한다. 음절화를 통한 음절 경계가 분명하게 놓이지 않으면 종성을 명확하게 분석하기 어렵다. 음절화와 음절 경계의 문제는 또 다른 이론적 주제이므로 여기서 더 다루지는 않기로 한다.

한국어와 같이 음절 단위로 모아쓰기를 하는 경우 표기 단위로서의 종성과 발음 단위로서의 종성을 구분할 필요도 있다. 발음 단위로서의 종성은 표기 단위로서의 종성 중 일부에 국한된다. 즉, 표기상 받침으로 쓰인 것(표기 단위로서의 종성) 중 뒤에 모음으로 시작하는 문법 형태소가 오지 않는 조건에 있는 것만이 발음 단위로서의 종성이 된다. 바꿔 말하면 형태소의 결합 과정에서 연음이 일어나야 하는 조건에 놓인 받침은 발음 단위로서의 종성에서 제외된다. 이 책의 논의 대상은 당연히 발음 단위로서의 종성이다.

3.2. 종성의 범위

앞 절에서 간략히 살핀 것과 같이 종성 자체에 대한 개념 정의는 매우 간단하다. 그런데 의외로 종성의 범위를 어떻게 정할 것인지에 있어서는 고려해야 할 사항들이 적지 않다. 이러한 고려 사항은 이론적 입장 또는 해석과 관련된 것도 있고, 참고 대상이 된 연구 업적의 분석 결과를 수용하는 태도와 관련된 것도 있다. 이러한 고려 사항들에 대한 입장을 명확히 밝히지 않으면 분석 결과에 대한 여러 가지 오해를 불러일으킬 수 있다. 이제 이 문제들에 대해 이 책에서는 어떤 태도를 취할지를 구체적으로 살펴보도록 한다.

첫째, 종성 목록에서 반모음은 제외하도록 한다. 반모음은 중성을 이루는 단모음에 인접하여 나타나며 단모음에 선행할 수도 있고 후

3. 자세한 것은 3.2에서 다루기로 한다.

행할 수도 있다. 한 음절 내에서 단모음에 후행하는 반모음은 종래 논의에서 음절 종성으로 설정하는 경우를 흔히 보게 된다.[4] 반모음은 전통 문법에서부터 자음으로 규정되었으며, 개별 언어의 기술에서도 반모음을 자음으로 분류하는 방식이 꽤 널리 퍼져 있다. 여기에 따르면 한 음절 내에서 중성 뒤의 반모음은 다른 자음과 더불어 종성 목록에 포함될 수도 있다.

그러나 반모음은 일반적인 자음과 구분되며 오히려 단모음과 유사한 특징들도 적지 않다. 반모음이라는 명칭 자체에 이러한 특징들이 반영되어 있기도 하다. 이 책에서는 반모음을 여타의 자음과 구분되는 별도의 부류로 보고자 한다. 이럴 경우 반모음은 자음들로 이루어진 종성 목록에서 제외되는 대신 중성의 일부로 분석된다.[5] 반모음이 종성에서 빠지면 기존 논의에 비해 종성의 구조가 더 간단해지는 결과를 낳는다. 예컨대 '반모음+자음'의 연쇄가 중성 뒤에 올 때 기존의 방식에서는 종성에 자음군이 오는 것으로 해석되지만, 이 책의 방식에서는 더 이상 자음군이 되지 못한다. 특히 어떤 언어에서 종성 자음군에 반드시 반모음이 포함된다고 할 때, 이 책의 분석 방식에 따르면 그 언어는 종성 자음군을 가지지 않는 것으로 간주된다.

둘째, 종성 목록을 분석할 때 어떤 자음이 홀로 종성에 나타나든 또는 자음군의 일부로 나타나든 모두 동일한 종성으로 처리한다. 자음군의 경우 내부의 위치에 따라 허용하는 자음의 종류에 제약이 있다. 대체로 중성에 가까울수록 공명도가 좀 더 큰 자음들이 배열된다.[6] 따라서 종성 목록에 포함된 자음 중 일부는 자음군의 특정 위치에는 오지 못할 수도 있다.[7] 예컨대 영어의 종성 'l'은 자음군의 모든 위치에서

---

4. 이것은 반모음을 자음의 일종으로 처리하는 분석 태도와 무관하지 않다. 그러나 이 책에서는 반모음을 자음과 구분되는 별도의 부류로 설정하고자 한다.
5. 즉, 반모음은 중성을 이루는 중모음의 구성 요소가 되는 것이다.
6. 이 문제는 4장에서 좀 더 자세히 검토하기로 한다.
7. 자음군의 위치에 따른 자음의 실현 양상은 10.1에서 조음 방법과 조음 위치를 구분

실현되지는 못하며, 주로 중성에 인접한 위치에서 실현될 뿐이다. 그러나 이러한 종성 자음군에서의 분포 제약을 종성 목록에 반영하지는 않을 것이다. 단일 자음이든 자음군이든, 또한 자음군 내에서도 어떤 위치에서 나타나든 그 자음들은 모두 대등한 종성으로 분석한다. 그렇지 않으면 양상이 너무 복잡해져서 종성에 대한 유형론적 검토 자체가 어려울 수 있다.

셋째, 탈음절적(extra-syllabic) 성분 또는 부가적 성분(appendix)으로 분석된 자음도 종성으로 인정한다. 탈음절적 또는 부가적 성분이란 음절 구조(core syllable) 중 어디에도 속하지 않는 분절음으로, 특히 어두나 어말, 또는 형태소의 처음 또는 끝에 위치한 자음의 음절 분석에 주로 적용된다. Gordon(2016: 116)에서 지적한 것처럼 공명도의 배열과 관련하여 예외적인 존재를 없애기 위해 예외에 해당하는 자음을 음절 구조 밖에 위치하는 성분으로 분석하는 경우가 종종 있다. 종성의 자음군은 앞선 자음에서 뒤의 자음으로 갈수록 공명도가 낮아진다는 강한 경향성이 인정되는 것은 사실이지만, 여기에 위배된다고 하여 그 자음을 종성 목록에서 제외하는 것은 타당하다고 보기 어렵다. 이론적으로 탈음절적 성분 또는 부가적 성분으로 분석되었다고 하더라도 표면형에서 한 음절 내의 중성 뒤에 오는 자음이라면 이 책에서는 모두 종성으로 인정한다.

넷째, 단일 자음(singleton)으로는 종성에 오지 못하고 중복 자음(geminate)의 형태로만 종성에 오는 자음은 종성 목록에 포함하지 않는다. 중복 자음이란 동일한 자음의 연쇄를 가리키며, 논의에 따라 한 형태소 내부에서 나타나는 것만 인정하기도 하고 형태소 경계 사이에서 나타나는 것을 인정하기도 한다. 그런데 언어에 따라서는 단일 자음의 형태로는 종성에 오지 못하고 중복 자음의 일부로서만 종성

하여 자세히 살피게 된다.

에 오는 경우가 있다. 대표적으로 Atlantic-Congo 어족에 속하는 Lehar어를 들 수 있다.[8]

(2) Lehar어의 중복 자음과 종성 분석

lo:<u>bb</u>a, mé<u>dd</u>ë, to:<u>ɟɟ</u>a, ʔë<u>gg</u>ë

Soukka & Soukka(2011: 36)에 따르면 이 언어의 유성 파열음인 'b, d, ɟ, g'는 (2)에서 보듯 중복 자음의 일부로 쓰일 때에만 종성에 올 수 있을 뿐이다.[9] 단일 자음으로는 종성에 실현되는 경우가 발견되지 않는다.[10] 이런 경우 중복 자음은 하나의 긴 자음으로 분석할 수 있는 여지도 없지 않아서 이와 같이 특수한 형태로만 종성에 나타나는 자음을 정상적인 종성으로 인정하는 것은 그리 타당하지 않은 듯하다.

다섯째, 불완전 음소(marginal phoneme)는 자음으로도 인정하지 않으며, 종성으로도 설정하지 않는다. 여러 언어들에는 다양한 이유로 인하여 음소로 분석되기는 하지만 온전한 음소의 자격을 갖지 못하는 자음(또는 모음)이 존재한다. 차용을 통해 도입되어 차용어에서만 그 존재가 확인되는 음소, 빈도가 극도로 낮거나 출현 분포가 매우 제한되어서 음소로서의 변별적 기능을 확인할 수 없는 음소 등이 모두 대표적인 불완전 음소에 속한다. 개별 언어의 음운론적 분석에서 이런 불완전 음소로 규정된 것들은 자음이나 종성의 통계에서 제외하며, 종성 목록에도 포함하지 않기로 한다.

여섯째, 음소 분석 과정에서 원음소(archiphoneme)로 설정된 것은 인정하지 않으며, 원음소의 실현 양상을 고려하여 원음소를 다른 음

8. 이 언어는 아프리카의 세네갈에서 쓰이고 있다.
9. (2)의 밑줄 친 자음 연쇄가 중복 자음이며, 이 중 앞의 것이 종성으로 분석된다.
10. 이와 비슷한 양상은 이 언어와 지리적으로 매우 가까운 Palor어에서도 나타난다. 다만 Palor어의 경우 유성 파열음 중 'b, g'는 단일 자음으로도 종성에 나타날 수 있고, 'd, ɟ'만 중복 자음으로 종성에 나타난다는 차이가 있다.

소로 대치한다. 원음소는 대립하던 두 음소의 공통 자질로만 이루어지기 때문에 표면에 그대로 실현될 수 없는 매우 추상적인 성격을 가진다. 이러한 단위는 표면에 실현되는 구체적인 음소들과는 차이가 나기 때문에 동등하게 처리하기 어렵다. 예컨대 Asturian-Leonese-Cantabrian어의 종성을 분석할 때 Academia de la Llingua Asturiana (2001: 55)에서는 대립의 중화를 고려해 비음의 원음소 'N'을 인정했다. 그러나 이 책에서는 원음소 'N'의 음성 실현을 고려하여 비음의 종성으로 원음소 'N' 대신 'm, n, ɲ'의 세 음소를 설정하였다. 만약 원음소를 인정하기 시작하면 대부분의 언어는 종성에서 자음의 대립이 중화되는 현상을 가지고 있기 때문에 걷잡을 수 없는 복잡성을 초래할 수밖에 없다.

마지막으로 참고 대상이 되는 논저에서 자음의 분류가 약간 불분명하게 된 경우에는 몇몇 기준을 활용하여 일관된 방식으로 분류하고자 한다. 대표적으로 'c, j'와 'r'로 표기되는 자음의 경우를 들 수 있다. 'c, j'는 오랜 표기 관습 때문에 경구개 치조 파찰음인 'ʧ, ʤ'를 나타내는 경우도 있고, 경구개 파열음인 'c, ɟ'를 나타내는 경우도 있다. 특히 파찰음을 파열음과 구분하지 않고 'stop'으로 통합하는 기술 방법을 채택하는 논저들도 종종 발견되며, 이런 경우에는 'c, j'가 어떤 자음을 가리키는지 결정하기 쉽지 않다. 이때에는 'c, j'가 경구개음이라는 정보가 명확히 제시되는 경우에 한해서만 파열음으로 인정하였다. 그렇지 않으면 파찰음 'ʧ, ʤ'로 분류했다.

'r'의 경우 IPA 기호대로라면 진동음(trill)을 가리키지만, 개별 언어의 자음 기술에는 IPA 기호의 지시 내용을 그대로 따르지 않는 경우가 적지 않다. 그래서 'r'로 표시된 자음도 진동음인지 아니면 탄설음(flap) 'ɾ'을 가리키는지가 명확하지 않은 경우가 있다. 'r'를 IPA 기호로 사용했다는 명확한 설명이 없이 그냥 사용되었을 경우에 한해 이 책에서는 진동음 대신 탄설음으로 분류했다. 이것은 조음적으로 볼 때 진동음보다는 탄설음이 좀 더 단순하며, 특히 인쇄의 편의를 위해 탄설음을 가리킬 때 IPA 기호인 'ɾ' 대신 'r'을 사용하는 경우가 적지 않음을 고려한 결과이다. 이러한 조치로 인해 원래의 분석 결과를 잘못 수용할 가능성도 없지 않다. 그러나 일관된 방식을 취하지 않음으로써 생기는 오류와 비교하면, 명확한 기준에 의거해 받아들이는 편이 더 나을 것이다. 또한 이러한 경우가 그리 많지 않다는 점에서 음절 종성의 실상을 살피는 데 큰 문제점을 불러온다고 생각되지는 않는다.[11]

11. 2부에서 자세히 언급하겠지만, 이 책에서는 종성의 선호 목록을 검토할 때 자음의 부류를 중시한다. 진동음이나 탄설음은 모두 비설측음 계열의 유음으로 묶이기 때문에 이 책에서의 처리가 종성의 유형을 왜곡할 가능성은 별로 없다. 다만 진동음 또는 탄설음이 종성으로 쓰이는 빈도에는 어느 정도 영향을 줄 수 있다.

제2부

음절 종성의 유형론적 양상

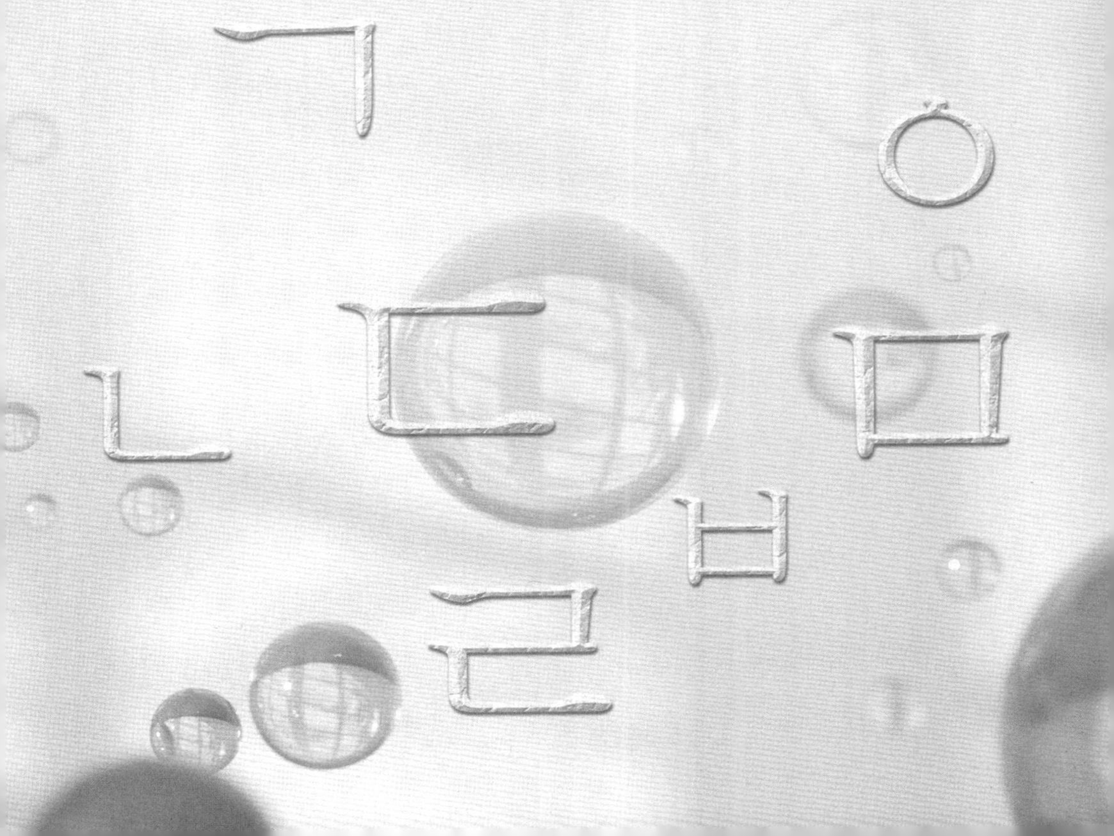

4장 음절 종성의 일반론

음절이 음운론에서 중요한 개념으로 재부각되기 시작한 1970년대 이래로 음절 종성의 특성 또는 구조에 대한 몇 가지 일반화가 시도된 바 있다. 이러한 내용들을 간략히 정리하고 그 타당성을 살펴보는 것은 음절 종성의 유형론적 검토를 하는 데 있어 꼭 필요한 과정이다. 이 장에서는 Hooper(1972), Vennemann(1972), Clements(1990), Goldsmith (1990), Blevins(1995), Gordon(2016) 등을 비롯한 여러 논저에서 음절 종성과 관련하여 언급한 일반 언어학적 관점에서의 보편적 특성에 대해 살펴보기로 한다.

4.1. 음절 종성의 일반적 특징

음절 종성의 일반적인 경향성은 대체로 음절 초성과 비교하는 방식으로 제시되었다. 종성은 초성에 비해 다음과 같이 구별되는 특징을 가진다고 알려져 왔다.

(1) 종성의 일반적 특징

ㄱ. 종성은 초성에 비해 덜 필수적이다.

ㄴ. 종성의 목록은 초성에 비해 덜 다양하다.

ㄷ. 종성은 초성에 비해 공명도가 높은 자음이 선호된다.

ㄹ. 종성 자음군의 구성은 초성과 달리 점차 공명도가 낮아진다.

(1ㄱ)은 종성보다는 초성이 좀 더 필수적인 성격을 가짐을 의미한다. 음절 구성에 반드시 필요한 중성과 달리, 초성이나 종성은 수의적이라서 꼭 있어야 하는 것은 아니다.[1] 즉, 모음만으로 이루어진 V형 음절 또는 초성이나 종성 중 어느 하나가 없는 CV형 음절이나 VC형 음절이 존재하는 것이다.[2] 그렇지만 초성과 종성 중 음절 구성에 좀 더 필요한 것은 초성이라는 사실을 (1ㄱ)은 나타내고 있다. (1ㄱ)의 경향성은 (2)에 제시된 두 가지 특징들과 직접적인 관련을 맺는다.

(2) (1ㄱ)과 관련된 특징

ㄱ. CV형 음절이 가장 무표적인 음절 유형이다.

ㄴ. 종성보다 초성을 필수적으로 요구하는 언어가 더 많이 존재한다.

(2ㄱ)은 여러 음절형 중 '자음+모음'으로 이루어진 CV형이 가장 무표적이라는 것으로서, 새삼 거론할 필요도 없을 만큼 널리 알려져 있는 사실이다. CV형 음절이 나타나지 않는 언어는 존재하지 않는 것으로 보인다. 음절 구조의 복잡도는 언어마다 차이가 있지만 어떤 언어든 CV형 음절이 존재한다는 점은 음절형과 관련하여 거의 모든 언어들이 보이는 공통점이다.[3] 또한 Maddieson(2013)에 따르면 WALS

---

1. 초성이나 종성이 수의적이라고 한 것은 일반적인 경향성을 언급한 것이다. 언어에 따라서는 사정이 다를 수도 있다. 여기에 대해서는 뒤에서 따로 언급한다.
2. 필요에 따라 자음은 C(consonant), 모음은 V(vowel), 반모음은 S(semi-vowel)와 같이 간략하게 표시하기로 한다.
3. Easterday(2017: 620)에 따르면, Kunjen어에 대한 초기 분석에서는 초성이 올 수 없고 종성에는 반드시 자음이 와야 하는 매우 특수한 제약의 존재를 거론하기도 했다고 한다. 다만 이후 이러한 분석 결과에 대한 이견도 나타나고 있다. 만약

(https://wals.info/)의 언어 샘플 486개 중 CV형보다 더 복잡한 음절을 허용하지 않는 언어도 61개(12.5%)에 달한다. 더욱이 Gordon(2016: 87~88)에서 인용한 Redford(1999)나 Rousset(2004)의 검토 결과에 의하면 대부분의 언어 내에서 CV형 음절의 빈도가 모든 음절형을 통틀어 가장 높을 뿐만 아니라, CVC형과 같이 종성을 가진 음절형과 비교할 때 훨씬 빈번하게 나타난다. 이상의 사실들은 여러 음절형들 중에서 CV형이 가장 무표적임을 말해 준다.

(2ㄴ)은 비록 많은 언어에서 찾아볼 수 있는 특징은 아니지만 종성에 비해 초성이 음절 구성에 더 필요한 요소임을 분명히 말해 준다. 앞에서 언급했듯이 초성이나 종성은 모두 음절 구성에서 반드시 있어야 하는 구성 성분은 아니지만, 일부 언어에서는 필수적인 구성 성분으로 기능하는 경우도 있다. 가령 Gordon(2016: 86)에 따르면 WALS에서 샘플로 뽑은 100개 언어 중 약 13%의 언어에서는 초성이 없는 음절을 제한한다.[4] 즉, 이 언어들에서는 초성이 반드시 있어야만 하는 것이다. Gordon(2016: 88)에서 재인용한 Rousset(2004)의 분석에서는 16개 언어 중 1개 언어(Nyahkur)가 초성이 없는 음절을 허용하지 않는다. 그에 반해 이 논의들에서는 종성이 반드시 와야만 하는 제약을 가진 언어의 존재는 제시되지 않았다. 만약 이런 언어가 존재한다면 이 언어에는 폐음절만 나타날 수 있을 뿐, 개음절은 결코 나타날 수가 없다. Easterday(2017: 108)에는 초성이나 종성과 같은 음절 주변부가 필수적으로 있어야 하는 언어들이 제시되어 있는데, 초성이 필수적인 언어가 17개 존재함에 비해 종성이 필수적인 언어는 1개에 불과하

Kunjen어의 초기 분석이 올바르다면 초성에 대한 제약이든 종성에 대한 제약이든 모두 다른 언어에서는 찾아볼 수 없는 매우 독특한 것이 된다.

4. Gordon(2016: 86)에서는 샘플 언어들 중 87%의 언어가 초성이 없는 음절을 허용하고 있다고만 언급했다. 이것을 달리 해석하면 나머지 13%는 초성이 없는 음절을 용인하지 않는 것이 되므로 13%의 언어는 초성을 필수 성분으로 요구한다고 할 수 있다.

다.[5] 이처럼 필수성의 정도에서 초성과 종성은 뚜렷한 차이를 보이고 있다.

이상과 같은 특수성으로 인해서 초성과 종성에는 서로 반대되는 함의 관계가 성립한다. Gordon(2016: 84)의 지적처럼 거의 모든 언어는 종성이 있는 음절의 존재가 종성이 없는 음절의 존재를 함의한다. Easterday(2017: 620)에서 인용한 Kunjen어를 제외하면 폐음절(closed syllable)이 나타나면 개음절(open syllable)은 반드시 나타나는 것이 공통적 특징인 것이다. 그러나 초성의 경우는 정반대로 초성이 없는 음절의 존재가 초성이 있는 음절의 존재를 함의한다.[6] 초성을 가진 음절의 존재가 초성이 없는 음절의 존재를 함의하지는 않는다. 이것은 초성이 반드시 필요한 여러 언어의 존재 때문에 나타난 결과이다.[7]

지금까지 살핀 (2)의 두 가지 특징은 여러 통계 자료로도 확인할 수 있을 만큼 뚜렷한 경향성을 보인다. 이들은 모두 (1ㄱ)과 밀접한 관련을 맺는다. (2)는 음절의 구성에 있어 초성이 종성보다 더 긴요하게 기능함을 의미한다. 이것을 달리 말하면 (1ㄱ)과 같이 종성이 초성보다는 음절 구성의 필수성 정도에 있어서 더 낮은 지위를 지닌다고 할 수 있다.

(1ㄴ)은 종성에 올 수 있는 자음의 종류가 초성에 비해 더 적음을 가리킨다. 이것은 음절 종성과 관련된 여러 구체적인 분석 자료를 통해 확인이 가능하다. 기존 논의 중에서는 15개의 언어를 대상으로 초성에 오는 자음과 종성에 오는 자음의 비율을 검토한 Rousset(2004: 127)이 대표적이다.

---

5. 앞서 각주 3)에서 언급했듯이 종성이 필수적이라고 한 언어는 Kunjen어이지만, 이견이 존재한다. 이 책의 논의 대상이 된 795개 언어에 Kunjen어는 포함되지 않았다.
6. Kunjen어는 여기서도 예외가 된다.
7. 함의 관계를 절대적인 관점이 아닌 상대적인 관점에서 보더라도, 초성이 없는 음절의 존재가 초성이 있는 음절의 존재를 함의하는 비율이 반대 방향의 함의 비율보다 훨씬 더 높다.

(3) Rousset(2004)에 제시된 초성과 종성의 양적 비율

	초성	종성
100%	4/15	1/15
90%~	10/15	2/15
80%~	1/15	1/15
70%~	-	3/15
60%~	-	4/15
50%~	-	1/15
50% 미만	-	3/15

(3)은 Gordon(2016: 99)에 재인용된 그래프의 내용을 표로 정리한 것으로, 자음 중에서 초성과 종성에 실현 가능한 자음의 비율이 어느 정도인지를 나타내고 있다. (3)을 보면 초성과 종성의 양상이 전혀 다르게 나타난다. 초성의 경우 모든 자음이 올 수 있는 언어가 15개 중 4개일 정도로 비율이 높으며, 전체 언어 중 1개를 제외한 나머지는 90% 이상의 자음이 초성에서 실현될 수 있다. 반면 종성의 경우에는 80% 미만의 자음만 올 수 있는 언어가 전체 15개 언어 중 11개로 압도적 다수를 차지한다. 50% 미만의 자음만 종성에서 실현되는 언어도 3개에 달한다. 이처럼 초성에 비해 종성에서 실현될 수 있는 자음의 비율이 낮다는 것은 초성 목록보다 종성 목록이 훨씬 제한됨을 의미하는 것으로 (1ㄴ)이 사실임을 여실히 보여 준다.

이러한 사정은 이 책의 검토 대상인 795개 언어의 종성 양상을 검토해 보아도 분명히 드러난다.[8] 전체 언어를 대상으로 보면 자음은 총 434가지가 확인되지만, 이 중 한 언어에서만이라도 종성으로 실현되는 자음은 그 절반에 해당하는 218가지에 그친다. 또한 각 언어에 나타나는 종성의 평균 개수는 8.55개인데, 이것은 자음의 평균 개수인

8. 이와 관련된 자세한 논의는 5장에서 이루어진다. 여기서는 5장에서 제시할 자료 중 일부만 간략히 언급하기로 한다.

19.5개와 비교할 때 약 44%에 불과하다. 이러한 수치들은 일부 자음을 제외한 대부분이 초성에서 발음될 수 있는 것과 비교해 종성에서의 자음 실현에 큰 제약이 있음을 말해 준다. 이로 인해 초성보다 종성에서 실현될 수 있는 자음의 다양성은 떨어질 수밖에 없다.

논의에 따라서는 (1ㄴ)과 동일한 취지를 조금 다르게 표현하는 경우도 있다. 예컨대 Goldsmith(1990: 125)에서는 종성의 특성을 다음과 같이 제시하고 있다.

(4) Goldsmith(1990)에서의 종성 기술

"종성에서는 음절 전반부(=초성)에서 가능한 대립의 부분 집합만이 실현될 수 있을 뿐이다."

[It has only a subset of the possibilities of contrast of the first part of the syllable.]

Goldsmith(1990: 125)에서는 종성에서의 자음 대립이 초성보다 더 적다는 사실을 (4)와 같이 기술하고 있다. 초성에서 나타나는 음운론적 대립의 부분 집합만이 종성에서 나타난다면, 이는 곧 종성에서 실현될 수 있는 자음의 종류가 초성보다 더 다양할 수는 없음을 의미하므로 (1ㄴ)과 그 취지가 매우 비슷하다.

그런데 (4)는 (1ㄴ)에 비해 종성 자음의 실현 제약을 불필요하게 엄밀히 규정하고 있다. 왜냐하면 종성에서 실현될 수 있는 자음의 가짓수가 초성보다 더 적더라도 초성 목록의 부분 집합이 아닐 수 있기 때문이다. 즉, (4)를 충족하면 (1ㄴ)을 충족하게 되지만, (1ㄴ)을 충족하더라도 (4)를 충족하지 않을 수 있는 것이다. 예컨대, 현대 한국어만 하더라도 자음 19개 중 초성에서는 연구개 비음인 'ㅇ[ŋ]'을 제외한 18개, 종성에서는 7개만 실현될 수 있으므로 자음의 다양성 측면에서는 초성이 종성보다 훨씬 나은 모습을 보인다. 그러나 (4)의 관점에서 본다면 종성에서 실현되는 자음 중 연구개 비음 'ŋ'은 초성에서 실현되지 못하기 때문에 (4)의 예외가 되는 것이다.[9] 초성에는 못 오고 종성에만 올 수 있는 자음이 존재하는 언어들은 모두 (4)의 예외가 되어서, (4)와 같은 진술로는 초성보다 종성에서 자음의 다양성이 제한된다는 사실을 정확히 나타내기 어려워진다. 그런 점에서 (4)보다는 (1ㄴ)과 같은 진술이 종성의 특성을 포착하는 데 더 효과적이라고 생각된다.

(1ㄴ)과 같은 특성이 보편적으로 나타나게 된 데에는 크게 두 가지 이유가 있는 듯하다. 하나는 조음 음성학적 측면이고, 다른 하나는 음운 변화의 측면이다. 우선, 조음적으로 볼 때 종성의 경우는 초성에 비해 자음의 조음 과정이 불완전하게 마무리되는 경향이 있다. Laver(1994: 133)에서와 같이 분절음의 조음 과정을 초반(onset phase), 중반(medial phase), 종반(offset phase)으로 나눈다고 할 때, 종성에 자음이 놓이면 종반 과정이 생략되는 경우가 흔히 발견되는 것이다. 파열음의 경우에 나타나는 종성에서의 미파화가 대표적인 현상이다.[10] 이러한 종성에서의 불완전한 조음은 이 위치에서 자음들의 음운론적 대립 범위가 줄어드는 결과를 초래한다. Bybee(2001: 208)에 따르면 GRAMCATS의 37개 언어 샘플 중 21개 언어에서 유성성, 유기성 등을 포함한 후두 조음과 관련된 음운론적 대립이 종성에서 사라진다고 한다. 이것은 종성에서 실현되는 자음의 종류가 초성보다 적은 데에 직접적인 원인을 제공한다.

다른 하나의 요인은 폐음절 중에는 개음절에서의 모음 탈락에 의해 생성되는 것이 있다는 사실과 관련을 맺는다. '… CVCV …'와 같이

---

9. 1장의 각주 3)에서 언급한 것처럼 연구개 비음 'ŋ'은 초성에서 실현되는 언어가 그렇지 않은 언어보다 훨씬 더 많은 것이 사실이기는 하다.

10. 파열음이 아닌 다른 자음의 경우에도 종성에서는 음성적 실현이 초성과는 차이가 난다. 이와 관련된 여러 가지 분석 결과는 Bybee(2001: 86~87)에 많이 인용되어 있다.

개음절이 연속되는 구조에서 어중 또는 어말 모음이 탈락하면 해당 음절의 초성은 그 앞 음절의 종성이 되어 폐음절을 형성한다. 이러한 변화는 Bybee(2001: 88)의 언급처럼 여러 언어에서 발견할 수 있다. 그런데 폐음절을 이루게 하는 모음 탈락이 모든 음절에서 일어나지는 않는다.[11] 개음절 중 일부의 초성만이 모음 탈락에 의해 종성으로 바뀔 뿐이므로, 종성의 종류는 초성에 비해 더 다양해지기 어려운 것이다. 이것은 앞서 검토한 종성에서의 불완전한 조음에 비해서는 (1ㄴ)의 특성이 나타나는 데 기여하는 바가 적지만, 하나의 요인으로서 충분히 인정할 수 있다.

(1ㄴ)은 많은 언어에서 확인할 수 있는 분명한 경향성을 가지고 있지만, 그렇다고 해서 절대적으로 성립하는 것은 아니다. 언어에 따라 예외들도 존재한다. 예컨대 (3)에서 살펴본 바와 같이 모든 자음이 종성에서 실현될 수 있는 언어의 경우에는 종성 목록이 초성보다 다양성이 떨어진다고 할 수 없다. 이 책의 논의 대상인 795개 언어 중에도 모든 자음이 종성에 실현될 수 있는 언어가 80개로서 약 10%의 비율을 보이고 있다.[12]

종성에 모든 자음이 오지 않더라도 (1ㄴ)의 예외는 존재한다. 가령 Blevins(2004: 131)에서 언급한 Kashaya어는 38개의 자음 중 초성에서는 28개, 종성에서는 32개가 실현된다.[13] 초성과 종성 모두 자음 실현에 제약이 있지만 초성이 오히려 더 심한 제약을 받고 있어서 (1ㄴ)의 예외가 된다. 다만 이처럼 예외가 되는 언어들은 그 수가 그리 많지

11. 만약 모든 음절에서 모음 탈락이 일어나게 되면 모음이 없는 음절만 남게 되므로 그러한 변화는 기대할 수가 없다.

12. Rousset(2004: 127)에서는 15개 언어 중 1개 언어에서 모든 자음이 종성에 실현될 수 있어서 이 책에서의 수치보다는 더 낮다.

13. Kashaya어는 (3)에 비추어 보면 상당히 이례적이다. (3)에 따르면 모든 언어에서 자음 중 초성에 실현될 수 있는 것의 비율이 최소 80% 이상을 보인다. 가장 낮은 Nyahkur어도 대략 85% 이상의 자음이 초성에서 실현된다. 반면 Kashaya어는 그 비율이 74%(28/38) 정도에 불과하여 매우 낮은 모습을 보이고 있다.

않다는 점에서 (1ㄴ)의 강한 경향성을 부인할 정도는 아니다.

(1ㄷ, ㄹ)은 모두 공명도(sonority)와 관련된 종성의 특징을 나타낸다. 따라서 (1ㄷ, ㄹ)을 논하기에 앞서 공명도에 대한 명시적 언급이 필요하다. 공명도는 말 그대로 울림의 정도를 나타낸다. 공명도는 공명이 일어나는 공간의 크기와 관련되며, 보통 개구도의 정도에 비례하여 커진다고 할 수 있다.[14] 자음보다는 모음의 공명도가 더 높고, 자음 중에서는 공명음(sonorant)이 장애음(obstruent)보다 공명도가 더 높다.

전상범(2004: 370)에서 언급한 것처럼 공명도는 19세기 중반부터 여러 학자들이 관심을 가져온 개념이다. 특히 Suassure에 의해 내파 및 외파 개념과 결부되어 공명도는 음절을 정의하는 데 활용되기에 이르렀다. 이후 공명도는 음절의 구조 또는 음절과 관련된 음운 현상의 동기를 이해하는 데 널리 적용되었다. 전통적으로 설정되는 자음의 공명도 위계는 다음과 같다.[15]

(5) 자음의 공명도 위계[16]

공명도	자음
1	무성 파열음(p, t, k), 무성 마찰음(f, s)
2	유성 파열음(b, d, g)
3	유성 마찰음(v, z)
4	비음과 설측음(m, n, l)
5	진동음과 탄설음(r, ɾ)

14. 공명도의 정의와 음성학적 특성 및 그 문제점에 대해서는 김 현(2011: 143~144)를 참고할 수 있다.

15. 공명도를 복수의 음성적 특징과 결부시킬 경우 공명도 위계는 훨씬 더 입체적이고 복잡한 양상을 띠게 된다. 예컨대 Miller(2012: 255)에서는 성대의 규칙적이고 주기적인 진동 정도(source scale)와 열림도(aperture scale)의 두 가지로 기준을 통합하여 복잡한 공명도 위계를 제시한 바 있다. 한편, Krämer & Zec(2020)에서는 비음이 공명도 위계에 있어 두 가지 부류로 작용하며 이것이 [지속성] 자질과 관련이 된다는 주장을 하기도 했다. 여기에 따르면 비음 중에는 유음보다 공명도가 높은 부류와 낮은 부류의 두 가지가 존재한다.

(5)에서 보듯 성대의 진동을 동반하지 않으며, 조음 과정에서 폐쇄 또는 강한 협착을 동반할수록 공명도는 낮다. 반면 성대 진동이 있거나 기류의 방해가 적을수록 공명도는 더 높다. 이러한 공명도는 자음의 음운론적 강도와도 관련되어서 공명도가 높을수록 자음의 음운론적 강도는 낮다고 알려져 있다. 다만 (5)에 제시된 위계는 절대적인 것이라고 보기는 어렵다. 이 책에서는 (5)에서 크게 벗어나지는 않지만 다소 다른 위계를 설정할 것이다.[17]

그런데 공명도 개념에 대한 문제 제기도 오래전부터 국내외에서 있어 왔다. Hanmaker & Aissen(1974: 142)에서 이미 공명도를 구체적인 음성학적 특징과 직접 결부 짓기 어렵다는 언급이 간략하게나마 나온 바 있다. Parker ed.(2012: xi)에서는 공명성에 기댄 음운론적 설명에 대한 우려가 1990년대부터 지속적으로 제기되고 있다고 지적하기도 했다. 국내에서는 김 현(2011)에서 이 문제가 매우 구체적으로 다루어졌다. 그에 따르면 공명도가 여러 현상을 설명하는 데 매력적인 측면이 있지만, 공명도를 규정할 음성학적 특징을 찾기 어렵고 순환론적인 성격을 가지고 있어서 음운론적 설명 도구로 활용하기에는 문제가 있다고 한다.

몇몇 논의에서 지적된 것처럼 공명도와 직결되는 음성학적 척도가 불분명하고, 언어마다 음운론적 층위에서의 공명도 위계에 약간의 차이가 존재하기도 한다. 이러한 사정은 공명도의 설명력이나 언어학적 실체를 의심하게 만들기도 한다. 그러나 음절과 관련된 여러 현

---

16. 이것은 Hooper(1976: 197)에 제시된 공명도 위계이며 Jespersen이 제안한 것을 재인용했다고 나오지만, 구체적인 출처는 표시되지 않았다. 허 웅(1985: 109)에 제시된 동일한 공명도는 Jespersen의 Lehrbuch der Phonetik(1932년 간행)의 191쪽에서 가져온 것으로 표시되어 있다. 김 현(2011: 144)에 따르면 Jespersen의 공명도 위계는 같은 제목으로 1904년에 간행된 책의 185~186쪽에 나온다고 한다. (5)와 다른 공명도 위계도 몇 가지 존재하는데, 여기에 대해서는 Krämer & Zec(2020: 29)를 참고할 수 있다.
17. 자세한 것은 10장의 각주 4)에서 언급하기로 한다.

상들의 설명에서 공명도는 꽤나 유용한 도구로 쓰여 왔으며, 특히 (1ㄷ, ㄹ)과 같이 초성에 대비되는 종성의 특징을 기술할 때에는 공명도 이외의 다른 대안을 생각하기가 쉽지 않다. 그래서 이 책에서는 기존의 공명도 개념을 그대로 활용하여 종성의 일반적 경향을 검토하기로 한다.[18]

이제 (1ㄷ)으로 눈을 돌리면, (1ㄷ)은 초성보다 종성에 공명도가 높은 자음이 오는 경향이 있음을 말해 준다. 다소 단순화시켜 말하자면, 자음을 크게 장애음과 공명음으로 양분할 때 종성에는 공명음에 가까운 자음이 선호된다고 할 수 있다. (1ㄷ)이 실제로 상당한 경향성을 보인다는 사실은 종성 목록에 포함되는 자음의 조음 방법을 검토하면 확인할 수 있다. (1ㄷ)은 구체적으로는 다음의 세 가지 양상으로 구체화된다.

(6) (1ㄷ)과 관련된 특징

ㄱ. 종성에서 절대 빈도가 높은 자음 중에 공명음이 많다.

ㄴ. 종성에서의 실현 비율이 높은 자음 중에 공명음이 많다.

ㄷ. 개별 언어의 종성 목록에 공명음이 빠지는 경우가 별로 없다.

(6ㄱ)과 관련하여 얼마나 많은 언어에서 공명음이 종성으로 실현되는지를 조사해 보면, 최상위 3위 안에 속하는 자음은 모두 비음으로 공명음에 속한다. 또한 10위 안에도 유음을 포함한 5개의 공명음이 포함되어 있다.[19] 음소 목록에서는 장애음이 공명음보다 그 종류도 매우 다양하고 절대적 빈도도 훨씬 더 높은 것을 고려할 때, 공명음에 속하는 자음들의 종성 빈도가 장애음보다 높거나 대등하다는

---

18. 공명도를 규정할 음성학적 특징 또는 그것을 간접적으로 뒷받침할 수 있는 근거는 존재하지 않는다기보다는 아직 찾지 못했을 뿐이라고 생각할 수도 있다.

19. 종성의 절대 빈도는 12장을 참고할 수 있다.

것은 종성에서 공명음이 더 선호된다는 것을 잘 말해 준다.

(6ㄴ)은 자음의 절대 빈도가 종성에서의 절대 빈도에 영향을 미치지 않도록 하기 위해, 자음의 빈도에 대비하여 종성에서 실현되는 비율이 어느 정도 되는지를 살핀 결과이다.[20] (6ㄴ)은 (6ㄱ)보다도 종성에서의 공명음 선호도를 더 뚜렷하게 보여 준다. 예컨대 상위 5위 안에 드는 자음 중 네 개가 비음으로 모두 공명음에 속한다. 5장에도 제시되어 있지만, 795개 언어 중 40개 이상의 언어에서 나타나는 자음들을 대상으로 종성에서의 실현 비율을 조사해 보면, 주요 비음에 속하는 'm, n̪, n, ŋ'는 모두 이 자음을 가진 언어 중 85% 이상에서 종성으로 나타날 수 있지만, 장애음 중에는 가장 높은 비율을 보이는 자음도 75% 이하의 언어에서만 종성으로 실현될 수 있다.

(6ㄷ)은 개별 언어의 종성 목록에서도 공명음이 장애음보다 더 선호된다는 것을 말해 준다. 795개 언어 중 종성 목록에 비음이나 유음과 같은 공명음이 전혀 포함되지 않은 언어는 불과 32개에 불과하다. 그런데 그중 8개 언어는 비음을, 3개 언어는 유음을 음소로 가지지 않기 때문에 종성 목록에서 빠졌다. 이런 사정을 고려할 때 공명음은 모든 언어의 종성 목록에 대부분 포함되어 있다고 해도 과언이 아니다. 반면 장애음 중에는 가장 선호되는 파열음조차도 201개 언어의 종성 목록에서 나타나지 않는다. 파열음을 자음 목록에 포함하지 않는 언어가 전혀 없다는 사실을 고려하면 종성에서 공명음에 비해 파열음의 선호도가 떨어진다는 점이 확연히 드러난다. 파열음을 제외한 다른 장애음들은 파열음보다 훨씬 많은 언어에서 종성으로 실현되지 못한다.

(6)을 통해 구체화되었듯이 종성에서는 공명도가 높은 공명음이 장애음보다 더 선호되는 경향을 보인다.[21] 이러한 특징은 Clements

---

20. 각 자음의 종성 실현 비율도 12장에 정리되어 있다.

(1990: 303)에서 제안된 공명도 분산 원리(Sonority Dispersion Principle)의 관점에서도 이해할 수 있다.

(7) Clements(1990: 303)의 공명도 분산 원리

"가장 단순한 음절은, 음절 전반부(초성 → 중성)에서는 공명도가 최대이면서도 고르게 상승하고 음절 후반부(중성 → 종성)에서는 공명도가 최소로 하락하는 (극단적으로는 전혀 하락하지 않는) 것이다."

[Thus, the simplest syllable is one with the maximal and most evenly-distributed rise in sonority at the beginning and the minimal drop in sonority (in the limit case, none at all) at the end.]

(7)의 공명도 분산 원리는 비록 '가장 단순한 음절'이라는 부대조건이 붙어 있기는 하지만, 음절 구성에 있어 초성에서 중성으로 이행할 때는 공명도가 가파르게 상승하고 중성에서 종성으로 이행할 때는 공명도가 완만하게 하락하거나 하락하지 않는 것이 일반적임을 말해 준다. 중성으로 갈 때 공명도가 가파르게 상승하기 위해서는 초성에 공명도가 낮은 자음이 오는 것이 유리하고, 종성으로 갈 때 공명도가 완만하게 하락하기 위해서는 종성에 공명도가 높은 자음이 오는 것이 유리하다.[22] 이러한 원리는 (1ㄷ)의 경향성과 잘 부합한다. 종성에서 장애음보다 공명음이 더 선호된다면 이것은 공명도 분산 원리의 측면에서 잘 설명할 수 있다.

---

21. 다만 장애음이나 공명음 내에서는 공명도와 종성 실현에서의 선호도가 비례 관계에 있다고 보기는 어렵다. 가령 장애음의 경우 공명도가 더 높은 유성 장애음보다 공명도가 더 낮은 무성 장애음이 종성에서 더 빈번하게 나타난다. 공명음 역시 마찬가지여서 공명도가 높은 진동음이나 탄설음보다는 공명도가 더 낮은 비음의 종성 실현이 훨씬 더 선호된다.

22. (7)에서 극단적인 사례로 제시한, 공명도가 하락하지 않는 경우는 종성에 자음이 오지 않는 경우이다. 이것은 종성의 필수성이 초성보다 더 낮음을 말해 주는 (1ㄱ)과도 상통하고 있다.

(1ㄹ)은 종성에 둘 이상의 자음으로 이루어진 자음군이 올 때 자음들의 배열 순서와 관련된다. (1ㄹ)에 따르면 자음군을 이루는 자음들의 배열에는 공명도의 크기도 중요하게 관여한다. 즉, 중성에서 멀어질수록 자음의 공명도는 더 낮아져야 하는 것이다. 이것은 (7)에서 본 공명도 분산 원리와도 무관하지 않지만, 직접적으로는 공명도 배열 원리(Sonority Sequencing Principle)를 반영하고 있다.

(8) Selkirk(1984: 116)의 공명도 배열 원리[23]

"모든 음절에는 공명도의 정점을 이루는 분절음이 하나 있고, 그 앞과 뒤는 점차 공명도가 감소하는 순서로 분절음들이 배열되거나 될 수 있다."

[In any syllable, there is a segment constituting a sonority peak that is preceded and/or followed by a sequence of segments with progressively decreasing sonority values.]

(8)에 따르면 중성으로부터 멀어질수록 공명도는 점차 하락하게 된다. 따라서 종성에 자음군이 실현된다면 뒤로 갈수록 공명도는 점차 낮아질 수밖에 없다. 이것이 (1ㄹ)에 그대로 반영되어 있다.

(1ㄹ)은 오래전부터 여러 언어 자료를 통해 뚜렷한 경향성을 가지고 있음이 확인되었다. 1960년대에 이미 Greenberg(1965)에서는 여러 언어들을 대상으로 발화의 처음과 끝에 놓인 자음군을 검토하여 (1ㄹ)을 따르는 자음군의 구성이 그렇지 않은 것보다 훨씬 우세함을 주장하였다.[24] 예컨대 유음과 파열음으로 이루어진 자음군의 경우,

23. 전상범(2004: 390)에 제시된 번역문과 원문을 재인용한다.

24. Greenberg(1965)에서는 총 100개 언어를 논의 대상으로 하고 있는데, 이 중에는 자음군을 허용하는 언어와 그렇지 않은 언어가 모두 포함되어 있다. 이후 1978년에 약간 수정되어 수록된 글에서는 논의 대상 언어가 104개로 약간 늘었다. 여기서 참고한 것은 1978년의 수정된 글이다.

어두에서는 자음군이 존재하는 77개 언어 중 65개에서 '파열음+유음'의 순서로 된 자음군만 허용하고 나머지 12개는 '파열음+유음'과 '유음+파열음'으로 이루어진 자음군을 모두 허용했다. 그러나 어두에서 '유음+파열음'의 순서로 된 자음군만 허용하는 언어는 존재하지 않는다.

반면 어말에서는 어두와 전혀 다른 상황이 발견된다. 27개 언어에서는 어두와 달리 '유음+파열음'의 순서로 된 자음군만 허용하고 18개 언어에서는 '유음+파열음'과 '파열음+유음'을 모두 허용한다. 그러나 어말에서 '파열음+유음'의 구조로 된 자음군만 허용하는 언어는 없었다. 이러한 경향성은 비음과 유음으로 이루어진 자음군에서도 찾아볼 수 있다. 이처럼 (8)의 공명도 배열 원리를 어기는 자음군만 어두나 어말에서 나타나는 언어는 전혀 존재하지 않으며, (8)을 잘 따르는 자음군이 어두 또는 어말에 훨씬 더 많이 나타나는 것이다. 이러한 공명도 배열에서 어두와 어말이 보이는 명확한 대칭성은 이후 단어가 아닌 음절의 차원에서 논의되기 시작했으며, 이것이 (8)로 굳어지게 되었다.

다만 (1ㄱ~ㄷ)과 마찬가지로 (1ㄹ)도 예외가 존재한다. 이미 앞에서 살펴본 어두의 '유음+파열음'이나 어말의 '파열음+유음'도 예외이지만, 특히 치찰음(sibilant)이 (1ㄹ)의 예외를 이루는 경우가 많다. 's, z, ʃ, ʒ'와 같이 고주파수에 음향적 에너지가 집중되는 치찰음의 경우 초성에서 파열음을 선행하거나 종성에서 파열음에 후행하는 빈도가 상대적으로 높으며, 이런 자음군들은 모두 (8)에는 예외가 된다. Gordon(2016: 117)에서는 그 이유를 치찰음의 음향적 특징에서 찾았다. 치찰음은 강한 소음을 동반하기 때문에 지각이 쉬우며, 이로 인해 다른 자음에 비해 음절의 주변부에 오기 유리하다는 것이다.[25]

---

25. 종성 자음군 중 (8)의 예외는 10.1에서 유형별로 자세히 다룰 예정이다.

4.2. 음절 종성의 구조

음절 종성에 자음이 오더라도 하나의 자음만 올 수 있는 언어가 있는가 하면 둘 이상의 자음 연쇄, 즉 자음군이 올 수 있는 언어도 있다.[26] 또한 4.1에서 살핀 바와 같이 종성이 초성에 비해 자음의 실현에 제약이 많다면, 종성에 올 수 있는 자음의 최대 개수가 초성보다는 적을 것이 예상되기도 한다. 그런데 종성의 구조에 따른 언어의 분포가 어떠한지, 그리고 실제로 종성의 구조가 초성보다 단순한지 등을 대규모 자료에 의거해 검토한 적은 많지 않다. 이러한 주제들은 모두 종성의 음운론적 구조에 대한 것들인데, 이들을 고찰함으로써 종성에 대한 이해를 좀 더 깊게 할 수 있다. 이 절에서는 음절 종성의 구조와 관련하여 다음의 두 가지 하위 주제를 검토하기로 한다.

(9) 음절 종성의 구조와 관련된 논의 사항
　ㄱ. 언어별 종성 구조
　ㄴ. 초성과 종성 구조의 비교

(9ㄱ)은 종성에 최대로 올 수 있는 자음의 개수에 따라 언어들이 어떠한 분포를 보이는지와 관련된다. 이 책의 논의 대상인 795개의 언어 중에서 종성 목록은 물론이고 종성에서 허용되는 자음의 최대 개수에 대한 정보까지 구체적으로 확인할 수 있는 언어는 모두 698개이다. 이 언어들을 대상으로 종성에 올 수 있는 최대 자음의 개수를 정리하면 다음과 같다.

---

26. 또한 한국어와 같이 예전에는 자음군이 종성에서 실현되다가 이후 그렇지 못한 방향으로 변화가 일어난 언어도 있고, 한국어와는 반대 방향으로의 변화가 일어난 언어도 있을 수 있다.

(10) 종성에서 허용하는 최대 자음 개수와 언어 분포

종성 최대 개수	1개	2개	3개	4개
언어 수	598(85.7%)	84(12.0%)	12(1.7%)	4(0.6%)

(10)에서 698개 언어 중 85.7%에 해당하는 598개 언어는 종성에 하나의 자음만을 허용한다. 상당수 언어는 종성에서 자음군이 발음되는 것을 제한하고 있는 것이다. 설령 자음군을 허용하더라도 최대 2개의 자음까지만 허용하는 언어가 절대다수이다. 반면 3개 이상의 자음이 종성에서 실현되는 언어는 모두 합쳐도 698개 언어 중 16개(2.3%)에 불과할 정도로 그 비율이 매우 낮다.[27]

(10)의 분포는 기존의 여러 논의에서 조사된 것과는 다소 차이가 난다. Gordon(2016: 86)에 인용된 WALS의 100개 언어를 분석한 결과에 따르면 종성에 두 개의 자음이 오는 언어가 40개 정도 되어 (10)에 비해 훨씬 높은 비율을 보인다. 또한 Gordon(2016: 87)에서 재인용한 World Phonotactics Database의 분석 결과에서는 두 개의 자음이 종성에 오는 언어가 1,400개, 세 개의 자음이 종성에 오는 언어도 366개나 되어서 WALS의 분석 결과보다도 자음군을 허용하는 언어의 비율이 더 높다. 그에 비하면 (10)의 결과는 자음군을 허용하는 언어의 비율이 상대적으로 매우 낮은 편이다.

이러한 차이가 나타나는 중요 원인은 반모음을 자음군의 일부로

27. 참고로 (10)에 제시된 종성의 최대 자음 개수는 기존 논의와는 약간 차이가 있다. 가령 18개 언어를 논의 대상으로 어말 종성의 구조를 살핀 VanDam(2004: 144)에 따르면 Georgian어는 'n-d-ʒ-g-v-l'과 같이 6개의 자음으로 이루어진 자음군이 어말에 올 수 있다. 다만 'd-ʒ'의 연쇄는 파찰음으로 분석하는 경우도 있어 이견의 여지가 있다고 한다. Georgian어의 어말 6개 자음군은 (8)의 공명도 배열 원리에 비추어 볼 때에도 자음군의 배열 순서가 매우 특이한 것이 사실이다. Easterday(2017: 106)에서는 Georgian어에 5개의 종성이 올 수 있다고 해서 차이를 보인다. Easterday(2017: 704)에는 종성에 6개의 자음이 오는 언어로 Thompson어가 제시되어 있다. 아쉽게도 Georgian어나 Thompson어는 모두 이 책의 논의 대상에는 포함되지 않았다.

허용하는지의 여부에 달려 있는 듯하다. 기존 논의는 반모음도 자음과 동일하게 다루어 반모음과 자음의 연쇄를 종성 자음군으로 인정하고 있다. 그러나 여기서는 3.2에서 설명한 것처럼 순수한 자음으로 이루어진 연쇄만 자음군으로 인정한다. 이러한 차이로 인해 (10)에서 자음군을 가지는 언어의 비율은 다른 논의와 비교해 꽤 낮게 나타나고 있다.

(10)에 제시된 종성의 구조, 즉 종성에 올 수 있는 최대 자음의 개수는, 언어 내적 또는 외적 요인들과 어떤 관련성이 없는지를 따로 검토할 필요가 있다. 여기서는 최대 자음의 개수와 종성 가짓수와의 상관성, 최대 자음의 개수와 어족 및 지역 사이의 상관성에 대해서 살피기로 한다. 먼저 종성 최대 자음의 개수가 종성에서 허용되는 자음의 가짓수와 어떻게 관련되는지를 고찰하기로 한다. 언어별로 종성에서 허용되는 자음의 종류는 5장에서 자세히 다룰 예정이므로, 여기서는 종성에서의 최대 자음 개수에 따라 종성의 가짓수가 어떻게 달라지는지를 평균값과 표준 편차를 통해 알아보기로 한다.

(11) 종성의 최대 개수와 종성 가짓수의 상관성

종성 최대 개수	1개	2개	3개	4개
종성 가짓수 평균	7.7	14.3	14.3	17.5
표준 편차	4.6	7.0	5.9	2.9

(11)은 종성에 올 수 있는 자음의 최대 개수에 따라 종성의 가짓수와 표준 편차가 어떻게 달라지는지를 보여 준다. 종성에 자음이 최대 1개만 올 수 있는 언어들은 종성의 단일 자음으로 7.7가지가 가능하다. 그런데 표준 편차가 4.6에 이르므로 언어별로 종성 가짓수에 적지 않은 차이가 있음을 알 수 있다. 자음군을 허용하는 언어들의 경우에는 종성의 가짓수가 상당히 늘어난다. 2개 이상의 자음으로 이루어진

자음군이 종성에 올 수 있는 언어는 최소 14가지 이상의 자음으로 이루어진 종성 목록을 가지는 것이다. 다만 종성에 자음군이 오는 언어들로 한정하면 최대 개수에 따른 종성 가짓수의 차이가 그리 크게 벌어지지는 않는다. 자음이 최대 2개 가능한 경우와 3개 가능한 경우에는 종성의 가짓수가 거의 같다. 최대 가능 개수가 4개로 늘 때에만 종성 가짓수가 약 3개 정도 늘어난다.[28] 한편, 종성 자음군을 허용하는 언어들을 보면 종성의 최대 개수가 늘수록 종성 가짓수의 표준 편차가 눈에 띄게 줄어든다. 이것은 종성에서 허용하는 자음의 최대 개수가 많을수록 종성의 가짓수가 많은 것이 더 일반적임을 말해 준다.

(11)에서 알 수 있듯이 종성에 올 수 있는 자음의 최대 개수가 늘어난다고 해서 종성의 가짓수가 이에 비례하여 기계적으로 늘어나지는 않는다. 그러나 종성의 최대 개수가 종성의 가짓수와 모종의 관련성을 가지는 것만은 부인할 수 없다. 특히 단일 자음만 종성에 오는 언어들과 자음군이 종성에 오는 언어들 사이에는 종성의 가짓수에 상당한 차이가 있으며, 표준 편차에 있어서도 뚜렷한 차별성을 가진다. 이러한 양상이 의미하는 바가 무엇인지는 앞으로 해명해야 할 과제로 보인다.

다음으로 (10)에 제시된 종성의 구조가 어족 또는 지역과 같은 언어 외적 요인과 어떤 관련성이 있는지를 살펴보기로 한다. 이를 위해 우선 2장의 (2)에 제시되었던 주요 어족들을 대상으로 하여 종성의 구조를 분석해 보면 다음과 같다.

---

28. 그런데 795개 언어의 자음 개수가 평균 19.5개이므로, 종성에 올 수 있는 최대 자음의 개수가 늘어난다고 해도 종성의 가짓수가 급격하게 늘어나는 데에는 한계가 있음을 감안할 필요가 있다.

(12) 주요 어족별 종성 구조[29]

어족 \ 종성 최대 개수	1개	2개	3개	4개
Sino-Tibetan(141, 18%)	107(18%)	9(11%)	0	0
Austronesian(113, 14%)	93(16%)	5(6%)	1(8%)	0
Atlantic-Congo(90, 11%)	86(14%)	1(1%)	0	0
Austroasiatic(54, 7%)	44(7%)	2(2%)	0	0
Nuclear Trans New Guinea(37, 5%)	35(6%)	2(2%)	0	0
Tai-Kadai(30, 4%)	21(4%)	0	0	0
Indo-European(22, 3%)	6(1%)	10(12%)	2(17%)	3(75%)
Pama-Nyungan(19, 2%)	14(2%)	3(4%)	1(8%)	0
Afro-Asiatic(17, 2%)	11(2%)	3(4%)	0	0
Otomanguean(17, 2%)	11(2%)	4(5%)	0	0
Tupian(16, 2%)	15(3%)	0	0	0
Pano-Tacanan(14, 2%)	13(2%)	0	0	0
기타(255, 32%)	142(24%)	45(54%)	8(67%)	1(25%)
총 795개 언어	총 598개 언어	총 84개 언어	총 12개 언어	총 4개 언어

(12)는 종성에 올 수 있는 자음의 최대 개수에 따라 각 어족의 언어들이 어느 정도 빈도를 보이는지를 나타낸다. 즉, 2장의 (2)에 제시된 주요 어족별로 종성의 최대 개수에 따른 4개 부류에 어느 정도의 언어가 포함되는지 그 숫자와 비율을 표시하고 있는 것이다. 예컨대 Sino-Tibetan 어족에는 795개의 논의 대상 언어 중 141개가 속해서 전체적으로 약 18%의 비중을 차지하는데, 이 어족의 언어들은 종성에 오는 자음의 최대 개수가 1개인 경우에는 107개가 나타나서 그 부류에 속하는 598개 언어 중 18%를 차지한다. 또한 Indo-European

29. 아래의 표에서 각 어족 명칭의 괄호 안에 표시한 숫자와 비율은 전체 논의 대상인 795개 언어를 대상으로 한 것이고, 종성 최대 개수별로 표시한 숫자는 종성에 올 수 있는 자음의 최대 개수가 밝혀진 698개 언어를 대상으로 한 것이다.

어족에는 795개의 논의 대상 중 22개 언어(3%)가 포함되는데, 종성의 최대 개수가 2개인 경우에 10개 언어가 나타나서 해당 등급에 속하는 84개 언어 중에서는 12%의 비중을 이룬다. 음영 처리가 된 것은 그 등급에서 가장 빈도가 높은 어족을 가리킨다.[30]

(12)를 보면 어족에 따른 종성 구조의 차이가 어느 정도 확인된다. 종성 구조가 가장 단순한 어족은 Tai-Kadai 어족이다. 이 어족에 속하는 30개의 언어 중 종성 구조가 밝혀진 언어는 21개인데, 이 중에서 종성의 자음군을 허용하는 것은 전혀 없다.[31] Tai-Kadai 어족보다 규모가 큰 어족 중에서 Sino-Tibetan 어족을 제외한 나머지 어족들도 대체로 종성의 구조가 단순한 편이다. 이 어족들은 언어 규모에 비해 자음군을 허용하는 언어의 비중이 상대적으로 매우 낮은 편이다. 반면 Indo-European 어족은 종성의 구조가 가장 복잡하다고 할 수 있다. 이 어족에 속하는 언어들은 종성에 자음군을 허용하는 언어(15개)가 그렇지 않은 언어(6개)보다 2.5배 더 많다. 즉, 이 어족에 속하는 언어들은 종성에서 자음군이 실현되는 것이 오히려 무표적이라고 할 수 있는 것이다. 특히 종성에 최대 4개의 자음을 허용하는 언어의 대부분이 이 어족에 속해 있다.

이제 마지막으로 (10)의 종성 구조와 각 언어의 사용 지역별 상관성을 살피기로 한다. 2장의 (3)에 제시된 7개의 대권역별로 종성 구조의 분포를 정리하면 다음과 같다.

30. 이것은 뒤에 제시되는 표에서도 동일하다.

31. Tupian, Pano-Tacanan 어족도 자음군을 허용하는 언어는 존재하지 않는다. 다만 어족의 규모가 Tai-Kadai 어족보다는 작다.

(13) 지역별 종성 구조

종성 최대 개수 / 지역	1개	2개	3개	4개
아시아(270, 34%)	198(33%)	20(24%)	3(25%)	1(25%)
파푸네시아(183, 23%)	153(26%)	14(17%)	1(8%)	0
아프리카(131, 16%)	112(19%)	11(13%)	0	0
남미(101, 13%)	81(14%)	5(6%)	1(8%)	0
북미(66, 8%)	37(6%)	16(19%)	6(50%)	1(25%)
호주(31, 4%)	15(3%)	11(13%)	1(8%)	0
유럽(13, 2%)	2(0.3%)	7(8%)	0	2(50%)
총합	598	84	12	4

(13)에 표시된 숫자의 기본적인 성격은 (12)와 비슷하되, 검토 대상이 어족에서 지역으로 바뀌었을 뿐이다. 언어의 사용 지역은 어족과 밀접한 관련을 맺기 때문에 (13)의 결과는 (12)와 무관하지 않다. 다만 (12)와 달리 (13)에서는 지역별 종성 구조의 특성이 아주 뚜렷하게 나타나지는 않는다.

(13)에서 종성 구조가 비교적 단순한 지역은 아시아, 파푸네시아, 아프리카, 남미라고 할 수 있다. 이 지역들에서 사용되는 언어들을 보면 자음군을 허용하는 언어보다 그렇지 않은 언어가 압도적으로 많다. 반면 유럽은 종성 구조가 가장 복잡하다고 할 수 있다. 이 지역에서는 자음군을 허용하는 언어가 오히려 그렇지 않은 언어보다 훨씬 많다. (13)에 포함된 유럽의 언어들은 대체로 Indo-European 어족에 속하며, (12)에서 확인한 것처럼 이 어족의 종성 구조가 복잡한 편이기 때문에 유럽 지역의 언어들도 종성 구조가 복잡한 모습을 보인다. 이 외에 북미나 호주는 유럽만큼은 아니지만 다른 지역에 비해서는 종성의 구조가 복잡한 편에 속한다.

이제 이 절의 두 번째 하위 주제인 (9ㄴ)으로 넘어가기로 한다. (9ㄴ)은 초성과 종성에 허용 가능한 최대 자음의 개수가 어떻게 차이가 나는지와 관련된다. 종성에 자음 실현의 제약이 좀 더 강하다는 것을 고려하면 초성에서 허용하는 최대 자음의 개수가 종성보다는 많을 것이 예상된다. 또한 앞서 이미 검토한 (1ㄱ)에 비추어 보아도 초성이 종성보다 더 필수적이므로 초성에 올 수 있는 자음의 최대 개수가 종성보다 더 많으리라고 추론하는 것이 가능하다.

그런데 Gordon(2016: 86~87)에 따르면 무표적인 음절형인 CV형의 초성 또는 종성에 자음이 추가되면서 음절 구조의 복잡성이 증가할 때, 초성보다는 종성에서 구조적 복잡성을 더 많이 허용하는 경향이 있다고 한다. 다시 말해 CV형 음절에 자음이 더 결합할 때에는 CCV형 음절보다는 CVC형 음절이 더 많이 나타난다는 것이다.[32] 더욱이 Hooper(1976: 231)의 언급처럼 많은 언어에서 종성의 자음군 구성이 초성의 자음군보다 좀 더 자유롭다. 이러한 사정은 오히려 종성 자음군의 최대 개수가 초성보다 더 많을 가능성을 말해 준다.

이처럼 초성의 구조가 더 복잡할 것으로 예상되는 측면과 종성의 구조가 더 복잡할 것으로 예상되는 측면이 공존하고 있다. 따라서 구체적인 자료를 분석하기 전에는 어느 쪽이 더 우세할지 판단하기가 쉽지 않다. 앞서 언급한 바와 같이 795개 언어 중 초성과 종성의 구조가 모두 확인되는 언어의 수는 698개이다. 이 언어들을 대상으로 하여 (10)과 동일한 방식으로 초성의 구조에 따른 언어의 분포를 조사하면 다음과 같다.

(14) 초성에서 허용하는 최대 자음 개수와 언어 수

초성 최대 개수	1개	2개	3개	4개	5개
언어 수	393(56.3%)	268(38.4%)	33(4.7%)	3(0.4%)	1(0.1%)

32. CVC형 음절에 자음이 더 결합할 때에도 CCVC형 음절보다는 CVCC형 음절이 더 일반적으로 나타난다고 한다.

(14)를 (10)과 비교하면 뚜렷한 차이가 드러난다. 무엇보다도 자음군이 초성에 올 수 있는 언어의 수가 종성의 경우보다 훨씬 많다. (14)에서는 43.7%의 언어가 2개 이상의 자음을 초성에 허용하며, 이것은 (10)의 14.5%와 비교해 월등히 높다. 또한 초성에 올 수 있는 최대의 자음 개수도 5개로서 종성에서의 4개에 비해 더 많다.[33] 이러한 사정은 종성보다는 초성이 자음군 실현에 좀 더 유리함을 말해 준다.

이제 초성과 종성의 구조 차이를 좀 더 명확히 알기 위해 언어별로 초성과 종성의 구조가 어떻게 나타나는지를 비교하여 검토하기로 한다.

(15) 언어별 초성과 종성의 구조

종성 최대 / 초성 최대	1	2	3	4
1	352	38	3	0
2	229	35	3	1
3	13	11	6	3
4	3	0	0	0
5	1	0	0	0

(15)는 초성과 종성에 올 수 있는 자음의 최대 개수에 따른 언어들의 분포를 보여 준다. 예컨대 초성과 종성 모두 최대 1개의 자음만 올 수 있는 언어는 352개이며, 초성과 종성 모두 최대 2개의 자음이 올 수 있는 언어가 35개이다. (15)는 (10), (14)와 달리 개별 언어별로 초성과 종성의 최대 자음 개수가 어떠한지에 대한 정보를 요약적으로 제시해 준다.

---

33. 초성에 올 수 있는 자음의 최대 개수도 종성의 경우와 마찬가지로 기존 논의에서는 (14)보다 더 많은 것으로 보고되었다. 이 책의 논의 대상에 포함되지 않은 Georgian어의 경우 Easterday(2017: 600)에 따르면 초성에 무려 8개의 자음이 올 수 있다고 한다.

앞서 (10)과 (14)를 비교하면서 초성에 비해 종성은 자음군이 실현되는 데 상대적으로 불리한 여건임을 확인한 바 있다. 이것은 (15)에서도 잘 드러난다. (15)에서 초성보다 종성에 오는 자음의 최대 개수가 더 많은 언어는 그 반대인 경우에 비해 극히 드물다.[34] 즉, 698개의 언어 중에서 48개 언어만이 초성보다 종성이 더 복잡한 구조를 가질 뿐이다. 반면 초성의 구조가 종성보다 더 복잡한 언어는 무려 257개에 달해서, 반대의 경우보다 5배 이상 그 수가 많다.

(15)와 동일한 결과는 다른 논의의 분석 결과에서도 찾을 수 있다. Gordon(2016: 91)에는 각각 UPSID와 WALS의 언어들을 대상으로 한 분석 결과가 인용되어 있으며, Easterday(2017: 106)에도 같은 성격의 자료가 제시되어 있다. 이것들을 (15)의 형식으로 바꾸면 각각 (16), (17), (18)과 같다.[35]

(16) UPSID의 언어 자료에 나타나는 초성과 종성 구조

종성 최대 / 초성 최대	1개	2개	3개
1개	1	0	0
2개	5	5	1
3개	1	1	2

(17) WALS의 언어 자료에 나타나는 초성과 종성 구조

종성 최대 / 초성 최대	1개	2개	3개
1개	28	5	2
2개	20	13	0
3개	1	6	8

34. (15)에서 초성보다 종성에 더 많은 자음이 올 수 있는 언어들은 음영으로 표시되어 있다.

35. (16)~(18)에서 수치를 인용할 때 종성에 자음이 오지 못하는 언어는 제외하였다.

(18) Easterday(2017: 106)의 언어 자료에 나타나는 초성과 종성 구조

종성 최대 / 초성 최대	1	2	3	4	5	6
1	20	6	1	3	0	0
2	13	6	3	0	0	0
3	5	6	2	0	0	1
4	1	0	4	2	0	0
5					1	
6						
7					1	
8					1	

(16)~(18)은 비록 대상 언어의 숫자는 다르지만, (15)와 마찬가지로 초성보다 종성의 구조가 복잡한 언어는 일반적이지 않음을 잘 말해 준다. 가령 (16)에서는 16개 언어 중 1개 언어, (17)에서는 83개 언어 중 7개, (18)에서는 76개 언어 중 14개만이 이러한 예외적인 모습을 보인다. 반면 초성이 종성보다 복잡한 언어의 수는 이보다 훨씬 많아서, (16)에서는 7개 언어, (17)에서는 27개 언어, (18)에서는 31개 언어가 그러한 모습을 보인다.

그렇다면 초성보다 종성에 더 많은 자음이 오는 예외적인 성격의 언어들은 어떤 특성을 보이는지도 알아볼 필요가 있다. 우선 언어 내적인 차원에서 (15)의 예외적 모습을 보인 48개의 언어를 검토하면, 자음의 개수나 종성의 가짓수에 있어서는 다른 언어들과 특별히 다른 모습을 보이지 않는다. 이 언어들의 자음 평균 개수는 18.5개로 5장에서 살필 795개 언어의 평균 개수인 19.5개와 비교해 1개 정도 적을 뿐이다. 또한 종성의 가짓수는 평균 14.6가지로 다소 많은 편이기는 하지만, (11)에서 종성에 자음군이 오는 언어들의 평균값과는 거의 동일하다.

반면 언어 외적인 측면에서는 다소 편향적인 모습이 드러난다. 예외적인 모습을 보이는 48개 언어의 어족별 분포는 다음과 같다.

(19) 종성 구조가 초성보다 복잡한 언어들의 어족 분포[36]

Sino-Tibetan(141, 18%)	3(6%)
Austronesian(113, 14%)	2(4%)
Atlantic-Congo(90, 11%)	1(2%)
Austroasiatic(54, 7%)	0
Nuclear Trans. New Guinea(37, 5%)	0
Tai-Kadai(30, 4%)	0
Indo-European(22, 3%)	5(10%)
Pama-Nyungan(19, 2%)	4(8%)
Afro-Asiatic(17, 2%)	2(4%)
Otomanguean(17, 2%)	1(2%)
Tupian(16, 2%)	0
Pano-Tacanan(14, 2%)	0
기타(255, 32%)	30(63%)
총 795개 언어	총 48개 언어

(19)에서 전체 언어 대비 그 비중이 큰 Sino-Tibetan, Austronesian, Atlantic-Congo 어족에 속하는 언어 중에서 예외적인 것은 모두 합쳐도 6개에 불과하여 48개 언어 중 12.5%에 불과하다. 이 세 어족의 언어가 795개 언어 중 43.3%를 차지하는 것과 비교하면 매우 적은 수치이다. 즉, 종성 구조가 초성 구조보다 복잡한 언어들의 중심지는 이들 어족이라고 볼 수는 없는 것이다. 반면, 상대적으로 규모가 작은 Indo-European, Pama-Nyungan 어족의 언어는 9개나 예외에 포함되어 있다. 이 두 어족은 795개 언어 중 5.2%의 비중밖에 되지 않지만, 예외적 모습을 보이는 48개 언어 중에서는 18.8%나 차지해서

36. (19)와 (20)에 제시되는 수치의 의미는 앞서 살핀 (12), (13)과 동일하다.

예외적인 언어의 출현 비율이 상당히 높은 편이다.

예외적 모습을 보이는 언어들은 지역적으로도 불균형한 모습을 보인다.

(20) 종성 구조가 초성보다 복잡한 언어들의 지역 분포

아시아(270, 34%)	9(19%)
파푸네시아(183, 23%)	3(6%)
아프리카(131, 16%)	8(17%)
남미(101, 13%)	3(6%)
북미(66, 8%)	8(17%)
호주(31, 4%)	12(25%)
유럽(13, 2%)	5(10%)
총 795개 언어	총 48개 언어

(20)을 보면 아시아, 파푸네시아, 남미 등은 795개 언어에서 차지하는 비중과 비교할 때 예외가 출현하는 비율이 확실히 낮다. 세 지역의 언어는 795개 언어 중 69.7%를 차지하지만, 예외적인 모습의 48개 언어 중에서는 31.3%에 불과하다. 이 세 지역 중 특히 파푸네시아 지역에서 전체 규모와 비교할 때 예외적 언어의 비율이 낮다. 반면 북미, 호주, 유럽은 상대적으로 예외가 많이 출현한다. 특히 호주, 유럽에서 쓰이는 언어들 중 예외적인 모습을 보이는 경우가 많은 점이 눈에 띈다. 이 두 지역의 언어는 795개 언어 중 6%에도 미치지 못하지만, 예외적인 언어의 30% 이상이 이 두 지역에서 쓰이고 있다.

5장 음절 종성의 양적 유형론

음절 종성의 유형론적 양상은 양적인 측면에서 살필 수도 있고 질적인 측면에서 살필 수도 있다. 이 장에서는 양적인 차원에서 795개 언어의 음절 종성이 어떠한 모습을 나타내는지를 고찰하게 된다. 이 장에서 다룰 구체적인 내용은 각 언어에서 나타나는 종성의 가짓수와 그 비율, 종성의 빈도이다.[1]

5.1. 종성의 수와 비율

795개의 대상 언어에서 음소로 분석된 자음의 종류는 총 434개이다. 이 중에서 종성으로 실현이 가능한 자음은 218개로서, 전체 자음의 절반 정도에 그칠 뿐이다. 일부 예외를 제외한 대부분의 자음이 음절 초성에서 별다른 제약 없이 실현 가능한 것을 고려하면 음절 종성에서 실현되는 자음의 종류는 크게 제한된다는 사실을 확인할 수 있다.

1. 이 장의 내용은 이진호(2021)에서 살핀 것을 대폭 보완한 것임을 밝혀 둔다. 논의의 편의상 이진호(2021)에서의 인용 출처를 일일이 표시하지는 않는다.

이러한 사실은 다른 측면에서도 드러난다.

우선 각 언어에서 실현되는 종성의 개수가 평균적으로 어느 정도 되는지를 살피기로 한다.

(1) 종성에 나타나는 자음의 평균 개수

$$\frac{6{,}795}{795} = 8.55$$

(1)은 795개 언어의 종성에 실현되는 자음의 숫자를 모두 합친 후 언어의 수로 나눈 값이다. 뒤에서 살피겠지만 언어별로 종성에 오는 자음의 개수는 상당한 편차를 보이는데, 평균을 계산하면 약 8.55개가 된다. 이러한 수치의 의미를 좀 더 구체적으로 이해하기 위해서는 자음의 평균 개수와 대비하여 어느 정도의 비율인지를 검토할 필요가 있다.

(2) 자음의 평균 개수

ㄱ. 이진호(2017ㄴ): 최소 20.0개, 최대 22.3개

ㄴ. Lee(2020): 20.2개

ㄷ. 795개 언어: 19.5개

(2)에는 여러 가지 방식으로 계산된 자음의 평균 개수가 제시되어 있다.[2] (2ㄱ)은 이진호(2017ㄴ: 236)에서 기존에 제안된 다양한 방식들 및 그에 대한 대안 등 총 6가지의 방식으로 자음의 평균 개수를 계산한 결과이다.[3] 여기에 따르면 최소 20.0개에서 최대 22.3개까지의 편

2. (2)의 자음 개수에는 반모음이 제외되었기 때문에 반모음을 자음에 포함한다면 1~2개 정도 늘어날 가능성이 있다.

3. 이러한 여러 계산 방식에는 임의로 언어 샘플을 구성하여 평균을 구한 것은 물론 갖가지 편중을 막기 위한 장치들을 도입하여 평균을 구한 것 등이 모두 포함되어 있다.

차를 보인다. (2ㄴ)은 4,356개 언어를 대상으로 한 Lee(2020: 9)의 계산 결과이며, 자음의 평균 개수는 20.2개이다. (2ㄷ)과 같이 이 글의 논의 대상인 795개 언어를 대상으로 하면 평균 개수는 19.5개이며, 이 수치는 (2ㄱ, ㄴ)에 비해서는 조금 적은 편이다. 2장에서 언급했듯이 이 책의 논의 대상에는 흡착음을 포함하는 대규모 자음 체계를 가진 언어들이 다수 제외되어서 자음의 평균 개수도 다른 방식에 의한 경우보다는 조금 적다.[4]

(2ㄱ~ㄷ)의 세 가지 자음 개수 중 어느 것과 비교를 하든지 (1)에 제시된 8.55개라는 종성의 평균 개수는 매우 낮은 비율이다. (2)에서 자음의 개수가 가장 많은 (2ㄱ)의 최대치를 기준으로 할 경우 종성 자음의 개수는 전체 자음의 38%에 불과하다. (2)에서 자음 개수가 가장 적은 (2ㄷ)을 기준으로 하더라도 종성에 오는 자음은 전체 자음의 44%를 넘지 않는다. 이것은 앞서 434개의 자음 중 218개만 종성에서 발견된다는 사실과 더불어, 음절 종성에서의 자음 실현이 상당히 제약됨을 말해 주는 매우 구체적인 수치이다.

전체 언어를 대상으로 하여 종성에 실현되는 자음의 평균을 구하면 8.55개가 되지만, 개별 언어별로 종성에 몇 개의 자음이 올 수 있는지를 검토하면 언어별로 적지 않은 편차가 드러난다. 종성의 개수에 따라 언어의 분포 양상을 정리하면 다음과 같은 결과를 얻는다.

(3) 종성의 개수에 따른 언어 분포

종성 개수	언어 수	비율	종성 개수	언어 수	비율
1	48	6.0	11	48	6.0
2	49	6.2	12	38	4.8

4. Lee(2020: 9)에서는 4,356개 언어를 자음 목록의 크기에 따라 다섯 등급으로 구분하였다. 이 중 최상위 등급에 속하는 언어(자음 수가 31개 이상인 경우)의 비율은 10.4%(453/4,356)이다. 그러나 이 책의 논의 대상인 795개 언어 중에는 최상위 등급의 비율이 7.4%(59/795)로서 수치가 더 낮다.

종성 개수	언어 수	비율	종성 개수	언어 수	비율
3	42	5.3	13	34	4.3
4	42	5.3	14	34	4.3
5	44	5.5	15	22	2.8
6	77	9.7	16	15	1.9
7	91	11.4	17	5	0.6
8	63	7.9	18	7	0.9
9	51	6.4	19	6	0.8
10	45	5.7	20~36	34	4.3

(3)에서 각 언어들에 나타나는 종성의 개수는 최소 1개에서 최대 36개까지 적지 않은 차이를 보인다. 가장 많은 언어가 분포된 것은 종성이 7개인 경우이다. 11.3%에 해당하는 90개의 언어는 자음의 규모와 상관없이 7개의 자음이 종성으로 실현된다. 종성에 올 수 있는 자음의 개수가 가장 많은 언어는 Wadiyara Koli어로 36개의 종성이 나타난다. Zubair(2016: 84)에 따르면 이 언어는 36개의 자음 모두가 종성으로 실현될 수 있다. 반면 오로지 하나의 자음만 종성에 오는 언어도 48개나 되어 그 비율이 795개 언어의 6.0%로 아주 적지는 않은 규모이다.

종성의 자음 개수가 1개에서 5개 사이인 경우에는 언어 빈도에 큰 차이가 없다. 각각에 대응하는 언어가 대략 40~50개 사이로 비슷한 규모이다. 종성이 6개에서 8개 사이인 언어의 빈도는 상승해서 각각에 해당하는 언어가 최소 60개 이상이 된다. 이 구간에 속하는 언어가 795개 언어 중 거의 30%에 육박할 정도이다. 그러다가 종성이 9개 이상이 되면 그 빈도가 조금씩 떨어지기 시작해서 특히 종성의 개수가 15개를 넘는 언어의 빈도는 그 이전과 비교하여 확연하게 감소한다. 종성이 20개 이상인 언어들은 매우 적어서 모두 합쳐도 전체의 4.3%에 지나지 않는다.

(3)의 결과에 따라 795개의 언어는 몇 개의 등급으로 구분할 수 있다. 이 책에서는 다음과 같이 5개의 등급을 나누기로 한다.

(4) 종성 개수에 따른 언어 등급

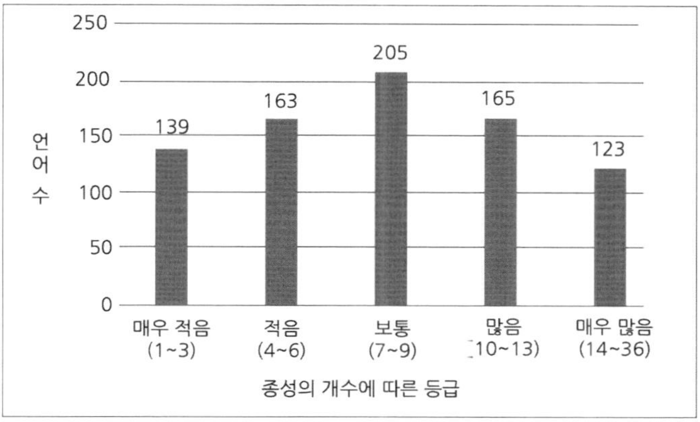

(4)는 종성에 오는 자음의 수에 따라 언어를 5개의 등급으로 나눈 결과이다. 정규 분포 곡선의 모양을 가지도록 좌우 대칭이 맞게 설정하였다. 종성의 개수가 3개 이하인 경우 '매우 적음' 등급에 속하며, 14개 이상이면 '매우 많음' 등급에 속한다. '보통' 등급은 종성이 7~9개인 언어들이 속하며, 이것은 전체 언어의 종성 개수 평균이 8.55개라는 사실과 잘 부합하고 있다.

(4)의 각 등급별로 종성의 평균 개수를 정리하면 다음과 같다.

(5) 등급별 종성의 평균 개수

	매우 적음	적음	보통	많음	매우 많음
평균 개수	2.0	5.2	7.8	11.4	17.9

'매우 적음' 등급은 3개 이하의 종성만 가진 언어들이 속하므로 종

성의 평균 개수도 2.0개로 매우 적다. 이보다 큰 등급으로 갈수록 대략 3.5개 안팎으로 종성의 개수가 늘어나다가 '매우 많음' 단계로 갈 때에는 종성의 숫자가 큰 폭으로 뛴다. '매우 많음' 등급에는 14개부터 최대 36개의 종성을 가진 언어들이 모두 포함되기 때문에 종성의 평균 개수도 이전 등급보다 대폭 늘어날 수밖에 없다.

(3), (4), (5)에서 확인한 종성 개수와 언어 분포는 자음 목록과 무관하게 종성의 절대적인 수치에 기반한 결과였다. 그런데 종성의 개수와 자음 목록의 크기 사이의 상관관계를 살필 필요가 있다. 종성의 개수가 자음 자체의 개수와 무관하지 않으리라는 추측이 가능하기 때문이다. 다음에 제시되는 (6)은 (4)의 각 등급별로 자음의 평균 개수와 표준 편차 값을 정리한 결과이다.

(6) 종성 목록의 크기 등급에 따른 자음의 평균 개수와 표준 편차

	매우 적음	적음	보통	많음	매우 많음
자음 평균 개수	19.5	19.5	19.4	18.5	20.8
표준 편차	9.4	9.7	8.5	6.4	5.4

(6)을 통해 드러난 사실은 일반적인 예상을 상당히 빗나가는 결과이다. 대체로 자음의 숫자가 많으면 그에 따라 종성의 숫자도 많고, 자음의 숫자가 적으면 종성의 숫자도 적을 것이 예상된다. 그런데 실제로는 적어도 (4)에서 구분한 5개 등급 사이에는 자음의 평균 개수에 큰 차이가 없다. 종성 목록의 크기가 두 번째로 큰 '많음' 등급에서 오히려 자음의 평균 개수가 가장 적을 뿐만 아니라, '매우 많음'을 제외한 나머지 등급 사이에는 자음의 평균 개수가 거의 비슷하다. '매우 많음' 등급에서 자음의 개수가 다른 등급보다 1.2개 정도 높게 나타나지만, (5)에서 '매우 많음' 등급의 종성 개수가 다른 등급보다 월등히 많았던 것과 비교하면 자음의 개수는 크게 차이 나지는 않는다고 해

도 과언이 아닐 정도이다. 이처럼 언어별 종성 개수의 등급별 분포는 자음 자체의 숫자와는 별다른 상관관계가 없는 듯하다.[5] 이것은 795개 언어를 대상으로 한 자음 개수와 종성 개수의 상관 계수가 0.08에 불과한 데에서도 확인된다.[6]

자음 개수와 종성 개수가 서로 관련성이 낮은 것은 또 다른 측면에서도 확인할 수 있다. Lee(2020: 9)에서는 자음 목록의 크기에 따라 언어들을 크게 다섯 등급으로 나눈 바 있다. 이 결과를 (4)와 비교하여 제시하면 다음과 같다.

(7) 자음 개수 등급과 종성 개수 등급의 비교[7]

종성 개수 등급 / 자음 개수 등급	매우 적음	적음	보통	많음	매우 많음
매우 적음(5~11)	22	21	35	6	0
적음(12~15)	33	44	33	64	23
보통(16~22)	46	54	81	58	58
많음(23~30)	24	33	39	28	34
매우 많음(31~90)	14	11	17	9	8
총합	139	163	205	165	123

(7)에서 보듯이 종성의 개수가 '매우 적음' 등급이라고 해서 자음의 개수도 '매우 적음' 등급의 비중이 높다든지 또는 종성 개수가 '매우 많음' 등급이라고 해서 자음 크기가 '매우 많음'이 많다든지 하는 뚜

5. 다만 종성 목록의 크기가 커질수록 자음 개수의 표준 편차는 확연히 줄어든다. 이것은 종성 목록의 크기가 커질수록 각 등급에 속하는 언어들 사이의 자음 개수 편차가 적어짐을 의미한다. 이러한 경향성은 뒤에 제시할 표 (7)에서도 드러난다. 종성 개수가 많은 등급으로 갈수록 자음의 개수가 '보통' 등급에 수렴하는 경향이 나타나는 것이다.

6. 여기에서 상관 계수는 피어슨 상관 계수이며 그 값이 ±1에 수렴할수록 상관관계가 높음을 의미한다. 이하에서 제시할 상관 계수도 동일하다.

7. 표의 세로축에 나오는 자음 개수 등급의 괄호 안 숫자는 그 등급에 속하는 자음의 개수를 나타낸다.

사이의 상관성은 별로 드러나지 않는다. 종성 크기가 높은 등급일수록 자음 크기가 '매우 적음' 등급인 언어의 수는 줄어드는 경향이 보이지만 이것도 절대적이지는 않다. 특히 자음의 크기가 '매우 많음' 등급은 종성 크기와는 전혀 다른 모습을 보인다. 이처럼 종성의 개수는 자음 목록의 크기와는 별다른 상관관계를 가지지 않음이 여러 자료를 통해 분명하게 확인된다.

(4)와 관련하여 더 검토할 내용은 종성 개수의 등급과 어족 또는 지역과의 관련성이다. 특정 어족이나 지역에 속하는 언어들이 종성에서 실현되는 자음의 개수와 관련하여 다른 어족 또는 지역과 구분되는 특징을 가지는지, 아니면 종성의 개수는 어족이나 지역과 무관한지를 살피는 것도 의미가 있다. 먼저, 종성 개수의 등급과 어족 사이의 관련성을 살피기로 한다. 본격적 논의에 앞서 참고를 위해 앞서 2장의 (2)에 포함된 주요 어족들을 대상으로 종성의 평균 개수와 표준편차를 제시하기로 한다.

(8) 주요 어족별 종성 평균 개수와 표준 편차

주요 어족	종성 평균 개수	표준 편차
Sino-Tibetan	6.5	3.1
Austronesian	9.8	4.0
Atlantic-Congo	6.6	4.5
Austroasiatic	10.9	2.2
Nuclear Trans New Guinea	7.1	4.3
Tai-Kadai	5.8	1.6
Indo-European	18.0	7.3
Pama-Nyungan	9.2	3.8
Afro-Asiatic	14.6	8.0
Otomanguean	5.9	7.5
Tupian	5.1	2.1
Pano-Tacanan	4.2	1.2

(8)을 보면 어족별로 종성에 올 수 있는 자음의 가짓수에 적지 않은 차이가 있음을 알 수 있다. Indo-European 어족은 평균 18.0개의 자음이 종성에서 실현되어 다른 어족을 압도한다. 이러한 수치는 795개 언어의 전체 평균인 8.55개를 두 배 이상 초과할 정도로 높은 편이다. Afro-Asiatic 어족도 14.6개로 종성에서 다양한 자음들이 실현되는 편이다. 반면 Pano-Tacanan 어족의 경우에는 평균 4.2개의 자음만이 종성에 나타나서 Indo-European 어족과 비교해 1/4에도 못 미칠 만큼 매우 낮은 모습이다. 이 외에도 전체 언어의 평균인 8.55개에 못 미치는 어족이 Sino-Tibetan, Atlantic-Congo 어족 등 상당수에 이른다.

종성 개수의 표준 편차에서도 어족에 따라 심한 차이를 보인다. Pano-Tacanan, Tai-Kadai 어족 등은 비록 종성에 오는 자음의 평균 개수 자체가 적기는 하지만 표준 편차가 작아서 상대적으로 언어에 따른 종성 개수의 차이가 적게 나타난다.[8] 반면 종성의 자음 평균 개수가 많은 Indo-European, Afro-Asiatic 어족은 표준 편차가 큰 편이다. 특이하게도 Otomanguean 어족은 종성 자음의 평균 개수보다도 표준 편차가 더 크게 나타나고 있다. 이 어족의 언어들은 종성에 실현되는 자음의 개수에 극단적 차이를 보인다.[9]

이제 (4)에서 종성 개수에 따라 구분한 5개의 등급이 어족별로 어떻게 분포되어 있는지를 정리하면 다음과 같다.

---

8. Pano-Tacanan 어족은 표준 편차가 1.2에 불과하다. 이 어족에 속하는 언어들의 종성에는 3개부터 7개까지의 자음이 와서, 가장 많은 자음이 실현되는 언어도 전체 평균인 8.55에 못 미친다. 이 어족은 확실히 종성의 자음 개수가 적다는 특징을 가진다고 할 수 있다.
9. 이 어족에 속하는 17개 언어의 종성 개수는 다음과 같다.

종성 개수	1	2	3	6	8	16	23
언어 수	6	3	2	2	1	1	2

(9) 어족별 종성 개수의 등급

종성 등급 / 어족	매우 적음	적음	보통	많음	매우 많음
Sino-Tibetan(141, 18%)	29(21%)	28(17%)	67(33%)	13(8%)	4(3%)
Austronesian(113, 14%)	12(9%)	12(7%)	16(8%)	60(36%)	13(11%)
Atlantic-Congo(90, 11%)	25(18%)	26(16%)	23(11%)	4(2%)	12(10%)
Austroasiatic(54, 7%)	0	1(1%)	10(5%)	40(24%)	3(2%)
Nuclear Trans New Guinea(37, 5%)	10(7%)	9(6%)	10(5%)	3(2%)	5(4%)
Tai-Kadai(30, 4%)	3(2%)	18(11%)	9(4%)	0	0
Indo-European(22, 3%)	1(1%)	0	0	4(2%)	17(14%)
Pama-Nyungan(19, 2%)	0	6(4%)	6(3%)	3(2%)	4(3%)
Afro-Asiatic(17, 2%)	0	3(2%)	2(1%)	4(2%)	8(6%)
Otomanguean(17, 2%)	11(8%)	2(1%)	1(0.5%)	0	3(2%)
Tupian(16, 2%)	4(3%)	7(4%)	5(2%)	0	0
Pano-Tacanan(14, 2%)	4(3%)	9(6%)	1(0.5%)	0	0
기타(255, 32%)	40(29%)	42(26%)	55(27%)	34(21%)	54(44%)
총 795개	총 139개	총 163개	총 205개	총 165개	총 123개

(9)는 종성 개수의 등급별로 각 어족에 속하는 언어들이 어느 정도의 빈도와 분포를 보이는지를 정리한 것이다. 가로축은 종성 목록의 크기에 따른 5개의 등급을 나타내고, 세로축은 2장의 (2)에 나오는 어족들을 크기의 순서대로 배열한 것이다. (9)의 기본적인 구성과 성격은 4장의 (12)와 비슷하므로 표의 정보에 대한 구체적인 설명은 생략하기로 한다.

(9)를 보면 795개 언어에 포함된 어족의 빈도가 종성 목록의 크기에 따라 비례적으로 반영되지는 않음을 명확히 보여 준다. 앞서 살핀 (8)의 어족별 평균 개수가 종성 개수의 등급 분포에 잘 반영되는 모습이다. 예컨대 종성의 자음 평균 개수가 가장 적었던 Pano-Tacanan 어족은 14개 언어 중 대부분이 종성의 개수가 '매우 적음' 또는 '적음'

등급에 속한다. 반면 종성의 자음 평균 개수가 가장 많았던 Indo-European 어족은 22개 언어 중 17개가 '매우 많음' 등급에 해당한다.

다음으로는 (4)의 종성 개수 등급과 언어들의 사용 지역 사이에 어떤 관련성이 있는지를 살피기로 한다. 앞서 어족과의 관련성을 검토했던 것과 마찬가지로 먼저 2장의 (3)에 제시된 지역별로 종성의 평균 개수와 표준 편차를 제시하기로 한다.

(10) 지역별 종성의 평균 개수와 표준 편차

지역	종성 평균 개수	표준 편차
아시아	8.3	5.2
파푸네시아	8.9	4.3
아프리카	8.1	6.4
남미	6.3	4.1
북미	10.3	6.8
호주	10.7	4.2
유럽	16.8	4.2

(10)에 제시된 지역별 종성 개수의 평균과 표준 편차를 (8)과 비교하면 확연한 차이가 발견된다. (8)에서 보이던 어족별 평균 개수는 최소 4.2개에서 최대 18.0개까지 차이가 나며, 종성 개수의 표준 편차도 어족별로 적지 않게 난다. 그에 비하면 (10)에서 보이는 종성의 평균 개수는 그 차이가 상대적으로 적은 편이며, 특히 전체 언어의 종성 평균 개수인 8.55개에 상당히 수렴해 있는 모습이다. 종성 개수의 표준 편차도 지역별로 그리 크게 다른 모습은 아니다.

(10)에서 종성의 평균 개수가 가장 적은 지역은 남미이다. 이 지역은 (8)에서 종성의 자음 평균 개수가 적은 편이었던 Tupian, Pano-Tacanan 어족의 언어들이 많은 비중을 차지하기 때문에 이러한 영향으로 종성의 평균 개수도 적다. 반면 유럽은 종성 개수가 가장 많은

Indo-European 어족의 언어들로 인해 종성 평균 개수도 다른 지역을 압도한다. 한편, 아시아의 경우 종성의 평균 개수가 적은 편인 Sino-Tibetan, Tai-Kadai 어족과 그 반대 경향을 보이는 Indo-European 어족이 혼재한다. 그래서 종성 개수의 평균이 전체 언어의 평균인 8.55개에 매우 가까운 8.3개이다.

다음으로 (4)에서 종성 개수에 따라 구분한 5개의 등급이 지역별로 어떻게 분포되어 있는지를 정리하면 다음과 같다.

(11) 지역별 종성 개수의 등급

종성 등급 / 지역	매우 적음	적음	보통	많음	매우 많음
아시아(270, 34%)	40(29%)	51(32%)	92(45%)	65(39%)	22(18%)
파푸네시아(183, 23%)	26(19%)	32(20%)	36(18%)	67(40%)	22(18%)
아프리카(131, 16%)	30(22%)	38(23%)	27(13%)	11(7%)	25(20%)
남미(101, 13%)	29(21%)	30(18%)	25(12%)	7(4%)	10(8%)
북미(66, 8%)	14(10%)	5(3%)	18(9%)	9(5%)	20(16%)
호주(31, 4%)	0	7(4%)	7(3%)	3(2%)	24(20%)
유럽(13, 2%)	0	0	0	3(2%)	10(8%)
총 795개	총 139개	총 163개	총 205개	총 165개	총 123개

(11)에 제시된 정보의 성격은 4장의 (13)이나 이 장의 (9)에 제시된 표와 비슷하다. (11) 역시 앞서 제시된 (10)의 지역별 종성 평균 개수가 지역별 등급 분포에 잘 드러나고 있다. 종성의 평균 개수가 가장 많은 유럽 지역의 언어들은 13개 모두 '보통'보다 높은 등급에 속해 있다. 그에 비하여 종성 평균 개수가 가장 적은 남미 지역의 언어들은 101개 중 80% 이상이 '보통' 또는 그보다 낮은 등급에 포함되어 있다.

지금까지 종성의 구조와 상관없이 종성에 몇 가지 종류의 자음이 올 수 있으며, 그에 따른 언어의 분포, 어족 및 지역과의 관련성 등에 대해 구체적인 통계 자료를 통해 알아보았다. 그런데 언어마다 자음의 개수가 다르므로, 단순히 종성에 실현되는 자음의 절대적 개수만으로는 종성 실현의 양상을 충분히 이해했다고 보기 어렵다. 더욱이 자음의 개수와 종성의 개수 사이에는 상관성이 별로 없다는 점에서, 언어에 따라 자음의 개수에 대비한 종성의 실현 비율이 상당한 편차를 보일 가능성이 크다.

이것을 고려할 때 자음 목록의 크기에 따라 그중 어느 정도의 자음이 종성에서 실현될 수 있는지를 나타내는 종성 실현 비율을 별도로 검토할 필요가 있다. 종성이 초성에 비해 자음이 실현되는 데 제약이 많다면 그 정도성이 전체적으로 어떻게 나타나는지를 살피는 것도 의미가 있기 때문이다. 다음에 제시하는 (12)는 각 언어별로 자음의 개수를 분모로 하고 종성에 실현되는 자음의 개수를 분자로 하여 그 비율에 따라 언어들의 분포를 나타낸 것이다.

(12) 자음 수 대비 종성 비율에 따른 언어 분포

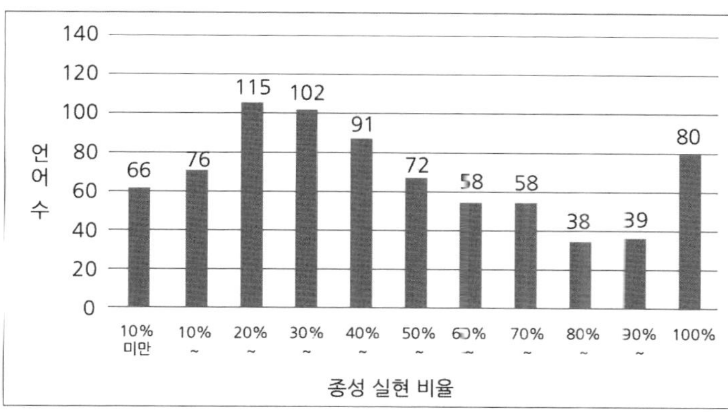

(12)에서는 10% 미만의 자음만 종성에서 나타나는 언어들에서부터 모든 자음이 종성에서 실현될 수 있는 언어들에 이르기까지 매우 넓은 스펙트럼을 보이고 있다. 앞서 (1)과 (2)의 대비를 통해서 확인

한 것처럼, 전체 언어를 대상으로 하면 전체 자음 중 최소 38%에서 최대 44%의 자음이 평균적으로 종성에 실현될 수 있다. 이 책의 논의 대상으로 한정하면 44%의 자음이 종성에서 실현될 뿐이다. 그런데 (12)에서 가장 많은 언어들이 몰려 있는 구간은 이보다는 종성 비율이 아주 낮은 20~29.9%의 구간이다. 또한 이 구간 이후로 종성 실현 비율이 높아질 때마다 각 구간에 속하는 언어의 숫자는 대체로 감소하는 양상을 보인다.

(12)에서 특징적인 것은 모든 자음이 종성에서 실현될 수 있는 언어의 수가 80개에 달한다는 점이다. 종성에서의 자음 실현이 제약된다는 사실을 감안할 때 종성 실현 비율이 높아질수록 그에 해당하는 언어는 줄어들 것이 예상되며, 실제로 (12)에서도 이러한 경향이 상당수의 구간에서 나타난다. 그런데 90%대의 실현 비율을 보이는 언어보다 모든 자음이 종성에서 실현되는 언어의 수가 2배 가까이 많다. 795개 언어 중에서는 그 비중이 약 10%를 넘으며, (12)에 나온 11개의 등급 중에서는 네 번째로 그 크기가 크다.

모든 자음이 종성에서 실현될 수 있다는 것은 일반적인 경향은 아니다. 이러한 특수한 모습을 가지려면 아무래도 해당 언어들의 자음 개수가 적을수록 유리할 것으로 예상된다. 자음이 많으면 많을수록 모든 자음들이 종성에서 실현될 가능성은 줄어들 수밖에 없다. 실제로 80개 언어들의 자음 개수를 조사해 보면 평균 16.2개로 앞서 (2)에서 살핀 자음의 평균 개수보다는 최소 3개 이상 적다. 다만 20개 이상의 자음을 가진 언어도 80개 중 20개에 달하며, 드물지만 Wadiyara Koli어(36개), Burushaski어(33개)와 같이 30개 이상의 자음을 가진 언어도 존재하기는 한다.[10] 이 중 Wadiyara Koli어는 종성으로 실현되는 자음의 개수와 종성 실현 비율 모두 가장 높은 모습을 보인다.

10. 이 두 언어는 모두 인도, 파키스탄 등지에서 쓰이고 있다.

모든 자음이 종성에서 실현되는 언어들의 종성 구조는 일반적인 언어들보다 복잡한 편에 속한다. 80개의 언어 중 절반이 넘는 41개가 종성에 자음군이 오는 것을 허용한다. 4장의 (10)에서 698개 언어 중에서 100개 언어만 종성에 자음군이 실현될 수 있었던 것과 비교하면 그 비율이 매우 높은 편이다. 또한 4장의 (11)에서는 종성에 올 수 있는 자음의 최대 개수가 많아서 그 구조가 복잡할수록 종성에서 실현 가능한 자음의 가짓수가 많았는데, 이러한 양상은 모든 자음이 종성에 실현되는 언어들에서도 확인된다. 즉, 이 언어들은 종성에서 평균 16.2개의 자음이 나타날 수 있는데, 이것은 4장 (11)의 수치와 비교할 때 확실히 많은 편에 속하는 것이다.

자음의 종성 실현 비율이 100%인 언어들은 어족 또는 지역에 있어서도 어떤 경향성을 보이고 있다. 단일 어족으로는 Austronesian 어족에 속한 언어가 80개 중 22개에 해당하여 가장 많은 비중을 차지한다. 그다음이 8개 언어가 포함된 Indo-European 어족이다. Austronesian 어족은, 어족 자체의 크기가 비슷한 Atlantic-Congo 어족의 언어 중 불과 1개만이 종성 실현 비율이 100%인 것과 비교할 때 확실히 두드러진 모습이다. 또한 Indo-European 어족의 경우 이 책의 논의 대상에 포함된 22개 언어 중 8개가 이 부류에 속해 있어서 상당히 높은 비중을 보인다고 할 수 있다. 지역적으로는 파푸네시아 지역의 언어가 80개 중 33개에 해당하여 가장 많은 모습이다. 반면 아프리카는 4개 언어, 남미는 불과 2개 언어만이 이 부류에 속할 뿐이다.

앞서 (4)에서는 종성 개수의 크기에 따라 795개 언어를 5개의 등급으로 나눈 바 있다. 이러한 등급의 분포는 종성 실현 비율을 통해서도 설정할 수 있다. (4)와 동일한 방식으로 종성의 실현 비율에 따라 795개 언어를 분류하면 다음과 같은 결과를 얻을 수 있다.

(13) 자음 수 대비 종성 실현 비율에 따른 언어 등급

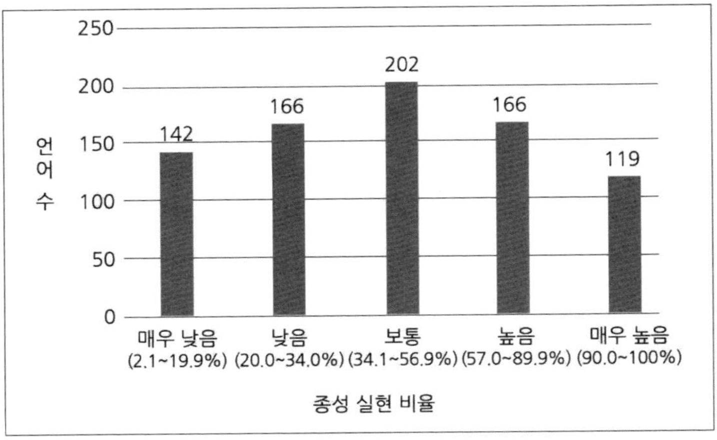

(13)은 논의 대상만 종성 실현 비율로 바뀌었을 뿐 그 밖의 내용이나 작성 방법은 (4)와 동일하다. 종성 실현 비율이 20% 미만인 경우에 가장 낮은 등급이 된다. 반면 그 비율이 90% 이상일 경우에는 가장 높은 등급이 된다. 795개 언어의 종성 실현 비율의 평균은 약 44%로서 '보통' 등급의 거의 가운데에 위치한다.

(13)의 구체적인 내용에 대한 분석은 (4)에 준하여 하도록 한다. 따라서 우선 (13)의 각 등급별로 종성 실현 비율의 평균값을 살펴보도록 한다.

(14) 종성 실현 비율의 등급별 평균과 표준 편차[11]

등급	매우 낮음	낮음	보통	높음	매우 높음
평균 비율	10.4%	27.1%	44.7%	71.8%	97.9%
표준 편차	5	4	6	9	3

11. 표준 편차는 %의 숫자 단위에 맞추어 원래 값에 100을 곱해서 제시한다. 이하에 제시될 비율에 대한 표준 편차는 모두 마찬가지이다.

(14)는 (13)의 각 등급에 속하는 언어들의 종성 실현 비율을 평균 낸 값이다. (14)의 등급별 평균 비율은 대체로 각 등급의 중간값에 가까운 모습을 보인다. 다만, '매우 높음' 등급에서 중간값보다 평균 비율이 많이 높은 것은, '매우 높음' 등급에 종성 실현 비율이 100%인 언어가 80개나 포함되어 있기 때문이다.

자음 대비 종성의 실현 비율은 자음 목록의 크기 및 종성의 개수에 따라 달라진다. 따라서 (13)의 각 등급별로 자음 목록의 크기와 종성의 개수가 어떤 양상을 보이는지를 살필 필요가 있다. 아래에 제시하는 (15), (16)은 각각 등급별 자음의 개수 및 종성의 개수를 나타낸다.

(15) 종성 실현 비율의 등급에 따른 자음의 평균 개수

등급	매우 낮음	낮음	보통	높음	매우 높음
평균 개수	25.4	21.4	18.3	15.8	16.8
표준 편차	12.3	7.5	5.3	4.9	5.8

(15)를 보면 종성 실현 비율에 따른 등급이 높아질수록 자음의 평균 개수는 점차 줄어드는 것을 볼 수 있다. '매우 낮음' 등급에서 '높음' 등급까지는 확실히 이러한 경향을 보여 준다. '높음' 등급에서 '매우 높음' 등급으로 바뀔 때에는 자음의 수가 소폭 증가하여 약간 차이가 난다. 다만, 795개 언어 전체를 대상으로 하여 종성 실현 비율과 자음 개수 사이의 상관 계수를 계산하면 -0.37에 불과해서 뚜렷한 상관관계를 인정할 만한 단계에는 이르지 못한다.

(16) 종성 실현 비율의 등급에 따른 종성의 평균 개수

등급	매우 낮음	낮음	보통	높음	매우 높음
평균 개수	2.6	5.7	8.1	11.2	16.5
표준 편차	1.9	2.0	2.6	3.3	5.6

(16)은 종성 실현 비율의 등급에 따라 종성에서 실현될 수 있는 자음의 개수가 어떻게 달라지는지를 보여 준다. (15)의 종성 실현 비율과 자음 개수 사이의 관련성보다 (16)의 종성 실현 비율과 종성 개수 사이에 더 밀접한 관련성이 나타난다. 종성 실현 비율이 높아질수록 종성의 평균 개수는 계속 늘어나서 둘 사이에는 정비례 관계가 성립하는 것이다. 실제로 795개 언어 전체를 대상으로 종성 실현 비율과 종성 평균 개수 사이의 상관 계수를 계산해 보아도 0.81로서 뚜렷한 정비례 관계를 보여 준다.

자음 개수에 대비한 종성 실현 비율의 상승은 여러 방향으로 실현될 수 있다. 종성 실현 비율의 등급이 높아질수록 자음 숫자는 줄어들고 종성 숫자는 늘어나는 방향도 가능하고, 같은 조건에서 자음 숫자가 늘어나되 종성 숫자는 더 큰 비율로 늘어나는 방향도 가능하다.[12] 그런데 (15)와 (16)을 종합적으로 검토해 보면, 종성 실현 비율에 따른 등급이 높아질수록 자음의 숫자는 대체로 줄고 종성의 개수는 많이 늘어나고 있음을 알 수 있다.

이제 (13)의 각 등급과 어족 또는 지역이 어떤 관련 양상을 지니는지를 살피기로 한다. 이에 대한 논의는 (4)에 대한 논의와 평행하게 진행한다. 따라서 종성 실현 비율이 주요 어족별로 어떻게 다른지부터 먼저 고찰한다.

(17) 주요 어족별 종성 실현 비율

주요 어족	종성 실현 비율	표준 편차
Sino-Tibetan	27.9%	15
Austronesian	66.5%	28
Atlantic-Congo	31.0%	22
Austroasiatic	52.7%	16

12. 이 외에도 여러 가지 가능성이 존재하는 것이 사실이다.

주요 어족	종성 실현 비율	표준 편차
Nuclear Trans New Guinea	55.1%	29
Tai-Kadai	25.4%	13
Indo-European	82.0%	23
Pama-Nyungan	65.4%	24
Afro-Asiatic	54.9%	30
Otomanguean	30.0%	34
Tupian	45.2%	19
Pano-Tacanan	33.9%	10

(17)에서 보듯 어족에 따른 종성 실현 비율에는 상당한 차이가 발견된다.[13] Indo-European 어족은 전체 자음 중 82.0%의 자음이 종성에서 실현되고 있어서 가장 높은 비율을 보인다. 이 어족의 언어들은 (8)에서 살핀 종성의 평균 개수도 가장 많다. 또한 4장에서 본 것처럼 종성의 구조 또한 가장 복잡한 모습이다. 이런 점들을 고려할 때 Indo-European 어족은 종성에 관한 한 그 어떤 어족보다도 제약이 적으며, 따라서 가장 다양한 종성 체계를 지닌다고 할 수 있다.

이에 반해 Sino-Tibetan, Tai-Kadai 어족은 종성에서 전체 자음의 30% 미만만이 실현되고 있어서 종성 실현 비율이 가장 낮다. 이 두 어족은 (8)에서 살핀 종성의 평균 개수도 평균에 비해 적었었다. 다만 이 두 어족보다 종성의 평균 개수가 더 적은 어족들도 없지는 않았으나, 종성 실현 비율은 이 두 어족이 가장 낮은 편에 속한다.

각 어족의 언어들이 (13)의 다섯 등급에 어떻게 분포되어 있는지를 정리하면 다음과 같다.

13. 이것은 종성 실현 비율이 어족 구분에 주요 기준으로 활용될 수 있음을 말해 준다.

(18) 어족별 종성 실현 비율의 등급

종성 등급 / 어족	매우 낮음	낮음	보통	높음	매우 높음
Sino-Tibetan(141, 18%)	40(28%)	45(27%)	43(21%)	3(2%)	0
Austronesian(113, 14%)	5(4%)	16(10%)	20(10%)	40(24%)	32(23%)
Atlantic-Congo(90, 11%)	33(23%)	27(16%)	19(9%)	8(5%)	3(3%)
Austroasiatic(54, 7%)	0	9(5%)	23(11%)	21(13%)	1(1%)
Nuclear Trans New Guinea(37, 5%)	5(4%)	2(1%)	15(7%)	7(5%)	8(7%)
Tai-Kadai(30, 4%)	10(7%)	11(7%)	9(4%)	0	0
Indo-European(22, 3%)	1(1%)	0	2(1%)	7(5%)	12(10%)
Pama-Nyungan(19, 2%)	0	2(1%)	7(3%)	5(3%)	5(4%)
Afro-Asiatic(17, 2%)	3(2%)	0	6(3%)	4(2%)	4(3%)
Otomanguean(17, 2%)	10(7%)	3(2%)	0	1(1%)	3(3%)
Tupian(16, 2%)	1(1%)	3(2%)	7(3%)	5(3%)	0
Pano-Tacanan(14, 2%)	0	9(5%)	4(2%)	1(1%)	0
기타 (255, 32%)	34(24%)	39(23%)	47(23%)	64(39%)	51(43%)
총 795개	총 142개	총 166개	총 202개	총 166개	총 119개

당연한 귀결이지만 (17)에서 종성 실현 비율이 높은 어족일수록 높은 등급에 속한 언어의 수가 많다. Indo-European 어족의 경우 '매우 높음' 등급에 22개 언어 중 12개가 속해 있어 과반수의 언어가 집중되어 있다. 반면 Sino-Tibetan, Tai-Kadai 어족은 '매우 높음' 등급에 속하는 언어는 전혀 없으며, '보통' 이하 등급에 많은 언어들이 집중되어 있다. 또한 Otomanguean 어족의 언어들은 '보통' 등급에 속하는 언어가 전혀 없다는 점이 특징이다. 이 어족의 언어들은 종성 실현 비율에 극심한 편차가 존재하는 양상이다.[14]

마지막으로 (13)에 나오는 종성 실현 비율의 등급과 지역과의 관련

14. 앞서 (8)과 각주 9)에서 드러났듯이 종성 개수의 표준 편차에서도 이 어족의 언어들은 큰 차이를 보이고 있다.

성을 검토하기로 한다. 지역별로 종성 실현 비율의 평균과 표준 편차를 정리하면 다음과 같은 결과를 얻는다.

(19) 지역별 종성 실현 비율

지역	종성 실현 비율	표준 편차
아시아	36.9%	23
파푸네시아	64.3%	29
아프리카	36.4%	26
남미	47.3%	26
북미	59.6%	35
호주	73.0%	25
유럽	84.9%	18

(19)에서 종성 실현 비율이 가장 낮은 지역은 아시아와 아프리카이다. 이 두 지역권의 언어들은 전체 자음 중 약 1/3이 약간 넘는 비율의 자음만 종성에서 실현될 수 있을 뿐이다. 이 두 지역만이 유일하게 전체 언어의 종성 실현 비율 평균인 44%를 밑돌고 있다. 유럽은 Indo-European 어족의 언어들이 다수 포함되어 잋기 때문에 종성 실현 비율이 가장 높다. 이 지역의 언어들은 자음 목록 중 85%에 가까운 자음들이 종성에서 실현될 수 있다. 또한 호주의 언어들이 유럽 다음으로 종성 실현 비율이 높은 것으로 나타났다.

각 지역별 언어들이 종성 실현 비율에 따른 다섯 등급에 어떻게 분포되어 있는지는 (20)에서 확인할 수 있다.

(20) 지역별 종성 실현 비율의 등급

지역 \ 종성 등급	매우 적음	적음	노통	많음	매우 많음
아시아(270, 34%)	59(42%)	81(49%)	86(43%)	29(17%)	15(13%)
파푸네시아(183, 23%)	12(8%)	22(13%)	42(21%)	58(35%)	49(41%)

지역 \ 종성 등급	매우 적음	적음	보통	많음	매우 많음
아프리카(131, 16%)	42(30%)	34(20%)	28(14%)	16(10%)	11(9%)
남미(101, 13%)	16(11%)	21(13%)	24(12%)	36(22%)	4(3%)
북미(66, 8%)	13(9%)	6(4%)	11(5%)	15(9%)	21(18%)
호주(31, 4%)	0	2(1%)	9(4%)	8(5%)	12(10%)
유럽(13, 2%)	0	0	2(1%)	4(2%)	7(6%)
총합	142	166	202	166	119

(19)에서 종성 실현 비율이 높은 지역은 당연히 (20)에서도 높은 등급에 많은 언어들이 몰려 있다. 예컨대 유럽과 호주의 경우 '매우 적음' 단계에 속하는 언어는 전혀 없으며 절대다수의 언어가 '보통' 또는 그 이상 등급에 속해 있는 것이다. 반면 (19)에서 종성 실현 비율이 낮았던 아시아와 아프리카는 그 반대 양상을 보인다.

5.2. 종성의 빈도

앞 절에서는 종성의 개수 및 자음 대비 종성의 실현 비율을 주로 다루었다. 이 과정에서 종성으로 실현되는 각각의 자음에 대한 고려는 하지 않았다. 이 절에서는 개별 자음별로 종성에서의 실현 양상이 양적으로 어떻게 되는지를 살피기로 한다. 먼저 검토할 내용은 자음별로 몇 개의 언어에서 종성으로 실현되는지를 나타내는 빈도수이다. 종성으로서 1개 이상의 언어에서 실현되는 자음은 총 218개이다.[15] 이 중 빈도순에 따라 상위 20개의 자음을 제시하면 다음과 같다.

15. 218개 자음 전체의 빈도수에 대한 정보는 12장을 참고할 수 있다.

(21) 고빈도 종성 목록

순위	종성	언어 빈도	순위	종성	언어 빈도
1	m	675	11	h	169
2	n	628	12	b	160
3	ŋ	536	13	ɲ	153
4	k	521	14	r	139
5	p	475	15	g	134
6	t	430	16	d	123
7	l	354	17	ʃ	97
8	ʔ	283	18	ɹ	90
9	s	271	19	n̪	89
10	ɾ	198	20	ʧ	88

(21)에 나타난 자음별 종성에서의 빈도수를 보면 논의 대상인 795개 언어 중 절반 이상에서 종성으로 실현될 수 있는 자음은 그리 많지 않다. 상위 6개의 자음만이 전체 언어의 50% 이상에서 나타난다. 또한 795개 언어 중 10% 이상의 언어에서 종성으로 실현되는 자음은 (21)에 제시된 20개가 전부이다. (21)에 제시되지 않은 나머지 198개 종성 자음의 언어 빈도수는 현격하게 떨어진다. 예컨대 10개 이상의 언어에서 실현되는 종성이 198개 중 32개에 불과하다. 더욱이 198개 중 142개의 자음은 5개 미만의 언어에서만 종성에 나타날 뿐이며, 오로지 하나의 언어에서만 발견되는 종성 자음도 77개에 달한다.

(21)을 보면 종성에서 고빈도로 실현되는 자음 목록에는 몇 가지 뚜렷한 경향성이 있다. 우선 비음의 빈도수가 높다. 자음 자체의 절대적 빈도는 파열음이 비음보다 높은 편이지만, 종성에서의 실현 빈도는 오히려 비음이 더 높다.[16] (21)에서 1~3위를 모두 주요 조음 위치

16. 가령 Lee(2020: 7)에서 4,356개 언어를 대상으로 하여 파열음의 빈도수를 조사한 결과를 보면 1~3위는 각각 'k(96.5%, 4,205/4,356), p(87.9%, 3,829/4,356), t(79.0%, 3,442/4,356)'가 차지한다. 이러한 결과를 PHOIBLE(www.phoible.org)에

의 비음이 차지하고 있을 뿐만 아니라, 'ɲ(경구개음), n̪(치음)'도 20위 안에 포함되어 있다. 둘째, 장애음 중에서는 유성음보다 무성음의 빈도가 더 높다. (21)에는 유무성에 의해서만 대립되는 장애음 대립쌍이 여럿 포함되어 있는데, 예외 없이 모두 무성 장애음의 빈도가 그에 대응하는 유성 장애음보다 더 높다. 셋째, 이차 조음(secondary articulation)을 동반하는 복합 자음 또는 짜내기 소리(creaky voice)나 중얼거림 소리(murmur) 등과 같은 복잡한 후두 작용을 동반하는 자음들은 전혀 찾아볼 수 없다.[17] 이 자음들은 종성으로 나타나기는 하지만 그 빈도가 매우 낮은 편이다. 이 밖의 더 자세한 내용은 6장에서 다루겠지만 종성에서의 자음 실현에는 자음의 조음 방법이나 조음 위치가 어느 정도 관여하고 있는 것이 사실이다.

(21)에 제시된 종성의 빈도수는 자음 자체의 절대적인 빈도수에 영향을 받을 가능성이 있다. 아무래도 많은 언어에서 음소로 존재하는 자음은 종성으로 실현되는 언어 수도 많으며, 적은 언어에서 음소로 존재하는 자음은 종성에서의 언어 빈도수도 낮을 수밖에 없다. 그래서 어떤 자음이 600개 언어에서 나타난다면 이 중 1/6의 언어에서만 종성으로 나타나도 (21)에 포함될 수 있는 반면, 어떤 자음이 80개 이하의 언어에서 나타날 경우에는 이 자음이 모든 언어에서 종성으로 쓰여도 (21)에는 포함되기 어려운 것이다. 이러한 사정을 감안하면, 단순한 빈도만 고려할 것이 아니라 자음의 빈도수 대비 종성으로의 실현 비율을 추가로 살필 필요가 있다. 자음의 절대적 빈도와 무관하게 어떤 언어에 자음이 있을 때 이 자음이 종성으로 실현될 수 있는 비율이 어느 정도인지를 정리하면 다음과 같다.

나온 비음의 빈도수와 비교하면 'm(96%), n(78%), ŋ(63%)'로 파열음의 빈도가 더 높게 나타난다.

17. 이차 조음은 그 빈도에 따라 유기음화(aspiration), 비음화(nasalization), 순음화(labialization), 경구개화(palatalization), 인두화(pharyngealization), 후두화(laryngealization), 연구개화(velarization)의 일곱 가지로 구분할 수 있다.

(22) 빈도수 대비 종성 실현 비율이 높은 자음

순위	종성	언어 빈도	순위	종성	언어 빈도
1	ŋ	93.1% (536/576)	11	q	63.6% (28/44)
2	n	90.1% (628/697)	12	l	59.4% (354/596)
3	n̪	90.8% (89/98)	13	ɾ	56.6% (198/350)
4	m	86.0% (675/785)	14	ɹ	55.4% (36/65)
5	t̪	73.8% (90/122)	15	s̪	49.1% (28/57)
6	ʔ	73.5% (283/385)	16	ʃ	46.6% (97/208)
7	r	71.6% (139/194)	17	d̪	45.1% (23/51)
8	k	67.9% (521/767)	18	ʂ	44.7% (21/47)
9	p	66.2% (475/717)	19	t	44.6% (25/56)
10	t	65.0% (430/662)	20	ɲ	44.1% (153/347)

(22)는 해당 자음이 몇 개 언어에서 나타나는지를 분모로 하고 그 중 몇 개의 언어에서 종성으로 쓰이는지를 분자로 하여 그 비율을 계산한 것이다. 이때 극히 일부 언어에서만 나타나는 자음의 경우 종성 실현 비율을 논하는 것이 큰 의미가 없다. 예컨대 12장에 제시된 자료를 보면 종성 실현 비율이 100%인 자음이 33개 제시되어 있는데, 이 자음들은 모두 4개 이하의 언어에서만 나타날 뿐이다. 이렇게 빈도수가 낮은 자음들을 포함하면 전체적인 경향성을 심하게 왜곡할 가능성이 높다. 그러므로 795개 언어의 5% 이상, 즉 40개 이상의 언어에서 나타나는 자음만을 대상으로 하여 종성으로 실현되는 비율을 검토하였다.[18] 그중 상위 20개의 자음을 순서대로 제시한 결과가 (22)이다. '%' 옆의 괄호 안 숫자는 종성 실현 비율의 산출 근거, 즉 '종성으로 실현되는 언어의 숫자/자음이 나타나는 언어 숫자'를 나타낸다.

(21)에 제시되었던 자음들은 고빈도 자음에 속하므로 모두가 (22)에 제시된 순위를 정할 때 논의 대상에 포함된다. 그런데 (21)과 (22)

18. 전체 자음의 종성 실현 비율은 12장을 참고할 수 있다.

를 서로 비교하면 몇몇 차이가 드러난다. 우선, (21)에 포함된 자음 중 빠진 것도 있고 (22)에 새로 포함된 것도 있다. 가령 (21)에 포함되었던 's, h, b, g, d, ʧ'는 (22)에서 보이지 않는다. 유성 평파열음인 'b, g, d'가 모두 종성 실현 비율의 상위권에서 빠진 점이 두드러진다. 또한 종성으로서의 빈도가 높은 's'가 (22)에서 빠진 것도 예상 밖이다.[19] 반면 이 자음들을 대신하여 'q, l̪, s̪, ɖ, ʂ, ʈ'가 (22)에 새로 포함되었다. 권설음인 'ɖ, ʂ, ʈ'의 종성 실현 비율이 20위 이내에 속한다는 점이 특이하다. 그중에서도 'ɖ'는 비슷한 성격의 유성 평파열음인 'b, g, d'가 (22)에서 제외되었다는 점과 비교할 때 정반대의 모습을 보이고 있다.

일부 자음의 제외 또는 첨가보다 더 두드러진 것은 순위의 변화이다. 20개 자음 중 (21)과 (22)에 모두 포함된 자음은 14개이다. 그런데 이 자음들의 순위가 (21)과 (22)에서 적잖은 차이를 드러낸다. 순위가 그대로 유지된 것은 'n'에 불과하다. 순위의 변화에도 경향성이 드러난다. 우선 비음의 순위는 전반적으로 (21)에 비해 (22)에서 더 상승했다. (21)에서는 최상위 3개가 비음이었는데, (22)에서는 최상위 4개가 비음이다.[20] 반면 주요 조음 위치의 무성 평파열음인 'k, p, t'의 순위는 (21)에 비해 (22)에서 많이 하락하였다. 이 자음들은 절대적 빈도수는 높지만 종성에서의 실현 비율은 상대적으로 낮은 편이다.

이 외에 치음의 순위나 비중이 (21)에 비해 (22)에서 더 높아진 것도 눈에 띈다. (21)에서 치음은 18, 19위에 해당하는 't̪, n̪'에 불과하지만, (22)에서는 이 두 자음 이외에 'l̪, s̪'가 추가되었다. 그뿐만 아니라 실현 비율의 순위도 (21)에 비해 (22)에서 크게 상승했다. 5위권 안에 두 개의 치음이 포함되어 있는 것이다.

한편 위에서 살핀 종성 실현 비율이 높은 자음과 대비되는, 종성 실

19. 's'는 615개 언어 중 271개 언어에서 종성으로 실현되어 그 비율이 (22)의 20위에 해당하는 'ɲ'보다 아주 약간 낮다.

20. 비음 사이의 순위도 변화가 있기는 하다.

현 비율이 매우 낮은 자음들도 존재한다. (22)와 마찬가지로 795개 언어 중 5% 이상의 언어에서 나타나는 자음들을 대상으로 하여 종성 실현 비율이 낮은 10개의 자음을 정리하면 다음과 같다.

(23) 빈도수 대비 종성 실현 비율이 낮은 자음

순위	종성	언어 빈도	순위	종성	언어 빈도
200	ʧʰ	6.6% (4/61)	212	pʰ	2.9% (7/242)
200	ʨ	6.6% (4/61)	213	kʰ	2.9% (7/243)
205	dz	5.4% (4/74)	216	ʨʰ	2.0% (1/49)
209	m̥	4.9% (2/41)	217	tʰ	1.5% (3/200)
210	kp	4.6% (3/65)	218	ʦʰ	1.2% (1/82)

(23)에 제시된 자음들은 모두 종성으로서 하나 이상의 언어에서 실현되는 218개의 자음 중 종성 실현 비율의 순위가 200위 이하에 속한다. 이 자음들은 795개 언어 중 최소 40개 이상의 언어에서 나타나므로 절대 빈도 자체는 그리 낮다고 하기 어렵다. 그러나 종성에서의 실현 비율은 최하위권에 해당한다.

이 자음들을 보면 매우 뚜렷한 경향성이 몇 가지 드러난다. 무엇보다도 유기음들이 절대다수를 차지하고 있다. 10개의 자음 중 무려 6개가 유기음이다. 또한 파찰음이 많은 점도 빼놓을 수 없다. 10개의 자음 중 절반에 해당하는 5개는 파찰음이다.[21] 유기음이나 파찰음 어디에도 속하지 않는 자음으로 'm̥, kp'가 있다. 그런데 이 자음들도 무성 비음 또는 동시 조음을 지니는 파열음이라는 특수성이 있다.[22] 이

---

21. 파찰음은 자음의 조음 방식에서 볼 때 종성에서 가장 선호도가 떨어진다. 자세한 것은 6장을 참고할 수 있다.

22. 동시 조음은 대등한 지위의 주된 조음(primary articulation)이 두 개의 위치에서 거의 동시에 일어나는 것을 가리킨다. 'kp'는 양순과 연구개에서 동시 조음이 일어나는 파열음으로, 동시 조음이 일어나는 자음 중 가장 대표적인 유형이라고 할 수 있다.

러한 사정을 보건대 종성 실현과 자음의 조음 방법 또는 조음 위치 사이에 모종의 관련성이 있음을 부인할 수 없다.[23]

23. 이 문제는 6장에서 더 자세히 다루기로 한다.

6장 음절 종성의 질적 유형론

이 장에서는 음절 종성이 질적으로 어떠한 유형론적 양상을 보이는지를 살피기로 한다. 중심 내용은 선호되는 종성 목록, 종성 실현에 관여하는 조음 위치와 조음 방법, 그리고 음절 종성에서 확인되는 몇몇 함의 관계이다. 이를 통해 음절 종성의 유형론적 특징에 대한 이해가 깊어질 것이다.

6.1. 선호되는 종성 목록

이 절에서는 각 언어에서 나타나는 종성 목록 전체를 대상으로 하여 어떠한 종성 목록이 더 선호되는지를 살피기로 한다. 논의는 크게 두 가지 기준에 따라 이루어진다. 하나는 5장의 (4)에 제시된 종성 개수에 따른 등급별로 선호되는 목록을 살피는 것이다. 다른 하나는 종성 목록을 이루는 자음의 부류에 따라 어떤 부류로 이루어진 종성 목록이 더 선호되는지를 검토하는 것이다. 이 두 가지를 구분해야 하는 이유는 뒤에서 따로 서술하기로 한다.

6.1.1. 자음 개수로 본 종성 목록의 선호도

본격적으로 논의하기에 앞서 종성에 실현되는 자음의 개수에 따라 종성 목록을 정리함으로써 얼마나 다양한 종성 목록이 존재하는지를 간략히 확인하기로 한다.

(1) 종성 개수에 따른 종성 목록의 종류

종성 개수	언어 수	목록의 종류	종성 개수	언어 수	목록의 종류
1	48	7	11	48	44
2	49	14	12	38	33
3	42	25	13	34	27
4	42	26	14	34	30
5	44	36	15	22	20
6	77	33	16	15	15
7	91	46	17	5	5
8	63	48	18	7	7
9	51	44	19	6	5
10	45	40	20~36	34	33

(1)은 종성의 개수별로 몇 개의 언어에서 몇 가지의 종성 목록이 나타나는지를 요약적으로 보여 준다. 795개 언어에서 확인할 수 있는 종성의 목록은 무려 538가지에 달한다. 이것은 여러 언어들에서 공통적으로 나타나는 종성 목록이 그리 많지 않음을 말해 준다. 종성의 개수가 적을 때에는 종성 목록의 유형도 상대적으로 단순하다. 예컨대 종성이 1개일 때에는 48개의 언어에서 7가지의 종성 목록만 나타날 뿐이다. 그렇지만 종성의 개수가 많아지면서 그에 비례하여 종성 목록의 유형도 급격히 증가하는 모습이다. 그리하여 전체 언어의 종성

평균 개수인 8.55개를 초과하는 경우, 즉 종성이 9개 이상인 경우만을 따로 떼어서 보면 339개 언어에서 303개의 서로 다른 종성 목록이 나타난다. 다시 말해 둘 이상의 언어에서 공통으로 출현하는 종성 목록이 그리 많지 않음을 가리키는 것이다. 종성의 개수에 따라 선호되는 종성 목록을 살필 때에는 이러한 특수한 사정을 감안할 필요가 있다.

이제, 5장의 (4)에서 구분한 다섯 개의 등급 중 먼저 가장 종성의 개수가 적은 '매우 적음' 등급에서 어떠한 종성 목록이 선호되는지를 검토하기로 한다. 이 등급에 속하는 언어들은 다른 등급에 비해 선호되는 종성 목록의 유형이 뚜렷하게 나타나는 편이다. 종성의 개수가 적은 등급에서 나타나는 종성 목록에 포함된 자음은 종성으로서의 선호도가 다른 경우보다 높을 가능성이 있다. 종성에 소수의 자음만 허용하는 경우라면, 그때 종성에 실현되는 자음은 다른 경우보다도 종성으로 더 적합함을 의미하는 것일 수 있기 때문이다. 따라서 '매우 적음' 등급의 종성 목록은 단순히 종성 목록의 확인에서 그치지 않고, 앞서 5장의 (21), (22)에서 살핀 고빈도 자음이 얼마나 포함되어 있는지를 아울러 검토할 필요가 있다.

'매우 적음' 등급에 속하는 언어들에서 반복적으로 많이 나타나는 종성 목록을 정리하면 다음과 같다.

(2) '매우 적음' 등급에서 선호되는 종성 목록[1]

ㄱ. 종성 1개: { ʔ }(19, ⓐ), { ŋ }(16, ⓑ), { m }(6, ⓒ)

ㄴ. 종성 2개: { m, n }(19, ⓓ) { ʔ, ŋ }(7, ⓔ), { n, ŋ }(6, ⓕ)

ㄷ. 종성 3개: { m, n, ŋ }(10, ⓖ), { m, n, ɲ }(6, ⓗ)

1. 종성 목록 옆의 괄호 안 숫자는 해당 목록을 가진 언어의 수를 나타내며, 원 기호는 이하에서 해당 목록을 가리키는 데 쓰인다. 이하에서도 특별한 언급이 없으면 괄호 안의 숫자는 언어 빈도를 가리킨다.

(2ㄱ, ㄴ, ㄷ)은 각각 종성의 개수가 1, 2, 3개인 언어들에서 많이 나타나는 종성 목록을 보여 준다. (2)에 제시된 목록들은 모두 5개 이상의 언어에서 나타난다. (1)에 따르면 종성으로 하나의 자음만 가능한 언어들의 경우 총 7가지의 종성 목록이 존재한다. 그중 (2ㄱ)의 3가지 목록이 5개 이상의 언어에서 나타난다. 가장 많은 언어에서 나타나는 종성 목록(ⓐ)은 후두 파열음 'ʔ'로 이루어진 것으로 19개 언어에서 나타난다. 그런데 자음의 조음 방법에서 보면 유일한 종성으로 비음 중 하나를 가지는 언어가 수적으로는 더 우세하다. (2ㄱ)에 나오는 'ŋ'나 'm' 이외에 'n' 또는 'ɲ'을 유일한 종성으로 가지는 언어가 각각 4개와 1개 존재하기 때문에, 종성으로 하나의 자음만 허용하는 48개 언어 중 절반이 넘는 27개 언어는 비음을 유일한 종성으로 지닌다.[2]

(2ㄱ)의 목록들은 지역적 분포에서 차이를 보인다. (2ㄱ)에서 가장 높은 빈도를 보이는 'ʔ'는 북미와 남미의 언어들에서 많이 발견된다. 이 자음을 유일한 종성으로 가지는 19개 언어 중 이 두 지역의 언어가 13개로 대부분을 차지한다.[3] 이 두 지역이 795개 언어에서 차지하는 비중이 21% 정도 되는 것을 고려하면, 19개 언어 중 13개가 이 지역에 분포한다는 것은 확실히 지역적인 특징을 반영한다고 할 수 있다. 반면 아프리카, 유럽, 호주의 언어는 전혀 없다. 한편, (2ㄱ)의 'm'과 'ŋ'를 포함하여 비음 중 하나를 유일한 종성으로 허용하는 27개의 언어들은 오히려 아시아(16개 언어)나 아프리카(7개 언어)에서 많이 발견된다. 이 외에 파푸네시아의 언어 4개가 더 존재할 뿐이다. 이 외의 다른 지역에서는 비음을 유일한 종성으로 가지는 언어가 발견되지 않는다. 이처럼 종성이 1개 있는 언어에서 흔히 발견되는 두 가지 주요 종

2. 이 외에 파열음 'k'와 탄설음(flap) 'ɾ'을 유일한 종성으로 가지는 언어가 각각 1개씩 존재한다.
3. 후두 파열음을 유일한 종성으로 가지는 언어는 아시아와 파푸네시아에도 각각 3개씩 분포하고 있다.

성, 즉 후두 파열음과 비음의 지역적 분포는 뚜렷하게 구분되고 있다.

(2ㄴ)은 종성에 두 가지 자음이 실현될 수 있는 언어들에서 흔히 나타나는 종성 목록으로 역시 5개 이상 언어에서 발견되는 것들이다. 비음으로만 이루어진 목록이 2개(ⓓ, ⓕ) 있고, 후두 파열음과 비음으로 이루어진 목록이 1개(ⓔ) 있다.[4] 종성으로 두 개의 자음이 오는 49개의 언어 중 무려 30개는 비음으로만 이루어진 종성 목록을 가지고 있다. (2ㄴ)에 제시된 종성 목록 중에도 비음만 포함한 종성 목록(ⓓ, ⓕ)의 빈도가 훨씬 더 높다.

(2ㄱ)은 주요 종성 목록인 후두 파열음과 비음의 지역적 분포가 상당히 명확하게 구분되는 모습을 보였다. 그런데 이러한 특징이 (2ㄴ)에서는 잘 드러나지 않는다. 다시 말해, 후두 파열음을 포함하는 ⓔ와 비음으로만 이루어진 ⓓ, ⓕ 사이에 배타적인 분포가 드러나지는 않는다. 그 대신 ⓓ와 ⓕ 사이에 지역적 분포 차이가 발견된다. 같은 비음이라도 'm, n'으로 이루어진 ⓓ를 가진 19개 언어 중에는 아시아에 분포한 것이 없는 반면, ⓕ는 6개 언어 중 5개가 아시아에서 사용될 정도로 지역적 편재성이 극명하게 갈린다.

(2ㄷ)은 세 개의 자음만이 종성으로 쓰일 수 있는 언어에서 나타나는 종성 목록 중 일부이다. 역시 5개 이상의 언어에서 나타나는 것들로 한정했는데, ⓖ와 ⓗ 모두 비음으로 이루어져 있다는 공통점이 있다. (2ㄱ, ㄴ)에서 많이 보이던 후두 파열음을 포함한 종성 목록은 5개 이상의 언어에서 나타나지 않는다.[5] (2ㄷ)에 제시된 두 개의 종성 목록은 'm, n'을 공유하며, 나머지 하나의 비음이 연구개 비음 'ŋ'인지(ⓖ) 경구개 비음 'ɲ'인지(ⓗ)에서만 차이가 날뿐이다. 그런데 ⓗ를 가

4. 후두 파열음과 비음으로 이루어진 종성 목록으로는 'n, ʔ'과 'ŋ, ʔ'도 있지만, 5개 미만의 언어에서 나타난다.

5. 12.2에 따르면 3개의 종성이 후두 파열음과 비음으로만 이루어진 목록이 4가지 존재하지만 모두 2개 이하의 언어에서만 나타난다.

진 6개의 언어는 모두 공통적으로 'ŋ'를 음소로 가지지 않는다는 점을 고려할 때 (2ㄷ)의 ⓖ와 ⓗ는 그 유사성이 훨씬 더 높아진다. 다만 지역적 분포를 보면 'ŋ'를 포함한 ⓖ를 가진 10개 언어가 아프리카(4개 언어), 파푸네시아(4개 언어), 아시아(2개 언어)에서 발견되고, 'ɲ'를 포함한 ⓗ를 가진 6개 언어가 남미(3개 언어), 아프리카(3개 언어)에서 발견되어 분포상의 차이를 보인다. 즉, 음운론적 유사성에도 불구하고 지역적 분포가 달라서, 이 두 목록을 동질적인 것으로 간주하기에는 무리가 따르는 것이다.

지금까지 종성의 개수가 '매우 적음' 등급에 속하는 언어들을 대상으로 하여 선호되는 종성 목록이 무엇인지를 검토하였다. 이 등급에 속하는 언어들은 종성으로 실현될 수 있는 자음의 종류가 최소 1개부터 최대 3개까지로 종성 목록의 규모가 가장 작다. 그런데 개수와 상관없이 비음을 포함하는 종성 목록이 전반적으로 매우 선호되는 것을 확인할 수 있었다. 앞서 5장의 (21)과 (22)를 통해 개별 종성들의 빈도수나 종성 실현 비율을 검토했을 때 최상위권에는 모두 비음들이 분포하였다. 크기가 작은 종성 목록에 이러한 비음들이 대부분 포함되어 있다는 것은, 비음이 종성으로서 실현되는 데 있어 가장 보편적인 자음임을 다시 한번 확인시켜 준다.

다음으로 5장의 (4)에서 설정한 5개의 등급 중 두 번째로 크기가 작은 '적음' 등급을 살피도록 한다. 이 등급에 속하면서 5개 이상의 언어에서 나타나는 종성 목록을 정리하면 다음과 같다.

(3) '적음' 등급에서 선호되는 종성 목록

ㄱ. 종성 4개: { m, n, ɲ, ŋ }(6, ⓐ), { m, n, ɾ, l](5, ⓑ)

ㄴ. 종성 5개: 없음

ㄷ. 종성 6개: { p, t, k, m, n, ŋ }(38, ⓒ), { p, ʈ, k, m, ɳ, ŋ }(5, ⓓ)

(3ㄱ, ㄴ, ㄷ)은 각각 종성의 개수가 4, 5, 6개인 경우의 고빈도 종성 목록이다. (3ㄱ)에 제시된 두 개의 종성 목록 중 비음만으로 이루어진 ⓐ는 앞서 '매우 적음' 등급에서 많이 나타나던 목록과 기본적인 성격은 동일하다고 할 수 있다. 특히 이 목록을 가진 6개 언어의 지역적 분포를 보면 아프리카가 5개, 남미가 1개로 나타나서, (2ㄷ)의 ⓗ와 지역적 분포나 음운론적 성격이 매우 가깝다는 것이 확인된다. (3ㄱ)에서 비음 2개와 유음 2개로 이루어진 종성 목록 ⓑ는 이전까지 보아 온 고빈도 목록과는 상당히 다른 모습이다. 4개의 자음 모두가 공명음이며, 조음 위치는 치조에 치우쳐 있다. 이 목록을 가진 언어들은 아프리카에 4개, 파푸네시아에 1개가 분포하여 아프리카 지역에 편중된 모습이다. 대체로 (3ㄱ)에 속하는 고빈도 목록의 중심지는 아프리카로 드러나고 있다.

(3ㄴ)은 종성 개수가 5개인 언어들의 경우인데, 고빈도 종성 목록이 존재하지 않는다. 44개의 언어 중 5개 이상의 언어에서 나타나는 종성 목록을 찾을 수가 없는 것이다. 다만 파열음과 비음으로 이루어진 {p, t, m, n, ŋ}가 4개 언어에서 나타나고 있다. 이 목록은 고빈도에 포함되지는 않지만 여러 언어에서 발견되는 종성 목록에 파열음이 포함되기 시작한다는 점에서 의미가 있다. 795개 언어 전체를 검토해 보면 비음과 파열음을 모두 지니는 종성 목록이 그렇지 않은 종성 목록보다 훨씬 높은 빈도를 보인다.[6]

(3ㄷ)은 종성에 6개의 자음이 올 수 있는 언어들에서 발견되는 고빈도 종성 목록이다. 지금까지는 종성에 가능한 자음의 개수가 많아질수록 고빈도 종성 목록의 유형이나 빈드가 줄어드는 경향을 보였

6. 종성 목록에 비음과 파열음 중 어느 하나 이상이 포함된 언어는 795개 중 무려 763개이다. 또한 이 언어들 중에서 종성 목록에 파열음과 비음이 모두 포함된 것이 587개로 그렇지 않은 경우를 압도한다. 이러한 수치는 종성 목록의 구성에 있어서 비음과 파열음의 조합이 매우 선호됨을 여실히 보여 준다.

다. 그런데 (3ㄷ)에서는 그 이전보다도 빈도가 훨씬 더 높은 목록이 출현하고 있다. 무려 38개 언어에서 발견되는 ⓒ는 세 개의 주요 조음 위치에서 발음되는 파열음과 비음의 쌍으로 이루어져 있다. ⓒ는 출현 언어의 빈도수도 높지만 음운론적 대립의 양상도 매우 보편적인 모습을 보인다고 할 수 있다.[7] (3ㄷ)의 또 다른 목록인 ⓓ는 ⓒ와 비교할 때 치조음 대신 치음이 포함되었다는 점만 다르기 때문에 실제로 (3ㄷ)의 ⓒ와 ⓓ는 기본적인 음운론적 성격이 동일하다고 할 수 있다. 이 두 종성 목록의 공통점은 지역적 분포에서도 그대로 드러난다. ⓒ와 ⓓ는 모두 아시아와 파푸네시아의 언어들에서 가장 많이 나타난다.[8]

앞의 각주 6)에서 구체적인 수치와 더불어 간단히 언급한 바와 같이, 종성 목록에는 파열음과 비음 모두 포함되는 편이 그렇지 않은 편에 비해 훨씬 더 일반적이다. 이때 파열음과 비음의 조음 위치는 서로 대응하는 경향이 강하다. (3ㄷ)의 두 종성 목록에서도 이러한 사실들이 확인된다. 종성 목록의 크기가 (3ㄷ)보다 큰 경우, 즉 종성에 7개 이상의 자음이 올 수 있는 언어들에서 높은 빈도를 보이는 종성 목록들은 (3ㄷ)의 종성 목록을 토대로 한다고 해도 과언이 아니다. 즉, (3ㄷ)의 종성 목록에 다른 자음이 추가되는 구조를 지니는 것이다. 그만큼 (3ㄷ)에서 확인된 세 조음 위치에서의 '파열음-비음' 쌍은 종성 목록에 있어 중요한 의미를 지닌다.

종성 목록의 크기가 '보통' 등급인 언어들은 종성에 7~9개의 자음이 오게 된다. 이런 언어들에서 고빈도 종성 목록을 추리면 다음과 같다.

---

7. 동일한 조음 위치에서 파열음과 비음이 대립하는 것은 보편적인 경향성을 지니고 있다.
8. 치음이 포함된 ⓓ는 아시아와 파푸네시아에서만 발견된다. 치조음이 포함된 ⓒ는 이 두 지역의 언어에서 가장 높은 비율을 보이며, 이외에 남미의 3개 언어와 아프리카의 2개 언어에서 확인된다.

(4) '보통' 등급에서 선호되는 종성 목록

ㄱ. 종성 7개: { p, t, k, ʔ, m, n, ŋ }(25, ⓐ) { p, t, k, m, n, ŋ, ɾ }(8, ⓑ), { p, t̪, k, ʔ, m, n̪, ŋ }(6, ⓒ), { p, t k, ʔ, m, n, ɲ }(6, ⓓ)

ㄴ. 종성 8개: { p, t, k, m, n, ŋ, ʔ, h }(6, ⓔ)

ㄷ. 종성 9개: { p, t, k, s, m, n, ŋ, ɾ, l }(5, ⓕ)

(4ㄱ)은 종성에 7개 자음이 오는 경우의 고빈도 종성 목록이다. 종성의 개수로 보면 7개의 자음이 종성에 오는 언어가 795개 언어 중 90개로 가장 많다. 5개 이상의 언어에서 나타나는 고빈도 목록의 유형도 다른 경우보다 (4ㄱ)에서 더 많이 나타난다. (4ㄱ)에서 가장 빈도가 높은 ⓐ는 (3ㄷ)의 최고 빈도 목록(ⓒ)에 후두 파열음 'ʔ'이 추가된 것이다. (4ㄱ)의 나머지 고빈도 목록 중에서 ⓑ와 ⓒ도 (3ㄷ)에 제시된 두 개의 종성 목록 중 어느 하나에 다른 자음이 추가된 형태이다. 이러한 경향의 유일한 예외인 (4ㄱ-ⓓ)는 'ŋ' 대신 'ɲ'이 포함되어 있다는 점에서 (3ㄷ)의 종성 목록들과 직접적인 관련은 없다. 그러나 파열음과 비음이 3개씩 포함되어 있다는 점에서 (4ㄱ)의 다른 목록들과 음운론적 성격이 근본적으로 다르지는 않다.

(4ㄱ)의 종성 목록은 모두 지역적 편재성이 두드러진다. 가장 빈도가 높은 ⓐ는 25개 언어 중 남미의 Awetí어를 제외한 나머지가 모두 아시아에 분포되어 있다. ⓑ는 8개 언어 중 파푸네시아의 Nek어를 제외한 7개가, ⓒ는 6개 언어 중 아프리카의 Ngomba어를 제외한 나머지가 모두 아시아에 분포되어 있다는 점에서 ⓐ와 비슷하다. 반면 ⓓ는 6개 언어 모두가 남미에서 발견된다는 편재성을 보인다. 앞서 살핀 것처럼 (4ㄱ)의 네 가지 종성 목록 중 ⓐ, ⓑ, ⓒ가 비슷한 공통점을 가지고, ⓓ가 약간 차이가 난다.[9] 그런데 이러한 양상이 지리적 분포

9. 다시 말해, (4ㄱ)의 ⓐ, ⓑ, ⓒ는 (3ㄷ)의 두 개 목록 중 어느 하나에 다른 자음이 하나 추가된 형태이지만, (4ㄱ)의 ⓓ는 그렇지가 않다.

에 뚜렷하게 반영되어 있어 매우 흥미롭다.

(4ㄴ)은 종성에 8개의 자음이 오는 언어들 중 5개 이상의 언어에서 나타나는 종성 목록이다. 이런 조건을 가진 것은 (4ㄴ)에 제시된 것이 유일하다. 이것 이외에 4개의 언어에서 나타나는 종성 목록으로 {p, t, k, m, n, ŋ, r, l}이 있다.[10] (4ㄴ)의 목록 역시 (3ㄷ)에서 본 파열음과 비음의 세 쌍이 포함되어 있으며, 여기에 두 개의 후음이 추가되었다. (4ㄴ)의 종성 목록도 아시아가 중심지이다. 6개 언어 중 4개가 아시아에 분포하며, 2개가 파푸네시아에 분포한다.[11]

(4ㄷ)은 9개의 자음으로 이루어진 종성 목록 중 5개 이상의 언어에서 나타나는 경우이다. (4ㄴ)과 마찬가지로 하나의 목록만이 이 조건을 만족한다. 다만 (4ㄷ)에서 탄설음 'ɾ' 대신 진동음 'r'이 포함된 목록이 4개의 언어에서 발견되기는 한다. (4ㄷ)의 목록에도 양순, 치조, 연구개에서 조음되는 파열음과 비음이 각각 3개씩 포함되어 있다. (4ㄷ)의 종성 목록은 (4ㄱ, ㄴ)과 달리 특정 지역으로의 편중은 보이지 않는다. 비록 5개의 언어밖에 없기는 하지만 아시아, 파푸네시아, 아프리카에 퍼져 있다.

(4)에 제시된 '보통' 등급의 고빈도 종성 목록은 확실히 비슷한 특징을 공유한다. 무엇보다도 앞에서 지적했던 바와 같이 (3ㄷ)의 고빈도 종성 목록을 기반으로 하여 여기에 다른 자음이 추가되는 구성의 종성 목록을 가진다는 점이 주목된다. 세 개의 주요 조음 위치인 양순, 치조, 연구개에서 조음되는 파열음 'p, t('ʈ' 포함), k'와 비음 'm, n('ɳ' 포함), ŋ'가 (4ㄱ~ㄷ)에 제시된 6개의 종성 목록 중 5개에 포함되어 있다. 나머지 하나(4ㄱ-ⓓ)도 비음이 3개 나타난다는 점에서 그

10. 이 목록과 비슷하지만 진동음 'r' 대신 탄설음 'ɾ'이 포함된 목록이 3개 언어에서 발견된다.

11. 그런데 파푸네시아에 분포한 두 언어(Central Berawan어, Kiput어) 역시 말레이시아를 중심으로 사용되고 있어서 실제로는 아시아에 포함해도 무방하다.

성격이 크게 다르지는 않다. 결과적으로 (4)에 제시된 종성 목록의 차이는 6개의 기본 자음에 어떤 자음이 더 추가되느냐에 달려 있다고 해도 과언이 아니다. 전체적으로는 후두 파열음 'ʔ'이 추가되는 경우가 가장 많다. 이처럼 종성의 개수가 6개 이상으로 확대될 때에는 주요 조음 위치의 파열음과 비음들이 종성 목록에 함께 포함되는 것이 일반적이라는 경향성을 어느 정도 확인할 수 있다. 다만 어떤 자음들이 여기에 더 추가되는지에 대한 양상은 현재까지의 자료만으로는 단정하기 어렵다. 이 문제는 뒤의 6.1.2에서 좀 더 상세히 다루기로 한다.

지금까지 종성 목록의 크기가 '매우 적음, 적음, 보통'의 세 등급에 속하는 언어들을 대상으로 종성의 개수에 따라 선호되는 종성 목록을 검토해 보았다. 그리고 이 과정에서 몇 가지 두드러진 경향성을 확인할 수 있었다. 그런데 이러한 논의를 '많음, 매우 많음' 등급까지 계속 이어가기는 어렵다. 이미 (1)에서 확인한 것처럼 종성 목록의 크기가 커지면 2개 이상의 언어에서 공통적으로 나타나는 종성 목록의 수조차도 그리 많지 않다. 실제로 12장에 제시된 종성 목록을 살펴보면 '많음'이나 '매우 많음' 등급의 경우 5개 이상 언어에서 나타나는 종성 목록은 모두 합쳐도 겨우 2개에 불과하다. 그 이하 숫자의 언어에서 나타나는 종성 목록 역시 매우 적으며, 대부분은 오로지 1개의 언어에서만 나타날 정도로 종성 목록이 다양하게 나타난다. 따라서 종성 개수를 중심으로 하여 선호되는 종성 목록을 분석하는 것은 여기서 마무리하기로 한다.

6.1.2. 자음 부류로 본 종성 목록의 선호도

앞서 살펴본 바와 같이 795개 언어에서 나타나는 종성 목록은 매우 다양하다. 종성 목록을 이루는 자음 중 하나만 달라도 서로 다른 목록으로 간주되기 때문에 이러한 결과는 어쩔 수 없는 것이기도 하다. 예컨대 다른 종성 목록은 모두 동일하면서 유일한 유음으로 어떤 언어는 설측음이 오고, 어떤 언어는 설측음이 아닌 자음이 온다면 이 두 언어는 서로 다른 종성 목록을 가지는 것으로 분석된다. 심지어 종성의 유음이 설측음이 아닌 자음이 오더라도 탄설음(flap)인 'ɾ'이 오는 언어와 진동음인 'r'이 오는 언어는 서로 다른 종성 목록을 가지게 된다. 그런데 이렇게 종성 목록을 세분할 경우 앞에서 살핀 몇몇 고빈도의 종성 목록을 제외하면 종성 목록에 있어서의 일반적 경향성을 포착하는 것이 용이하지 않다. 즉, 앞서 제시한 예들처럼 종성 목록에서 다른 자음들은 모두 동일하면서 오로지 유음이 탄설음인지 진동음인지만 차이가 나는 언어들이 있다면 이 두 부류의 언어는 매우 가까운 성격을 가짐에도 불구하고 이러한 유사성을 포착하기 쉽지 않은 것이다. 종성 목록의 유형화를 위해서는 다른 방법론을 모색할 필요가 있다.

이러한 문제점을 해결하기 위해 여기서는 종성 목록을 개별 자음이 아닌 자음의 부류 차원에서 살피기로 한다. 특히 자음의 조음 방법을 중시하여 자음을 파열음(P, plosive), 마찰음(F, fricative), 파찰음(A, affricate), 비음(N, nasal), 유음(L, liquid), 후음(G, glottal)의 여섯 가지 분류로 나눈 후, 종성 목록이 이들 부류 중 어떤 것으로 구성되는지를 살피도록 한다. 그럴 경우에는 종성 목록의 경향성이 훨씬 더 명확히 드러나게 된다.

구체적인 논의에 앞서 후음에 대한 간략한 언급이 필요하다. 후음은 자음의 조음 방법이 아닌 조음 위치에 따라 구분되는 유형이다. 그러므로 파열음이나 마찰음 등과는 다른 층위에 놓인다. 그렇지만 여러 언어들의 종성 목록을 검토해 보면, 후음은 조음 위치의 하나가 아니라 마치 독자적인 부류로 기능하는 듯하다. 즉, 종성 목록에서의 'ʔ'나 'h'는 파열음이나 마찰음과 동일한 양상을 보인다기보다는 그 각각이 후음으로서 독립적인 부류로 기능하는 것이다. 예컨대, (2)의 여러 고빈도 종성 목록에서 다른 파열음은 종성 목록에서 발견되지 않는데 'ʔ'은 종성 목록에 포함되는 경우가 많은 것이 대표적이다. 만약 'ʔ'를 파열음으로 묶는다면 이러한 특성을 제대로 포착하기 어렵다. 'h'는 'ʔ'에 비해서는 그런 경우가 적지만 역시 다른 마찰음과 같이 묶기보다는 'ʔ'와 더불어 후음으로 묶는 것이 종성 목록의 선호도를 검토하는 데에는 유리해 보인다. 이것을 감안하여 후음은 조음 방법으로 구분되는 다른 부류들과 대등한 지위를 부여하도록 한다. 이후 자음의 부류에 따른 종성 목록의 유형을 검토하는 과정에서 후음의 독자성이 더 명확히 드러날 것이다.

논의 대상인 언어들의 종성 목록은 일차적으로 자음 부류의 숫자에 따라 한 가지로 이루어진 것에서부터 여섯 가지로 이루어진 것까지 구분된다. 또한 어떤 부류의 조합으로 이루어졌는지에 따라 하위 분류가 가능하다. 이처럼 795개 언어에 나타나는 종성 목록들을 자음 부류에 따라 분류하면 다음과 같은 결과를 얻는다.

(5) 자음 부류의 조합에 따른 종성 목록의 분류

<table>
<tr><th></th><th>자음 부류의 개수</th><th>종성 목록의 유형</th><th>언어 개수</th></tr>
<tr><td rowspan="5">ㄱ.</td><td rowspan="5">1
(109개 언어)</td><td>N-형</td><td>82</td></tr>
<tr><td>G-형</td><td>21</td></tr>
<tr><td>F-형</td><td>3</td></tr>
<tr><td>P-형</td><td>2</td></tr>
<tr><td>L-형</td><td>1</td></tr>
<tr><td rowspan="8">ㄴ.</td><td rowspan="8">2
(146개 언어)</td><td>PN-형</td><td>70</td></tr>
<tr><td>NL-형</td><td>36</td></tr>
<tr><td>NG-형</td><td>26</td></tr>
<tr><td>FN-형</td><td>5</td></tr>
<tr><td>FL-형</td><td>4</td></tr>
<tr><td>PG-형</td><td>2</td></tr>
<tr><td>FG-형</td><td>2</td></tr>
<tr><td>LG-형</td><td>1</td></tr>
</table>

	자음 부류의 개수	종성 목록의 유형	언어 개수
ㄷ.	3 (181개 언어)	PNL-형	81
		PNG-형	67
		PFN-형	11
		FNL-형	7
		FNG-형	7
		NLG-형	4
		PAN-형	2
		PFA-형	1
		PAG-형	1
ㄹ.	4 (154개 언어)	PFNL-형	98
		PNLG-형	33
		PFNG-형	9
		PFAN-형	4
		PANG-형	4
		PANL-형	3
		FNLG-형	2
		PFLG-형	1
ㅁ.	5 (148개 언어)	PFNLG-형	94
		PFANL-형	34
		PANLG-형	10
		PFANG-형	10
ㅂ.	6 (57개 언어)	PFANLG-형	57

(5)는 종성 목록을 이루는 자음들을 조음 방법의 수에 따라 (ㄱ~ㅂ)의 6가지 부류로 구분한 후, 그 부류들이 어떻게 조합되는지를 고려하여 종성 목록의 유형별로 빈도수를 보여 주고 있다. 자음 부류의 숫자가 동일한 그룹 내에서는 빈도순에 따라 각각의 종성 목록의 유형을 배열하였다. (5)에서는 3가지 자음 부류로 이루어진 종성 목록(5ㄷ)이 가장 높은 빈도(181개 언어)를 보이고, 6가지의 모든 자음 부류

로 이루어진 종성 목록(5ㅂ)이 가장 낮은 빈도(57개 언어)를 보인다.

(5)를 보면 자음 부류의 숫자에 따라 종성 곡록의 빈도순에 명확한 차이가 나타난다. (5ㄱ~ㅁ) 각각을 따로 떼어 보면 상위 2~3개 정도만이 높은 빈도를 보이고 그 이외는 빈도가 매우 낮은 것이다. 또한 이론적으로 가능함에도 불구하고 나타나지 않는 유형도 발견된다. 이러한 경향성을 통해 종성 목록의 선호도를 충분히 살펴볼 수 있을 것으로 예상된다.

(5ㄱ)과 같이 종성 목록이 한 가지 자음 부류로 이루어진 언어는 모두 109개이다. 이 언어들의 종성 목록에 포함된 자음의 개수 분포를 조사해 보면 다음과 같다.

(6) 한 가지 자음 부류로 이루어진 종성 목륵의 자음 개수 분포

자음 개수	1	2	3	4	5
언어 수	48	32	20	7	2

종성 목록이 한 가지 부류의 자음으로만 이루어졌다면 종성의 자음 개수가 많기를 기대하기는 어렵다. (6)을 보아도 이러한 사실이 잘 드러난다. 1~3개의 자음으로 이루어진 종성 목록을 가진 언어가 대부분을 차지한다. 즉, 5장 (4)의 분류에 따르면 '매우 적음' 등급의 언어 비율이 압도적으로 높은 것이다. 이에 반해 6개 이상의 자음이 종성 목록에 포함된 경우는 존재하지 않는다.

(5ㄱ)의 종성 목록이 나타나는 언어들의 지역적 분포는 어느 한 쪽으로 편중된 모습을 찾아보기는 어렵다. 아프리카에서 30개, 아시아에서 29개, 남미에서 22개, 파푸네시아에서 20개, 북미에서 8개의 언어가 각각 발견되어, 여러 지역에 고르게 분포되어 있다. 유럽이나 호주는 해당하는 언어가 없는데, 이것은 이들 지역 언어들의 종성 평균 개수가 매우 많았던 것을 고려할 때 충분히 예상되는 바이다.[12]

종성 목록이 1가지 자음 부류로 이루어진 경우 이론적으로는 총 6가지의 종성 유형이 존재할 수 있다. 그렇지만 (5ㄱ)에서 파찰음(A)만으로 이루어진 종성 유형은 존재하지 않는다. 뒤에서도 확인하겠지만 파찰음은 종성 목록에 포함되는 비율이 다른 조음 방법에 비해 현저히 낮다. (5ㅂ)과 같이 모든 자음 부류가 포함된 PFANLG-형 종성 목록이 가장 낮은 빈도를 보이는 것도 이와 무관하지 않다. PFANLG-형에는 파찰음이 반드시 포함되어야 하기 때문에 빈도수가 높은 것을 기대하기 어렵다.

(5ㄱ)에 나오는 종성 목록의 유형은 모두 5가지이다. 그런데 이들 사이에는 빈도에서 큰 차이가 있다. 비음만으로 이루어진 N-형이 109개 언어 중 82개 언어에 나타나서 압도적인 빈도를 보인다. 그 뒤를 후음만으로 이루어진 G-형이 뒤따르고 있다. 이 두 유형을 제외한 나머지는 3개 이하의 언어에서만 나타날 정도로 드문 모습이다.

가장 빈도가 높은 N-형 종성 목록은 최소 1개에서 최대 5개의 비음으로만 이루어졌다. 5개의 비음으로만 이루어진 종성 목록은 795개 언어 중 오직 아프리카의 Nafaanra어에서만 찾을 수 있다.[13] 또한 4개의 비음으로만 이루어진 종성 목록이 7개 언어에서 발견되는데 그중 6개는 역시 아프리카에 분포되어 있다.[14] 이것을 보면 비음만으로 이루어진 목록 중 비음의 개수가 많은 편에 속하는 목록들은 주로 아프리카 지역에 많이 나타난다. 그러나 N-형 종성 목록 전체로 대상을 확장하면 아프리카(30개 언어), 아시아(26개 언어), 파푸네시아(16개 언어) 등에서 보듯 여러 지역에서 N-형 종성 목록이 고르게 나타난다.

---

12. 지역별 종성 개수에 대해서는 5장의 (10)을 참고할 수 있다.
13. 이 언어의 종성 목록은 'm, n, ɲ, ŋ, ŋm'과 같다. 동시 조음이 일어나는 비음 'ŋm'이 포함되어 있다는 점이 특이하다. 'ŋm'을 음소로 가진 20개 언어 중 5개 언어에서만 이 자음이 종성으로 실현될 수 있다.
14. 나머지 1개 언어는 남미의 Kaingang어이다.

G-형 종성 목록은 1개 또는 2개의 후음으로만 이루어져 있다. 3개 이상의 후음으로 이루어진 G-형 종성 목록은 찾을 수 없다. 2개의 후음 'ʔ, h'으로 이루어진 종성 목록은 남미의 Andoquero어와 Siona-Tetete어에서 발견된다. 흥미롭게도 하나의 후음으로만 이루어진 종성 목록은 논의 대상 언어에서는 오로지 'ʔ'만 가능할 뿐 'h'은 나타나지 않는다. 'h' 자체는 169개 언어에서 종성으로 쓰일 정도로 높은 빈도를 보이지만 오로지 'h'만으로 이루어진 종성 목록은 795개 언어에서는 존재하지 않는다.

G-형 종성 목록의 지역적 분포는 N-형 종성 목록과는 구별되는 모습이다. N-형 종성 목록의 중심지였던 아프리카의 언어들 중에는 G-형 종성 목록을 가진 언어가 없다. 반면, 남미와 북미의 언어가 G-형 목록을 가진 21개 언어 중 15개에 해당할 정도로 매우 높은 비율을 보인다.[15] 이 외에 아시아와 파푸네시아에서 각각 3개의 언어가 포함될 뿐이다.

주도적 종성 유형인 N-형, G-형 이외의 유형은 매우 소수의 언어에서만 나타나지만 그래도 언급할 만한 내용이 없지는 않다. 마찰음으로만 이루어진 F-형은 남미의 세 언어에서만 나타나는데, 공교롭게도 이 언어들의 종성 목록은 {s, ʂ, ʃ}로 동일하다. 세 개의 마찰음이 모두 치찰음이라는 점이 주목된다. 파열음으로만 이루어진 P-형은 파열음의 보편성을 고려하면 여러 언어에서 나타날 것이 예상되지만 오로지 2개 언어에서만 나타난다. 이 중 Zo'é어는 5개의 파열음으로만 이루어진 종성 목록을 가진다.[16] (6)의 자음 분포를 고려하면

15. 구체적으로는 남미의 언어가 9개, 북미의 언어가 6개이다.
16. Cabral et al.(2010: 53)에 따르면 이 언어의 종성 목록은 {b, t, d, k, g}와 같은데 유성 파열음이 무성 파열음보다 더 많은 점이 특색이다. 앞서 5장의 (21)과 (22)에서 확인했듯이 빈도수는 물론이고 종성 실현 비율에서 무성 파열음이 유성 파열음보다 훨씬 더 우위에 있지만, Zo'é어에서는 유성 파열음이 무성 파열음보다 종성 목록에 더 많이 포함되어 있다.

주요 종성 유형도 아닌 P-형이라는 특수한 종성 목록에 무려 5개의 파열음이 포함된 것은 특이한 일이다.

(5ㄴ)과 같이 종성 목록이 두 가지 자음 부류로 이루어진 언어는 모두 146개이다. 이 언어들의 종성 목록에 포함된 자음의 개수 분포는 다음과 같다.

(7) 두 가지 자음 부류로 이루어진 종성 목록의 자음 개수 분포

자음 개수	2	3	4	5	6	7	8	9	10	11
언어 수	17	16	26	19	53	9	2	1	1	2

(7)을 보면 두 가지 자음 부류로 이루어진 종성 목록의 자음 개수는 상당히 넓은 범위에 걸쳐 있다. 2개의 자음으로 이루어진 목록부터 11개의 자음으로 이루어진 목록까지 존재한다. 이 중 가장 많은 언어가 분포되어 있는 것은 6개의 자음으로 이루어진 종성 목록이다. 6개보다 많은 자음으로 이루어진 종성 목록의 빈도는 급격하게 줄어든다.

(5ㄴ)에 해당하는 종성 목록의 지역적 분포는 어떤 편중을 보인다고 보기는 어려울 듯하다. 아시아에서 48개, 아프리카에서 29개, 파푸네시아 26개, 남미에서 25개, 호주에서 12개, 북미에서 6개 언어 등 유럽을 제외한 모든 지역에서 발견된다. 그 빈도수도 특정 지역에서 많이 나타나는 모습은 아니다.

6가지 자음 부류 중 2가지가 조합될 경우 종성 목록의 유형은 이론적으로 15가지가 나올 수 있다. 그런데 (5ㄴ)에 제시된 유형은 8가지에 그친다. 이처럼 종성 유형이 제한된 가장 중요한 이유는 파찰음(A)이 포함된 유형이 존재하지 않기 때문이다. (5ㄱ)에서도 파찰음만으로 이루어진 종성 목록이 존재하지 않았지만, (5ㄴ)에서도 두 개의 자음 부류 중 하나가 파찰음인 종성 목록은 존재하지 않는다. 이로 인해 15가지 유형의 가능한 종성 목록 중 파찰음이 포함되는 5가지 유형은

나타날 수 없게 되었다.[17]

(5ㄴ)의 여러 종성 목록 유형에서 가장 많이 포함된 자음 부류는 역시 비음이다. (5ㄴ)에서 비음이 빠진 종성 유형은 FL-형, PG-형, FG-형, LG-형과 같이 4가지나 되지만 그 빈도는 모두 합쳐도 9개 언어에 불과하다. 이러한 수치는 (5ㄴ)에 해당하는 146개 언어 중 6% 남짓에 불과할 만큼 소수이며, 이들을 제외한 나머지는 모두 비음이 포함되어 있다. 파열음도 포함 비율이 높은 편이다. 비록 (5ㄴ) 중에는 2가지 유형에서만 파열음이 포함되지만 가장 빈도가 높은 유형에 파열음이 포함되어 있다. 비음과 파열음을 제외한 나머지 조음 방식의 자음들은 전반적으로 포함되는 경우보다 그렇지 않은 경우가 훨씬 더 많다.

(5ㄴ)에 제시된 8가지 유형의 종성 목록 중 빈도수 상위 3가지와 나머지 5가지 사이에는 빈도 차이가 매우 크게 난다. 파열음과 비음으로 이루어진 PN-형이 146개 언어 중 절반에 육박하는 70개 언어에서 나타나고 있다. 비음과 유음으로 이루어진 NL-형은 PN-형의 50%를 약간 넘는 36개 언어에서 출현하며, 비음과 후음으로 이루어진 NG-형이 26개 언어에서 나타난다. 그 이외의 유형은 5개 이하의 언어에서만 나타날 정도로 상위 3개의 종성 목록 유형과는 그 차이가 크다.

가장 빈도가 높은 PN-형 종성 목록을 가진 70개의 언어를 분석하면 종성에서 최소 2개의 자음부터 최대 10개의 자음이 실현된다.[18] 그 중 6개의 자음을 가진 경우가 45개로 가장 많다. 앞서 (7)에서 6개의

17. 이론적으로 가능한 15가지 유형 중 파찰음(A)이 포함된 5가지 이외에 PF-형과 PG-형이 나타나지 않는다.

18. 종성에 2개의 자음이 나타나는 언어는 Woi어이며, 'p, ŋ'을 종성으로 가진다. 파열음과 비음의 조음 위치가 서로 다르다는 점이 특징이다. 종성에 10개의 자음이 오는 언어는 Belep어로 그 목록은 {p, pʷ, t, c, k, m, mʷ, n, ɲ, ŋ}이다. Woi어와 달리 Belep어는 파열음과 비음의 조음 위치나 음운론적 성격이 서로 대칭적이다. Belep어의 종성 목록은 PN-형 종성 목록의 일반적 구성을 잘 따른다. 자세한 것은 바로 뒤에 이어지는 (8)에 대한 설명을 참고할 수 있다.

종성을 가진 언어가 53개였으므로 그 대부분은 PN-형 종성 목록이 차지한다고 할 수 있다.

PN-형 종성 목록은 아시아 언어에서 많이 발견된다. 70개 언어 중 37개가 아시아에 분포되어 있다. 그 외에 파푸네시아(16개 언어), 남미(10개 언어)에서도 발견된다. 그러나 유럽이나 호주의 언어들에서는 PN-형 종성 목록을 찾아볼 수 없다.[19]

PN-형 종성 목록의 일반적인 구성은 같은 수의 파열음과 비음으로 이루어지는 것이다.

(8) PN-형 종성 목록의 일반적 구성

{ p, t, k, m, n, ŋ }(38), { p, ʈ, k, m, ɳ, ŋ }(5), { b, d, g, m, n, ŋ }(1),
{ p, p^w, t, c, k, m, m^w, n, ɲ, ŋ }(1)

(8)은 각 조음 위치에서 같은 수의 파열음과 비음이 포함된 PN-형 종성 목록을 모두 모은 것이다. 가장 빈도가 높은 목록의 경우 'p : m, t : n, k : ŋ'과 같은 세 개의 대립쌍으로 이루어진다. 나머지 목록도 이와 대등한 방식으로 구성되어 있다. PN-형 종성 목록을 가진 70개 언어 중 45개가 (8)에 포함되어 있다. 그런 점에서 위와 같은 대립 관계의 파열음과 비음이 포함되는 것이 PN-형 종성 목록의 전형이라고 해도 과언이 아니다. 따라서 (8)에 속하지 않는 목록들 중에는 원래 (8)과 같은 모습이었지만 이후 자음 소실 또는 종성에서의 자음 변화를 통해 일반적인 형태에서 달라졌을 가능성을 배제할 수 없다.[20]

(5ㄴ)에서 PN-형 다음으로 빈도가 높은 NL-형은 비음과 유음으

19. 북미의 언어 중에서는 Northwest Alaska Inupiatun어만이 PN-형 종성 목록을 가진다.
20. 예컨대 4개 언어에서 나타나는 {p, t, m, n, ŋ}나 3개 언어에서 나타나는 {p, t, k, m, n}의 경우 (8)의 {p, t, k, m, n, ŋ}에서 종성 'k' 또는 'ŋ'의 변화를 겪었을 가능성을 생각할 수 있다.

로 이루어진 종성 목록이다. NL-형 종성 목록은 36개 언어에서 나타나며, 이 언어들의 종성 개수를 조사해 보면 최소 2개에서 최대 11개까지 분포를 보인다. 이 중 가장 많은 언어가 분포된 것은 종성의 개수가 4개인 경우로 11개 언어가 4개의 종성으로 이루어진 NL-형 목록을 가지고 있다. PN-형에서 6개의 종성을 가진 언어가 압도적으로 많았던 것과는 차이가 난다.

사실 NL-형은 구조적으로 PN-형과는 다를 수밖에 없다. 유음은 파열음과 달리 조음 위치가 치조를 중심으로 하여 그 부근으로 제한된다. 따라서 각 조음 위치마다 비음과 파열음이라는 두 가지 자음 부류가 대립쌍을 이루는 PN-형 목록과 같은 특징을 NL-형에서는 기대할 수가 없다. 예컨대 'm'이나 'ŋ'의 조음 위치에 대응하는 유음이 포함된 목록은 발견되지 않으며, 따라서 비음과 유음 사이의 여러 대립쌍으로 이루어지는 NL-형 종성 목록이란 존재하기 어렵다.

NL-형 종성 목록의 출현 지역은 PN-형과는 완전히 구분된다. 파푸네시아, 아시아, 남미의 언어 중 NL-형 목록을 가진 것은 각각 3개, 2개, 1개에 그친다. 이 지역들에서는 PN-형 목록이 상대적으로 많이 분포하고 있다. 반면, 아프리카의 16개 언어, 호주의 12개 언어가 NL-형 종성 목록을 가지고 있어 이 유형의 중심지로서 기능한다. 이 지역에서 PN-형 종성 목록은 전혀 없거나 또는 극히 일부만 나타났다.

(5ㄴ)의 고빈도 목록 중 마지막으로 NG-형을 살펴보기로 한다. NG-형은 비음과 후음으로 이루어지며, 25개 언어에서 발견된다. NG-형 종성 목록에 포함된 자음의 개수는 언어에 따라 최소 2개에서 최대 6개까지 나타난다. 앞서 살핀 PN-형이나 NL-형의 경우에는 최대 10개 또는 11개의 자음도 나타났던 것과 비교하면 최대 자음의 개수가 적은 편이다. 그 이유는 후음 자체의 종류가 다양하지 않은 데 있다. 그래서 NG-형 종성 목록에는 많은 자음이 포함되기 어렵다.

NG-형 종성 목록의 일반적인 형태는 후음 1개와 비음으로 이루어진다. NG-형 종성 목록을 가진 26개 언어를 살펴보면 후음이 1개 나타나는 언어가 23개, 2개가 나타나는 언어가 3개이다. 후음이 3개 이상 종성 목록에 포함된 언어는 발견되지 않는다.[21] 따라서 NG-형 종성 목록에는 후음이 1개 포함되는 것이 일반적이라고 할 수 있다. 1개의 후음이 나타나는 23개 언어를 검토하면 'ʔ'가 나타나는 경우가 'h' 보다 압도적으로 많다.[22] 비음의 경우에는 1개가 포함된 언어가 12개로 가장 많다.[23] 결과적으로 NG-형에서 가장 빈도가 높은 종성 목록은 비음과 후두 파열음 'ʔ'로 이루어진 것이 된다.

다음으로 3가지 자음 부류로 이루어진 (5ㄷ)의 종성 목록을 살피도록 한다. 795개 언어 중 181개 언어가 이 유형의 종성 목록을 가지고 있어서 (5)에서는 가장 빈도가 높다. 우선, 이 유형의 종성 목록에 포함된 자음의 개수를 살펴보면 최소 3개에서 최대 15개까지 나타나고 있다. 자음 부류의 개수가 늘어날수록 종성 목록에 포함되는 자음의 최대 개수는 늘어나는 양상을 보이고 있다. 가장 많은 71개의 언어는 7개의 자음을 종성으로 가지고 있다.

(5ㄷ)과 같이 세 부류의 자음으로 이루어진 종성 목록은 많은 지역에서 나타나는 편이다.

(9) (5ㄷ)에 나타난 종성 목록의 지역적 분포

지역	아시아	남미	아프리카	파푸네시아	호주	북미	유럽
언어 수	84	27	25	19	17	6	1

---

21. 앞에서 살핀 G-형 종성 목록에서도 3개 이상의 후음으로 이루어진 것은 존재하지 않았다.
22. 23개 언어 중 22개 언어에서 'h' 대신 'ʔ'이 나타난다. 'h'가 나타나는 언어는 Dzubukua어에 국한될 뿐이다. 이러한 일방적인 모습은 앞서 하나의 후음으로만 구성된 G-형 종성 목록에서 오로지 'ʔ'만 발견되고 'h'는 발견되지 않았던 것과 맥을 같이 하는 것이라고 생각된다.
23. 이 외에 비음이 2개 포함된 언어(4개), 3개 포함된 언어(7개), 4개 포함된 언어(2개), 5개 포함된 언어(1개)가 존재한다. 5개의 비음이 포함된 NG-형 종성 목록은 Nung(Myanma)어에서 발견된다.

(9)를 보면 지역별로 언어 수의 편차가 드러나기는 한다. 아시아가 압도적으로 많은 반면, 규모가 큰 아프리카는 오히려 남미보다도 적어서 상대적으로 (5ㄷ)에 해당하는 목록의 분포가 적다고 할 수 있다. 그렇지만 (5ㄱ, ㄴ)과 달리 (5ㄷ)은 7개의 대권역 모두에 분포되어 있다는 점이 다르다. 이것은 종성 규모가 큰 편인 유럽의 언어가 (5ㄷ)과 같이 세 부류의 자음으로 이루어진 종성 목록에서부터 나타나기 시작한 결과이다.

6가지 자음 부류 중 3가지가 조합되어 종성 목록을 이룰 경우 이론적으로 20가지 유형의 종성 목록이 출현할 수 있다. 그렇지만 (5ㄷ)에 나타나는 종성 목록은 절반에도 미치지 못하는 9가지에 불과하다. 이처럼 종성 목록의 유형이 줄어든 가장 큰 이유는 (5ㄴ)에서와 마찬가지로 파찰음(A)이 잘 나타나지 않는 데 있다. 파찰음은 (5ㄷ) 중 3개 유형에서만 나타난다. 확률상 파찰음은 10개 유형에 포함될 수 있지만 3개 유형에만 포함되어 있다.[24] 이 때문에 무려 7가지의 종성 목록이 (5ㄷ)에 나타날 수 없다.

(5ㄷ)의 9가지 종성 목록에 가장 많이 포함된 자음 부류는 역시 비음이다. PFA-형과 PAG-형 종성 목록에만 비음이 나타나지 않는다. 이 두 유형은 각각 1개의 언어에서만 나타날 뿐이다.[25] 게다가 PAG-형 종성 목록을 가지는 Nukak Makú어는 자음 체계에 비음 자체가 존재하지 않는다. 이것을 고려하면 (5ㄷ)에서 비음이 빠진 종성 목록을 가진 언어는 불과 1개에 지나지 않는다. 이처럼 비음은 다른 부류의 자음과는 비교할 수 없을 정도로 높은 비율로 종성 목록에 포함될 뿐만 아니라, 자음 부류의 가짓수가 늘어날수록 종성 목록에 포함되는

---

24. 그나마도 파찰음이 포함된 종성 목록의 빈도는 2개 또는 1개 언어에 불과할 정도로 소수이다.

25. PFA-형 종성은 Suyá어, PAG-형 종성은 Nukak Makú어에서 나타난다. 이 두 언어는 어족은 다르지만 모두 남미에 분포되어 있다.

비율은 더 높아지고 있다.

비음의 포함 비율 못지않게 주목해야 하는 것은 파열음과 비음이 모두 종성에 포함되는 비율이다. (5ㄴ)을 검토하면서 두 부류의 자음으로 이루어진 종성 목록의 일반적인 구성은 파열음과 비음이 모두 포함되는 것임을 확인한 바 있다. 이러한 양상은 (5ㄷ)과 같이 세 부류의 자음으로 이루어진 종성 목록에서도 마찬가지이다. (5ㄷ)에서 파열음과 비음 모두가 포함된 유형은 PNL-형, PNG-형, PFN-형, PAN-형의 네 가지에 불과하지만 전체 181개 언어 중 161개 언어가 이 네 유형에 속한다. 이러한 양상은 뒤에서 살핀 (5ㄹ, ㅁ, ㅂ)에서도 그대로 유효하다. 이를 통해 둘 이상의 자음 부류로 구성된 종성 목록에는 파열음과 비음이 모두 포함되는 것이 무표적이라고 일반화할 수 있다.

(5ㄷ)에서 가장 빈도가 높은 PNL-형 종성 목록은 그 구조상 (5ㄴ)의 PN-형에 유음(L)이 더 결합되어 있는 형태이다. 유음의 종류나 조음 위치가 파열음이나 비음에 비해 제한적임을 고려하면, PNL-형 종성 목록의 일반적인 구성은 (8)에서 확인한 일반적인 PN-형 종성 목록에 적은 수의 유음이 결합된 형태라는 것을 예상할 수 있다. 그리고 이러한 예상은 실제 자료와도 어느 정도 부합한다.

(10) PNL-형 종성 목록의 일반적 구성

ㄱ. { p, t, k, m, n, ŋ, ɾ }(8), { p, t, k, m, n, ŋ, r }(3), { p, t̪, k, m, n̪, ŋ, ɾ }(1), { p, t, k, m, n, ŋ, l }(1), { b, d, g, m, n, ŋ, ɾ }(1), { p, t, c, k, m, n, ɲ, ŋ, l }(1), { t, k, n, ŋ, l }(1), { t̪, k, n̪, ŋ, l̪ }(1)

ㄴ. { p, t, k, m, n, ŋ, r, l }(4), { p, t, k, m, n, ŋ, ɾ, l }(3), { p, t, c, k, m, n, ɲ, ŋ, ɾ, l }(2), { p, t̪, t, c, k, m, n̪, n, ɲ, ŋ, r, l }(2), { p, t̪, k, m, n̪, ŋ, r, l̪ }(1), { b, d, g, m, n, ŋ, ɾ, l }(1), { b, ɖ, d, ɟ, g, m, n̪, n, ɲ, ŋ, ɾ, l }(1)

ㄷ. { p, t̪, t, tʲ, k, m, n̪, n, nʲ, ŋ, ɾ, r, l }(1)

ㄹ. { p, t, ʈ, c, k, m, n, ɳ, ɲ, ŋ, ɾ, ɽ, l, ɭ }(2), { b, d, ɖ, ɟ, g, m, n, ɳ, ɲ, ŋ, ɾ, ɽ, l, ɭ }(2)

ㅁ. { b, d, ɖ, ɟ, g, m, n, ɳ, ɲ, ŋ, ɾ, ɹ, l, ɭ, ʎ }(2), { b, d, ɖ, ɟ, g, m, n, ɳ, ɲ, ŋ, ɾ, ɽ, l, ɭ, ʎ }(2), { p, t, ʈ, c, k, m, n, ɳ, ɲ, ŋ, r, ɹ, ɻ, l, ɭ }(1), { b, d, ɖ, ɟ, k, m, n, ɳ, ɲ, ŋ, ɾ, ɹ, l, ɭ, ʎ }(1), { b, d, ɖ, ɟ, g, m, n, ɳ, ɲ, ŋ, ɾ, ɽ, ɹ, l, ɭ }(1)

(10)은 PNL-형 종성 목록 중 각 조음 위치에서 파열음과 비음의 대립쌍이 비례적으로 나타나며 여기에 유음이 추가된 형태의 목록을 모두 모은 것이다. (8)에 제시되었던 것과 동일한 성격의 목록에 유음이 추가된 구성을 지닌 PNL-형 목록이 (10)에 제시되어 있다. PNL-형 종성 목록을 가진 81개 언어에는 무려 58가지의 종성 목록이 나타난다. 그중 (10)에 제시된 목록은 23가지이며, 언어 수로는 43개에 달한다. 이러한 수치만으로도 (10)과 같은 성격의 종성 목록이 PNL-형의 주된 구성 방식임을 알 수 있다.

(10ㄱ~ㅁ)은 추가된 유음의 숫자에 따라 구분된다. PNL-형 종성 목록에 추가되는 유음의 개수는 최소 1개에서 최대 5개이며, 이들 각각이 (10ㄱ~ㅁ)에 구분되어 있다. (10ㄱ)을 보면 유음이 1개 포함될 경우에는 설측음보다는 비-설측음이 더 많이 나타나는 양상이다. 그러나 유음이 2개 이상 포함될 때에는 설측음과 비-설측음이 모두 나타나고 있다.[26] (10ㄹ, ㅁ)은 파열음, 비음, 유음에 모두 권설음이 포함되어 있다는 공통점을 지닌다. 특히 (10ㄷ)은 파열음, 비음, 유음의 개수가 각각 5개씩 대등해서, 유음의 숫자가 파열음 및 비음보다 적

26. 이처럼 유음이 2개 이상 종성 목록에 들어 있을 때 설측음 또는 비-설측음 중 어느 하나만 포함되지 않고 두 계열이 모두 포함되는 것은 (10)에 속하지 않는 다른 PNL-형 종성 목록에서도 예외 없이 지켜지고 있다.

은 (10ㄱ~ㄹ)과는 구분된다.[27]

PNL-형 종성 목록의 지역적 분포는 아시아의 언어에서 가장 두드러진다. (9)에 제시된 바와 같이 (5ㄷ)의 종성 목록 자체가 아시아에 가장 많이 분포되어 있으므로, 그 하위 유형인 PNL-형이 아시아에 많이 나타나는 것은 그리 특이한 일은 아니다. 오히려 흥미로운 것은 호주 지역이다. (9)에 따르면 세 부류의 자음으로 구성된 (5ㄷ)의 종성 목록이 호주에서는 총 17개 언어에서 나타난다. 그런데 이 17개 언어는 예외 없이 모두 PNL-형 종성 목록을 가지고 있는 것이다.

다음으로 (5ㄷ)에서 두 번째로 빈도가 높은 PNG-형에 대해 검토하기로 한다. PNG-형은 67개 언어에서 확인되며, 이는 PNL-형에 약간 못 미칠 정도로 높은 빈도이다. PNG-형 종성 목록의 일반적인 구성은 다음과 같다.

(11) PNG-형 종성 목록의 일반적 구성

ㄱ. { p, t, k, m, n, ŋ, ʔ }(25), { p, ʈ, k, m, ɳ, ŋ, ʔ }(6), { t, k, n, ŋ, ʔ }(2), { p, t, k, m, n, ŋ, h }(1), { p, k, m, ŋ, ʔ }(1), { k, ŋ, ʔ }(1), { b, m, ʔ }(1)

ㄴ. { p, t, k, m, n, ŋ, ʔ, h }(6), { p, t, c, k, m, n, ɲ, ŋ, ʔ, h }(2)

(11)은 (10)과 성격이 비슷하되, 유음 대신 후음이 추가된 목록들을 모은 것이다. PNG-형은 (5ㄴ)의 PN-형에 후음이 결합된 구성이다. 또한 후음의 종류나 조음 위치 역시 제한되어 있다. 그런 점에서 기본적인 성격이 PNL-형과 유사할 수밖에 없다. 그래서 전형적인 형태는 동일한 조음 위치의 파열음과 비음 쌍에 후음이 추가되는 형태가 된다. (11)에 포함된 종성 유형의 숫자로 보나, 언어의 빈도수로 보

27. (10ㅁ)의 목록을 가진 7개 언어들은 모두 호주의 북부에 위치해 있다는 공통점을 가지고 있다.

나 (11)에 제시된 종성 목록의 구성이 PNG-형의 전형이라고 할 수 있다. (11ㄱ)은 후음이 하나만 추가된 목록이고 (11ㄴ)은 후음이 두 개 추가된 목록이다. 후음이 하나 추가될 때에는 'h'보다는 'ʔ'가 나타날 가능성이 훨씬 높다.[28]

PNG-형은 특히 아시아에 위치한 언어들에서 많이 나타난다. PNG-형 종성 목록을 가진 67개 언어 중 47개가 아시아에 위치해 있다. 그 뒤를 이어 남미의 언어 중 12개가 PNG-형 목록을 가진다. 이 두 지역을 제외한 나머지는 일부만이 PNG-형 목록을 지니고 있다. 특히 호주, 북미, 유럽의 언어에서는 PNG-형 목록이 발견되지 않는다.

이제 논의의 대상을 4가지 자음 부류로 이루어진 종성 목록으로 돌리기로 한다. (5ㄹ)에 따르면 154개 언어에서 4가지 자음 부류로 된 종성 목록이 나타난다. 이 그룹에 속하는 언어들의 종성 개수는 최소 5개에서 최대 25개까지 편차를 보인다. 특히 4가지 자음 부류라면 이론상으로는 4개의 자음으로만 이루어진 종성 목록이 존재할 수도 있지만 그런 언어는 795개 언어 중에는 나타나지 않는다. China Buriat어는 최대인 25개의 종성을 포함하고 있는데, 26개의 자음 중 후음 1개를 제외한 나머지가 모두 종성으로 실현이 가능하다.[29]

(5ㄹ)에 해당하는 종성 목록은 여러 지역에 걸쳐 나타나지만, 그중에서도 아시아와 파푸네시아에 각각 53개씩의 언어가 분포하고 있다. 이 두 지역의 언어를 합치면 154개 언어 중 2/3를 넘을 정도이다. (5ㄹ) 유형의 종성 목록이 나타나지 않는 지역은 없지만 아시아와 파푸네시아를 제외하면 소수의 언어만이 발견될 뿐이다.

6가지의 자음 부류 중 4가지가 조합될 경우 총 15가지의 유형이 나

---

28. 'h'보다 'ʔ'가 더 빈번하게 포함되는 경향은 앞서 살펴본 다른 유형의 종성 목록에서도 동일하게 나타난다.
29. 이 언어의 자음 체계와 종성 목록은 Yasuhiro ed.(2010: 139~140)을 참고할 수 있다.

올 수 있다. 그렇지만 (5ㄹ)에 제시된 유형은 절반 정도에 해당하는 8가지만 확인된다. 이러한 유형 제약은 앞서 (5ㄱ~ㄷ)에서와 마찬가지로 파찰음의 영향이 가장 크다. 파찰음은 10개 유형에 나타날 수 있음에도 불구하고 (5ㄹ)에서는 3개 유형에만 모습을 드러내고 있다. 물론 파열음과 비음을 제외하면 마찰음, 유음, 후음도 5가지 유형에서만 나타나지만, 출현 제약의 정도는 파찰음이 가장 크다. 게다가 파찰음이 포함되지 않은 PFNL-형, PNLG-형 등의 언어 빈도수가 파찰음이 포함된 유형보다 훨씬 높다. 확실히 종성 목록의 구성에 있어서 파찰음은 가장 기피되는 자음 부류라고 할 수 있다.[30]

(5ㄹ)의 8가지 종성 유형에 포함된 자음 부류를 보면 예상한 대로 비음이 가장 많다. 비음은 8가지 종성 유형 중 7가지에 모습을 드러낸다. 비음이 포함되지 않은 유형은 PFLG-형으로 1개 언어에서만 보일 뿐이다. 그런데 이 유형을 가진 Bribri어는 14개의 자음 음소 중 비음을 가지고 있지 않다. 음소로서 비음이 없기 때문에 종성 목록에 비음이 포함되지 않은 것이므로, 실제로는 (5ㄹ)의 모든 종성 유형에는 비음이 포함되어 있다고 보아도 무방하다. 비음 이외에 파열음의 포함 비율도 그 어떤 경우보다 높다. 2개 언어에서만 발견되는 FNLG-형에서만 파열음이 나타나지 않는다.

또한 앞에서 확인한 바와 같이 복수의 자음 부류로 이루어진 경우 파열음과 비음이 모두 종성 목록에 포함되는 비율이 매우 높았는데, 이러한 경향성은 (5ㄹ)에서도 뚜렷하게 나타나고 있다. 파열음과 비음 중 어느 하나라도 빠진 유형은 FNLG-형과 PFLG-형의 두 가지가 있다. 그러나 이 두 유형을 가진 언어는 모두 합쳐도 3개에 불과하다. 그중 한 언어는 비음을 음소로 가지고 있지 않은 Bribri어이다. 파열

30. 이와 관련하여 5장의 (23)에서 빈도수 대비 종성 실현 비율이 낮았던 10개의 자음 중 5개가 파찰음이었다는 점을 상기할 필요가 있다.

음이 없는 언어는 존재하지 않는다는 점을 고려할 때, 비음이 음소로 있는 한 파열음과 비음은 모두 포함되는 것이 전체 종성 목록의 보편적 경향이라고 일반화해도 과언이 아니다.[31]

(5ㄹ)에서 빈도가 높은 PFNL-형과 PNLG-형에 대해서 좀 더 자세히 살펴보도록 한다. 우선 PFNL-형은 154개 언어 중 98개에서 나타날 정도로 그 빈도가 다른 유형을 압도하고 있다. 이 유형은 (5ㄱ~ㄷ)에서는 그 역할이 미미했던 마찰음(F)이 PNL-형에 추가되어 있다. 따라서 이 유형의 전형적인 종성 목록은 (10)에서 살핀 종성 목록에 마찰음이 덧붙은 것이라고 할 수 있다.

(12) PFNL-형 종성 목록의 일반적 구성

ㄱ. { p, t, k, s, m, n, ŋ, r }(2), { b, t, k, s, m, n, ŋ, l }(2), { p, t, k, s, m, n, ŋ, l }(1), { p, t, k, ʁ, m, n, ŋ, ɾ }(1), { p, ʈ, k, ç, m, ɳ, ŋ, ɾ }(1)

ㄴ. { p, t, k, s, m, n, ŋ, ɾ, l }(5), { p, t, k, s, m, n, ŋ, r, l }(4), { p, t, k, s, m, n, ŋ, l, l^{f} }(1),[32] { p, t, k, x, m, n, ŋ, ɽ, l }(1), { p, ʈ, k, ʂ, m, ɳ, ŋ, ɻ, ɭ }(1), { p, ʈ, k, ʂ, m, ɳ, ŋ, ɽ, ɭ }(1), { p, ʈ, k, ʂ, m, ɳ, ŋ, ɽ, ɭ }(1), { p, t, k, f, s, m, n, ŋ, r }(1), { p, t, k, f, s, m, n, ŋ, l }(1), { p, t, k, β, s, m, n, ŋ, ɾ }(1)

ㄷ. { p, t, k, β, s, m, n, ŋ, ɾ, l }(1), { p, t, k, s, ɣ, m, n, ŋ, r, l }(1)

ㄹ. { p, t, k, f, s, ɬ, m, n, ŋ, ɾ, l }(2)

---

31. 모든 언어에서 파열음이 발견된다는 것은 이 책의 논의 대상인 795개 언어에만 국한된 것이 아니고 Lee(2020)에서 다룬 4,356개 언어 전체에도 유효하다. 어떤 언어든지 최소 2개 이상의 파열음을 가지고 있다. 반면 다른 조음 방법의 자음은 언어에 따라 나타나지 않는 경우가 자주 발견된다.

32. 'l^{f}'는 치조에서 발음되는 설측 탄설음(lateral flap)을 가리키는 기호로, Iwaidja어와 Weri어의 설측 유음에서는 탄설음과 탄설음이 아닌 것이 대립한다. 특히 Weri어는 이 자음이 종성에서도 실현된다. Weri어의 음운 분석 결과는 Boxwell & Boxwell (1966)을 참고할 수 있다.

ㅁ. { p, t, k, kp^{w}, f, s, m, n, ŋ, ŋm^{w}, r, l }(1), { p, t, k, k^{w}, β, s, ɣ, m, n, ŋ, ŋ^{w}, ʟ }(1)

ㅂ. { p, t, k, kp, f, s, m, n, ŋ, ŋm, r, ^{n}r, l }(1)

(12)는 PFNL-형 종성 목록 중에서, 동일한 조음 위치에서 조음되는 대등한 성격의 파열음과 비음이 같은 수로 포함되고 여기에 마찰음과 유음이 추가된 것들만 모은 결과이다. (10)과 비교하면 그 차이는 마찰음이 추가되었다는 점 이외에는 없다. PFNL-형에 속하는 종성 목록 중에는 빈도수가 매우 높은 것을 발견할 수 없으며, 다양한 목록들이 공존하고 있다. (12ㄴ)의 맨 앞에 제시된 목록이 5개 언어에서 나타나서 가장 빈도가 높다.

(12ㄱ~ㅂ)은 종성의 개수에 따라 구분해 둔 것이다. (12ㄱ)이 가장 적은 8개 종성으로 이루어져 있고, (12ㅂ)이 가장 많은 13개 종성으로 이루어져 있다. (12)에 나타나는 마찰음과 유음을 보면 각각에 있어 특징이 드러난다. 마찰음의 경우 's'('ʂ' 포함)가 나타나는 경우가 압도적으로 높다. 마찰음이 1개 포함되든 복수로 포함되든 's'가 대부분 나타난다. (12ㄴ)에서 's' 대신 'x'가 포함된 목록이 유일한 예외이다. 유음의 경우 (10)에서 나타났던 경향이 (12)에서도 그대로 유지된다. 즉, 유음이 2개 이상 포함되는 목록에는 설측음과 비-설측음이 모두 나타날 뿐, 어느 한 쪽만 나타나는 경우는 발견되지 않는다.

(12)에 포함되지는 않았지만 (12)와 비슷한 성격의 PFNL-형 종성 목록으로 다음을 추가할 수 있다.

(13) (12)와 비슷한 성격의 종성 목록

ㄱ. { p, b, t, d, k, g, s, m, n, ŋ, l }(1), { p, b, t, d, k, g, s, m, n, ŋ, ɾ, l }(1), { p, b, t, d, k, g, s, m, n, ŋ, r, l }(1), { p, b, t, d, k, g, s, x, m, n, ŋ, l }(1), { p, b, ʈ, k, g, s, z, m, ɳ, ŋ, ɻ, ɭ }(1), { p, b, ^{m}b, ʈ, ɖ, ^{n}ɖ, k, g, ^{ŋ}g, β, ʂ, m, ɳ, ŋ, ɽ, ɭ }(1)

ㄴ. { p, t, k, s, m, ^{p}m, n, ^{t}n, ŋ, ^{k}ŋ, r, l }(1

(13)에 제시된 목록은 파열음과 비음의 숫자가 동일하지 않다는 점이 (12)와는 다르다. 파열음이 비음보다 더 많거나 비음이 파열음보다 더 많다. 예컨대 (13ㄱ)을 보면 각각의 조음 위치마다 비음은 한 계열만 나타나지만 파열음은 무성음과 유성음의 이항 대립 또는 드물게는 무성음, 유성음, 선비음화음(^{m}b, ^{n}ɖ, ^{ŋ}g)의 삼항 대립이 나타난다.[33] (13ㄴ)은 (13ㄱ)과 반대로 각 조음 위치에서 파열음은 한 계열만 나타나는데 비음이 두 계열로 나타나는 경우이다.[34] 어떤 경우든지 파열음과 비음의 대립이 모든 조음 위치에서 나타난다는 점에서 기본적으로는 (12)와 통하는 바가 있다.

PFNL-형 종성 목록의 분포는 이전의 주된 유형들과는 약간 차이가 난다. 이전까지는 일부 예외를 제외하면 주도적인 종성 유형이 아시아에 많이 분포하였다. 그러나 PFNL-형은 전체 98개 언어 중 아시아에 분포하는 것이 20개에 그친다. 절대적인 수치가 적은 것은 아니지만 파푸네시아의 언어가 47개인 것과 비교하면 그 비율이 낮다. 이처럼 PFNL-형 종성 목록의 중심지는 파푸네시아라고 할 수 있다.

다음으로 (5ㄹ)에서 두 번째로 빈도가 높은 PNLG-형을 검토하기로 한다. 이 유형은 PFNL-형과 비교할 때 마찰음 대신 후음이 포함되어 있다. 앞에서 확인한 것처럼 후음은 고빈도 종성 유형에서 자주 나타나는 자음 유형이다. PNLG-형은 33개 언어에서 출현하는데, 이러

33. Laver(1994: 227~228)에 따르면 순수한 파열음과 비음 이외에, 연구개의 작용에 따라 선비음화 파열음(complex prenasal oral stop), 후비음화 파열음(complex postnasal oral stop), 선폐쇄화 비음(complex preoccluded nasal stop), 후폐쇄화 비음(complex postoccluded nasal stop)으로 세분할 수 있다. 이 중에서 '^{m}b, ^{n}ɖ, ^{ŋ}g'은 선비음화 파열음을 가리킨다.

34. '^{p}m, ^{t}n, ^{k}ŋ'은 앞의 각주 33)의 분류에 따르면 선폐쇄화 비음에 해당한다.

한 빈도는 PFNL-형의 1/3 정도에 그친다.

PNLG-형 종성 목록의 일반적 형태는 (12)에서 본 PFNL-형에 준한다. 여기에 속하는 종성 목록은 다음과 같다.

(14) PNLG-형 종성 목록의 일반적 구성

ㄱ. { p, t, k, m, n, ŋ, ɾ, ʔ }(2), { p, t, k, m, n, ŋ, r, ʔ }(1), { p, t, k, m, n, ŋ, l, ʔ }(1)

ㄴ. { p, t, k, m, n, ŋ, ɾ, l, ʔ }(1), { p, t, k, m, n, ŋ, r, l, ʔ }(1), { p, t, k, m, n, ŋ, ɽ, l, ʔ }(1), { p, t, k, m, n, ŋ, l, ʔ, h }(1), { b, d, g, m, n, ŋ, r, l, ʔ }(1)

ㄷ. { p, t, k, m, n, ŋ, ɾ, l, ʔ, h }(2), { p, t, c, k, m, n, ɲ, ŋ, l, h }(1), { p, t, k, m, n, ŋ, r, ɾ̥, ʔ, l }(1), { p, t, k, m, n, ŋ, l, l̥, ʔ, l }(1)

ㄹ. { p, t, c, k, m, n, ɲ, ŋ, ɾ, l, h }(1), { p, t, c, k, m, n, ɲ, ŋ, l, ʔ, h }(1), { p, t, k, m, n, ŋ, r, rˀ, l, lˀ, ʔ }(1)

ㅁ. { p, t, c, k, m, n, ɲ, ŋ, ɾ, l, ʔ, h }(5)

ㅂ. { b, d, ɖ, ɟ, g, m, n, ɳ, ɲ, ŋ, ɾ, l, ɭ, ʔ }(1)

(14)에 제시된 종성 목록은 (12)와 마찬가지로 각 조음 위치마다 파열음과 비음이 대등하게 존재하며 여기에 유음과 후음이 추가되어 있다. PNLG-형 종성 목록을 가진 33개 언어 중 23개는 (14)에 제시된 종성 목록 중 하나를 가질 정도로 전형적인 모습이다. 유음과 후음은 이전에 봤던 유형에서의 경향성을 그대로 유지한다. 유음이 복수로 존재할 때에는 설측음과 비-설측음이 모두 포함되며, 후음이 1개만 있을 때에는 마찰음인 'h'보다 파열음인 'ʔ'가 훨씬 더 우세하다.

PNLG-형의 지리적 분포는 앞서 살핀 PFNL-형과는 약간 차이가 있다. PFNL-형은 파푸네시아의 언어에서 다수 출현한 반면, PNLG-형은 아시아의 언어에서 많이 나타난다. PNLG-형을 가진 33개 언어 중 25개가 아시아에 위치해 있을 정도로 그 비율이 압도적이다. 아시아를 제외한 나머지 지역은 각각에서 5개 미만의 언어만 PNLG-형 종성 목록을 가지고 있다.

다음으로 (5ㅁ)을 고찰하기로 한다. (5ㅁ)은 6가지 자음 부류 중 5가지로 이루어진 종성 목록이다. 가능한 자음 부류 중 1가지만 나타나지 않으므로, 그 구성 방식은 복잡하다고 할 수 있다. 148개 언어가 이런 성격의 종성 목록을 가지는데, 이 언어들의 종성 개수는 최소 7개에서 최대 29개이다.[35] (5ㅁ)의 종성 목록은 호주를 제외한 모든 지역에서 나타나지만, 파푸네시아(53개 언어)와 아시아(43개 언어)에 많이 분포되어 있다.

(5ㅁ)은 이론적으로 6가지 종성 목록이 존재할 수 있다. 6가지의 자음 부류 중 어느 하나가 빠진 형태가 (5ㅁ)이기 때문이다. 이 중 (5ㅁ)에는 4가지 유형만 나타날 뿐이다. 그 이유는 파열음이나 비음이 빠진 유형이 존재하지 않기 때문이다. 앞에서도 보았다시피 복수의 자음 부류로 이루어진 종성 목록에서는 파열음과 비음 모두가 포함되는 비율이 매우 높았으며, 특히 자음 부류의 숫자가 많아질수록 이러한 비율은 더 높아졌다. 그래서 (5ㅁ)에는 모든 유형에 파열음과 비음이 포함되어 있다. 그 결과 파열음 또는 비음이 빠진 2가지 유형은 (5ㅁ)에 속하는 148개 언어 중 어디에서도 찾아볼 수 없다.

(5ㅁ)에 제시된 4가지 유형의 종성 목록에서도 여전히 파찰음은 소수이다. 비록 4가지 유형 중 3가지 유형에 파찰음이 포함되어 있기는 하지만 가장 빈도가 높은 PFNLG-형에는 파찰음이 빠져 있는 것이다. 파찰음은 종성 목록에 포함되는 비율도 낮지만, 포함된다고 하더라도 그러한 종성 목록이 나타나는 언어의 수는 극히 적은 편에 속한다.

---

35. Shankerlal(1966: 155)에 따르면 Vaghri어는 29개의 자음 모두가 종성에서 실현될 수 있다. 이 언어는 파찰음이 존재하지 않기 때문에 6가지의 자음 부류 중 5가지 부류로 종성 목록이 이루어져 있다.

(5ㅁ)에 제시된 4가지 유형 중 빈도수가 높은 PFNLG-형과 PFANL-형에 대해서 간략히 살펴보기로 한다. 가장 높은 빈도를 보이는 PFNLG-형 종성 목록은 148개 언어 중 94개에서 나타난다. 이 유형에 파찰음이 빠져 있기는 한데 94개 언어 중 55개 언어는 파찰음 자체를 음소로 가지지 않는다는 특수성을 감안할 필요는 있다.[36] 이 유형의 종성 목록에는 최소 7개부터 최대 29개의 자음이 포함되어 있다.

PFNLG-형 종성 목록은 과반이 넘는 언어가 파푸네시아(48개 언어)에 분포되어 있다. 앞서 (5ㅁ)에 속하는 종성 목록이 파푸네이사와 아시아에서 많이 나타난다는 점을 확인하였는데, 파푸네시아의 경우 특히 (5ㅁ) 중에서도 PFNLG-형 종성 목록을 가진 언어들이 매우 많다. 아시아는 파푸네시아의 절반인 24개 언어가 이 유형의 종성 목록을 지니고 있다.

PFNLG-형 종성 목록의 일반적인 형태는 앞서 (10), (11), (12), (14)에서 확인했던 종성 목록들과 기본적인 성격이 동일하다. PFNLG-형 종성 목록에서도 비음과 파열음의 대립이 중요하기 때문에, 각 조음 위치마다 동일한 수의 파열음과 비음의 쌍이 포함되고 여기에 다른 조음 방법이 추가된 형태가 전형적인 종성 목록의 형태를 띤다. 다만 그 비율이나 빈도는 앞서 살핀 다른 유형에 비해서는 떨어진다.[37] 논의의 편의를 위해 목록의 제시는 생략하기로 한다.

다음으로, PFANL-형 종성 목록은 후음 대신 파찰음이 포함된 유형이다. 이 유형은 종성에 포함된 자음의 개수가 최소 11개일 정도로 종성 목록의 크기가 큰 편이다. PFANL-형 종성 목록의 지역적 분포는 앞서 살핀 PFNLG-형과는 차이가 난다. PFNLG-형과 달리 파푸

---

36. 조음 방법에 따른 종성 실현의 문제는 6.2에서 좀 더 자세히 다루기로 한다.
37. 종성에 포함되는 자음의 개수가 늘어나면 그에 반비례하여 파열음과 비음의 일대일 대응이 조음 위치마다 유지될 가능성이 낮아진다. 그 결과 전형적인 모습을 가지는 종성 목록의 수나 유형도 줄어들 수밖에 없다. 더 자세한 것은 뒤의 (5ㅂ)에 대한 논의를 참고할 수 있다.

네시아는 PFANL-형 종성 목록의 중심지가 아니다. 파푸네시아의 언어 중 PFANL-형 종성 목록이 나타나는 것은 34개 언어 중 5개에 불과하다. 그 대신 아시아(10개 언어), 유럽(7개 언어), 아프리카(7개 언어) 등에서 보듯 여러 지역에서 고르게 나타나고 있다.[38] 특히 795개 언어 중 그 비중이 매우 낮은 유럽의 언어가 7개나 포함되어 있다.

이전까지 검토한 파열음과 비음이 포함된 종성 목록은 공통적인 구성 방식이 존재했다. 즉, 각 조음 위치마다 파열음과 비음이 같은 수가 포함되고 여기에 다른 조음 위치의 자음이 추가되는 목록이 양적으로나 질적으로 가장 높은 빈도를 보였던 것이다. 그런데 PFANL-형 종성 목록은 여기서 유일한 예외가 된다. 이 유형은 34개 언어에서 34가지 종성 목록으로 실현된다. 복수의 언어에서 나타나는 종성 목록이 없을 정도로 매우 다양한 양상을 보인다. 그런데 34가지 종성 목록 중 각 조음 위치마다 같은 수의 파열음과 비음이 대립하는 구성을 가진 것은 단 1개에 그친다.[39] 이러한 특수한 상황이 나타난 이유는 종성의 자음 개수와 무관하지 않을 듯하다. 이에 대해서는 뒤에서 (5ㅂ)을 다룰 때 따로 논의하도록 한다.

이제 마지막으로 (5ㅂ)의 종성 유형을 검토하기로 한다. (5ㅂ)은 6가지 자음 부류가 모두 포함된 형태이다. 구조적으로 가장 복잡하며, 이론적으로 가능한 유형도 PFANLG-형 1가지밖에 없다. 이 유형은 모두 57개 언어에서 나타나고 있어서 (5ㄱ~ㅁ)에 비해 빈도가 낮은 편이다.

PFANLG-형 종성 목록은 많은 자음 부류로 이루어진 만큼, 이 목록에 포함된 자음의 수도 많은 편이다. 가장 크기가 작은 목록이 9개의 자음으로 이루어져 있어서, 전체 언어의 평균인 8.55개보다 더 많

38. 이 외에 북미와 남미의 언어가 각각 3개와 2개 포함되어 있다.
39. 독일어만이 파열음(p, t, k)과 비음(m, n, ŋ)이 세 개의 조음 위치에서 각각 대립을 이루는 종성 목록을 가지고 있는 것으로 나타났다.

다.[40] PFANLG-형 종성 목록은 평균 18.2개의 자음으로 이루어져 있다. 또한 5장 (4)의 종성 개수에 따른 등급을 보면 PFANLG-형 종성 목록을 가진 57개 언어 중 43개가 가장 크기가 큰 '매우 많음' 등급에 속해 있다.

PFANLG-형 종성 목록은 북미의 언어에서 가장 많이 나타난다. 57개 언어 중 18개가 북미에 위치해 있으며, 아시아(13개), 파푸네시아(10개)가 그 뒤를 따르고 있다. 북미의 언어가 특정 종성 유형에서 가장 높은 빈도를 보인 적은 없었을 뿐만 아니라, 북미의 언어 자체가 795개 언어에서 차지하는 비중이 미약하기 때문에, 북미의 언어에서 PFANLG-형 종성 목록이 가장 많이 발견된다는 점은 주목할 만한 일이다.

PFANLG-형 종성 목록의 자음 구성에서는 이전의 다른 유형에서 보았던 일반적인 형태를 찾아보기 어렵다. 앞서 살핀 주요 종성 목록의 유형들 중 PFANL-형을 제외하면, 각 조음 위치별로 파열음과 비음이 같은 수가 포함된 종성 목록이 일반적이었다. 그러나 PFANLG-형 종성 목록 중에는 그러한 구성을 유지하는 경우가 극히 드물다. 57개 언어에서 나타나는 PFANLG-형 종성 목록은 56가지인데, 이 중 3가지만이 파열음과 비음의 대칭적인 대립을 포함하고 있을 뿐이다. 이 3가지 종성 목록은 Apma, Situ, Petats어에서 발견된다. 이 언어들은 종성 목록이 10개 또는 11개의 자음으로 이루어지는데, 이러한 수치는 PFANLG-형 종성 목록 내에서는 매우 낮은 수치이다.[41] 12개 이상의 자음으로 이루어진 PFANLG-형 종성 목록 중에는 다른 주요 종성 목록에서 나타나는 전형적 형태를 찾아볼 수 없다.

---

40. 북미에 위치한 Highland Puebla Nahuatl어와 Northeast Maidu어만이 9개의 자음으로 이루어진 PFANLG-형 종성 목록을 가지고 있다.

41. 앞에서 언급했듯이 PFANLG-형 종성 목록은 최소 9개의 자음으로 이루어지며 대다수는 14개 이상의 자음으로 구성된다.

이러한 상황은 조음 위치마다 파열음과 비음의 대립쌍이 규칙적으로 종성 목록에 포함되는 일반적 경향에 대한 예외를 이해하는 데 중요한 암시를 준다. 종성 목록에 포함되는 자음의 개수가 늘어날 때 그 중 다수를 차지하는 것은 파열음이다. 파열음은 다양한 종류가 있으며, 이들 중 다수가 종성 목록에 포함될 수 있다. 반면 종성의 자음 개수가 늘어나도 비음은 포함될 수 있는 종류에 한계가 있다. 비음에는 파열음과 같은 유무성 대립이 일반화되어 있지도 않고, 종성에서 실현 가능한 종류도 제한적이다. 그 결과 종성 목록의 자음 부류가 많아지고 여기에 비례하여 자음의 개수가 많아지면, 늘어나는 파열음에 대응하는 비음의 종류가 부족해짐으로써 파열음과 비음이 일대일로 대응하는 일반적인 패턴을 따르는 종성 목록이 나타나기 어려워진다.[42]

지금까지 자음을 조음 방법에 따라 6가지 부류로 나누어, 종성의 목록이 어떠한 구성을 선호하는지를 살펴보았다. 795개 언어에서 나타나는 종성 목록 자체는 너무나 다양하기 때문에 이것을 직접 비교해서는 일반적 경향성을 포착하기 어렵다. 그래서 자음들을 몇 가지 부류로 나누어 종성의 구성 방식을 고찰하였으며, 그 과정에서 몇 가지 뚜렷한 경향성을 확인할 수 있었다. 이제 그것들을 정리하면서 이 절의 논의를 마무리하기로 한다.

첫째, 자음의 부류 중 비음은 모든 유형에 가장 고르게 포함되어 있다. 개별 비음들의 빈도수나 종성 실현 비율도 높았지만, 종성을 이루는 자음 부류의 측면에서 보아도 비음을 포함하는 목록이 그렇지 않

42. (5ㅁ)의 주요 부류인 PFNLG-형과 PFANL-형 중 PFANL-형이 일반적인 패턴을 따르지 않는 것도 이와 관련이 있는 듯하다. 두 유형 중 PFANL-형 종성 목록은 최소 자음의 개수도 PFNLG-형 종성 목록보다 더 많을 뿐만 아니라, 종성에 포함되는 자음의 평균 개수도 16.0개로 PFNLG-형의 12.8개보다 더 많다. 즉, PFANL-형 종성 목록은 PFNLG-형보다 더 많은 자음으로 이루어져 있기 때문에 파열음과 비음의 대립쌍이 조음 위치마다 유지될 가능성이 낮아지는 것이다.

은 목록보다 월등하게 많다. 반면 파찰음은 종성 목록에 포함되는 비율이 가장 낮았다. 주요 종성 목록 중 파찰음이 포함되는 경우는 일부에 국한된다. 파찰음이 없는 종성 목록이 훨씬 더 많을 뿐만 아니라, 파찰음이 포함된 종성 목록은 대부분 빈도가 낮아서 일부 언어에서만 나타난다.

둘째, 종성 목록이 둘 이상의 자음 부류로 이루어질 때에는 파열음과 비음의 대립쌍을 포함하는 것이 일반적이다. 좀 더 구체적으로 말하자면, 각각의 조음 위치별로 동일한 수의 파열음과 비음이 포함되는 종성 목록이 전형적인 모습이라고 할 수 있다. 종성에 포함되는 자음의 수가 많아지면 이러한 경향성이 낮아지지만, 대부분의 주요 종성 유형에서는 같은 조음 위치에서 발음되는 파열음과 비음의 대립쌍이 종성 목록의 중심축을 이룬다.

셋째, (5ㄱ~ㅂ)을 보면 각각에서 가능한 전체 유형 중 일부만 나타나며, 주도적인 유형이 1개 또는 2개 존재한다. 특히 (5ㄱ~ㅂ)에서 가장 주도적인 유형, 즉 가장 빈도가 높은 유형을 비교하면 이들 사이에 흥미로운 상호 관계가 나타난다. 자음 부류의 수가 더 많은 종성 목록의 유형은 자음 부류가 더 적은 경우의 주도적인 형태에 다른 부류가 추가되는 방식으로 되어 있으며, 이러한 방식은 일관하게 유지되기 때문에 자음 부류의 개수에 따라 서로 포함 관계가 성립한다.

가령, (5ㄱ)의 주도적인 형태인 N-형에 파열음이 추가된 것이 (5ㄴ)의 주도적인 형태인 PN-형이다. 그리고 여기에 유음이 추가된 것이 (5ㄷ)의 주도형인 PNL-형이고, 다시 여기에 마찰음이 추가된 것이 (5ㄹ)에서 가장 높은 빈도인 PFNL-형이다. 또한 여기에 후음이 추가되면 (5ㅁ)의 주도형인 PFNLG-형이 되며, 마지막으로 파찰음이 추가되면 (5ㅂ)의 유일한 종성 목록 유형이 만들어진다. 여기서 자음 부류의 개수가 더 많은 경우의 주도적인 종성 유형은 그보다 자음 부류의 개수가 적은 경우의 주도적 종성 유형을 포함한다. (5ㅁ)의

PFNLG-형은 (5ㄹ)의 PFNL-형을 포함하고, (5ㄹ)의 PFNL-형은 (5ㄷ)의 PNL-형을 포함하는 것이다.

이러한 관계를 공식화한다면 다음과 같다.

(15) 자음 부류의 숫자에 따른 종성 목록 유형들 사이의 포함 관계
"자음 부류의 수가 X개인 경우의 가장 주도적인 종성 목록의 유형은 (X-1)개의 가장 주도적인 종성 목록의 유형에 다른 부류가 추가된 형태를 지닌다."

(15)는 X에 어떠한 숫자를 넣든 그대로 유효하다는 점에서 (5ㄱ~ㅂ) 전체를 포괄하는 원리로 인정할 수 있다. 또한 (5ㄱ)에서 (5ㅂ)으로 자음의 부류가 점차 많아지면서 종성 목록이 확장될 때의 방식이 무엇인지도 좀 더 구체적으로 확인할 수 있게 된다. 특히 (5ㄱ→ㄴ→ㄷ→ㄹ→ㅁ→ㅂ)으로의 확장에서 추가되는 자음 부류를 보면 '파열음>유음>마찰음>후음>파찰음'의 위계를 가진다. 비음이 가장 기본적인 자음이었음을 고려하면 종성 목록의 확장은 '비음>파열음>유음>마찰음>후음>파찰음'의 위계에 따라 이루어진다고 할 수 있을지도 모르겠다.[43]

이러한 위계를 (15)와 결부 지으면 (5ㄱ~ㅂ)에서 각 그룹마다 가장 빈도가 높은 종성 유형을 자동적으로 도출해 낼 수 있다. (15)에서 언급하고 있는 '추가되는 자음 부류'는 앞서 제시한 위계에 따라 결정된다고 보면 되기 때문이다. 그리하여 (15)에서 'X'가 1일 경우 0개의 주도적인 종성 목록은 존재할 수 없으므로 위계상 제일 상위의 비음이 추가된 N-형이 가장 주도적인 종성 유형이 된다. 'X'가 2인 경우에는 'X'가 1일 때의 주도적인 종성 유형에 '비음' 다음으로 위계가 높은

43. 이러한 위계의 타당성은 6.2에서 다시 한번 확인하기로 한다.

파열음이 추가된 PN-형이 가장 빈도가 높은 종성 유형이 되는 것이다. 이처럼 (15)와 종성 목록 확장의 위계만 알면, (5ㄱ~ㅂ) 각각에서 어떤 종성 목록 유형이 가장 빈도가 높은지를 자동으로 예측할 수 있다.

6.2. 종성 실현과 조음 방법

자음이 종성으로 실현되는 데 있어서 관여하는 언어 내적 조건에는 자음의 조음 방법과 조음 위치가 있다.[44] 이미 5장에서 부분적으로 확인한 바와 같이 어떤 조음 위치에서 어떤 조음 과정을 거쳐 발음되느냐에 따라 자음들이 종성으로 쓰이는 데 있어 차이가 나타난다. 이 중 이 절에서는 조음 방법과 종성 실현의 문제를 다룬다.

종성 실현과 관련된 자음의 조음 방법은 여러 층위로 구분이 가능하다. 파열음, 마찰음, 파찰음, 비음, 유음과 같은 대범주로 나눌 수도 있고, 성대의 작용이나 이차 조음 등을 통해 더 작은 범주로 나눌 수도 있다. 이들 각각에 있어 조음 방법이 종성 실현과 어떤 관련성을 맺는지 살피기로 한다. 우선은 대범주에 따라 각 부류의 자음들이 종성에서 어떤 실현을 보이는지 검토하기로 한다. 대범주에 속하는 파열음, 마찰음, 파찰음, 비음, 유음 중 먼저 파열음의 종성 실현 양상은 다음과 같이 정리할 수 있다.[45]

---

44. 언어 내적 조건으로 단어 내에서의 위치도 관여할 가능성이 있다. 음절 종성이라고 하더라도 어말인지 어중인지에 따라 그 목록에 차이가 나는 언어들이 있기 때문이다. 그러나 이 책의 논의 대상인 795개 언어 중 이러한 단어 내의 위치에 따른 종성 실현의 차이까지 정밀하게 기술된 것은 그리 많지 않기 때문에 부득이하게 여기서는 언어 내적 조건으로 자음의 조음 방법과 조음 위치만 고려하기로 한다.

45. 6.1.2에서는 조음 방법에 따라 자음 부류를 구분할 때 종성 목록 내에서 보이는 후음의 독자성을 고려하여 이를 자음 부류 속에 포함했으나, 여기에서는 종성으로 실현되는 자음 각각의 순수한 조음 방법만을 논의 대상으로 하기 때문에 후음은 조음 방법에 포함하지 않는다.

(16) 파열음의 종성 실현 양상

ㄱ. 종성 자음 부류의 포함 양상

자음 부류 수	종성 유형 수	파열음 포함 유형 수	파열음 포함 언어 비율[46]
1	5	1	1.8% (2/109)
2	8	2	49.3% (72/146)
3	9	6	90.1% (163/181)
4	8	7	98.7% (152/154)
5	4	4	100% (148/148)
6	1	1	100% (57/57)
전체	35	21	74.7% (594/795)

ㄴ. 종성으로 쓰이는 파열음 목록[47]

종성으로 쓰이는 파열음	종성으로 쓰이지 않는 파열음[48]
p(475/717), b(160/572), p^{h}(7/242), ^{h}p(1/3), b^{h}(2/23), p^{w}(1/19), p^{j}(3/22), b^{j}(1/15), ^{m}p(3/17), ^{m}b(14/76), b^{ʔ}(1/1), p'(9/23), ɓ(10/57), p^{wɣ}(1/1), ȶ(90/122), ȡ(20/80), ȶ^{h}(4/50), ȡ^{h}(1/6), ȶ^{j}(2/5), ȡ^{j}(2/5), ^{n}ȶ(1/1), ^{n}ȡ(3/11), ȶ^{hj}(1/2), ȶ'(2/5), ɗ(2/6), t(430/662), d(123/485), t^{h}(3/200), ^{h}t(1/3), d^{h}(1/16), t^{w}(1/9), t^{j}(4/32), d^{j}(2/16), ^{n}t(2/19), ^{n}d(12/68), d^{ʔ}(1/1), t^{ɣ}(1/1), d^{ɣ}(1/1), t^{ʕ}(2/2), d^{ʕ}(2/2), t'(9/21), ɗ(7/50), ʈ(25/56), ɖ(23/51), ʈ^{h}(4/37), ɖ^{h}(2/7), ᶑ(1/1), ƫ(1/8), c(41/109), ɟ(15/93), c^{h}(1/36), ɟ^{h}(1/2), ʄ(5/13), k(521/767), g(134/484), k^{h}(7/243), ^{h}k(1/3), g^{h}(2/20), k^{w}(10/90), g^{w}(1/33), k^{j}(2/15), g^{j}(2/8), ^{ŋ}k(3/20), ^{ŋ}g(10/66), g^{ʔ}	b^{w}(14), p^{ʔ}(2), ^{ʔ}b(11), p^{hw}(3), p^{hj}(13), ^{m}p^{h}(3), ^{m}b^{w}(4), ^{m}b^{j}(2), ^{ʔ}b^{j}(3), pp(1), ɓ^{w}(2), ɓ^{j}(1), ^{ʔ}b^{w}(1), p(1), p͡^{ɾ}(1), b^{r}(1), p^{l}(1), p^{hl}(1), ^{m}p^{l}([illegible]), ^{m}p^{hl}(1), ^{n}ȡ^{j}(1), ^{ʔ}ȡ(1), d^{w}(4), t^{ʔ}(2), ^{ʔ}d(9), ^{n}t^{h}(4), t^{hw}(3), ^{n}d^{w}(1), t^{hj}(10), ^{n}d^{j}(2), ^{ʔ}d^{j}(2), ^{ʔ}d^{w}(1), ^{n}d^{r}(1), tt(2), ^{n}ɗ (1), ɗ^{w}(2), t̃(1), t^{l}(2), t^{hl}(2), ^{ɳ}ʈ(2), ʈ^{ʔ}(1), ʈ'(1), ^{ɳ}ʈ^{h}(1), ᶁ(2), ƫ^{h}(3), ^{ɳ}ᶁ(1), ƫ^{w}(1), ^{ɲ}c(4), ^{ɲ}ɟ(12), c'(1), ^{ʔ}ɟ(4), k^{ʔ}(2), ^{ʔ}g(1), k̢(1), k^{hw}(12), k^{hj}(8), ^{ŋ}k^{h}(3), ^{ŋ}g^{w}(11), k^{wj}(1), k^{hwj}(1), k̢^{w}(1), k^{ŋ} (1), kk(2), k'^{j}(2), q^{j}(1), q^{hj}(1), ^{N}q(1), ^{N}ɢ(2), ^{N}q^{h}

46. 비율의 근거가 되는 해당 부류의 전체 언어 수와 파열음을 포함한 언어 수를 괄호 안에 제시한다. 이하의 다른 자음 부류도 마찬가지이다.

47. 각 파열음의 괄호 안 숫자는 파열음이 나타나는 전체 언어 수('/'의 오른쪽)와 그중 종성으로 쓰이는 언어 수('/'의 왼쪽)를 나타낸다. 종성으로 쓰이지 못하는 파열음의 경우 그 파열음이 나타나는 전체 언어 수만 표시한다. 뒤에 제시할 다른 자음 부류도 동일하다.

종성으로 쓰이는 파열음	종성으로 쓰이지 않는 파열음
(1/1), k^{l}(1/1), k’(11/30), ɠ(1/2), k’^{w}(1/3), q(28/44), ɢ(3/5), q^{h}(1/17), q^{w}(2/2), q’(4/6), q’^{w}(1/1), ʛ(1/1), ʔ(283/385), ^{N}ʔ(1/2), ʔ^{w}(2/5), kp(3/65), kp^{w}(2/2), ʈk(1/1)	(2), ʔ^{j}(2), gb(58), ^{ŋm}kp(2), ^{ŋm}gb(15), kkpp(1)

ㄷ. 종성 목록에 포함되는 파열음의 평균 개수

전체 언어	파열음이 종성에 오는 언어
$\frac{2,577}{795} = 3.24$	$\frac{2,577}{594} = 4.34$

(16)은 파열음의 종성 실현과 관련하여 세 가지 정보를 담고 있다. (16ㄱ)은 6.1에서 살폈던 자음 부류의 차원에서 종성 목록에 포함되는 파열음이 어느 정도 비율을 보이는지를 나타낸다. (16ㄱ)에서 자음 부류 수와 종성 유형 수는 앞서 (5)에서 보았던 것을 가리킨다. 그리고 각각에 대해 파열음이 어느 정도 포함되어 있는지 그 숫자와 비율이 뒤따른다. (16ㄱ)에 따르면 35개의 종성 목록 유형 중 파열음이 포함된 유형은 21개이다. 또한 파열음을 1개 이상 포함하는 종성 목록은 795개 언어 중 594개 언어에서 발견되어 그 비율이 74.7%로 꽤 높은 편이다. 즉, 전체 언어의 3/4은 파열음이 종성 목록에 포함되는 것이다.

(16ㄴ)은 종성으로 쓰이는 파열음과 그렇지 않은 파열음의 목록을 빈도와 더불어 제시한 것이다. 795개 언어에서 발견되는 자음은 434개이며, 이 중 파열음은 156개이다. 156개의 파열음 중 종성에서 실현될 수 있는 것은 82개로, 그 비율은 52.6%(82/156)이다. 434개 전체 자음 중 218개의 자음이 종성으로 실현되는 비율(50.2%, 218/434)과 비

48. 이것은 어디까지나 이 책의 논의 대상인 795개 언어를 대상으로 발견되지 않았다는 의미이다. 논의 대상이 확대되면 이 목록에 있는 자음 중 종성으로 쓰이는 경우가 나타날 수도 있다. 다만, 그 빈도가 그리 높지 않으리라는 것은 분명하다.

교하면 파열음은 평균보다는 종성에서 실현될 수 있는 비율이 약간 높은 편이다. (16ㄴ)의 목록과 관련된 특징은 뒤에서 자음 부류 전체에 대한 개관을 한 후 따로 다루기로 한다.

(16ㄷ)은 한 언어의 종성 목록에 포함되는 파열음의 평균 개수이다. (16ㄷ)에는 두 가지 평균값이 제시되어 있다. 하나는 795개 언어 전체의 평균이고, 다른 하나는 파열음이 종성으로 오는 언어들의 평균이다. 전체 언어에서 종성에 포함되는 파열음의 평균 개수는 3.24개이며, 이것을 5장의 (1)에 나온 종성의 평균 자음 개수인 8.55개와 비교하면 종성 목록의 37.9%를 파열음이 차지한다고 할 수 있다. 만약 파열음이 종성에 오는 언어로 국한하면 파열음의 평균 개수는 4.34개로 늘어난다.

이제 마찰음을 살펴보기로 한다. 기본적으로 제시되는 정보의 성격은 파열음과 동일하다.

(17) 마찰음의 종성 실현 양상

ㄱ. 종성 자음 부류의 포함 양상

자음 부류 수	종성 유형 수	마찰음 포함 유형 수	마찰음 포함 언어 비율
1	5	3	2.8% (3/109)
2	8	3	5.7.3% (11/146)
3	9	4	14.4% (26/181)
4	8	5	74.0% (114/154)
5	4	3	93.2%% (138/148)
6	1	1	100% (57/57)
전체	35	19	43.9% (349/795)

ㄴ. 종성으로 쓰이는 마찰음 목록

종성으로 쓰이는 마찰음	종성으로 쓰이지 않는 마찰음
ɸ(14/28), β(15/56), f(75/286), v(24/175), ᵐf(5/7), s̺(28/57), z̺(5/20), θ(6/26), ð(4/9),	βʷ(1), fʰ(1), vʰ(2), ᵐv(6), fʷ(7), fʲ(7), vʲ(5), ˀv(1), ff(1), s̺ʰ(3), θʲ

θ'(1/1), ɬ̢(2/5), ɮ(3/3), ɮ^{j}(1/1), s(271/615), z(40/170), s^{j}(3/6), z^{j}(1/2), s'(2/7), ^{n}s(6/12), ^{n}z(1/11), s^{ɣ}(1/1), z^{ɣ}(1/1), s^{ʕ}(2/2), z^{ʕ}(2/2), ɬ(14/35), ɮ(1/5), ʂ(21/47), ʐ(5/19), ʃ(97/208), ʒ(19/63), ɕ(7/67), ç(10/21), ʝ(1/4), x(42/104), ɣ(24/91), x^{w}(3/5), x^{j}(3/5), ɣ^{j}(1/1), χ(15/22), ʁ(7/20), χ^{w}(1/2), ħ(4/4), ʕ(3/4), h(169/525), ɦ(2/21)	(1), s^{h}(10), z^{h}(1), s^{w}(8), z^{w}(4), s^{ʔ}(1), ʂ(1), s^{wj}(2), ^{n}z^{w}(1), θ(2), ð(2),[49] ss(1), ʐ^{h}(1), ʂ^{w}(1), ʐ^{w}(1), ʂ'(1), ʃ^{h}(1), ʃ'(2), ^{ɲ}ʃ(3), ^{ɲ}ʒ(2), ʃ^{w}(1), ʒ^{w}(1), ʃ^{j}(1), ʃ^{r}(1), ʒ^{r}(1), ʃ^{hr}(1), ʑ(29), ʑ^{h}(2), ɕ^{w}(1), ʑ^{w}(1), ^{ʔ}ʑ(2), ^{ʔ}ʑ^{w}(1), ɣ^{w}(2), ^{ʔ}ɣ(3), x'(1), ʁ^{h}(1), h^{w}(14), h^{j}(4), ^{N}h(3)

ㄷ. 종성 목록에 포함되는 마찰음의 평균 개수

전체 언어	마찰음이 종성에 오는 언어
$\frac{962}{742} = 1.30$	$\frac{962}{349} = 2.76$

(17ㄱ)은 자음 부류의 차원에서 마찰음을 하나 이상 포함하는 종성 유형 또는 언어가 어느 정도 되는지를 보여 준다. 35개 종성 유형 중 19개에서 마찰음이 포함되며, 795개 언어 중에서는 43.9%에 해당하는 349개 언어의 종성 목록에서 마찰음이 발견된다. 그런데 자음 목록에 마찰음이 음소로 존재하지 않는 언어가 53개 존재한다.[50] 이 언어들을 제외한다면 마찰음이 종성 목록에 포함된 언어의 비율은 47.0%(349/742)로 높아진다.

(17ㄴ)은 742개 언어의 자음 목록에 포함된 마찰음 중 종성에서 실현되는 것과 그렇지 않은 것을 구분한 결과이다. 795개 언어에서 확인되는 434개 자음 중 마찰음은 모두 94개이다. 그리고 이 중 45개가 종성에서 실현될 수 있어서, 마찰음 전체의 종성 실현 비율은 47.9%(45/94)이다.

---

49. 종성에서 실현되지 않는 'θ, ð'는 치음과 구분되는 치조음이며, 치찰성이 없다는 점에서 's, z'와 구분된다. 치조음인 'θ, ð'는 앞으로 언급될 일이 없기 때문에 치음과 구별되는 기호를 사용하여 표기하지는 않는다.
50. 파열음을 제외한 나머지 조음 방식의 자음들은 나타나지 않는 언어들이 존재한다.

(17ㄷ)은 각 언어의 종성 목록에 나타나는 마찰음의 평균 개수이다. 마찰음을 음소로 가지는 전체 언어를 대상으로 하면 각 언어마다 평균 1.30개의 마찰음이 발견된다. 그러나 마찰음이 종성에서 실현되는 언어만 대상으로 하면 그 수치는 2.76개로 늘어나게 된다. 이러한 차이는 마찰음이 종성에서 실현되지 않는 언어가 많은 데에서 기인한다.

다음으로 파찰음을 살펴보도록 한다.

(18) 파찰음의 종성 실현 양상

ㄱ. 종성 자음 부류의 포함 양상

자음 부류 수	종성 유형 수	파찰음 포함 유형 수	파찰음 포함 언어 비율
1	5	0	0% (0/109)
2	8	0	0% (0/146)
3	9	3	2.2% (4/181)
4	8	3	7.1% (11/154)
5	4	3	36.5% (54/148)
6	1	1	100% (57/57)
전체	35	10	15.8% (126/795)

ㄴ. 종성으로 쓰이는 파찰음 목록

종성으로 쓰이는 파찰음	종성으로 쓰이지 않는 파찰음
pf(1/5), ʨ(7/29), ʨ^{h}(2/19), ^{n}ʥ(1/2), ʦ(37/197), ʣ(4/74), ʦ^{h}(1/82), ^{n}ʦ(1/5), ^{n}ʣ(1/9), ʦ^{j}(1/5), ʦ'(6/18), tɬ(1/3), tɬ'(1/2), tʂ(4/29), ɖʐ(2/14), tʂ^{h}(1/19), tʂ'(1/2), ʧ(88/334), ʤ(42/190), ʧ^{h}(4/61), ^{h}ʧ(1/2), ^{ɲ}ʤ(3/24), ʧ^{j}(1/1), ʧ'(11/25), ʨ(4/61), ʥ(1/39), ʨ^{h}(1/49)	bv(3), ^{m}pf(2, ^{m}bv(1), dʐ(9), ʈɬ(1), ʈθ(1), ʈθ^{h}(1), ʈʒ'(1), ʣ^{h}(9), ^{h}ʦ(1), ʦ^{w}(4), ʣ^{w}(1), ʣ^{j}([illegible]), ʦ^{hw}(3), ʦ^{hj}(3), ^{n}ʦ^{h}(1), dɮ(1). tɬ^{h}(2), tɬ^{j}(1), dɮ^{j}(1), tɬ^{hj}(1), ɖʐ^{h}(1), tʂ^{w}(1), tʂ^{hw}(1), ^{ɳ}tʂ(1), ^{ɳ}ɖʐ(1), ^{ɳ}tʂ^{h}(1), ʤ^{h}(7), ^{ɲ}ʧ(5), ʧ^{w}(6), ʤ^{w}(3), ʧ^{ʔ}(2), ^{ɲ}ʤ^{w}(1), ^{ʔ}ʤ(1), ^{h}ʨ(1), ʥ^{h}(3), ^{ɲ}ʨ(3), ^{ɲ}ʥ(2), ʨ^{w}(1 , ^{ɲ}ʨ^{h}(2), cç(1), ɟʝ(1), kx(1), kf(1)[51]

ㄷ. 종성 목록에 포함되는 파찰음의 평균 개수

전체 언어	파찰음이 종성에 오는 언어
$\frac{228}{510} = 0.45$	$\frac{228}{126} = 1.81$

(18ㄱ)에 따르면 35개의 종성 목록 유형 중 파찰음은 10개 유형에만 포함되어 있다. 또한 795개 언어 중에서 파찰음이 종성 목록에 포함되어 있는 언어는 126개로 그 비율이 15.8%에 그친다. 다만, 파찰음 자체를 가지지 않은 언어가 285개에 이른다. 이것을 감안하면 파찰음을 가진 언어 중 파찰음이 종성에 실현될 수 있는 언어는 24.7%(126/510)로 그 비율이 어느 정도 높아진다. 그러나 다른 자음 부류에 비하면 여전히 그 비율이 낮다.

(18ㄴ)에서 파찰음의 종류는 모두 71개이다. 이 중 종성에서 실현될 수 있는 것은 27개로 그 비율은 38%에 불과하다. 즉, 파찰음이 자음 체계에 존재한다고 하더라도 그중 종성에서 실현될 수 있는 종류는 매우 제한적인 것이다. 이것은 다른 조음 방법과 비교해 보아도 상당히 낮은 편이다.

(18ㄷ)은 종성에 포함되는 파찰음의 평균 개수이다. 파찰음을 음소로 가진 510개 언어 전체로 확대하면 파찰음은 0.45개만이 종성 목록에 포함된다. 다시 말해, 2개 언어를 합쳐도 1개의 파찰음을 종성 목록에서 찾기 힘들 정도로 수치가 낮다. 파찰음이 종성에서 실현될 수 있는 언어로 대상을 좁혀도 파찰음의 개수는 1.81개에 그친다. 전반적으로 파찰음은 종성에서의 실현 정도가 매우 낮은 것을 다시 한번 확인할 수 있다.[52]

---

51. 'kf'는 연구개와 양순에서 동시 조음이 일어나며, 'kp'에 대응하는 파찰음이다.
52. Han(2008: 71~72)에 따르면 파찰음은 어두와 어말에서도 다른 조음 방법에 비해 선호도가 가장 떨어지는 것으로 조사되었다.

네 번째로 종성에서의 실현 정도가 가장 높은 비음을 살펴보기로 한다.

(19) 비음의 종성 실현 양상

ㄱ. 종성 자음 부류의 포함 양상

자음 부류 수	종성 유형 수	비음 포함 유형 수	비음 포함 언어 비율
1	5	1	75.2% (82/109)
2	8	4	93.8% (137/146)
3	9	7	98.9% (179/181)
4	8	7	99.4% (153/154)
5	4	4	100% (148/148)
6	1	1	100% (57/57)
전체	35	24	95.1% (756/795)

ㄴ. 종성으로 쓰이는 비음 목록

종성으로 쓰이는 비음	종성으로 쓰이지 않는 비음
m(675/785), mʰ(2/15), mʷ(1/20), mʲ(3/20), m̥(2/41), mm(1/2),[53] mˀ(1/2), m’(1/2), mˤ(1/1), ᵖm(1/1), mʷˠ(1/1), n̪(89/98), n̪ʲ(4/6), n̪’(1/1), n(628/697), nʰ(2/13), n̥(3/37), nn(1/2), nʲ(6/22), nˀ(1/1), nˤ(2/2), ᵗn(1/1), ɳ(24/27), ȵ(3/31), ɲ(153/347), ɲ̊(1/15), ŋ(536/576), ŋʷ(6/26), ŋʰ(2/8), ŋ̊(2/33), ᵏŋ(1/1), ŋm(5/20), ŋmʷ(2/3)	m̥ʲ(3), ˀm(12), ˀmʲ(3), ˀmʷ(1), ɱ(2), n̪(3), n̪ʰ(1), nʷ(2), n̥ʲ(1) n’(1), ˀn(11), ˀnʲ(3), nˡ(1), ɳ̊(1), ȵʰ(2), ȵʷ(2), ȵʲ(2), ȵ̊(9) ˀȵ(4), ˀȵʲ(1), ɲʰ(4), ɲɲ(1), ɲʷ(2), ˀɲ(2), ŋʲ(3), ˀŋ(9), ŋˀ(1), ŋ̊ʷ(1), ˀŋʷ(4)

ㄷ. 종성 목록에 포함되는 비음의 평균 개수

전체 언어	비음이 종성에 오는 언어
$\frac{2,162}{787} = 2.75$	$\frac{2,162}{756} = 2.86$

53. ‘mm’은 ‘m’에 대한 긴장음(fortis)을 가리킨다. 같은 자음을 연속한 기호는 모두 동일하다.

(19ㄱ)에서 비음은 35개의 종성 유형 중 24개에서 발견된다. 이러한 수치 자체도 다른 조음 방법에 비해 높은 편이기는 하지만, 그보다 더 두드러진 것은 비음을 종성 목록에 포함하는 언어의 숫자이다. 비음은 795개 언어 중 무려 756개 언어의 종성 목록에 들어 있을 만큼 높은 비율을 보인다. 비음 자체가 음소로 존재하지 않는 언어가 8개 존재하는 것을 함께 고려하면 비음은 거의 모든 언어의 종성 목록에 포함된다고 해도 과언이 아닐 정도이다. 특히 (19ㄱ)의 마지막 열을 보면, 종성 목록에 포함되는 자음 부류의 숫자가 늘어날수록 비음의 포함 비율은 더 높아진다. 그래서 자음 부류가 3개인 경우만 해도 98.9% 언어의 종성 목록에 비음이 나타나며, 자음 부류가 5개가 되면 그 수치가 100%가 된다. 이러한 모습은 다른 자음 부류와 비교할 수 없을 만큼 압도적이다.

(19ㄴ)을 보면 비음의 종류는 62가지로서, 앞서 살핀 다른 자음 부류에 비하면 다양성이 오히려 떨어진다. 이 중 33가지의 비음이 종성에서 실현 가능하여 그 비율은 53.2%(33/62)이다. (19ㄱ)에서 보이던 비음의 압도적 모습을 (19ㄴ)에서는 그다지 찾기 어렵다. 다만 종성에서 실현될 수 있는 비음들의 빈도는 상당히 높은 편이다. 이것은 5장의 (21), (22)에 제시된 목록에서도 확인했던 바이다.

(19ㄷ)은 종성에 들어 있는 비음의 평균 개수이다. 비음을 음소로 가진 787개 언어에서 평균 2.75개의 비음이 종성 목록에 포함된다. 종성에서 비음이 나타나는 언어들로만 한정하면 그 수치는 2.86개로 약간 상승한다. 대부분의 언어가 비음을 종성 목록에 포함하고 있기 때문에 둘 사이의 차이는 그리 크지 않다.

이제 마지막으로 유음이 종성에서 어떠한 실현 양상을 보이는지 살펴보기로 한다.

(20) 유음의 종성 실현 양상

ㄱ. 종성 자음 부류의 포함 양상

자음 부류 수	종성 유형 수	유음 포함 유형 수	유음 포함 언어 비율
1	5	1	0.9% (1/109)
2	8	3	28.1% (41/146)
3	9	3	50.8% (92/181)
4	8	5	89.0% (137/154)
5	4	3	93.2%% (138/148)
6	1	1	100% (57/57)
전체	35	16	58.6% (466/795)

ㄴ. 종성으로 쓰이는 유음 목록

종성으로 쓰이는 유음	종성으로 쓰이지 않는 유음
l̪(36/65), l̪^{j}(1/3), ɾ(9/14), r(15/18), ɾ̪^{j}(1/1), l(354/596), l^{h}(1/14), ɫ(3/5), l̥(5/37), l^{j}(7/26), l^{ʔ}(2/4), l^{f}(1/2), l^{ʕ}(1/2), ll(1/1), ɾ(198/350), ɾ̥(2/13), ɾ^{h}(1/8), ɾ^{ʕ}(2/2), r(139/194), rr(2/3),[54] r̥(2/6), ɾ^{j}(1/4), r^{ʔ}(1/2), ^{n}r(1/3), ɭ(24/27), r(27/35), ɻ(11/16), ɭ̥(1/2), ʎ(11/16), ʟ(2/3), ʀ(3/3)	ⱱ(3), ⱱr(2),[55] l̪^{h}(2), l(3), ɾ̪^{h}(1), l^{w}(5), ^{n}l(1), l̥^{j}(1), ^{ʔ}l(8), ^{ʔ}l^{j}(1), l'(1), ɾ^{w}(4), ^{ʔ}ɾ(3), ɾ̥^{w}(1), r̥^{h}(1), r^{h}(1), r^{j}(1), ^{n}ɾ(3), ɭ^{w}(1), ɭ^{f}(1)[56]

ㄷ. 종성 목록에 포함되는 유음의 평균 개수

전체 언어	유음이 종성에 오는 언어
$\frac{865}{764} = 1.13$	$\frac{865}{466} = 1.86$

(20ㄱ)에서 유음은 35개 종성 유형 중 16개 유형에서 나타난다. 또한 795개 언어 중 466개 언어의 종성 목록에 유음이 포함되어 있어 그

54. 진동음(trill)을 진동 횟수에 따라 simple trill과 multiple trill로 구분할 때 'rr'은 multiple trill을 가리킨다.

55. 'ⱱ'와 'ⱱr'는 각각 labial flap(tap 포함)과 labial trill을 가리킨다.

56. 'ɭ^{f}'는 권설음에 속하는 설측 탄설음으로 치조의 설측 탄설음인 'l^{f}'과 성격이 비슷하다.

비율이 58.6%이다. 다만, 795개 언어 중 유음이 음소로 존재하지 않는 언어가 31개이므로, 이것을 고려하면 유음이 종성에 포함되는 언어의 비율은 61.0%(466/764)로 좀 더 높아진다. (20ㄴ)을 보면 유음은 434개의 자음 중 51개이며, 이 중 31개가 종성에서 실현될 수 있다. (20ㄷ)에 따르면 유음을 음소로 가지는 764개 언어 전체를 대상으로 할 경우 유음은 평균 1.13개가 종성에 포함되며, 유음이 종성에 오는 언어로 대상을 좁히면 그 수치가 1.86개로 약간 더 높아진다.

지금까지 파열음, 마찰음, 파찰음, 비음, 유음이라는 대부류 조음 방법에 따라 종성에서의 실현 양상이 어떠한지를 세 가지 기준에서 각각 검토해 보았다. 이제 각 기준별로 조음 방법의 차이가 종성 실현에는 어떻게 나타나는지를 종합적으로 고찰하고자 한다. 우선, 자음의 조음 방법이 종성 목록에 어느 정도 포함되는지를 비교하면 다음과 같다.

(21) 종성 목록에 포함되는 조음 방법의 비율 및 빈도

조음 방법	파열음	마찰음	파찰음	비음	유음
포함 비율(Ⅰ)	74.7%	43.9%	15.8%	95.1%	58.6%
포함 비율(Ⅱ)	74.7%	47.0%	24.7%	96.1%	61.0%
포함 언어 수	594	349	126	756	466

(21)은 (16~20)의 (ㄱ)을 모두 모아 정리한 것이다. 포함 비율(Ⅰ)은 795개 언어 전체를 대상으로 각 부류가 종성에 포함된 비율을 나타내고, 포함 비율(Ⅱ)는 해당 부류를 자음 음소로 가지고 있는 언어에 한해 각 부류가 종성에 포함된 비율을 나타낸다. 모든 언어의 자음 목록에 포함된 파열음의 경우에만 이 두 비율이 동일하고, 나머지 자음 부류는 포함 비율(Ⅱ)가 (Ⅰ)보다 더 높다.

(21)에서 비음은 모든 기준에서 다른 조음 방법을 압도하고 있다.

756개 언어에서 비음이 종성 목록에 포함되어 있으며 이 비율은 전체 언어의 95% 이상이 된다. 조음 방법에 있어 비음은 종성에서 가장 선호되는 자음 부류임을 확실히 알 수 있다. 비음 다음으로는 파열음이 종성에서 선호된다. 전체 언어 중 594개(74.7%)의 종성 목록에 파열음이 1개 이상 들어 있다. 그 뒤를 이어 유음, 마찰음, 파찰음의 순서로 종성에서의 선호도가 낮아진다. 즉, (21)을 통해 '비음>파열음>유음>마찰음>파찰음'과 같은 종성에서의 선호도 위계를 세울 수 있다. 그리고 이러한 위계는 6.1에서 살폈던 종성 목록이 확장될 때 선택되는 조음 방법의 순위와 정확히 일치하고 있다. 이상의 결과는 종성의 실현에 있어 자음의 조음 방법이 명확히 관여하고 있음을 말해준다.

다음으로 종성으로 실현될 수 있는 자음의 목록을 조음 방법에 따라 비교해 보기로 한다.

(22) 조음 방법에 따른 종성 목록의 양상

조음 방법	파열음	마찰음	파찰음	비음	유음	전체
종류	156	94	71	62	51	434
종성 가능	82	45	27	33	31	218
종성 실현 비율	52.6%	47.9%	38.0%	53.2%	60.1%	50.2%

(22)는 (16~20)의 (ㄴ)과 관련된 수치를 정리한 것이다. 대범주에 따라 몇 종류의 자음이 포함되며, 그중 종성으로 실현되는 것은 어느 정도인지 그 종류의 개수와 비율이 제시되어 있다. (22)를 보면 조음 방법에 따라 자음의 종류나 종성에서 가능한 자음의 종류 및 실현 비율 등이 적지 않은 차이를 보인다. 파열음의 유형은 자음 중 가장 다양하며, 이것이 (22)에서도 여실히 드러난다. 그래서 종성으로 가능한 파열음의 종류도 많은 편이다. 뒤에서도 보겠지만 종성에서 자음

이 실현되는 데에는 후두 작용, 이차 조음 등에 의해 영향을 많이 받는데, 파열음은 워낙 종류가 많아서 이러한 제약의 영향을 적게 받는 자음도 상대적으로 다양하다. 그 결과 종성에서 많은 파열음이 실현될 수 있다. 파열음을 제외한 다른 조음 방법은 종성에서 가능한 자음의 종류가 그리 큰 차이를 보이지는 않는다. 마찰음이 45가지로 많은 편이고, 파찰음은 27가지로 다소 적은 편이다. 그러나 그 차이가 크지는 않다. 종성으로 가능한 자음의 비율은 유음이 가장 높다. 그 이유는 유음의 유형 자체가 51가지로 많지 않기 때문으로 보인다. 전체 언어의 평균과 비교할 때 유음, 비음, 파열음이 조금 더 높은 종성 실현 비율을 지니는데, 이들은 평균보다 낮은 마찰음, 파찰음에 비해 종성에서의 선호도가 더 높다.

마지막으로 조음 방법의 차이에 따라 종성 목록에 포함되는 자음의 개수에는 어떤 차이가 있는지를 검토하기로 한다.

(23) 조음 방법에 따라 종성에 포함되는 자음 개수

조음 방법	파열음	마찰음	파찰음	비음	유음	총합
종성 개수	3.24	1.21	0.29	2.72	1.09	8.55
종성 비중	37.9%	14.2%	3.4%	31.8%	12.7%	100%

(23)은 (16~20)의 (ㄷ)과 관련된다. 다만, (16ㄷ)~(20ㄷ)에서는 해당 부류의 자음을 음소로 가진 언어들만을 대상으로 했음에 비해 (23)에서는 795개 언어 전체를 대상으로 했다는 차이가 있다. 그러다 보니 각 부류별 종성 개수가 파열음을 제외하면 모두 조금씩 하락했다.[57] 각각의 조음 방식이 전체 언어의 종성 목록에서 어느 정도 비중을 차지하는지를 보기 위해서는 이러한 조정이 불가피하다.

57. 795개 언어 전체에 나타나는 파열음을 제외하면, 나머지 부류는 수치 계산에 있어 분모의 수가 795로 커졌기 때문에 수치가 하락할 수밖에 없다.

795개 언어의 종성에는 평균 8.55개의 자음이 포함된다. 이 중 각각의 조음 방법이 종성 목록에서 어느 정도를 차지하는지가 (23)에 잘 반영되어 있다. (23)에서 종성의 개수와 비중은 파열음이 가장 높은 모습이다. 파열음은 자음 중 가장 기본적인 부류이며, 그 빈도나 유형에서 다른 자음을 압도한다. 이런 사정으로 인해 종성 목록에서의 비중도 표면적으로는 높을 수밖에 없다. ㅂ음은 상대적으로 그 유형이 파열음에 비해 다양하지 않지만 종성 목록에서의 비중은 상당히 높은 편이다. 이것은 비음이 종성으로 가장 선호되는 경향에 말미암은 결과이다. 이처럼 파열음과 비음을 단순 비교하면 파열음이 종성 목록에서 더 높은 수치를 보이지만, 자음 목록 자체에서 파열음에 비해 비음의 빈도나 유형이 매우 열세인 것을 감안하면 비음이 종성 목록에서 보이는 수치는 상당하다고 할 수 있다.

종성에서의 선호도 위계에 따르면 유음은 마찰음보다 더 상위에 있다. 그러나 (23)에서는 오히려 마찰음이 유음보다 더 높은 수치를 보인다. 이것은 유음의 유형 자체가 다양하지 않고 빈도도 그다지 높지 않은 데 이유가 있다. (23)은 종성 목록에서의 절대적인 비중을 나타내기 때문에 유형이 다양하지 않거나 전체적인 빈도수가 낮은 조음 방법의 경우에는 불리할 수밖에 없다.[58] 그 결과 앞에서 살폈던 '비음>파열음>유음>마찰음>파찰음'의 종성 선호도 위계가 (23)에서는 제대로 드러나지 않는다.

이제부터는 지금까지와 달리 좀 더 구체적인 조음 방법에 따라 종성에서의 실현이 어떻게 달라지는지를 살피기로 한다. 우선적으로 검토할 것은 성대의 작용이다. 성대의 작용에 따라 다양한 자음들이 구분되는데, 이러한 차이는 종성 실현 여부에도 차이를 미칠 수 있다. 성대의 작용과 관련하여 이 책에서 검토할 자음 부류는 다음과 같다.

58. (23)에서 비음보다 파열음의 수치가 더 높은 것도 이 때문이다.

(24) 성대의 작용에 따른 자음 구분

ㄱ. 유성음과 무성음

ㄴ. 내파음(implosive)과 방출음(ejective)

(24ㄱ)의 유성음과 무성음은 성대 진동에 의해 구분되며 성대 작용이 관여하는 가장 대표적인 자음 부류이다. 그런데 5장의 (22)에서도 시사되었듯이 무성음과 유성음은 종성 실현에 있어 뚜렷한 차이를 보인다.

(25) 유성음과 무성음의 종성 실현 양상[59]

ㄱ. 장애음의 경우

무성음		유성음	
자음	종성 실현 비율	자음	종성 실현 비율
p	66.2% (475/717)	b	28.0% (160/572)
t̪	73.8% (90/122)	d̪	25.0% (20/80)
t	65.0% (430/662)	d	25.4% (123/485)
ʈ	44.6% (25/56)	ɖ	45.1% (23/51)
c	37.6% (41/109)	ɟ	16.1% (15/93)
k	67.9% (521/767)	g	27.7% (134/484)
q	63.6% (28/44)	ɢ	60.0% (3/5)
ɸ	50.0% (14/28)	β	26.8% (15/56)
f	26.2% (75/286)	v	13.7% (24/175)
θ	23.1% (6/26)	ð	44.4% (4/9)
s̪	49.1% (28/57)	z̪	25.0% (5/20)
s	44.1% (271/615)	z	23.5% (40/170)
ʂ	44.7% (21/47)	ʐ	26.3% (5/19)

59. 아래의 표에서 종성 실현 비율은 각 자음을 가진 언어들 중 몇 개의 언어에서 그 자음이 종성으로 쓰이는지의 비율을 가리킨다. 괄호 안의 '/' 왼쪽은 해당 자음이 종성으로 나타나는 언어 수, 오른쪽은 해당 자음을 음소로 가진 언어 수를 가리킨다. 이하의 표에서 제시되는 내용도 동일하다.

무성음		유성음	
ʃ	46.6% (97/208)	ʒ	30.2% (19/63)
ɕ	10.4% (7/67)	ʑ	0% (0/29)
ç	47.6% (10/21)	ʝ	25.0% (1/4)
x	40.4% (42/104)	ɣ	26.4% (24/91)
χ	68.2% (15/22)	ʁ	35.0% (7/20)
h	32.2% (169/525)	ɦ	9.5% (2/21)
tʂ	24.1% (7/29)	dʐ	0% (0/9)
ʦ	18.8% (37/197)	dz	5.4% (4/74)
tɕ	13.8% (4/29)	dʑ	14.3% (7/49)
ʧ	26.3% (88/334)	ʤ	22.1% (42/190)

ㄴ. 공명음의 경우

무성음		유성음	
자음	종성 실현 비율	자음	종성 실현 비율
m̥	4.9% (2/41)	m	86.0% (675/785)
n̪̊	0% (0/3)	n̪	90.8% (89/98)
n̥	8.1% (3/37)	n	90.1% (628/697)
ɳ̊	0% (0/1)	ɳ	88.9% (24/27)
ɲ̊	6.7% (1/15)	ɲ	44.1% (153/347)
ŋ̊	6.1% (2/33)	ŋ	93.1% (536/576)
l̪̊	0% (0/3)	l̪	55.4% (36/65)
l̥	13.5% (5/37)	l	59.4% (354/596)
ɾ̥	15.4% (2/13)	ɾ	56.6% (198/350)
r̥	33.3% (2/6)	r	71.6% (139/194)

(25)는 자음을 장애음(파열음, 마찰음, 파찰음)과 공명음(비음, 유음)으로 구분하여, 성대의 진동에 의해서만 구분되는 대립쌍에서 종성 실현 양상이 어떻게 다른지를 정리한 것이다. 각각의 대립쌍은 비교의 편의를 위해 같은 행의 좌우에 배열되어 있다. 빈도수가 너무 낮은 자음은 논의하는 의미가 없으므로 제외하였다.[60] 또한 이차 조음 등을 동반하는 복합적인 자음은 그 차이가 성대의 진동에서만 비롯되

는지를 단정하기 어렵기 때문에 역시 제외하였다.

(25)를 보면 장애음과 공명음에서 성대 울림의 유무에 따라 종성 실현에 있어 완전히 상반된 모습을 보이고 있다. (25ㄱ)과 같이 장애음의 경우에는 무성음의 종성 실현 비율이 유성음에 비해 훨씬 높다. (25ㄱ)의 대립쌍을 비교해 보면 거의 대부분의 경우 무성음의 종성 실현 비율이 유성음보다 2배 이상 높다. 예외적으로 'ɖ, ɢ, ð, dʑ, ʤ'의 종성 실현 비율은 그에 대응하는 무성음 'ʈ, q, θ, tɕ, ʧ'보다 더 높거나 비슷하다. 이 중 'ð, ɢ'는 빈도 자체가 낮아서 비율을 논하기에 어려움이 있다. 이 자음들을 제외하면 'ɖ, dʑ, ʤ'가 남는데 이 자음들은 치조와 경구개 사이의 구강 중앙부에서 발음된다는 공통점이 있다. 이것이 무성 장애음과 유성 장애음의 종성 실현 비율을 예외적으로 만드는 데 어떤 관련이 있는지는 차후 해명이 필요하다.

(25ㄴ)의 공명음은 (25ㄱ)과는 정반대이다. 유성음이 무성음보다 높은 종성 실현 비율을 보이며, 여기에는 어떠한 예외도 존재하지 않는다. 특히 유성 공명음의 종성 실현 비율은 무성 공명음보다 훨씬 더 높아서, (25ㄱ)의 유성음과 무성음 사이에서 나타나는 차이를 훨씬 상회한다. (25ㄴ)의 이러한 양상은 유성 공명음의 종성 실현 비율 자체가 높을 뿐만 아니라 그에 대응하는 무성 공명음의 종성 실현 비율이 지나치게 낮다는 두 가지 요인에 기인한다.

(25ㄱ, ㄴ)을 볼 때 단순히 자음에 성대 진동이 동반되는 것이 종성에서 제한된다고 보기는 어렵다. 공명음의 경우 성대 진동을 수반하는 자음들의 비율이 매우 높기 때문이다. 자음의 특성을 고려하면 장애음은 성대 진동이 동반되지 않는 것이 무표적이고, 공명음은 그 반대로 성대 진동이 동반되는 것이 무표적이다. 이러한 무표적인 성대

---

60. 유성음과 무성음 모두 빈도가 낮은 경우는 제외하지만, 유성음과 무성음 중 어느 한쪽의 빈도가 높을 경우에는 비교를 위해 다른 한쪽의 빈도가 낮더라도 함께 제시하였다.

진동 양상이 초성보다는 종성에서 특히 더 강하게 유지된다고 보는 편이 합리적이라고 생각된다.

(24ㄴ)에 제시된 내파음과 방출음은 발동부(initiator)가 폐가 아니라 성대라는 점에서 다른 자음들과 구분된다. 이 자음들의 조음에서 성대의 작용은 매우 중요하다. 이 경우에 성대는 발동부이자 발성부로서 두 가지 역할을 담당하기 때문이다. 빈도수가 어느 정도 수준을 보이는 일부 내파음과 방출음을 대상으로 종성 실현 양상을 살펴보면 다음과 같다.

(26) 내파음과 방출음의 종성 실현 양상

내파음		방출음	
자음	종성 실현 비율	자음	종성 실현 비율
ɓ	17.5% (10/57)	p'	39.1% (9/23)
ɗ	14.0% (7/50)	t'	42.9% (9/21)
ʄ	38.5% (5/13)	k'	36.7% (11/30)

(26)에는 각각 내파음과 방출음이 3개씩 제시되어 있다. 비교 대상이 적어서 어려움이 있지만, 내파음과 방출음을 비교하면 방출음의 종성 실현 비율이 내파음보다는 더 높은 것을 알 수 있다. 이러한 양상은 성대의 진동과 무관하지 않을 수 있다. 앞에서 장애음의 경우 무성음이 유성음보다 종성 실현 비율이 더 높은 것을 확인하였는데, (26)에 제시된 방출음은 무성음이고 내파음은 유성음이라서 이러한 경향성으로부터 자유로울 수 없어 보인다.

이 외에도 성대의 작용이 관여하는 특수한 자음들로 짜내기 소리(creaky voice), 중얼거림(murmur), 강음(fortis) 등이 있다. 이 자음들은 모두 빈도가 매우 낮아서 따로 다루지는 않았다. 그러나 이들 대부분은 종성에서 실현되는 경우가 극히 드물다. 이처럼 성대의 작용이 일반적이지 않은 자음은 종성에서의 실현이 상당히 제한된다고 할 수 있다.

다음으로 이차 조음을 동반하는 자음의 종성 실현에 대해서 고찰하기로 한다. 5장에서 제시한 바와 같이 이차 조음의 종류에는 7가지가 있다. 이 중 여러 언어에서 확인되는 것은 유기음화(aspiration), 비음화(nasalization), 순음화(labialization), 구개음화(palatalization)의 네 가지이다. 이러한 이차 조음들을 대상으로 하여 종성에서의 실현 양상을 검토하면 다음과 같다.

(27) 이차 조음과 종성 실현 양상

ㄱ. 유기음화를 동반한 자음의 종성 실현

자음	종성 실현 비율	자음	종성 실현 비율
pʰ	2.9% (7/242)	kʰʷ	0% (0/12)
bʰ	8.7% (2/23)	qʰ	5.9% (1/17)
pʰʲ[61]	0% (0/13)	sʰ	0% (0/10)
t̪ʰ	8.0% (4/50)	t͡s̪ʰ	10.5% (2/19)
tʰ	1.5% (3/200)	t͡sʰ	1.2% (1/82)
dʰ	6.3% (1/16)	tʂʰ	5.3% (1/19)
tʰʲ	0% (0/10)	t͡ʃʰ	6.6% (4/61)
ʈʰ	10.8% (4/37)	t͡ɕʰ	2.0% (1/49)
cʰ	2.8% (1/36)	mʰ	13.3% (2/15)
kʰ	2.9% (7/243)	nʰ	15.4% (2/13)
gʰ	10.0% (2/20)	lʰ	7.1% (1/14)

ㄴ. 비음화를 동반한 자음의 종성 실현

자음	종성 실현 비율	자음	종성 실현 비율
ᵐp	17.6% (3/17)	ᵑg	15.2% (10/66)
ᵐb	18.4% (14/76)	ᵑgʷ	0% (0/11)

61. 이 자음은 유기음화와 구개음화라는 두 개의 이차 조음이 결합되어 있다. 이런 자음의 경우 유기음화와 구개음화 두 유형에 모두 포함하도록 한다.

자음	종성 실현 비율	자음	종성 실현 비율
^{n}ɖ	27.3% (3/11)	^{ŋm}gb	0% (0/11)
^{n}t	10.5% (2/19)	^{n}s	50.0% (6/12)
^{n}d	17.6% (12/68)	^{n}z	9.1% (1/11)
^{ɲ}ɟ	0% (0/12)	^{ɲ}ʤ	12.5% (3/24)
^{ŋ}k	15.0% (3/20)		

ㄷ. 순음화를 동반한 자음의 종성 실현

자음	종성 실현 비율	자음	종성 실현 비율
p^{w}	5.3% (1/19)	$^{ŋ}g^{w}$	0% (0/11)
b^{w}	0% (0/14)	h^{w}	0% (0/14)
k^{w}	11.1% (10/90)	m^{w}	5% (1/20)
g^{w}	3.0% (1/33)	$ŋ^{w}$	23.1% (6/26)
k^{hw}	0% (0/12)		

ㄹ. 구개음화를 동반한 자음의 종성 실현

자음	종성 실현 비율	자음	종성 실현 비율
p^{j}	13.6% (3/22)	t^{hj}	0% (0/10)
b^{j}	6.7% (1/15)	k^{j}	13.3% (2/15)
p^{hj}	0% (0/13)	m^{j}	15.0% (3/20)
t^{j}	12.5% (4/32)	n^{j}	27.3% (6/22)
d^{j}	12.5% (2/16)	l^{j}	26.9% (7/26)

(27ㄱ)은 유기음화를 동반한 자음들의 종성 실현 비율을 나타낸다.[62] (27ㄱ)에 제시된 자음들은 평균적으로 54.6개 언어에서 나타나지만, 이 중 이 자음들이 종성에서도 실현될 수 있는 언어는 2.1개에 지나지 않는다. 다시 말해 종성 실현 비율이 평균 3.8%에 불과하다.

62. 유기음화는 자음의 앞에 동반될 수도 있고 뒤에 동반될 수도 있지만, 어느 정도의 빈도수를 가진 자음은 모두 유기음화가 뒤에 온다. 참고로 유기음화가 자음 앞에 놓이는 '^{h}p, ^{h}t, ^{h}k'는 795개 언어 중 3개 언어에서 나타나며, 그중 한 언어인 Michif 어에서만 종성으로 실현된다.

유기음화를 포함하여 두 개의 이차 조음이 결합된 ‘p^{hj}, t^{hj}, k^{hw}’를 제외하고 유기음화만 동반하는 자음으로 한정해도 종성 실현 비율은 3.9%로 크게 다르지 않다.[63] 거의 모든 개별 자음들의 종성 실현 비율이 낮은 편이다. 다만 유성 장애음 또는 공명음에 유기음화가 동반될 때의 종성 실현 비율은 무성 장애음에 유기음화가 동반될 때보다 다소 높은 경향을 보인다. 예컨대 ‘b^{h}, d^{h}, g^{h}, m^{h}, n^{h}, l^{h}’의 종성 실현 비율은 모두 유기음화를 동반하는 자음의 평균적인 종성 실현 비율을 상회한다.

(27ㄴ)은 비음화를 동반한 자음들의 종성 실현 비율이다.[64] (27ㄴ)의 자음들은 평균 27.8개 언어에서 나타나며, 그중 4.4개 언어에서 종성으로 실현되기 때문에 종성 실현 비율이 평균 15.7%이다. 두 개의 이차 조음이 결합된 ‘$^{n}g^{w}$’를 제외하고 비음화만 동반하는 자음으로 한정할 경우 종성 실현 비율은 16.2%로 높아진다. 이처럼 비음화의 경우 유기음화에 비하면 자음이 종성에서 실현되는 비율이 더 높은 편이다. (27ㄴ)의 자음들 중 ‘^{n}s’은 종성 실현 비율이 50%로서 다른 자음들에 비해 압도적으로 높은데, 그 이유가 무엇인지는 알 수 없다.

(27ㄷ)은 순음화를 동반한 자음들의 종성 실현 비율을 보여 준다. 이 자음들은 평균 26.6개 언어의 자음 목록에 포함되어 있지만, 종성에서 실현되는 언어는 2.1개에 불과해서 종성 실현 비율은 7.9%에 그친다. ‘k^{hw}, $^{n}g^{w}$’와 같이 두 개의 이차 조음이 결합된 자음을 제외하고 순음화만 동반하는 자음으로 한정해도 그 비율은 8.8%로 약간 높아질 뿐이다. 후음인 ‘h^{w}’가 종성에서 전혀 실현되지 않는 반면 연구개비음인 ‘$ŋ^{w}$’는 평균을 훨씬 넘는 종성 실현 비율을 보인다는 점이 서

63. 후술하겠지만 두 개의 이차 조음이 결합된 자음은 종성 실현에서 극도로 제약되는 경향이 있다.

64. 비음화 역시 유기음화와 마찬가지로 자음의 앞뒤에 동반될 수 있다. 비음화가 후행하는 자음은 극히 드물며 종성에서 실현되는 사례도 795개 언어에서는 발견되지 않는다.

로 대조적이다.

(27ㄹ)은 구개음화를 동반한 자음들의 종성 실현 비율이다. 이 자음들은 평균 19.1개 언어에서 음소로 존재하며, 그중 14.7%인 2.8개 언어에서 종성으로 실현되고 있다. 'p^{hj}, t^{hj}'와 같이 이차 조음이 두 개 추가된 자음들을 제외할 경우, 구개음화를 동반하는 자음의 종성 실현 비율은 16.7%로 높아져서 비음화를 넘어선다. (27ㄹ)에서 치조 공명음인 'n^{j}, l^{j}'의 종성 실현 비율은 다른 자음보다 높은 편인데, 그 이유에 대해서는 앞으로 해명이 필요하다.

이상에서 네 가지의 이차 조음이 결합된 자음의 종성 실현 양상을 살펴보았다. 이 과정에서 몇 가지 특징이 드러났다. 첫째, 이차 조음이 결합된 자음은 그렇지 않은 자음에 비하면 종성 실현 비율이 매우 낮다. 이것은 평음(plain consonant)과 비교하면 매우 자명해진다.[65] 둘째, 비록 이차 조음이 결합될 경우 종성 실현 비율이 낮기는 하지만, 이차 조음의 유형에 따라 그 편차가 드러난다. 비음화와 구개음화는 거의 비슷한 비율이며 상대적으로 높은 편에 속한다. 그 다음은 순음화이고, 유기음화는 종성 실현 비율이 가장 낮은 모습을 드러낸다. 셋째, (27)에서 두 개의 이차 조음이 결합된 자음은 모두 종성 실현 비율이 0%이다. (12)에 포함되지 않은 저빈도의 자음으로 논의 대상을 확대한다고 하더라도 두 개의 이차 조음이 결합된 자음이 둘 이상의 언어에서 종성으로 실현되는 경우는 발견되지 않는다.

이 외에도 이차 조음에는 인두음화(pharyngealization), 후두음화(laryngealization), 연구개음화(velarization)가 더 존재한다, 그러나 이러한 이차 조음을 동반하는 자음은 795개 언어에서 매우 드물게 나타나서 (27)에서 따로 다루지는 않았다. 다만 인두음화를 제외한 나머지 이차 조음은 종성 실현이 극도로 제한된다.[66]

65. (27)에 제시된 자음들에 대응하는 평음의 종성 실현 비율은 12장을 참고할 수 있다.

6.3. 종성 실현과 조음 위치

지금까지 자음이 종성에 실현되는 데 있어 관여하는 언어 내적 조건은 주로 자음의 조음 방법과 관련되었다. 실제로 조음 방법에 따라 종성에서의 실현 비율에 상당한 차이가 나타나기 때문에 여기에 관심이 주어질 수밖에 없었다. 그런데 조음 위치에 따라 종성 실현 양상에 차이가 나타날 가능성도 없지 않다. 따라서 이 절에서는 이 문제를 좀 더 자세히 살펴보기로 한다.

자음의 조음 위치는 논의에 따라 그 분류 방법이 매우 다양할 수 있다. 여기서는 자음의 조음 위치를 다음과 같이 분류하고자 한다.

(28) 자음의 조음 위치

ㄱ. 주된 조음 위치가 하나인 경우: 순음(labial),[67] 치음(dental), 치조음(alveolar), 권설음(retroflex), 경구개치조음(palato-alveolar), 치조경구개음(alveo-palatal), 경구개음(palatal), 연구개음(velar), 구개수음(uvular), 인두음(pharyngeal), 후음(glottal)

ㄴ. 주된 조음 위치가 두 개인 경우: 순-연구개음(labio-velar), 치-연구개음(dento-velar)

(28ㄱ, ㄴ)의 차이는 주된 조음(primary articulation)이 몇 개의 조음 위치에서 이루어지는지에 있다. (28ㄴ)은 서로 대등한 두 개의 조음 위치가 있는 경우이다. 대등한 조음 위치가 세 개 이상인 자음은 존재

---

66. 인두음화를 동반한 자음은 2개 이하의 언어에서만 나타날 뿐인데 종성에서 실현되지 못하는 것은 없다. 그러나 워낙 빈도가 낮아서 이것을 가지고 종성 실현 양상을 논의하기는 어렵다. 인두음화를 포함하여 여기서 다루지 않는 이차 조음의 경우 (16)~(20)의 (ㄴ)에 제시된 자음 목록을 통해 종성에서의 실현 여부를 간략하게 확인할 수 있다.

67. 순음에는 양순음(bilabial)과 순치음(labio-dental)이 모두 포함된다.

하지 않는다. (28)에 따라 795개 언어에서 발견되는 434개 자음을 분류하면 다음과 같다. 각 조음 위치에 있어 '초성'은 초성으로만 쓰이는 자음의 종류, '종성'은 종성으로 쓰이는 자음의 종류를 나타낸다.[68]

(29) 조음 위치에 따른 자음 현황[69]

조음 방법 / 조음 위치	파열음		마찰음		파찰음		비음		유음	
	초성	종성	초성	종성	초성	종성	초성	종성	초성	종성
순	20	14	9	5	3	1	5	11	2	0
치	2	11	2	8	5	3	2	3	3	5
치조	17	17	11	13	13	9	6	8	13	19
권설	4	5	4	2	6	4	1	1	2	3
경치	0	0	10	2	7	7	0	0	0	0
치경	4	1	6	1	6	3	6	1	0	1
경구	4	5	0	2	2	0	4	2	0	1
연구	13	16	3	5	1	0	5	5	0	1
구수	5	7	1	3	0	0	0	0	0	1
인두	0	0	0	2	0	0	0	0	0	0
후	1	3	2	3	0	0	0	0	0	0
순연	4	2	0	0	0	1	0	2	0	0
치연	0	1	0	0	0	0	0	0	0	0

(29)를 보면 조음 위치와 조음 방법에 따라 자음이 어떻게 분포하는지를 대략적으로 알 수 있다. 가령 파찰음은 경구개보다 앞쪽에서 발음되는 자음의 종류가 대부분이며, 종성에서 실현되는 것보다는 그렇지 못한 것이 더 많다. 유음은 치조를 중심으로 하여 그 인근에 집중적으로 분포하며, 파찰음과 달리 종성에서 실현될 수 있는 종류

68. '종성' 열의 자음은 초성과 종성에 모두 나타날 수도 있고, 종성에만 나타날 수도 있다.

69. 표의 공간이 제약되어 있어서 조음 위치의 명칭은 줄여서 제시하기로 한다. 순서는 (28ㄱ, ㄴ)을 따른다. 이하의 표에서 조음 위치를 제시할 때에도 마찬가지이다.

가 더 많다.

(29)의 결과를 바탕으로 하여 각 언어의 종성 목록에 포함되는 자음들을 조음 위치의 측면에서 검토해 보기로 한다. 다음 (30)은 종성 목록에 포함된 자음의 조음 위치 수에 따라 언어의 빈도가 어떻게 나타나는지를 정리한 결과이다.

(30) 종성 목록의 조음 위치 수와 언어 분포

조음 위치 수	1	2	3	4	5	6	7	8
언어 수	55	73	227	220	131	62	26	1

(30)에 따르면 795개 언어의 종성 목록에 나타나는 자음들의 조음 위치는 최소 1개부터 최대 8개까지 분포한다. (28)에 따르면 이론적으로는 한 언어의 종성에 포함된 자음들의 조음 위치 수가 최대 13개까지 가능하지만 실제로 나타나는 것은 8개로 한정된다. 조음 위치의 수가 3개 또는 4개인 언어가 가장 많으며, 이보다 조음 위치가 늘거나 줄면 그에 따라 언어의 빈도도 낮아진다.[70] 가장 많은 8개의 조음 위치가 나타나는 Burushaski어는 33개의 자음 모두가 종성에서 실현될 수 있으며, 5장에서 구분했던 6가지의 자음 부류 전체가 종성 목록에 포함되어 있다. 종성 목록에서 1개의 조음 위치만 나타나는 언어들은 대부분 종성에 하나의 자음만 올 수 있지만, 경우에 따라서는 Yalarnnga어와 같이 3개의 부류에 속하는 4개의 종성이 모두 동일한 조음 위치에 오기도 한다.[71] 이 언어의 종성에 오는 자음은 모두 치조음이며 조음 방법은 파열음, 비음, 유음으로 분산되어 있다.

70. 795개 언어의 평균을 구하면 3.75개의 조음 위치가 종성 목록에 포함된다.

71. 종성 목록의 조음 위치가 1개로 국한된 55개 언어 중 48개는 하나의 자음만 종성에 올 수 있다. 두 개의 자음이 종성에 오는 언어가 4개, 세 개의 자음이 종성에 오는 언어가 2개이며, Yalarnnga어는 유일하게 네 개의 자음이 종성에 실현된다. Yalarnnga어에 대해서는 Blake(1971)을 참고할 수 있다.

(30)에 제시된 조음 위치의 수에 따라 언어들마다 선호되는 유형이 존재한다. 이것은 종성 실현에 있어 조음 위치가 어떻게 관여하는지를 보여 주는 하나의 지표가 될 수 있다. 종성 목록에 포함된 자음들의 조음 위치가 1개인 언어들의 경우 다음과 같은 모습을 보여 준다.

(31) 종성의 조음 위치가 1개인 언어 분포

조음 위치	순	치	치조	연구	후
언어 수	6	1	10	17	21

(31)에는 13개 조음 위치 중 5개만 포함되어 있다. 이것은 종성 목록에 하나의 조음 위치만 나타날 때 그 유형이 상당히 제약됨을 말해 준다. 특히 5개 조음 위치의 빈도도 적지 않은 차이가 있어서 후음이 유일한 조음 위치로 나타나는 언어가 제일 많고 연구개음이 그보다 약간 적다. 반면 치음은 매우 드물고 양순음을 포함한 순음도 빈도가 높지는 않다.

(32) 종성의 조음 위치가 2개인 언어 분포

ㄱ. 조음 위치별 빈도

조음 위치	순	치	치조	경치	경구	연구	후
언어 수	42	6	54	1	1	27	15

ㄴ. 선호되는 조합의 유형

선호 조합	순+치조	치조+연구	연구-후	치조+후	순+연구
언어 수	36	10	8	6	5

(32)는 종성에 실현되는 자음들의 조음 위치가 2개인 언어들의 유형을 보여 준다. (32ㄱ)은 각 조음 위치별 빈도를 나타낸 것이고, (32ㄴ)은 이 중 선호되는 조합 유형들을 정리한 것이다. (32ㄱ)의 조음

위치 종류는 (31)에 비해 2가지가 늘었다. (32ㄱ)에서는 (31)과 달리 순음 및 치조음의 빈도가 매우 높다. 또한 연구개음과 후음의 빈도도 어느 정도 된다. 따라서 (32ㄴ)의 선호되는 조합 유형도 이러한 조음 위치 중 2개가 결합되어 이루어진다. (32ㄴ)에서는 순음과 치조음으로 이루어진 종성 유형이 가장 높은 빈도를 보이면서 다른 유형을 압도한다.[72] 종성 목록에서 자음의 조음 위치가 2가지인 73개의 언어 중 절반 정도는 이 유형을 지닌다.[73] 반면 (32ㄱ)에서 빈도가 높았던 네 개의 조음 위치 중 순음과 후음의 조합으로 된 종성 목록은 73개 언어 중에서는 나타나지 않는다.

다음으로 (33)은 종성에서 실현되는 자음들의 조음 위치 수가 3개인 경우이다.

(33) 종성의 조음 위치가 3개인 언어 분포

ㄱ. 조음 위치별 빈도

조음 위치	순	치	치조	권설	경치	경구	연구	후
언어 수	211	14	209	10	10	11	119	17

ㄴ. 선호되는 조합의 유형

선호 조합	순+치조 +연구	순+치 +연구	순+치조 +경구	순+치조 +후	치조+권설 +경치	치조+연구 +후
유형	(a)	(b)	(c)	(d)	(e)	(f)
언어 수	175	14	9	6	6	5

(33ㄱ)에서도 순음과 치조음의 빈도가 매우 높다. 또한 연구개음도

72. (32ㄴ)은 5개 이상 언어에서 나타나는 주요 유형만 포함한 것이다. 이하에서 조음 위치의 숫자에 따라 제시하는 주요 결합 유형도 특별한 언급이 없으면 5개 이상 언어에서 나타나는 것으로 한정된다.

73. 이 유형은 아프리카와 파푸네시아의 언어들에서 많이 보인다. 반면 아시아의 언어 중에는 이러한 유형의 종성 목록을 가진 언어가 발견되지 않는다.

빈도가 높은 축에 속한다. 반면 후음의 빈도는 (32ㄱ)과 비교할 때 별로 늘어난 게 없다. 이러한 사정에서 예상할 수 있듯이 (33ㄴ)에서 가장 높은 빈도를 보이는 것은 (a)-유형인 '순음+치조음+연구개음'의 조합이다. 227개 언어 중에서 175개 언어가 여기에 속한다. 또한 (a)-유형과 비교할 때 치조음 대신 치음이 결합되어 그 성격이 매우 비슷한 (b)-유형도 14개 언어에서 나타난다. 나머지 네 유형은 그다지 빈도가 높지 않다. (33ㄴ)에서 특이한 유형은 '치조음+권설음+경구개치조음'과 같이 매우 가까이 인접한 조음 위치들로만 이루어진 (e)-유형이다. 이 유형은 남미의 언어들에서만 발견된다.

종성 목록에 포함된 자음들의 조음 위치가 4개인 언어는 220개로 많은 편이다. 이 언어들에서의 종성 실현 양상은 다음과 같다.

(34) 종성의 조음 위치가 4개인 언어 분포

ㄱ. 조음 위치별 빈도

조음 위치	순	치	치조	권설	경치	치경	경구	연구	구수	인두	후	순연
언어 수	210	38	199	9	22	1	33	211	5	1	147	4

ㄴ. 선호되는 조합의 유형

선호 조합	순+치조 +연구+후	순+치조+ 경구+연구	순+치조+ 경치+연구	순+치+ 연구+후	순+치+ 치조+연구
유형	(a)	(b)	(c)	(d)	(e)
언어 수	121	28	13	12	11

(34ㄱ)에서는 순음, 치조음, 연구개음이 높은 빈도를 보이며, 여기에 후음이 상당한 빈도를 지닌다. 특히 순음과 연구개음의 빈도가 높으며, 이 두 조음 위치는 (34ㄴ)의 고빈도 종성 목록에 모두 포함되어 있다. 후음은 앞서 (33ㄱ)에서는 빈도가 낮았지만, 조음 위치의 수가 4개로 늘면서 다시 빈도가 높아졌다. 이러한 빈도 양상은 (34ㄴ)에서

가장 많이 발견되는 유형이 (a)-유형인 '순음+치조음+연구개음+후음'의 조합임을 자연스럽게 설명한다. (34)에 속하는 220개의 언어 중 절반을 넘는 121개 언어가 이 유형의 종성 목록을 가진다.[74] 또한 (34ㄴ)에서 눈여겨볼 조합은 (e)-유형이다. 치음과 치조음은 조음 위치가 비슷해서 이 둘 사이의 대립은 특정한 조건을 만족시켜야 나타나는데, (34ㄴ)에서 보듯 조음 위치가 4개인 종성 목록에서 이 두 개의 조음 위치가 모두 포함되기 시작한다.[75]

다음에 제시되는 (35)는 종성 목록에 포함된 자음들의 조음 위치가 5개인 경우이다. 131개 언어에서 이러한 유형이 발견된다.

(35) 종성의 조음 위치가 5개인 언어 분포

ㄱ. 조음 위치별 빈도

조음 위치	순	치	치조	권설	경치	치경	경구	연구	구수	후	순연
언어 수	131	27	127	30	53	2	64	130	11	77	3

ㄴ. 선호되는 조합의 유형

선호 조합	순+치조+경구+연구+후	순+치조+경치+연구+후	순+치조+권설+경구+연구	순+치조+경치+경구+연구	순+치+치조+연구+후	순+치+치조+경구+연구	순+치조+권설+연구+후	순+치조+경치+연구+구수
유형	(a)	(b)	(c)	(d)	(e)	(f)	(g)	(h)
언어 수	33	28	13	10	8	6	6	5

(35ㄱ)에서의 고빈도 조음 위치는 (34ㄴ)과 크게 다르지 않다. 순

74. 이 언어들의 지역적 분포를 보면 아시아와 파푸네시아가 매우 많은 반면, 아프리카의 언어는 극히 드물다.

75. Lee(2020)에 포함된 4,356개 언어의 파열음들을 분석해 보면, 비록 종성에 국한되지는 않지만 파열음이 4개 이상의 조음 위치에서 분포할 때 비로소 치음과 치조음이 한 언어에서 모두 음소로 기능하기 시작한다. 조음 위치 숫자가 3개 이하인 경우에는 치음과 치조음이 서로 배타적으로 포함될 뿐이다. 이와 동일한 양상을 자음의 종성 목록에서도 확인할 수 있다는 점이 흥미롭다.

음, 치조음, 연구개음이 매우 많고, 후음도 어느 정도의 빈도를 보인다. 특히 순음은 131개 언어 모두에서 종성 목록에 포함되어 있을 정도로 높은 빈도를 보이며, 연구개음도 1개 언어를 제외한 나머지에서 종성 목록에 나타나고 있다.

(35ㄴ)에서 나타나는 조음 위치 조합의 유형은 앞서 본 (33ㄴ, 34ㄴ)에 비하면 더 다양하다. 조음 위치의 수가 늘수록 대상 언어의 수는 줄기 때문에 여러 언어에서 공통적으로 나타날 수 있는 조합의 유형은 줄어들 것이 예상되지만 실제로는 그렇지 않다. 그러나 각 유형의 빈도를 보면 이전과는 달리 다른 유형을 압도하는 주도적 유형은 나타나지 않는다. (35ㄴ)에서 빈도가 가장 높은 편인 (a)-유형과 (b)-유형은 모두 (34ㄴ)의 (a)-유형에 다른 조음 위치가 결합되었다는 점에서 공통적이다. 이러한 양상은 유형 (e)와 (g)에서도 발견할 수 있다.

아래의 (36)은 종성 목록에 포함된 자음들의 조음 위치가 6개인 경우로, 62개 언어가 여기에 해당한다.

(36) 종성의 조음 위치가 6개인 언어 분포

ㄱ. 조음 위치별 빈도

조음 위치	순	치	치조	권설	경치	치경	경구	연구	구수	인두	후	치연
언어 수	62	23	56	18	42	8	41	62	10	1	48	1

ㄴ. 선호되는 조합의 유형

선호 조합	순+치조+경치+경구+연구+후	순+치조+치경+경구+연구+후	순+치+치조+경구+연구+후	순+치+치조+권설+경치+연구	순+치조+경치+연구+구수+후
유형	(a)	(b)	(c)	(d)	(e)
언어 수	17	6	5	5	5

(37ㄱ)에서 가장 빈도가 높은 것은 순음과 연구개음이다. 62개 언

어의 종성 목록에서 순음과 연구개음은 예외 없이 발견된다. 이 두 조음 위치는 이전의 종성 목록에서도 가장 빈도가 높았다. 그 뒤를 치조음, 후음, 경구개치조음, 경구개음이 차지하고 있다.

(36ㄴ)의 선호되는 조합 유형은 62개 언어에서 차지하는 비율이 낮은 편이다. (a)-유형이 17개 언어에서 나타날 뿐, 나머지는 5~6개 언어에서만 발견된다. (35ㄴ)에서와 마찬가지로 압도적인 빈도를 보이는 주도적 유형은 없는 셈이다. 이것은 종성 목록에 포함되는 조음 위치의 수가 4개 또는 그 이하인 경우와 뚜렷하게 구별되는 차이점이다.

종성 목록의 자음들이 7개의 조음 위치에 분포하는 언어는 26개에 불과하다. 이 언어들을 대상으로 조음 위치의 분포와 선호 조합을 검토한 결과는 다음과 같다.

(37) 종성의 조음 위치가 7개인 언어 분포

ㄱ. 조음 위치별 빈도

조음 위치	순	치	치조	권설	경치	치경	경구	연구	구수	인두	후
언어 수	26	12	24	12	24	2	13	26	15	3	25

ㄴ. 선호되는 조합의 유형

선호 조합	순+치+치조+경치+연구+구수+후
언어 수	5

(37ㄱ)을 보면 다른 경우와 마찬가지로 순음, 치조음, 연구개음의 빈도가 매우 높다. 순음과 연구개음은 26개 언어 모두에 나타나고 치조음도 2개 언어를 제외하면 종성 목록에 모두 나타난다. (37ㄱ)에서 특징적인 것은 경구개치조음과 후음이다. 후음이 1개 언어를 제외한 모든 언어의 종성 목록에 나타나서 치조음보다도 오히려 빈도가 높다. 또한 경구개치조음은 주요 조음 위치가 아닌데도 불구하고 종성의 조음 위치가 7개인 경우에는 24개의 언어에서 나타나고 있다.

(37ㄴ)을 보면 5개 이상의 언어에서 나타나는 선호 조합은 한 가지 유형밖에 없다. 그나마도 5개 언어에서만 나타날 뿐이다. 이 유형은 북미의 언어에서만 나타난다. 대권역이 북미로 동일하지만 5개 언어가 4개 어족에 분산되어 있어서 어족상의 편중은 드러나지 않는다.

마지막으로 종성 목록에 8개의 조음 위치가 포함되는 언어가 1개 있다. Burushaski어는 종성 목록에 포함되는 자음의 조음 위치가 가장 많다.[76] Yoshioka(2012: 18)에 따르면 이 언어에서 종성 목록의 조음 위치는 순음, 치음, 치조음, 권설음, 치조경구개음, 연구개음, 구개수음, 후음으로 이루어져 있다. 그러나 대상 언어 수가 1개에 불과해서 특별한 의미를 두기는 어렵다.

지금까지 각 언어의 종성 목록에 포함되는 조음 위치를 중심으로 하여, 선호되는 조음 위치의 조합에 대해 검트해 보았다. 이 과정에서 몇 가지 특징이 발견된다. 첫째, 조음 위치의 수에 따라 조음 위치의 조합은 뚜렷한 경향성을 보인다. 즉, 더 적은 수의 조음 위치에서 가장 높은 빈도를 보이는 조합 유형에 다른 조음 위치가 하나씩 추가되는 방식으로 조음 위치 조합이 만들어지는 경향이 매우 강한 것이다. 가령, (33ㄴ)에 제시된 여러 조합들 중에는 (32ㄴ)에서 가장 빈도가 높은 '순음+치조음' 조합에 다른 조음 위치가 추가된 것들이 많다. 마찬가지로 (34ㄴ)의 여러 조합들 중에서는 (33ㄴ)에서 가장 높은 빈도를 보이는 '순음+치조음+연구개'에 다른 조음 위치가 결합된 것들이 대다수이다. 이런 방식은 (36ㄴ)까지 유효하다. 예외는 일부에 불과하며, 대체로 그러한 예외는 대상 언어의 수가 매우 적은 경우들이다.

이런 방식으로 만들어진 조음 위치 조합의 빈도는 같은 그룹 내에서 다른 조합 유형의 빈도를 압도한다. 가령 (33ㄴ~36ㄴ)의 각각에

76. Glottolog에 따르면 이 언어는 아시아의 인도와 파키스탄 등지에서 쓰이며, 특정한 어족에는 속하지 않는 것으로 분류되어 있다.

서 (a)-유형은 다른 유형보다 훨씬 높은 언어 빈도를 보인다. (a)-유형이 아니라고 하더라도 (a)-유형과 비슷한 방식으로 이루어진 조음 위치의 조합이 그렇지 않은 것보다 더 많은 언어에서 나타난다.

그 결과 (33ㄴ~36ㄴ)에서 조음 위치의 수가 더 많은 경우의 (a)-유형은 그보다 조음 위치의 수가 적은 경우의 (a)-유형을 언제나 포함한다. 예컨대 (36ㄴ)의 (a)-유형에는 (35ㄴ)의 (a)-유형에 포함된 조음 위치가 모두 들어 있고, (35ㄴ)의 (a)-유형에는 (34ㄴ)의 (a)-유형에 포함된 조음 위치가 모두 들어 있다. 이로 인해 중요한 조음 위치들은 조음 위치의 수가 늘어도 많은 언어의 종성 목록에서 그대로 유지된다. 이와 같은 양상은 종성 조음 위치의 확장 방식에 일정한 경향이 존재함을 명확히 말해 준다.

둘째, 순음, 치조음, 연구개음의 빈도가 대부분의 경우에 매우 높은 것을 확인할 수 있다. 이 세 개의 조음 위치는 전체 자음 목록에 있어서도 매우 선호되는데, 이러한 선호도는 종성 목록에서도 확인이 된다. 종성 목록에 3개 이상의 조음 위치가 포함되는 경우를 살펴보면, 가장 높은 빈도를 보이는 조음 위치의 조합에는 반드시 순음, 치조음, 연구개음이 모두 포함되어 있다. 이들 조음 위치가 얼마나 종성 목록에서 많이 나타나는지는 다음 자료에서도 잘 드러난다.

(38) 종성 목록에서의 조음 위치별 빈도

	순	치	치조	권설	경치	치경	경구	연구	구수	인두	후	순연	치연
언어 수	687	122	680	80	152	14	163	673	42	5	351	7	1
비율	86%	15%	86%	10%	19%	2%	21%	85%	5%	1%	44%	1%	0%

(38)은 795개 언어 전체의 종성 목록을 대상으로 하여 각 조음 위치의 자음을 하나 이상 포함하고 있는 언어의 숫자 및 그것이 795개 언어에서 차지하는 비율을 조사한 결과이다. 순음, 치조음, 연구개음

은 모두 680개 안팎의 언어에서 종성 목록에 포함되어 있다. 이 세 조음 위치의 빈도는 4위인 후음과 비교해도 거의 2배 가까이 높을 만큼 두드러진다.

지금까지 각 조음 위치별로 그 빈도를 통해 종성 목록에서 많이 나타나는 조음 위치 또는 그 조합을 살펴보았다. 그것을 통해 몇 가지 경향성을 찾을 수 있었다. 그런데 이러한 결과는 조음 위치별 자음들의 절대적 빈도에 영향을 받은 바가 적지 않다. 순음, 치조음, 연구개음이 많은 언어의 종성 목록에 포함되어 있는 것이 사실이기는 하지만 이러한 결과는 이들 조음 위치의 자음이 많은 언어의 음소 목록에 나타난다는 사실과도 무관하지 않다. 반대로 인두음이나 치-연구개음의 종성 빈도가 낮은 것은 이들 조음 위치의 자음이 795개 언어의 자음 목록에 포함되는 빈도가 매우 낮은 데에 가장 큰 원인이 있는 것이다.[77] 따라서 조음 위치에 따른 종성 실현의 선호도를 더 명확히 하기 위해서는 다른 측면을 통한 보완이 필요하다. 이를 위해 각각의 조음 위치에 따른 자음의 종성 실현 비율을 살펴보기로 한다. 종성 실현 비율은 자음의 절대적 빈도와 무관하게 종성에서 어느 정도 실현되는지를 보여 주기 때문에 종성 위치에서의 선호도를 이해하는 데 도움이 된다.

(39) 조음 위치별 종성 실현 비율

	순	치	치조	권설	경치	치경	경구
자음 빈도	3,365	700	5,060	405	947	332	729
종성 빈도	1,511	344	2,368	175	266	18	198
종성 실현 비율	45%	49%	47%	43%	28%	5%	27%

77. 인두음에 속하는 두 자음은 각각 4개 언어, 치-연구개음에 속하는 유일한 자음은 1개 언어에서만 자음 목록에 포함되므로, 이 자음들이 종성 목록에서 실현될 수 있는 언어의 숫자 자체는 절대적으로 적을 수밖에 없다.

	연구	구수	인두	후	순연	치연
자음 빈도	2,710	131	8	961	167	1
종성 빈도	1,330	66	7	457	12	1
종성 실현 비율	49%	50%	88%	48%	7%	100%

(39)에서 자음 빈도는 각 조음 위치의 모든 자음들이 나타나는 언어 수의 합을 가리키고, 종성 빈도는 해당 자음들이 종성에서 실현되는 언어 수의 합을 가리킨다. 이 둘을 기반으로 종성 실현 비율을 계산하였다. (39)에서 자음 빈도 자체가 극히 낮은 인두음과 치-연구개음을 제외한다면, 종성 실현 비율의 결과는 예상을 상당히 빗나가고 있다.

우선, 종성 실현 비율의 차이가 예상보다는 그리 크게 차이 나지 않는다. 조음 위치 중 상당수는 40~50% 사이의 종성 실현 비율을 보이고 있다. 인두음과 치-연구개음을 뺀 11개 조음 위치 중 7개가 그러하다. 앞서 주요 조음 위치로서의 지위를 보였던 순음, 치조음, 연구개음도 모두 그러할 뿐만 아니라, 여기에 속하지 않는 치음, 권설음, 구개수음, 후음도 비슷한 종성 실현 비율을 보인다. 이전의 양상을 고려하면 순음, 치조음, 연구개음의 종성 실현 비율이 더 높을 것이 예상되지만 그렇지 않다. 이러한 결과를 고려할 때 순음, 치조음, 연구개음이 유독 종성 목록에 많이 포함되었던 것은 이들 조음 위치가 종성에서 유독 선호되기 때문이라기보다는 거기에 속하는 자음들의 빈도 자체가 높기 때문이라고 보아야 할 것이다. 이들 조음 위치의 빈도가 다른 조음 위치보다 훨씬 더 높기 때문에, 종성 실현 비율이 비슷하다면 다른 조음 위치에 비해 더 많은 언어의 종성 목록에 나타날 수밖에 없다.

둘째, 종성 실현 비율에 따라 크게 두 부류가 구분되고 있다. 앞서 말한 40~50% 사이의 종성 비율을 보이는 7개의 조음 위치와 나머지 4개의 조음 위치가 명확히 구분된다.[78] 4개의 조음 위치에 해당하는 경구개치조음, 치조경구개음, 경구개음, 순-연구개음은 모두 30% 미만의 종성 실현 비율을 보인다. 이 4개의 조음 위치는 다시 두 가지 하위 부류로 세분할 수 있다. 한 부류인 경구개치조음, 치조경구개음, 경구개음은 치조 뒤에서 조음되는 중자음(central consonant)들로서, 조음 위치가 서로 인접해 있다.[79] 다른 한 부류인 순-연구개음은 주된 조음이 두 군데에서 거의 동시에 일어나는 동시 조음 자음이다.

이처럼 종성 실현 비율에 따라 그 비율이 높은 부류와 낮은 부류가 어느 정도 구별되고 있다. 각 부류에 속하는 조음 위치들에서 어떤 공통점을 찾기는 어렵다. 따라서 현재로서는 조음 위치와 결부된 어떠한 음성학적 특징이 종성 실현 비율의 높고 낮은 차이를 야기했는지 알 수 없다. 다만, 앞서 종성 목록에 매우 빈번하게 포함되었던 주요 조음 위치(순음, 치조음, 연구개음)의 경우 해당 자음 자체의 높은 언어 빈도수로 인하여 종성에서도 많은 언어에서 나타났다는 점은 명확히 확인하였다.

또한 종성 실현 비율이 낮은 두 개의 하위 부류는 내적인 공통점 내지는 조음적 특성을 가졌다는 점에서 종성 실현 비율이 낮은 이유를 앞으로 해명할 수 있는 여지가 있어 보인다. 예컨대, 4장에서 살펴본 바와 같이 종성에서는 자음의 조음이 불완전하게 이루어지는 경우가 많은 것을 고려하면, 동시 조음이 일어나는 자음이 종성에서 실현되는 데에는 음성학적 제약이 있을 가능성이 충분하다. 또한 경구개치조음, 치조경구개음, 경구개음은 중자음이라는 공통점이 확인된 만큼, 이러한 특징이 종성에서의 실현을 제약하는 데 관여했을지도 모

78. 앞에서 언급한 인두음과 치-연구개음은 빈도가 매우 낮으므로 논의 대상에서 제외한다.

79. 중자음은 변자음(peripheral consonant)인 양순음이나 연구개음에 대립되는 부류로 치조음과 경구개음을 포함하여 그 사이에서 조음되는 자음들을 가리킨다. 한국어 음운론에서 중자음과 변자음의 구분은 조음 위치 동화, '이' 모음 역행 동화 등에서 중요한 의미를 지닌다.

른다.[80]

지금까지 795개 언어의 종성 목록에 포함되는 자음들의 조음 위치가 어떠한 양상을 보이는지를 대략적으로 검토해 보았다. 이제 이 절에서 다룰 마지막 내용은 주요 조음 위치의 빈칸과 관련된다. 주요 조음 위치인 순음, 치조음, 연구개음에 국한하여, 이 조음 위치들 중 하나 이상이 종성 목록에 포함되지 않는 언어들을 대상으로 그 특성을 검토할 것이다. 앞서 (38)에서 본 것처럼 이 세 조음 위치의 자음은 매우 많은 언어의 종성 목록에서 나타난다. 그러나 세 조음 위치 중 하나 이상이 포함되지 않는 경우도 어느 정도 존재한다. 이러한 빈칸의 양상을 이해하기 위해, 우선 세 개의 조음 위치가 종성 목록에 어느 정도 포함되어 있는지 정리하면 다음과 같다.[81]

(40) 종성 목록에 나타나는 주요 조음 위치의 숫자

전체 / 주요	1	2	3	4	5	6~8
0	21	0	0	0	0	0
1	34	17	10	1	0	0
2	–	56	28	17	1	0

(40)에서 세로축의 숫자(0~2)는 주요 조음 위치의 수를 가리키고, 가로축의 숫자(1~8)는 전체 조음 위치의 수를 가리킨다. 795개 언어 중 주요 조음 위치가 하나 이상 빠진 언어는 185개로 그 비율이 23.3%에 이른다. 이 언어들의 구체적인 양상을 (40)에서 확인할 수 있다. 이

80. 다만 중자음이라고 하더라도 치조음 및 그보다 뒤에서 조음되는 권설음은 종성 실현 비율이 높은 부류에 속한다는 점에서 문제 해결이 그리 단순해 보이지는 않는다.

81. 치조음과 치음 중 어느 한쪽만 존재하는 경우에는 구분하지 않고 모두 치조음이 존재하는 것으로 해석하였다. 언어에 따라 치음과 치조음 중 어느 쪽으로 분석해야 하는지에 있어 이견이 존재하는 경우도 있고, 상당수의 언어에서는 치음과 치조음이 배타적으로 존재하기 때문에 치조음과 치음 중 하나만 존재해도 이것은 체계상의 빈칸으로 보지 않는 편이 타당해 보인다.

처럼 (40)은 종성 목록에 포함된 전체 조음 위치의 숫자에 따라 주요 조음 위치가 어느 정도 포함되어 있는지에 대한 언어별 분포를 잘 보여 준다.

(40)을 보면 주요 조음 위치가 하나도 포함되지 않은 21개 언어는 종성 목록에 포함된 조음 위치가 하나인 경우로만 국한된다. 이런 언어들의 종성 목록에 포함된 자음은 모두 후음으로 단일한 모습이다. 여기에 해당하는 21개 언어 중 15개는 북미 또는 남미에 분포되어 있어서 지역적 편중이 두드러진다. 또한 종성 목록의 조음 위치 수가 6개 이상이 되면 순음, 치조음, 연구개음 중 하나 이상이 포함되지 않는 경우는 존재하지 않는다. 전체 조음 위치가 5개인 경우에도 주요 조음 위치가 하나 이상 포함되지 않는 언어는 1개에 불과하다.

주요 조음 위치 중 하나 이상이 종성 목록에 누락되더라도, 두 개가 빠지는 경우보다 하나만 빠지는 경우가 훨씬 더 많다. 즉, 세 개의 주요 조음 위치 중 두 개는 종성 목록에 포함되는 것이 더 일반적인 것이다. 종성에 포함된 자음의 조음 위치 자체가 하나밖에 없어서 주요 조음 위치도 하나만 포함될 수밖에 없는 경우가 아닌 한, 이러한 경향은 매우 두드러진다.

이제 주요 조음 위치 중 어떤 것이 더 포함되거나 또는 포함되지 않는지를 이해하기 위해, 조음 위치별로 조음 위치의 수에 따라 어떤 양상을 보이는지를 살피기로 한다.

(41) 종성 목록에서 주요 조음 위치가 포함되는 양상

위치 수 / 위치	1		2		3		4		5		합계
	Ⅰ	Ⅱ	Ⅰ	Ⅱ	Ⅰ	Ⅱ	Ⅰ	Ⅱ	Ⅰ	Ⅱ	
순음	6	-	0	42	0	22	0	8	0	1	79
치조음	11	-	9	51	10	24	1	17	0	1	124
연구개음	17	-	8	19	0	10	0	9	0	0	63

(41)의 가로축은 종성 목록의 조음 위치 숫자를 나타낸다. 특히 전체 조음 위치의 수와 주요 조음 위치의 수를 구분하기 위해, 전체 조음 위치 수는 아라비아 숫자, 주요 조음 위치의 수는 로마자 숫자로 표시했다. (41)은 각각의 조건에 따라 주요 조음 위치가 얼마나 많은 언어에서 나타나는지를 보여 준다. 예컨대 종성 목록에서 전체 조음 위치의 수가 2개이고 주요 조음 위치도 2개인 경우, 순음은 42개 언어, 치조음은 51개 언어, 연구개음은 19개 언어의 종성 목록에 포함되어 있음을 가리킨다.

이제 (41)을 전체 조음 위치의 수와 주요 조음 위치의 수에 따라 유형별로 검토해 보기로 한다.[82] 조음 위치의 숫자가 1개인 경우를 보면, 주요 조음 위치가 2개 포함될 수 없어서 한 가지 유형만 존재한다. 1-Ⅰ 유형 중에는 연구개음이 포함되는 언어가 17개로 가장 많고 순음은 6개로 가장 적다. 연구개음이 유일한 조음 위치인 17개 언어들은 아시아에 11개가 분포되어 있어 지역적인 편중이 약간 보인다.

2-Ⅰ 유형은 치조음이 포함되는 언어가 9개로 가장 많고, 연구개음도 8개 언어에서 보인다. 반면 순음을 조음 위치로 지니는 언어는 2-Ⅰ 유형에서는 나타나지 않는다. 치조음을 포함하는 언어들은 9개 중 7개가 북미와 남미에 분포되어 있다.[83] 연구개음을 포함하는 8개 언어 중에는 6개가 아시아에 위치한다.[84] 이처럼 지역적으로 경향성을 보이고 있다.

2-Ⅱ 유형에서는 치조음이 51개 언어에 포함되고 순음이 42개 언어에 포함된다. 반면 연구개음은 19개 언어에만 포함되어 있어서 다른 두 개의 조음 위치와는 차이가 난다. 이 유형에는 두 개의 주요 조

82. 각 유형을 표시할 때 (41)에 따라 전체 조음 위치의 수는 아라비아 숫자, 주요 조음 위치의 수는 로마자 숫자를 사용하기로 한다.

83. 특히 북미의 언어가 6개로서 매우 많은 편이다.

84. 2-Ⅰ 유형에서 주요 조음 위치로 연구개음을 포함한 언어들은 예외 없이 나머지 하나의 조음 위치로 후음을 포함하고 있다.

음 위치가 조합을 이룬다. 조합을 보면 '순음+치조음'의 조합이 37개 언어에서 나타나서 압도적으로 우세하다. '치조음+연구개음'은 14개 언어, '순음+연구개음'은 5개 언어에서만 발견된다.

3-Ⅰ 유형은 모두 치조음만 가지는 언어로만 구성된다. 특히 10개의 언어 중 남미에 분포하는 언어가 8개로 높은 비율을 차지한다. 3-Ⅱ 유형을 보면 2-Ⅱ 유형과 마찬가지로 연구개음이 포함되는 언어의 수가 상대적으로 적은 편이다. 주요 조음 위치의 조합은 '순음+치조음'이 18개 언어에서 나타나서 가장 많으며, '치조음+연구개음'이 6개, '순음+연구개음'이 4개 언어에서 나타난다.

4-Ⅰ 유형은 Cashibo-Cacataibo어에서만 발견된다. 이 언어는 유일한 주요 조음 위치로 치조음만 가지고 있다. 4-Ⅱ 유형의 경우 치조음이 포함된 언어의 수가 17개로 가장 많고, 순음과 연구개음을 포함한 언어의 수는 거의 비슷하다. 주요 조음 위치의 조합은 '치조음+연구개음'이 9개 언어, '순음+치조음'이 8개 언어에서 나타나며, '순음+연구개음'은 전혀 나타나지 않는다.

5-Ⅰ 유형은 795개 언어 중에는 발견되지 않는다. 5-Ⅱ 유형은 Asturian-Leonese-Cantabrian어에서만 나타날 뿐이다. 이 언어는 주요 조음 위치 중 순음, 치조음이 종성 목록에 포함되어 있다.

(41)에 드러난 양상은 다소 무질서해 보이고 일반적인 경향이 잘 드러나지 않지만 그래도 몇 가지 특징이 없는 것은 아니다. 우선, 전체적으로 보면 주요 조음 위치 중에서는 치조음이 제일 선호되는 양상이다. 주요 조음 위치 중 하나 이상이 빠지더라도 치조음은 포함되는 경우가 순음이나 연구개음이 포함되는 경우보다는 많다. 종성 목록에 하나의 주요 조음 위치만 포함되는 경우에도 그것이 치조음인 경우가 적지 않으며, 두 개의 조음 위치가 포함될 경우 그중 하나가 치조음인 경우는 그렇지 않은 경우보다 월등히 많다. 예컨대 2-Ⅱ, 3-Ⅱ, 4-Ⅱ, 5-Ⅱ 유형에서 발견되는 세 개의 조합 중 '순음+치조음' 또는 '치

조음+연구개음'의 빈도는 '순음+연구개음'보다 훨씬 더 높다.[85]

순음과 연구개음 중에서 어떤 것이 더 선호되는지는 쉽게 판단하기 어렵다. 이 둘은 주요 조음 위치의 숫자에 따라 다소 상이한 모습을 보인다. 주요 조음 위치가 1개인 경우에는 연구개음이 순음보다 훨씬 더 선호된다. (41)에서 종성 목록에 주요 조음 위치가 1개만 포함된 62개 언어 중 순음을 유일한 주요 조음 위치로 가지는 언어는 6개에 불과하며, 그것도 1-Ⅰ 유형에서만 나타날 뿐이다. 반면 연구개음을 유일한 주요 조음 위치로 가지는 언어는 25개에 달해서 순음보다는 상당히 많다.

그러나 주요 조음 위치의 수가 2개인 경우에는 연구개음보다 순음이 더 높은 빈도를 보인다. 다시 말해 2개의 주요 조음 위치 중 순음이 포함되는 경우가 연구개음이 포함되는 경우보다 더 많다. 2-Ⅱ, 3-Ⅱ, 4-Ⅱ, 5-Ⅱ 유형의 조합을 보면 순음이 포함되는 언어는 73개지만, 연구개음이 포함되는 언어는 38개이다.

이상에서 살펴본 바와 같이 주요 조음 위치 중 빈칸이 있는 언어들을 대상으로 주요 조음 위치의 종성 실현 양상을 살펴보면 치조음이 주요 조음 위치 중에서는 제일 선호된다는 것을 확인할 수 있다. 또한 순음과 연구개음은 조건에 따라 순음이 더 선호될 수도 있고 연구개음이 더 선호될 수도 있다.[86] 이러한 양상이 의미하는 바가 무엇인지를 앞으로 해명해 나가야 할 문제로 보인다.

---

85. 치조음을 포함하는 유형이 총 92개 언어에서 나타나는 반면, 치조음이 빠진 유형은 9개 언어에서만 나타난다.

86. Lee(2020)에 수록된 4,356개 언어의 파열음 중 주요 파열음인 'p, b, t, d, k, g'의 빈칸을 검토해 보면, 치조음(치음 포함)인 't, d' 중 하나 이상이 빈칸으로 존재하는 언어의 수가 가장 적은 반면, 양순음이나 연구개음 중 하나 이상이 빈칸으로 존재하는 언어는 상당히 많다. 또한 양순음과 연구개음은 무성음이나 유성음이냐에 따라 빈칸으로 남아 있는 언어의 숫자가 서로 상반된다. 즉, 무성음의 경우 양순음(p)이 빈칸으로 있는 언어의 수가 연구개음(k)이 빈칸으로 있는 언어보다 월등히 많지만, 유성음은 그 반대 양상을 보이는 것이다. 이러한 결과는 종성 목록에서 보이는 주요 조음 위치의 빈칸을 분석한 결과와 통하는 점이 있어서 흥미롭다.

6.4. 음절 종성의 함의 관계

함의 관계는 어떤 하나의 사실로부터 다른 사실을 예측할 수 있을 때 성립한다. 언어학에서는 어떤 언어 단위가 존재하면 다른 언어 단위도 존재함을 자동적으로 알 수 있을 때 함의 관계가 성립한다고 보아 왔다. 이러한 함의 관계가 초창기 언어 유형론 연구에서 매우 중요한 연구 주제였다는 것은 잘 알려진 사실이다.[87] 함의 관계의 개념을 언어 연구에 도입했을 초창기에는 함의 관계를 절대적인 공리로서 주장하기도 했지만, 현재는 그러한 입장이 더 이상 유지되지 않는다. 예외의 지속적인 출현으로 인하여, 함의 관계도 절대적인 관점에서보다는 상대적인 관점에서 바라보게 되었다. 그리고 이것은 필연적으로 함의 관계를 정도성의 문제로 해석할 수밖에 없게 만들었다.

음절 종성과 관련된 함의 관계는 기존 논의에서 간간이 언급된 적이 있다. 이것들을 우선 간단하게 검토하기로 한다.

(42) 기존 논의에서 언급된 음절 종성의 함의 관계

ㄱ. Greenberg(1965): 종성에서 N개의 자음 연쇄가 존재하면 N보다 적은 개수의 자음 연쇄도 종성에 존재한다.

ㄴ. Guile(1973): 중성 바로 뒤에 장애음이 올 수 있으면 동일한 환경에서 모든 비장애음이 올 수 있다.

ㄷ. Cairns & Feinstein(1982): 음절 종성에 더 복잡한 자음 구성이 오면 그 존재는 더 단순한 자음 구성의 존재를 함의한다.

ㄹ. Gordon(2016): 단일 종성을 가진 음절의 존재는 종성이 없는 음절의 존재를 함의한다.

---

87. J. H. Greenberg는 이러한 함의 관계의 포착에 많은 노력을 기울인 대표적인 학자라고 할 수 있다.

(42ㄱ~ㄹ) 중에서 내용이나 취지를 고려하면 (42ㄱ, ㄷ)은 하나로 묶을 수 있다. (42ㄱ, ㄷ)은 한 언어의 종성에 올 수 있는 자음의 최대 개수가 있을 때, 그보다 적은 수의 자음으로 이루어진 종성을 가진 음절이 반드시 존재함을 말한다. 예를 들어 두 개의 자음으로 된 자음군이 종성에서 실현될 수 있다면 종성에 자음이 오지 않거나 하나의 자음만이 오는 구조의 음절형도 실현된다는 것이다. (42ㄹ) 역시 그 성격은 (42ㄱ, ㄷ)의 부분 집합에 해당한다. 폐음절의 존재가 개음절의 존재를 함의한다는 것은 이미 4장에서도 언급한 것처럼 부인할 수 없는 사실이다. 이처럼 (42ㄱ, ㄷ, ㄹ)은 거의 예외를 허용하지 않는 것으로서, 더 이상의 논의가 불필요할 만큼 자명하다.

(42ㄴ)은 4장에서 살폈던 (1ㄷ)과 무관하지 않다. 4장의 (1ㄷ)에 따르면 종성에는 공명도가 더 높은 자음이 선호되므로, 장애음이 종성에 올 수 있으면 그보다 공명도가 높은 비장애음도 같은 자리에 올 수 있다는 것이다. (42ㄴ)은 함의 관계로 인정할 수 있는지의 여부를 구체적인 자료로 확인할 필요가 있다. 795개 언어를 대상으로 검토해 보면 (42ㄴ)은 경향성이 상당히 높은 것으로 드러난다.

(43) (42ㄴ)의 유효성 검토[88]

공명음 / 장애음	비음	유음
파열음	99.8% (415/416)	71.5% (289/404)
마찰음	98.0% (240/245)	87.0% (207/238)
파찰음	98.5% (66/67)	85.7% (54/63)

(43)은 종성에 자음군을 허용하지 않는 경우, 즉 최대 하나의 자음만 종성에 올 수 있으면서 종성 자음의 조음 방법이 2개 이상 포함된

88. 아래의 표에서 비음이나 유음이 자음 체계에 없어서 (42ㄴ)을 어기게 되는 경우는 제외하였다.

500개 언어를 대상으로 하여 (42ㄴ)을 어느 정도 충족시키는지를 정리한 결과이다.[89] (43)을 보면 장애음의 종류가 무엇이든 그것이 종성에 오면 비음도 종성에 오는 비율이 세 가지 경우 모두 98% 이상으로 매우 높다. 반면 공명음의 종류가 유음일 경우에는 함의 비율이 비음에 비해 상당히 떨어진다. 특히 파열음이 종성에 올 때 유음이 종성에 오는 비율은 71.5%에 불과해서 이것을 함의 관계로 인정할 수 있을지도 의문이다.[90] (43)에서 볼 수 있듯이 (42ㄴ)은 강한 경향성은 가지지만 공명음의 종류에 따라 함의 비율에는 적지 않은 차이가 있다.

(42)에 제시된 기존 논의의 함의 관계 중 (42ㄴ)을 제외한 나머지는 종성의 구조와 관련되어 있다. 또한 표면적인 관찰로도 그 타당성을 어느 정도 알 수 있을 만큼 자명하다. 그러나 종성에 대한 함의 관계는 여러 가지 차원에서 논의할 수 있는 것들이 더 존재한다. 예컨대 유성 장애음이 무성 장애음의 존재를 함의한다는 매우 널리 알려진 함의 관계가 종성에서도 동일하게 작용하는지를 검토한 적은 별로 없다. 음절 내에서의 위치를 고려하지 않고 언급된 함의 관계들이 음절 종성에서도 성립하는지 아니면 초성이나 종성과 같은 음절 구조에 따라 다른 모습을 보이는지를 확인하는 것도 의미가 있는 작업이다. 이 외에 조음 방법 사이의 함의 관계가 종성에서 성립하는지도 검토할 만한 의의가 있다. 이 절에서는 이 문제를 좀 더 구체적으로 다루어 보기로 한다.

---

89. 종성에 최대 하나의 자음이 오는 언어로 대상을 한정한 것은, 자음군이 종성에 오는 경우 자음군의 위치에 따라 어떤 자음들이 오는지를 명확히 알아야 (42ㄴ)의 유효성을 확인할 수 있는데 그것까지 확인하기는 어렵기 때문이다. 또한 조음 방법 사이의 함의 관계를 살피려면 적어도 종성 목록에 둘 이상의 조음 방법이 포함되어야 한다.

90. 이러한 문제는 어느 정도 비율까지 성립해야 함의 관계로 인정할 수 있을지에 대한 객관적 기준이 없기 때문에 필연적으로 발생할 수밖에 없다.

(44) 종성에서의 함의 관계 유형
ㄱ. 조음 방법 사이의 함의 관계
ㄴ. 유성음과 무성음 사이의 함의 관계

(44)는 여기서 검토할 두 가지 유형의 함의 관계이다. 함의 관계에 있는지 여부를 고찰할 때, 빈도수가 너무 낮은 경우는 가급적 제외하도록 한다. 극소수 언어의 종성에만 나타나는 자음을 대상으로 함의 관계의 성립 여부를 논하면, 그 타당성이 왜곡될 가능성이 있기 때문이다. 적어도 10개 이상의 언어에서 나타나는 것들만을 논의 대상에 포함하기로 한다.

(44ㄱ)은 앞서 살핀 (42ㄴ)을 확장한 것이라고 할 수 있다. (42ㄴ)과 같이 장애음과 공명음 사이의 문제로 국한하지 말고 5개의 대범주 조음 방법 사이에 함의 관계가 성립하는지를 검토할 필요가 있다. 음절 종성에서 조음 방법들 사이의 함의 관계를 검토하면 다음과 같은 결과를 얻는다.[91]

(45) 음절 종성에서 조음 방법 사이에 성립하는 함의 관계

	파열음	마찰음	파찰음	비음	유음
ㄱ. 파열음	-	55.3% (221/400)	27.3% (68/249)	99.8% (415/416)	71.5% (289/404)
ㄴ. 마찰음	89.5% (221/247)	-	37.1% (53/143)	98.0% (240/245)	87.0% (207/238)
ㄷ. 파찰음	100% (68/68)	79.1% (53/67)	-	98.5% (66/67)	85.7% (54/63)
ㄹ. 비음	84.7% (415/490)	52.2% (240/460)	22.4% (66/294)	-	70.1% (331/472)
ㅁ. 유음	85.8% (289/337)	65.7% (207/315)	28.1% (54/192)	98.5% (331/336)	-

91. 논의 대상이 되는 언어 또는 함의 비율의 계산 방법은 (43)과 동일하다.

(45)에서 함의 관계의 방향은 세로축에서 가로축으로 성립하는 것을 기준으로 한다. (45ㄱ)은 파열음의 존재가 다른 조음 방법의 존재를 어느 정도 함의하는지를 나타낸다. 파열음은 비음이나 유음의 존재를 함의하는 비율은 높지만 마찰음이나 파찰음의 존재를 함의하는 비율은 낮다. (45ㄴ)을 보면 마찰음은 파찰음의 존재를 함의하는 비율은 낮지만 다른 조음 방법의 존재를 함의하는 비율은 높은 편이다. (45ㄷ)에서 파찰음은 마찰음의 존재를 함의하는 비율이 다른 조음 방법의 존재를 함의하는 비율보다 낮기는 하지만, 전반적으로 파찰음은 모든 조음 방법의 존재를 함의하는 비율이 고르게 높다고 할 수 있다. (45ㄹ)의 비음은 파열음과 유음의 존재를 함의하는 비율이 마찰음이나 파찰음의 존재를 함의하는 비율보다 월등히 높다. (45ㅁ)의 유음은 (45ㄹ)의 비음과 비슷한 모습이다. 파열음과 비음의 존재를 함의하는 비율이 마찰음이나 파찰음의 존재를 함의하는 비율보다 상당히 높다.

(45ㄱ~ㅁ)을 보면 조음 방법의 종류가 무엇이든지 그것이 파열음이나 비음의 존재를 함의하는 비율은 모두 높다. 이것은 파열음이나 비음 자체가 종성 목록에서 워낙 고빈도로 나타나기 때문이다. 이처럼 빈도수 때문에 함의 비율이 영향을 받는 것은 파찰음의 경우에서도 찾아볼 수 있다. 어떤 조음 방법이든 파찰음의 존재를 함의하는 비율은 매우 낮은데, 이것은 파찰음 자체의 낮은 빈도에서 비롯된다. 그런데 단순히 빈도수에 기인한 함의 관계의 성립 비율 이외에 (45)에서 명확하게 드러나는 경향성이 발견된다. 이것은 함의 관계가 성립하는 방향을 살펴보면 명확히 드러난다.

(46) 함의 방향에 따른 함의 비율의 대소 관계

ㄱ. 파열음: (마찰음 ⇒ 파열음) > (파열음 ⇒ 마찰음), (파찰음 ⇒ 파열음) > (파열음 ⇒ 파찰음), (파열음 ⇒ 비음) > (비음 ⇒ 파열음),

(유음 ⇒ 파열음) > (파열음 ⇒ 유음)

ㄴ. 마찰음: (마찰음 ⇒ 파열음) > (파열음 ⇒ 마찰음), (파찰음 ⇒ 마찰음) > (마찰음 ⇒ 파찰음), (마찰음 ⇒ 비음) > (비음 ⇒ 마찰음), (마찰음 ⇒ 유음) > (유음 ⇒ 마찰음)

ㄷ. 파찰음: (파찰음 ⇒ 파열음) > (파열음 ⇒ 파찰음), (파찰음 ⇒ 마찰음) > (마찰음 ⇒ 파찰음), (파찰음 ⇒ 비음) > (비음 ⇒ 파찰음), (파찰음 ⇒ 유음) > (유음 ⇒ 파찰음)

ㄹ. 비음: (파열음 ⇒ 비음) > (비음 ⇒ 파열음), (마찰음 ⇒ 비음) > (비음 ⇒ 마찰음), (파찰음 ⇒ 비음) > (비음 ⇒ 파찰음), (유음 ⇒ 비음) > (비음 ⇒ 유음)

ㅁ. 유음: (유음 ⇒ 파열음) > (파열음 ⇒ 유음), (마찰음 ⇒ 유음) > (유음 ⇒ 마찰음), (파찰음 ⇒ 유음) > (유음 ⇒ 파찰음), (유음 ⇒ 비음) > (비음 ⇒ 유음)

(46)은 두 개의 조음 방법 사이에 함의 관계가 어느 방향으로 성립하는지를 비교한 것이다. '⇒'의 왼쪽에서 오른쪽으로 함의 관계가 이루어짐을 의미한다. 예컨대 (45)에서 파열음이 마찰음을 함의하는 비율은 55.3%이지만 마찰음이 파열음을 함의하는 비율은 89.5%이다. 이때에는 함의 비율이 더 높은 쪽으로 함의 관계가 성립한다고 보아야 한다. 이러한 사실이 (46ㄱ)에 '>'로써 표시되어 있다. (46ㄱ~ㅁ)에는 (45)의 함의 비율에 근거하여 함의 방향들 사이의 대소 관계가 제시되어 있으며, 이를 통해 어느 쪽으로 함의 관계가 더 우세하게 성립하는지를 알 수 있다. (46)에 근거해 볼 때, 조음 방법들 사이의 함의 관계는 다음과 같은 방향으로 작용한다.

(47) 조음 방법 사이에 성립하는 함의 관계의 방향(Ⅰ)

ㄱ. (46ㄱ)의 경우: (마찰음, 파찰음, 유음) ⇒ 파열음 // 파열음 ⇒ 비음

ㄴ. (46ㄴ)의 경우: 파찰음 ⇒ 마찰음 // 마찰음 ⇒ (파열음, 비음, 유음)

ㄷ. (46ㄷ)의 경우: 파찰음 ⇒ (파열음, 마찰음, 비음, 유음)
ㄹ. (46ㄹ)의 경우: (파열음, 마찰음, 파찰음, 유음) ⇒ 비음
ㅁ. (46ㅁ)의 경우: (마찰음, 파찰음) ⇒ 유음 // 유음 ⇒ (파열음, 비음)

(47ㄱ~ㅁ)은 각각 (46ㄱ~ㅁ)에서 확인되는 함의 관계의 방향을 토대로 하여 조음 방법 사이에 작용하는 함의 관계의 방향을 정리한 것이다. (47)은 표면적으로 함의 방향이 다소 무질서하게 보인다. 그러나 (47ㄱ~ㅁ)을 분석하면 조음 방법들 사이의 일관된 함의 방향이 존재하며, 이것은 다음과 같이 매우 단순하게 통합할 수 있다.

(48) 조음 방법 사이에 성립하는 함의 관계의 방향(Ⅱ)
파찰음 ⇒ 마찰음 ⇒ 유음 ⇒ 파열음 ⇒ 비음

(48)에서 '⇒'의 왼쪽에 있는 조음 방법은 오른쪽에 있는 조음 방법을 함의하게 되며, 이러한 함의 방향은 예외 없이 작용한다. 따라서 파찰음의 존재는 다른 조음 방법의 존재를 함의하기만 할 뿐, 다른 조음 방법이 파찰음의 존재를 함의하지는 않는다. 반대로 비음의 경우, 다른 조음 방법이 비음의 존재를 함의하기만 할 뿐 그 반대 방향으로의 함의 관계는 성립하지 않는다. 파찰음과 비음을 제외한 나머지 조음 방법은 다른 조음 방법으로부터 그 존재가 함의되기도 하고, 다른 조음 방법의 존재를 함의하기도 한다. 예컨대 유음의 존재는 파찰음, 마찰음의 존재로부터 함의되기도 하고, 파열음과 비음의 존재를 함의하기도 한다.

일반적으로 함의 관계에 있는 두 대상 중 화살표 왼쪽에 있는 대상은 더 유표적이고 화살표 오른쪽에 있는 대상은 더 무표적이다. 그래서 함의 관계는 유표적인 단위가 무표적인 단위의 존재를 함의하게 된다. 이런 관점에서 (48)을 보면 파찰음은 종성 목록에서 실현되는

조음 방법 중 가장 유표적인 대상이 되고, 비음은 가장 무표적인 대상이 된다. 이것은 앞서 6.1과 6.2에서 살폈던 종성에서의 선호도 위계와 정확히 일치한다. 가령 이 장의 (21)을 통해 '비음>파열음>유음>마찰음>파찰음'과 같은 종성에서의 선호도 위계를 수립한 바 있는데, 이것은 (48)에 제시된 함의 관계의 성립 방향과 완벽하게 부합한다. 즉, 종성에서의 선호도가 높은 비음은 함의 방향에서 볼 때 가장 무표적인 지위를 차지하며, 나머지 조음 방법도 선호도 위계와 함의 관계에서의 무표성 정도가 맞아떨어지는 것이다. 이러한 결과는 음절 종성의 실현에 있어 조음 방법의 차이가 중요하게 작용하고 있음을 다시 한번 확인시켜 준다.

이제 논의의 초점을 (44ㄴ)으로 돌려 보고자 한다. 유성음과 무성음, 특히 유성 장애음과 무성 장애음 사이의 함의 관계는 오래전부터 많은 관심을 불러일으켰다.[92] 많은 언어에서 유성 장애음이 자음 목록에 있으면 무성 장애음도 거기에 포함되어 있으며, 이를 바탕으로 유성 장애음의 존재가 무성 장애음의 존재를 함의한다고 규정하게 되었다. 그런데 이 둘 사이의 함의 관계는 주로 자음 체계의 측면에서 다루어져 왔다. 음절 종성으로 실현 위치를 한정하면 둘 사이의 함의 관계가 어떻게 달라지는지에 대해서는 별로 논의가 이루어지지 못했다. 여기서는 이 문제를 검토해 보기로 한다.

(49) 음절 종성에서 성립하는 유성음과 무성음 사이의 함의 비율

	함의 방향	함의 비율	함의 방향	함의 비율
파열음	b⇒p	61.9% (99/160)	p⇒b	20.8% (99/475)
	ɖ⇒ʈ	90% (18/20)	ʈ⇒ɖ	20% (18/90)
	d⇒t	75.6% (93/123)	t⇒d	21.6% (93/430)

92. 유성음과 무성음의 대립은 비음이나 유음과 같은 공명음에서도 나타나지만, 무성 비음이나 무성 유음의 빈도 자체가 너무 낮아서 논의 대상에는 포함하지 않는다.

	함의 방향	함의 비율	함의 방향	함의 비율
	ɖ ⇒ t	56.5% (13/23)	t ⇒ ɖ	52% (13/25)
	ɟ ⇒ c	26.7% (4/15)	c ⇒ ɟ	9.8% (4/41)
	g ⇒ k	79.1% (106/134)	k ⇒ g	20.3% (106/521)
	소계	70.1%	소계	21.0%
마찰음	β ⇒ ɸ	6.7% (1/15)	ɸ ⇒ β	7.1% (1/14)
	v ⇒ f	54.2% (13/24)	f ⇒ v	17.3% (13/75)
	z ⇒ s	95% (38/40)	s ⇒ z	14.0% (38/271)
	ʒ ⇒ ʃ	94.7% (18/19)	ʃ ⇒ ʒ	18.6%(18/97)
	ɣ ⇒ x	37.5% (9/24)	x ⇒ ɣ	21.4% (9/42)
	소계	64.8%	소계	15.8%
파찰음	ʤ ⇒ ʧ	69.0% (29/42)	ʧ ⇒ ʤ	33.0% (29/88)
총 계	유성음 ⇒ 무성음	68.1%	무성음 ⇒ 유성음	20.3%

(49)에는 유성 장애음이 무성 장애음의 존재를 함의하는 비율과 그 반대 방향의 비율이 모두 제시되어 있다. 이 둘 사이에는 커다란 차이가 존재한다. 파열음, 마찰음, 파찰음 모두 거의 3배 이상의 비율 차이가 나며, 전체적으로도 68.1%와 20.3%로 많은 격차가 존재한다. 이를 통해 음절 종성에서도 함의 관계의 방향은 유성 장애음이 무성 장애음을 함의하는 쪽으로 유지됨을 확인할 수 있다.

(49)에 따르면 음절 종성에서 유성 장애음의 존재가 무성 장애음의 존재를 함의하는 비율은 평균 68.1%이며, 자음에 따라서는 상당한 격차가 나기도 한다. 예컨대 유성 마찰음 'ʒ'가 무성 마찰음 'ʃ'의 존재를 함의하는 비율은 무려 94.7%이지만, 유성 파열음 'ɟ'가 무성 파열음 'c'의 존재를 함의하는 비율은 26.7%에 불과해서 함의 관계가 성립한다고 말하기도 어렵다. 전반적으로 음절 종성이라는 위치에서는 유성 장애음의 존재가 그에 대응하는 무성 장애음의 존재를 함의하는 비율이 예상보다 낮다. 이것은 음절 종성이라는 위치 제한 없이 자음 목록에서 두 부류 사이의 함의 비율을 함께 검토하면 알 수 있다.

(50) 자음 목록에서 성립하는 유성음과 무성음 사이의 함의 비율

	함의 방향	함의 비율
파열음	b⇒p	87.6% % (501/572)
	d̪⇒t̪	92.5% (74/80)
	d⇒t	94.4% (458/485)
	ɖ⇒ʈ	70.6% (36/51)
	ɟ⇒c	75.3% (70/93)
	g⇒k	95.5% (462/484)
	소계	90.7%
마찰음	β⇒ɸ	10.7% (6/56)
	v⇒f	73.1% (128/175)
	z⇒s	97.6% (166/170)
	ʒ⇒ʃ	88.9% (56/63)
	ɣ⇒x	38.5% (35/91)
	소계	70.5%
파찰음	ʤ⇒ʧ	87.9% (167/190)
총 계	유성음⇒무성음	86.0%

(50)은 음절 종성과 무관하게 유성 장애음이 무성 장애음의 존재를 함의하는 비율을 나타낸다. (50)을 (49)와 비교하면 'ʒ⇒ʃ'를 제외한 모든 경우에 (50)의 함의 비율이 (49)보다 더 높다. 전체 평균 역시 (50)은 86.0%로서 68.1%인 (49)에 비해 훨씬 더 높은 함의 비율을 보인다. 이것은 유성 장애음과 무성 장애음 사이의 함의 관계가 음절 내에서의 위치에 따라 영향을 받음을 말해 준다.

이처럼 음절 종성에서 유성 장애음이 무성 장애음의 존재를 함의하는 비율이 상당히 낮아지는 이유를 단지 유성 장애음이 음절 종성에 오는 데 제약이 있기 때문이라고 할 수는 없다. 5장의 (21), (22)에서 확인했듯이 유성 장애음은 무성 장애음에 비해서는 음절 종성에서 실현되는 빈도나 비율이 더 낮은 것이 사실이다. 그러나 (49)의 함의 비율은 유성 장애음이 종성에 실현되는 경우로만 한정하여 계산

한 것이기 때문에, 종성에서 유성 장애음의 빈도나 실현 비율이 낮은 것과 (49)에서의 함의 비율이 낮은 것은 직접적인 관련이 없다. 현재로서는 이런 특이한 현상의 원인을 명확히 설명하기 어렵다. 다만, 전통적으로 다루어져 온 자음들 사이의 함의 관계가 음절 종성에서는 그 양상을 달리할 수 있다는 사실은 주목할 만한 가치가 있다.

제3부

한국어 종성 체계의 유형론적 검토

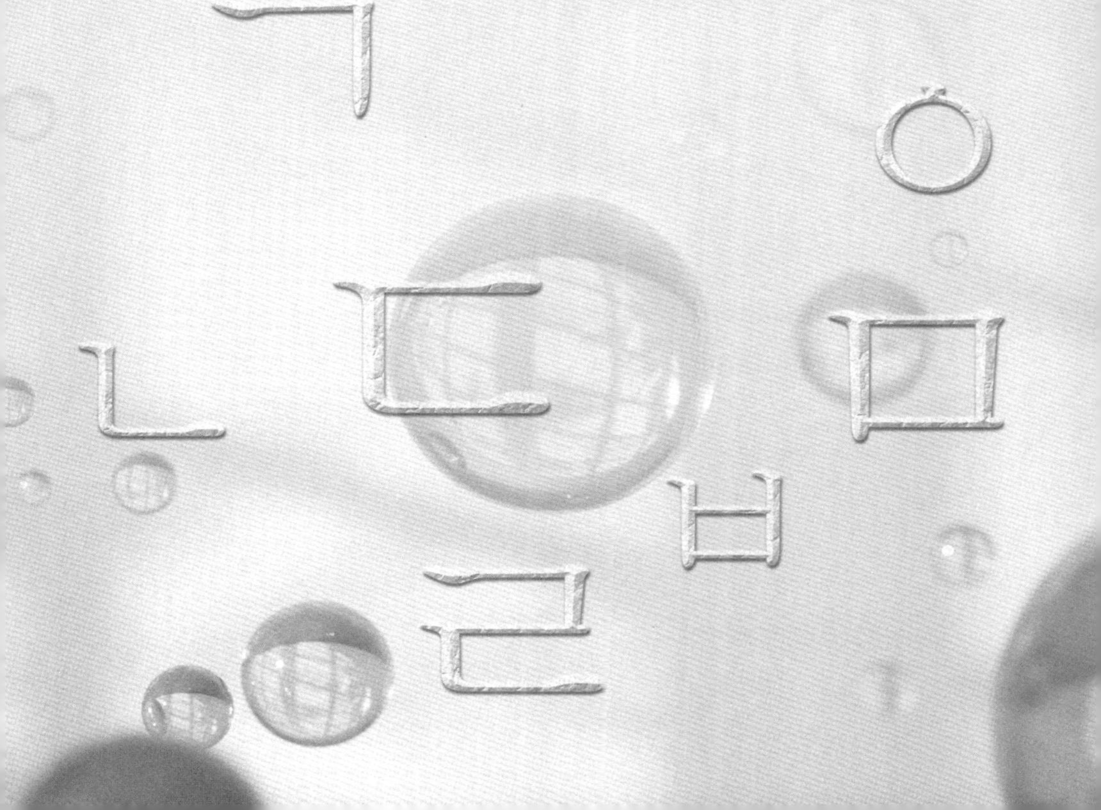

7장 한국어 종성 체계의 개관

이 장에서는 한국어의 종성 체계가 시기에 따라 어떤 모습을 보여 왔는지를 간략하게 살필 것이다. 시기 구분은 크게 후기 중세 이전, 후기 중세, 후기 중세 이후로 나눌 것이다. 후기 중세 한국어는 문헌 자료를 통해 종성 목록을 어느 정도 확인할 수 있는 가장 이른 시기에 해당한다. 따라서 이 시기의 종성 체계를 가장 먼저 검토한 후, 이보다 이른 시기와 늦은 시기의 종성 체계를 각각 고찰하기로 한다. 이와 관련된 논의는 이전에 상당히 이루어졌기 때문에 이 장에서는 쟁점 위주로 하여 간단하게 논의를 진행할 것이다.

7.1. 후기 중세 한국어의 종성 체계

후기 중세 한국어는 시기적으로 15, 16세기의 한국어를 가리킨다. 이 시기의 한국어는 훈민정음 창제 이후 주로 음소적 표기법을 채택한 문헌 자료를 통해 그 실상을 파악할 수 있다. 후기 중세 한국어의 종성 체계와 관련해서는 『훈민정음』의 '종성해'에 나오는 종성 규정이 매우 중요하다.

(1) 『훈민정음』의 종성 규정

"그러나 ㄱㆁㄷㄴㅂㅁㅅㄹ의 여덟 자만으로 쓰기에 족하다.(然ㄱㆁㄷㄴㅂㅁㅅㄹ八字可足用也)"

(1)은 소위 '팔종성법'의 근거가 되는 조항으로, 종성에는 제시된 8자만 표기해도 된다는 것이다. 이것은 단순한 표기 조항을 넘어서 후기 중세 한국어의 종성에서는 8개의 자음만 발음되는 것으로 이해되고 있다. 중세 한국어 시기의 문헌 표기는 대체로 음소를 밝혀 적는 표음주의에 근거하므로 (1)은 당시의 발음 실상을 고려한 종성 표기 규정이라는 것이다. (1)에 따르면 현대 한국어의 종성 발음 양상과 비교할 때 'ㅅ'이 더 추가되었다는 차이만 있다.

(1)의 규정은 일부 예외가 있기는 하지만 후기 중세 한국어에서 상당히 광범위하게 적용되고 있었다. 그래서 (1)의 팔종성에 포함되지 않은 자음은 종성에서 변동을 겪었으며, 이것이 표기에도 그대로 반영되었다.

(2) 중세 한국어의 종성 실현 양상

ㄱ. 숲# → 숩, 닢+과 → 닙과, 앒+과 → 앏과, 갚+디→갑디

ㄴ. 긑+과 → 귿과, 밭+도 → 받도, 븥+게 → 븓게, 놓+ᄂᆞᆫ → 논ᄂᆞᆫ[1]

ㄷ. 곶+더니 → 곳더니, 닟+디 → 닛디, 좇+고 → 좃고, 지ᇫ+고 → 짓고

(2ㄱ~ㄷ)은 체언 또는 용언의 어간이 (1)의 팔종성에 속하지 않는 자음으로 끝나고 있다. 그리고 그 뒤에 휴지 또는 자음으로 시작하는 어미가 와서 그 말음이 종성에 놓이게 된다. 이때 종성은 'ㅂ, ㄷ, ㅅ' 중 하나로 바뀌어 (1)의 팔종성 규정을 충족시키게 된다. 다만, 중세

---

1. 이런 조건에서는 'ㅎ'에서 바뀐 'ㄷ'에 비음 동화가 적용되기도 한다.

한국어 시기에는 'ㅋ' 또는 'ㅍ'으로 끝나는 형태소가 없기 때문에 종성에서 'ㅋ'이나 'ㅍ'이 'ㄱ'으로 바뀌는 예는 찾아볼 수 없다.

이처럼 후기 중세 한국어의 종성에서는 8개의 자음이 실현되었다고 보는 것이 일반적이다. 그러나 이 문제에 대해서는 이견이 존재하는 것도 사실이다. 중세 한국어의 종성 체계와 관련된 쟁점은 크게 두 가지로 나누어 볼 수 있다.

(3) 후기 중세 한국어의 종성 체계와 관련된 두 가지 쟁점
ㄱ. 'ㅅ'과 'ㄷ'은 음절 종성에서 구분되었는가?
ㄴ. 'ㅿ'은 음절 종성에서 실현되었는가?

(3ㄱ)은 (1)의 팔종성에 포함된 'ㅅ'의 존재를 인정할 것인지와 관련되어 있고, (3ㄴ)은 후기 중세 한국어에서 간간이 나타나는 종성 'ㅿ'의 표기를 어떻게 이해해야 할 것인지와 관련된다.[2] (3ㄱ, ㄴ)에서 어떤 입장을 취하느냐에 따라 후기 중세 한국어의 종성 체계는 차이를 보이게 된다. (3ㄱ, ㄴ)에서 'ㅅ'의 존재와 'ㅿ'의 존재를 모두 부인하면 후기 중세 한국어는 현대 한국어와 동일하게 7개의 종성(ㄱ, ㄴ, ㄷ, ㄹ, ㅁ, ㅂ, ㅇ)을 가지게 된다. 반면 (3ㄱ, ㄴ)의 두 가지 쟁점에서 모두 긍정적인 입장을 취하면 후기 중세 한국어는 9개의 종성을 가지게 되어 (1)에서 규정한 것보다도 종성 목록에 'ㅿ'이 더 추가된다. (3ㄱ)의 'ㅅ'은 종성으로 인정하되 (3ㄴ)의 'ㅿ'은 부인하는 입장도 있을 수 있다.[3] 이럴 경우에는 (1)에서 규정한 팔종성과 정확히 일치하게 된다.[4] 이처럼 (3ㄱ, ㄴ)의 쟁점에 대한 입장을 정리하지 않고서는 후

2. 종성에 표기되는 'ㅿ'의 예는 뒤에서 따로 제시하기로 한다.
3. 뒤에서 언급할 안병희(2004: 16)에서는 '앙이, 앟올' 등에서 보이는 종성 표기의 'ㅿ'에 대해 'ㅅ'의 수의적인 변이음을 표시한다고 보아서 (1)과 같은 팔종성 체계를 수용하고 있다. 이런 환경의 종성 'ㅿ'을 'ㅅ'의 변이음으로 보는 입장은 이기문(1962: 320)에서도 찾을 수 있다.

기 중세 한국어의 종성 체계를 논의하기 어렵다.

(3ㄱ)은 표기 차원에서 구별되는 종성 'ㅅ'과 'ㄷ'의 표기가 실제 발음까지 반영한 것인지 아닌지와 관련되는 쟁점이다. 한국어 연구의 초창기에는 이것을 표기 차원에서만 구분되는 것일 뿐 현대 한국어와 마찬가지로 발음 차원에서는 구분되지 않는 것으로 막연히 이해해 왔다고 할 수 있다. 그리고 여기에는 현대 한국어에서 비롯된 편견도 어느 정도 작용했다고 추측된다. 이에 대한 문제 제기와 더불어 음절 종성에서 'ㅅ'과 'ㄷ'이 발음상으로도 구분되었다는 논의는 안병희(1959: 10)에 와서 명시적으로 이루어졌다. 이러한 입장은 이후 많은 논의에서 수용되었지만, 또 한편에서는 여전히 'ㅅ'과 'ㄷ'이 발음상 구분되지 않았으며 종성 표기 'ㅅ'은 'ㄷ'으로 발음되었다고 보는 반론도 지속적으로 이어졌다.

20세기까지 나온 각종 이견에 대한 반박은 안병희(2003)의 2절에서 어느 정도 충분히 해명되었다고 볼 수 있다. 안병희(2003)에서는 'ㅅ'과 'ㄷ'의 발음이 구분되지 않았다고 보는 견해의 문제점을 지적함과 더불어 이 둘이 구분되었다고 보아야 하는 논거를 제시하여 후기 중세 한국어의 종성 체계는 (1)에 제시된 『훈민정음』의 설명과 같이 팔종성이었음을 강조하였다. 그런데 최근 이동석(2020)에서 다시 이 문제를 다루면서, 기존에 종성 'ㅅ'이 제 음가대로 발음되었다고 주장하는 측의 근거는 모두 인정할 수 없으며 종성의 'ㅅ' 표기는 'ㄷ', 더 정확히는 미파된 '[t˺]'를 나타낸다고 주장하였다.

여기서 이동석(2020)의 주장에 대해 일일이 반론하지는 않도록 한다. 다만 중세 한국어 문헌의 표기가 음소를 밝혀 적는 표음주의적 방식을 널리 채택했다는 점, 무엇보다도 'ㅅ'과 'ㄷ'을 대체로 철저히 구

---

4. (3ㄱ)의 'ㅅ'은 인정하지 않고 (3ㄴ)의 'ㅿ'만 인정해도 팔종성이 되기는 하는데, 이러한 변형된 형태의 팔종성을 주장하는 경우는 찾아보기가 어렵다. 종성에서 'ㅅ'이 발음될 수 없는데 'ㅿ'이 발음된다고 보는 것은 인정하기 쉽지 않은 주장이다.

분해서 표기했다는 점은 후기 중세 한국어에서 종성 'ㅅ'이 제 음가대로 발음되었음을 분명히 말해 준다고 생각된다.[5] 특히 'ㅍ, ㅋ, ㅈ, ㅊ'과 같이 음절 종성에서 발음되지 못한 자음들을 다른 자음으로 바꾸어 표기한 것은 당시의 종성 표기법이 발음을 반영한 것이었음을 짐작하게 한다. 그런데 유독 종성 'ㅅ'에 대해서만 발음과 무관하게 표기했다고 보는 것은 설득력이 떨어진다.[6] 결국 (3ㄱ)의 쟁점과 관련하여 이 책에서는 후기 중세 한국어의 종성 목록에 'ㅅ'이 포함된다고 보고자 한다.

(3ㄴ)은 일부 조건에서 'ㅿ'이 종성에 표기되는 것과 관련된다. 'ㅿ'이 종성에서 표기되는 환경은 여러 가지가 있지만, 그중 'ㅿ'이 제 음가인 유성 마찰음 '[z]'의 음가를 그대로 반영했다고 생각되는 경우는 다음과 같다.

(4) 'ㅿ'이 제 음가대로 종성에서 실현된 예

ㄱ. 아ᇫ이, 아ᇫᄋᆞᆯ, 아ᇫᄋᆞᆫ, 아ᇫᄋᆡ (아ᅀᆞ), 비ᇫ어, 비ᇫ오ᄆᆞᆯ (비ᅀᅳ-), 그ᇫ어, 그ᇫ오ᄆᆞᆫ (그ᅀᅳ-)

ㄴ. ᄀᆞᇫ애, 거ᇫ위, ᄋᆞᇫᄇᆞ-, ᄋᆞᇫ우-, ᄃᆞᇫ오-

5. 종성에서 'ㅅ'이 발음되지 못했다고 주장하는 논의에서는 종성의 'ㅅ'과 'ㄷ'이 구분되지 않고 혼기되는 예들을 제시하고 있지만, 그것은 'ㅅ'과 'ㄷ'이 엄격히 구분되어 표기되던 것과 비교하면 극히 일부에 불과하다

6. 종성 'ㅅ'의 존재를 부인하기 위해서는 발음이 동일한데도 불구하고 'ㅅ'과 'ㄷ'이 구별되어 표기된 것에 대한 이유를 적절히 설명할 수 있어야 한다. 이것은 매우 중요한 문제이다. 여기에 대해 이동석(2020: 129)에서는 별다른 근거 없이 "당시 사람들이 음절 말에서 /ㅅ/의 불파음화를 강하게 인식한 결과 이를 후행하는 자음을 경음화시키는 요소로 인식함으로써 /ㄷ/와의 차별성을 뚜렷하게 느꼈기 때문"이라고만 하면서 전체 논의를 끝맺고 있다. 이것은 본문에서 장황하게 종성 'ㅅ'의 존재를 부정한 것 치고는 너무나도 소략한 해명이다. 더욱이 'ㅅ'의 불파음화를 강하게 인식했다면 그 표기의 방향은 'ㅅ'이 아닌 'ㄷ'이 되어야 합리적이라는 점, 'ㅅ'이 불파음으로 발음되면 'ㄷ'과의 차별성을 느끼기 어렵다는 점, 그 당시 문헌에서는 장애음 뒤의 경음화를 어떤 방식으로든 표기에 거의 반영하지 않았다는 점 등을 고려할 때 받아들이기가 쉽지 않은 해석이다

(4ㄱ)은 체언이나 용언 어간의 불규칙적 교체에서 나타나는 종성 'ㅿ'의 예이고, (4ㄴ)은 파생어 또는 파생어로 추정되는 단어의 어중 음절 종성에 'ㅿ'이 나타난 예이다.[7] (4)는 (1)에 제시된 『훈민정음』의 팔종성에 비추어 보면 팔종성에 속하지 않는 'ㅿ'이 종성 표기에 쓰였다는 점에서 특이한 예들이다. 그런데 이와 동일한 환경의 종성 표기에서는 'ㅿ'이 상당히 많이 나타나기 때문에 이것들을 단순히 예외적인 존재로 치부할 수는 없다. 그런 점에서 (4ㄱ, ㄴ)의 종성에 표기된 'ㅿ'은 실제 발음을 반영한다고 보는 편이 타당해 보인다.

다만, 이런 환경에서의 'ㅿ'이 제 음가대로 발음되었다는 것을 인정한다고 하더라도 여기에 대한 음소 분석의 태도는 논의에 따라 차이가 난다. 예컨대 앞의 각주 3)에서 언급한 이기문(1962)나 안병희(2003)는 이런 조건에서의 'ㅿ'이 나타내는 '[z]'를 'ㅅ'의 변이음으로 보지만, 이기문(1972)에서는 이것을 음소로 본다.[8] 후기 중세 한국어의 자음 목록에서 'ㅿ'이 엄연히 음소로 존재하는 한, (4ㄱ, ㄴ)의 종성 'ㅿ'을 다른 자음의 변이음으로 봐야 할 근거나 필요성은 별로 없다고 생각된다. 결과적으로 여기서는 (3ㄴ)의 쟁점에 있어 'ㅿ'을 종성으로 인정하는 입장을 취하기로 한다. 이에 따라 후기 중세 한국어의 종성 체계는 (1)에 제시된 8개의 종성에 'ㅿ'이 추가된 9개의 자음으로 이루어진 셈이 된다. 이것은 이기문(1972: 134)의 입장과 부합하는 방식이다.

지금까지 다룬 것은 후기 중세 한국어의 종성 목록에 대한 것이다. 그런데 이 시기의 종성과 관련하여 빼놓을 수 없는 것은 종성의 구조

7. (4)의 예들은 종성에서 'ㅿ' 대신 'ㅅ'이 표기되는 예도 있지만, 여기서의 논의는 이러한 표기 문제에 있지 않으므로 구체적인 언급은 생략한다. 이와 관련된 문제는 이기문(1962)를 비롯한 여러 논의에서 이미 다루어진 바 있다.

8. 이기문(1972: 134)에서 '음소'라는 표현을 사용하지는 않았지만, "음절말에 9자음의 대립이 있었다"라고 명시되어 있기 때문에 'ㅿ'이 음소의 자격으로 종성에 실현되었다고 보았음을 알 수 있다.

이다. 잘 알려진 바와 같이 그 당시에는 종성에 두 개의 자음으로 이루어진 자음군이 올 수 있었다. 후기 중세 한국어의 종성 자음군에 대해서는 10장에서 자세히 다룰 것이므로 여기서 더 언급하지는 않는다. 다만, 자음군이 종성에서 실현될 수 있었다는 점에서 현대 한국어와는 큰 차이를 보인다는 점은 빠뜨릴 수 없는 중요한 사실이다.

7.2. 후기 중세 한국어 이전의 종성 체계

후기 중세 한국어 이전 시기는 전기 중세 한국어와 고대 한국어의 두 시기로 구분된다.[9] 이 시기의 종성 체계는 차자 표기를 통해 간접적으로 추론할 수밖에 없는 상황이다. 그런데 한자를 통한 차자 표기 자체가 당시의 종성을 정확히 표기하는 데 제약이 있을 뿐만 아니라 자료 자체도 그리 많지 않다. 따라서 매우 불완전하고 불분명한 상태의 논의가 이루어질 수밖에 없다. 지금까지 이 시기의 음절 구조에 대해 몇몇 논의가 있어 왔지만, 이러한 한계를 기본적으로 지니고 있다.

한편, 시기를 거슬러 올라갈수록 한국어에는 종성이 없는 개음절만 존재했을지 모른다는 가설이 여러 논의에서 제기된 바 있다.[10] 이에 따르면 한국어에서 발견되는 종성은 모음 탈락에 의해 후대에 생겨난 것이 된다. 그러나 이 역시 확실한 근거에 기반한 논의라고는 볼 수 없다. 따라서 후기 중세 한국어 이전 시기에 종성이 올 수 없었다는 명확한 근거가 없는 한 종성이 존재했다고 해석하는 편이 타당하다.[11] 특히 고대 한국어 자료인 향가 표기의 말음 첨기는 종성을 가진

---

9. 논의에 따라서는 고대 한국어를 전기와 후기로 더 세분하기도 한다.
10. 고대 한국어가 개음절 구조였다는 기존 논의들에 대한 검토는 강신항(1991), 곽충구(1997), 신승용(2001) 등에서 이루어진 적이 있다.
11. 설령 개음절만 존재하는 시기가 있었다고 하더라도 그것은 상당히 오래전의 일일 수밖에 없다. 중국 당나라 시기의 장안음을 주요 모태층으로 한다고 알려진 한국 한자음에서 당시 중국 한자음의 폐음절을 개음절 연쇄가 아닌 하나의 폐음절로 현

폐음절의 존재를 증명한다고 할 수 있다.[12]

후기 중세 한국어에서 종성으로 쓰였던 자음들은 그 이전 시기에도 종성 목록에 그대로 유지되었던 듯하다. 전기 중세 한국어나 고대 한국어의 종성 표기를 보면 후기 중세 한국어의 9개 종성은 그 존재가 어느 정도 확인된다.[13] 문제는 이 외의 다른 자음들이 종성에서 더 실현될 수 있었는가 하는 점이다. 고대 한국어에 가까워질수록 종성에서의 자음 미파화가 그 이후 시기와 비교해 불완전하게 적용되거나 전혀 적용되지 않았으리라고 추측되기 때문에, 미파화로 인해 종성에 오지 못했던 자음들도 종성 목록에 추가될 가능성이 높은 것은 사실이다.[14] 이러한 논의에서 초점은 파찰음과 후음 'ㅎ'에 모아진다.

한국어의 파찰음에는 'ㅈ, ㅊ, ㅉ'이 있다. 이 중 'ㅉ'은 종성 목록에 대한 논의 대상에서 제외된다. 'ㅉ'으로 끝나는 형태소의 존재가 확인되지 않을 뿐만 아니라, 'ㅉ'이 음소로 확립된 시기를 고려하면 음절 종성에서 음소 'ㅉ'이 실현되었을 가능성은 극히 희박하다.[15] 따라서 'ㅈ, ㅊ'의 존재 여부만 검토하면 된다.

(5) 차자 표기에서의 파찰음 종성

ㄱ. 枝次(갖), 異次(잊-), 道羅次(도랒), 加次(갖), 目非阿次(눈비앚)

재까지 유지하고 있는 것은, 중국 한자음이 도입되던 무렵의 한국어에 폐음절이 분명히 존재했음을 말해 준다. 따라서 개음절만 존재하는 시기는 이보다도 더 이전이 되어야만 할 듯하다.

12. 이와 관련해서는 곽충구(1997: 389)를 참고할 수 있다.

13. 이기문(1972: 95)에서는 『계림유사』의 '剪刀曰割子蓋'나 『향약구급방』의 '居兒乎'와 같은 예를 통해 'ㅿ'이 전기 중세 한국어의 종성에서 발음되었다고 추정하고 있다. 'ㅿ'을 제외한 나머지 8개의 종성들은 차자 표기에서 명확히 확인된다.

14. 고대 한국어 시기의 미파화가 그 이후에 비해 철저하지 않았으리라는 것은 이기문(1972), 강신항(1991)을 비롯한 여러 논의에서 공통적으로 지적하고 있다.

15. 한국어 음운사에서 경음은 전기 중세 한국어 시기에 음소로 확립되었으리라고 보는 견해가 우세하다. 그러나 'ㅉ'만큼은 어두에서 실현되지 않는다는 분포 제약 때문에 후기 중세 한국어의 자음 목록에서조차 제외하는 경우가 많다.

ㄴ. 渴翅(갖), 㮈翅(ᄂᆞᆽ)

ㄷ. 伊處(잊-)

(5)는 전기 중세 한국어 또는 고대 한국어의 차자 표기에서 파찰음을 표기한 예들이다.[16] (5ㄱ)에서는 '次', (5ㄴ)에서는 '翅', (5ㄷ)에서는 '處'가 종성의 파찰음을 나타내고 있다. 이 중 (5ㄱ)의 '次'가 파찰음 표기에 가장 널리 나타난다. (5)를 통해 후기 중세 한국어 이전 시기에는 종성 목록에 파찰음이 포함된다는 사실을 어느 정도 확인할 수 있다. 다만 이러한 표기만 가지고는 'ㅈ'과 'ㅊ'이 모두 종성에서 발음되었는지 아니면 'ㅈ'만 종성에서 발음되었는지를 명확히 판단하기는 어렵다. 이 시기의 종성 표기에서 'ㅍ, ㅌ, ㅋ'과 같은 유기음이 나타나는 경우가 전혀 없다는 점, 치음 'ㅊ'에 해당하는 'ʦʰ'는 5장의 (23)에서 본 것처럼 이 자음을 가진 82개 언어 중 단 1개 언어에서만 종성으로 실현될 정도로 종성 실현 비율이 극도로 낮다는 점을 고려하면, 'ㅊ'이 종성에서 발음되었을 가능성은 비교적 낮다고 생각된다.[17] 그렇다고 하더라도 최소한 종성에서 'ㅈ'이 발음되었다는 것은 부인하기 어려운 사실이다. 이것은 (5)와 같은 차자 표기를 통해서도 확인할 수도 있지만, 다른 언어 현상을 통해서도 간접적으로 알 수 있다.

(6) 종성에서 'ㅈ'이 발음되었다는 간접적 증거

ㄱ. 叔伯皆曰了查祕, 叔伯母皆曰了子彌

ㄴ. 도최~돚귀(<*돚괴), 곶~곳(<*곶)

16. 자료는 이기문(1972), 강신항(1991)에서 가져왔다. 참고 논의를 확장하면 좀 더 다양한 자료가 추가될 수 있겠으나, 여기서의 논점이 차자 표기에 있는 것은 아니므로 이 정도로도 충분하리라고 생각한다.

17. 이기문(1972: 69, 97)에서는 고대 한국어의 경우 표기의 조잡성 때문에 종성에서 'ㅈ'과 'ㅊ'의 대립이 없었다고 말하기 어려우나, 전기 중세 한국어의 경우 이 두 자음이 종성에서 대립하지 않았을 개연성이 크다고 했다.

(6ㄱ)은 이기문(1983: 4)에서 다룬 『계림유사』의 표기로 '了査祕'와 '了子彌'는 각각 후기 중세 한국어의 '아자비'와 '아즈미'에 대응한다. 이 단어들은 '앚+아비', '앚+어미'의 내적 구성을 지닌 복합어이다. 이기문(1983: 10)에서 정확하게 지적했듯이, '앚'의 말음 'ㅈ'이 아무런 변화 없이 그대로 '아비, 어미'의 첫 음절 초성으로 넘어가 '아자비, 아즈미'가 되었다는 것은 이 단어가 만들어진 시기에 'ㅈ'이 음절 종성에서 발음될 수 있었음을 말해 준다. 현대 한국어의 복합어인 '빛원뿔[비둰뿔], 앞앞[아밥], 옆얼굴[여벌굴], 밑알[미달], 젖어미[저더미]'의 밑줄 친 부분에서 보듯이 접두 파생어나 합성어의 선행 성분 말음은 해당 복합어가 만들어지던 시기에 종성으로 발음될 수 없으면 다른 자음으로 바뀌어야 한다.[18] 그런데 '아자비'와 '아즈미'에서 '앚'의 'ㅈ'이 그대로 둘째 음절 초성에서 발음된다는 것은 'ㅈ'이 후기 중세 한국어 이전 시기에 종성에서 발음되었음을 명백하게 말해 준다. 특히 이 단어들이 『계림유사』에 나타나는 것으로 보아 형성 시기가 오래되었으므로, 그 시기에는 'ㅈ'이 종성에서 발음되었다고 할 수 있는 것이다.

(6ㄴ)은 동일한 단어의 어중 또는 어말 자음이 'ㅊ'과 'ㅅㄱ'으로 나타나는 단계를 거쳐 'ㅊ'과 'ㄲ'으로 분화되는 변화를 설명하기 위한 재구형의 설정과 관련된다. (6ㄴ)의 공존형을 보면 'ㅊ'을 가진 형태(도최, 곶)와 'ㅅㄱ'을 가진 형태(돗귀, 곳)가 모두 존재하고 있다. 이 중 'ㅅㄱ'을 가진 형태는 이후 변화를 거쳐 'ㄲ'을 가지게 된다. (6ㄴ)의 공존형들은 이전 시기의 단일한 형태로부터 음운 변화에 의해 나타났을 가능성이 높으며, 그러한 이전 형태는 어중에 'ㅈㄱ'을 가졌을 것으로 추정된다.[19] 'ㅈㄱ'에서 'ㄱ'이 'ㅎ'으로 약화된 후 'ㅈ'과 축약되

---

18. 이것은 접두 파생어나 합성어에서 후행 성분이 자음으로 시작하든 모음으로 시작하든 모두 동일하다. 그러므로 이러한 구조를 가진 복합어를 관찰하면, 음절 종성에서의 자음 실현 양상을 역사적으로 추적할 수 있다. 이와 관련된 논의는 이진호(2022)를 참고할 수 있다.

19. 현대 방언형에서 확인되는 'ㅊ'과 'ㄲ'으로의 분화형과 재구, 그리고 이와 관련된 음

면 'ㅊ' 형태가 나오고, 'ㅈㄱ'에서 먼저 음절 종성의 'ㅈ'이 'ㅅ'으로 변화하면 'ㅅㄱ' 형태가 나오는 것이다. 이처럼 후대의 분화형으로부터 내적 재구에 의해 도출된 이전 시기의 형태는 음절 종성에 'ㅈ'을 분명히 가지고 있다.

이상에서 확인한 것처럼 후기 중세 한국어 이전 시기의 차자 표기에서도 파찰음의 존재를 알 수 있지만, 한국어의 음운 변화나 복합어의 흔적에서도 'ㅈ'이 음절 종성에 올 수 있는 시기가 예전에 있었음을 알 수 있다. 그런데 이러한 파찰음 이외에 'ㅎ'이 종성에서 발음되던 시기가 있었다는 지적도 있어 왔다. 이기문(1972: 97)에서는 『향약구급방』의 '亇叏'가 '맣'을 나타내며, '叏'가 종성 'ㅎ'을 표기한 것이라고 보았다. 정철주(1995: 11)에서는 이 외에도 『삼국사기』를 비롯한 고대 한국어 자료의 차자 표기를 해독해 보았을 때 'ㅎ'이 종성에서 발음되었다고 주장한 바 있다. 그러나 자료가 매우 적어 종성 'ㅎ'이 실재했는지를 확신하기 쉽지는 않다. 다만, 5장의 (21)에서 본 것처럼 795개 언어 중 169개 언어에서 'h'가 종성으로 쓰이고 있으며, 종성 실현 비율도 32.2%로서 아주 드문 편은 아니다. 따라서 후기 중세 한국어 이전에 'ㅎ'이 종성 목록에 포함된다고 보는 것이 언어 유형론적으로 특이한 일은 결코 아니다.

요컨대, 후기 중세 한국어의 종성으로 실현되던 9개의 자음은 그 이전 시기에도 역시 종성으로 실현되었던 듯하며, 고대 한국어나 전기 중세 한국어에서는 최소한 'ㅈ'도 종성에서 발음될 수 있었다. 'ㅎ'의 경우는 불분명한 점이 있기는 하지만, 종성 목록에 포함하는 것이 충분히 가능하다. 이러한 사정을 감안하여, 여기서는 잠정적으로 후기 중세 한국어 이전의 종성 목록에는 'ㄱ, ㄴ, ㄷ, ㄹ, ㅁ, ㅂ, ㅅ, ㅿ, ㆁ'의 9개 자음 이외에 'ㅈ, ㅎ'이 더 포함되는 것으로 보고자 한다.

운사적 해석에 대해서는 이승재(1983: 215)에서 자세히 다루었다.

7.3. 후기 중세 한국어 이후의 종성 체계

후기 중세 한국어의 9종성 체계는 16세기를 거치면서 현재와 같은 모습으로 바뀌게 된다. 이 시기에 'ㅅ'이 음절 종성에서 'ㄷ'으로 바뀌는 변화가 일어나고, 'ㅿ'은 음소 자체의 소멸을 겪으면서 모두 종성 목록에서 제외되었다.[20] 그 이후에는 종성 체계에 특별한 변화가 없이 현대 한국어로 이어지고 있다.

현대 한국어의 종성 목록이 'ㄱ, ㄴ, ㄷ, ㄹ, ㅁ, ㅂ, ㅇ'의 7개 자음으로 이루어져 있다는 데에는 별다른 이견이 없다. 다만 일부 논의에서 설정하는 특별한 음운 규칙은 이러한 7종성 체계와 충돌을 일으키기도 한다.

(7) 마찰음화와 종성 체계

ㄱ. 듣+소 → [듯소], 찾+소 → [찻소], 맡+소 → [맛소]

ㄴ. 듣+소 → 듣쏘 → [드쏘]

(7ㄱ)은 'ㄷ, ㅌ, ㅈ, ㅊ'과 같은 설정성 장애음이 'ㅅ' 앞에서 'ㅅ'으로 실현된다고 보는 논의들에서 설정하는 마찰음화 규칙의 예이다.[21] (7ㄴ)은 동일한 성격의 자료에 대해 그 표면형을 달리 보고, 경음화와 'ㄷ'의 탈락을 순차적으로 적용하는 기술 방법이다. (7ㄱ)이나 (7ㄴ)과 같은 방안이 제안된 것은 선행 음절의 종성이 'ㄷ'으로 실현되지는 않기 때문이다. 음성학적 관찰에 따르면 음절 종성에서 자음의 폐쇄 과정이 드러나지 않으므로 '듣소, 찾소, 맡소'의 첫 음절 종성을 'ㄷ'으

---

20. (4)에서 'ㅿ'이 종성으로 실현되던 조건을 보면 'ㅿ'뿐만 아니라 그 뒤에 오는 'ㅸ'이나 후음 'ㅇ'도 모두 자음 체계에서 소멸된다. 즉, 종성 'ㅿ'의 변화 과정은 'ㅿ'뿐만 아니라 그 뒤에 오는 자음의 소멸도 함께 고려해야만 하는 것이다.

21. (7ㄱ)의 마찰음화 자료는 최명옥(1982: 147)에서 가져온 것이다. 이 규칙은 그 이전부터 몇몇 논의에서 다루어져 왔다.

로 보아서는 곤란하다. 그리고 이 문제를 해결하는 방식으로 (7)의 두 가지 해결책이 제안된 것이다.[22]

(7ㄱ)과 같은 기술 방법을 채택할 경우, 이것은 단순히 (7ㄱ)과 같은 유형의 자료를 설명하는 데 그치지 않고, 현대 한국어의 종성 체계까지도 수정해야만 한다. (7ㄱ)에서는 비록 'ㅅ 앞'이라는 조건이 붙기는 하지만 음절 종성에서 'ㅅ'이 발음된다고 보아야 하기 때문이다. 여기서는 (7ㄱ)과 같은 기술을 수용하지 않기 때문에 종성의 목록은 전술한 7개의 자음으로 국한된다.

현대 한국어의 종성 체계와 관련하여 한 가지 더 살필 것은 어간말 자음군의 발음이다. 겹받침을 가지는 체언이나 용언 어간은 뒤에 모음으로 시작하는 문법 형태소가 결합하지 않는 한 자음군 단순화가 적용되어 겹받침 중 하나가 탈락하게 된다. 이러한 자음군 단순화는 근대 한국어 시기를 거치면서 완성되어, 현대 한국어에서는 음절 종성에 자음군이 발음되지 못한다는 음절 구조 제약을 설정하기에 이르렀다.[23] 그런데 현대 한국어의 화자들이 겹받침 표기에 대해 자음군을 그대로 발음하는 경우가 있다는 보고가 지속적으로 있어 왔다.

가령, 350명의 화자를 대상으로 겹받침의 발음 실태를 조사한 김선철(2003: 43~44)에 따르면, 'ㄺ'으로 끝나는 용언 어간의 경우에는 자음으로 시작하는 어미 앞에서 자음군 단순화가 반드시 일어나지만 'ㄼ'으로 끝나는 용언 어간은 같은 환경에서 'ㄼ'을 모두 발음하는 화자의 비율이 활용형에 따라 2.57~5.71% 정도 된다고 한다. 20명의 여고생을 대상으로 한 김선미(1991: 53~54)에서는 'ㄼ'뿐만 아니라 'ㄺ'으로 끝나는 용언 어간도 자음으로 시작하는 어미 앞에서 겹받침을

---

22. 현행 표준 발음법에서는 'ㅆ' 앞에서 'ㄷ'을 온전하게 발음하도록 규정했는데, 이는 현실 발음과는 동떨어져 있다.
23. 어간말 자음군의 종류에 따라 차이가 나기는 하지만 자음군 단순화는 문헌 표기에는 잘 드러나지 않는다. 즉, 어간말의 겹받침은 발음과 상관없이 그대로 표기되는 것이 일종의 표기 관습으로 자리 잡았던 것이다.

모두 발음하는 경우가 10% 이상 되는 것으로 보고하고 있다. 이 외에도 겹받침을 표기 그대로 발음하는 경우가 있다는 조사는 여러 논의에서 지속적으로 발견된다.

이러한 특수한 현상이 발음 조사와 같은 격식적 환경에서 표기에 영향을 받은 것인지 또는 현대 한국어 종성 체계가 변화하는 단초를 보인 것인지 현재로서는 단정 짓기 어렵다. 다만 겹받침이 발음된다고 하는 발음 실태 조사 결과를 보면 두 가지 특징이 발견된다. 하나는 'ㄺ, ㄼ'과 같이 'ㄹ'과 변자음으로 이루어진 자음군에 대해서만 음절 종성에서 발음된다는 점이다.[24] 'ㄴ' 또는 파열음으로 시작하는 자음군은 종성에서 모두 발음되는 경우가 없다. 또한 'ㄹ'로 시작하더라도 'ㄹ' 뒤에 변자음이 아닌 중자음이 오는 'ㄾ'이 종성에서 발음되는 경우는 발견되지 않는다.[25] 다른 하나는 음절 종성에서 실현되는 7가지 자음에 속하지 않는 자음이 자음군 중 하나로 발음되는 경우는 없다는 사실이다. 예를 들어 'ㄿ'을 가진 '읊-'의 겹받침 'ㄿ'을 종성에서 그대로 발음하는 경우는 나타나지 않는다.

이처럼 음절 종성에서 자음군이 발음된다고 하더라도 그것은 매우 제한된 조건에서만 나타날 뿐이다. 자음군 단순화가 일어나는 비율과 비교할 때 자음군이 모두 발음된다고 하는 비율은 상대적으로 매우 열세이다. 자음군 단순화가 일어나지 않은 채 자음군으로만 항상 발음되는 경우는 존재하지도 않는다. 게다가 종성에서 발음 가능한 자음군의 종류 역시 일부에 불과하다. 이러한 사실들을 고려할 때 현대 한국어의 음절 종성에서 자음군이 발음되지 않는다는 음절 구조 제약은 여전히 유효하다고 할 것이다.

---

24. 김선미(1991), 김선철(2003)에는 'ㄻ'이 종성에서 모두 발음되는 경우가 나오지 않지만, 'ㄺ, ㄼ'이 종성에서 발음된다면 'ㄻ'도 충분히 가능하리라 생각된다.
25. 'ㄾ'이 종성에서 발음된다면 실제로는 'ㄹㄷ'으로 실현되어야 한다.

8장 한국어 종성 실현의 공시론과 통시론

이 장에서는 음절 종성의 실현을 결정하는 평파열음화 규칙의 공시론과 통시론에 대해서 다룬다. 이진호(2008)에서 다룬 바와 같이 공시론적 기술에서 설정하는 음운 규칙은 통시적 음운 변화의 결과물이기는 하지만, 통시적으로 진행되어 온 변화의 과정과 공시론에서 설정하는 음운 규칙이 동일해야만 하는 것은 아니다. 여러 가지 사정으로 인해 음운 규칙의 공시론과 통시론의 내용은 서로 일치하지 않는 경우가 많다. 이 장에서는 현대 한국어의 평파열음화를 공시론과 통시론으로 나누어 검토하기로 한다.

8.1. 한국어 종성 실현의 공시론

평파열음화는 한국어의 음절 종성에 실현될 수 있는 자음의 종류가 제한되어 있어서 적용되는 음운 규칙이다.[1] 현대 한국어의 경우 19개

1. 평파열음화를 가리키는 용어는 매우 다양하다. 평파열음화라는 용어가 일반화된 것은 21세기 들어서의 일이며, 그 이전에는 음절말 중화, 음절의 끝소리 규칙 등 다

의 자음 중 7개만이 종성에서 실현될 수 있으며, 종성 실현의 제약은 장애음으로 국한되어 있다. 즉, 공명음 4개는 모두 음절 종성에서 실현될 수 있는 데 반해 장애음의 경우 15개 중 'ㅂ, ㄷ, ㄱ'의 3개만 종성에서 허용될 뿐이다. 따라서 'ㅂ, ㄷ, ㄱ'을 제외한 나머지 장애음이 음절화의 결과 종성 위치에 할당되면 평파열음화의 적용을 받아 평파열음인 'ㅂ, ㄷ, ㄱ' 중 하나로 변동하게 된다.

평파열음화는 하나의 음운 규칙으로 설정하지만, 그 출력형을 보면 세 개의 하위 변동으로 이루어진다고 할 수 있다. 음절 종성에서 적용된다는 정보는 동일하므로, 입력형과 출력형만을 고려하여 평파열음화의 세 가지 변동을 간략히 제시하면 다음과 같다.

(1) 평파열음화의 하위 구조

ㄱ. ㅍ → ㅂ: 숲# → [숩], 앞+도 → [압또]

ㄴ. {ㅋ, ㄲ} → ㄱ: 남녘# → [남녁], 부엌+과 → [부억꽈], 밖# → [박]

ㄷ. {ㅌ, ㅅ, ㅆ, ㅈ, ㅊ, ㅎ} → ㄷ: 밭# → [받], 옷+도 → [옫또], 있+지 → [읻찌], 낮+다 → [낟따], 낯+과 → [낟꽈], 놓+는 → (녿는) → [논는]

(1ㄱ~ㄷ)은 각각 평파열음화가 적용되었을 때의 출력형이 'ㅂ', 'ㄱ', 'ㄷ'이 경우들이다. (1ㄱ~ㄷ)은 15개의 장애음이 음절 종성에서 평파열음인 'ㅂ, ㄷ, ㄱ' 중 하나로 실현되도록 한다. 그렇다고 할 때 (1ㄱ~ㄷ)의 입력형에는 15개의 장애음 중 'ㅂ, ㄷ, ㄱ'을 제외한 12개가 포함되어야 한다. 그러나 실제로는 9개만 포함되어 있고 3개(ㅃ, ㄸ, ㅉ)는 포함되어 있지 않다. 그 이유는 'ㅃ, ㄸ, ㅉ'으로 끝나는 형태소가 현대 한국어에 존재하지 않기 때문이다.[2] 그래서 이 자음들에 평

른 용어로 불리었다. 자세한 것은 이진호(2017ㄱ)의 '평파열음화' 항목을 참고할 수 있다.

파열음화가 적용될 수는 없다.

앞서 평파열음화 규칙의 성격은 음절 종성에 올 수 없는 장애음이 평파열음 중 하나로 바뀌는 현상이라고 하여 매우 단순하게 진술한 바 있다. 그런데 변동의 양상을 구체화한 (1ㄱ~ㄷ)을 하나의 규칙으로 형식화하여 나타내는 것은 그리 간단한 문제가 아니다.[3] 이것은 전적으로 (1ㄷ)에서 비롯되었다. (1ㄱ, ㄴ)은 경음이나 유기음이 조음 위치의 변동 없이 평음으로만 바뀌는 단순한 내용으로 이루어져 있기 때문에 형식화가 단순하다. 그러나 (1ㄷ)에서는 평파열음 'ㄷ'으로 바뀌는 변동의 입력형이 다양한 자음들로 구성되어 있어서 이 자음들을 묶을 만한 공통점이 발견되지 않는다. (1ㄷ)에 속한 자음들은 조음 방법의 측면에서는 모두 장애음에 속하지만, 조음 위치가 치조음, 경구개음, 후음과 같이 다양하게 분산되어 있는 것이다.

현재 일반적으로 쓰이는 조음 위치 자질은 '[전방성(anterior)]'과 '[설정성(coronal)]'이다. 그런데 이 두 자질로는 (1ㄷ)의 입력형에 포함된 자음들의 공통점을 포착할 수 없다. 조음체의 관점에서도 마찬가지이다. 치조음은 'coronal', 경구개음은 'dorsal', 후음은 'glottal'로 조음체가 구분되는 것이다. 한때 유행했던 음향 자질인 '[grave]'의 관점에서는 (1ㄷ)의 자음들을 묶을 수 있는지가 다소 불분명하다. 치조음과 경구개음은 이 자질의 값이 분명히 '-'이지만 후음은 논의에 따라 차이를 보이기 때문이다.[4] 그러나 Jakobson et al.(1952: 29~30)

2. 뒤에서 간략히 언급하겠지만 역사적으로 보면 경음으로 끝나는 형태소 자체가 존재하지 않았던 것으로 보인다. 'ㅆ'이나 'ㄲ'으로 끝나는 형태소가 나타나게 된 것은 모두 근대 한국어 시기에 와서의 일이다.

3. 음운 규칙의 형식화는 단순한 표시의 문제에 그치지 않는다. 그것은 규칙의 일반성이나 자연성과도 관련을 맺고 있다. 뒤에서 다시 언급하겠지만 평파열음화는 예외 없이 적용되는 매우 강력한 음운 규칙임에도 불구하고 그 형식화가 쉽지 않다는 것은 상당히 특수한 상황에 해당한다. 그래서 이 문제를 다루고자 하는 것이다.

4. 예컨대 Hyman(1973: 329)에서 다루는 두 가지 음운 변화인 'x>f'와 'f>h'에서는 후음인 'h'가 'x, f'와 같은 부류로 묶이기 때문에 '[+grave]'에 해당하지만, Ladefoged(1982: 265)에서 'h'는 '[-grave]'로 분류되어 있다.

에서 이 자질을 처음 도입할 당시에는 이 자질을 활용하여 구분하려는 대상 자체에 후음이 포함되지 않았다. 구강 내에서 조음되는 양순음과 연구개음, 그리고 이 둘 사이의 나머지 조음 위치를 구분하는 데 [grave]가 활용되었다. 그러므로 이 자질([grave])을 가지고 (1ㄷ)의 여러 이질적인 조음 위치를 묶는 것이 가능할지는 확실하지가 않다.

(1ㄷ)의 입력형에 포함된 세 가지 조음 위치 사이의 공통점을 나타내지 못하는 것은 변별적 자질의 한계에서 기인한 것은 아니다. 치조음과 경구개음은 인접한 조음 위치로서 변자음(peripheral consonant)에 대립되는 중자음(central consonant)이라는 공통점을 가지지만, 후음은 이들과는 전혀 다른 조음 위치라고 할 수 있다. 결국 세 개의 조음 위치 사이에 공통된 특징이 없기 때문에 변별적 자질로 묶지 못하는 것뿐이다. 이런 사정으로 인해 (1ㄷ)의 여러 자음들을 일반화할 수 있는 방법이 찾아지지 않는다. 그리고 이것은 (1ㄱ, ㄴ)과 (1ㄷ)을 묶어 평파열음화라는 단일한 음운 규칙으로의 형식화를 막는 데 있어 가장 큰 장애물로 작용하게 된다.[5]

(1)에 제시된 현대 한국어의 평파열음화는 예외 없이 적용되며, 그 출력형도 평파열음이라는 자연 부류를 이룬다. 또한 종성으로 실현되는 자음의 종류가 7개로 제한된다는 명확한 음절 구조 제약을 반영하고 있다. 이처럼 적용 동기와 결과가 매우 분명하고 일관되게 적용되는 음운 규칙인데도 불구하고, 다양한 입력형 때문에 형식화하는 것이 어려운 경우는 흔한 일은 아니다. 그런데 평파열음화와 관련된 문제는 이 외에도 더 존재한다. 이것은 (1ㄷ)의 입력형 중 'ㅎ'과 관련된다.

---

5. 이승재(1980), 최명옥(1982), 배주채(1989)에서 변별적 자질을 활용하여 평파열음화를 형식화할 수 있었던 것은 모두 평파열음화의 입력형에서 후음인 'ㅎ'을 제외했기 때문에 가능했다. 구체적인 설명 방식은 세 논의가 모두 다른데, 자세한 것은 뒤에서 다루기로 한다.

(1ㄷ)에서는 평파열음화에 의해 'ㅎ'이 'ㄷ'으로 바뀐다고 했지만 이것은 직접적인 관찰의 결과는 아니다. 현대 한국어에서 'ㅎ'이 종성에서 'ㄷ'으로만 실현되는 경우는 발견되지 않는다.

(2) 'ㅎ' 말음 용언 어간의 교체 양상
　ㄱ. 놓고[노코], 놓지[노치], 놓다[노타]
　ㄴ. 놓아[노아~놔:], 놓으니[노으니]
　ㄷ. 놓는[논는], 놓냐[논냐]
　ㄹ. 놓소[노쏘], 놓습니다[노씀니다]

(2)에서 'ㅎ' 말음 어간의 'ㅎ'이 종성에 놓이는 경우는 (2ㄷ, ㄹ)로 국한된다. 그 이외의 환경에서는 유기음화가 일어나거나 탈락할 뿐이다. 그런데 (2ㄷ, ㄹ) 중 어디에서도 'ㅎ'이 표면형에서 'ㄷ'으로 직접 실현되지는 않는다.[6] (2ㄷ)에서는 'ㅎ'이 'ㄴ'으로 실현되고 (2ㄹ)에서는 종성에 자음이 오지 않는다. 다만 '걷-, 듣-' 등과 같이 'ㄷ'으로 끝나는 용언 어간들도 (2ㄷ, ㄹ)의 조건에서 'ㅎ'으로 끝나는 용언 어간과 동일한 교체 양상을 보이고 있다.[7] 이것을 통해 간접적으로 음절 종성에 놓인 'ㅎ'은 'ㄷ'으로 실현된다고 볼 수 있는 것이다.[8]

---

6. 현대 한국어가 아닌 후기 중세 한국어에서는 '논ᄂᆞ니, 논논디라'와 같이 'ㅎ'이 'ㄷ'으로 실현된 예가 있다. 그러나 동일한 환경에서 'ᄂᆞᄂᆞ라, 논ᄂᆞᆫ'과 같이 'ㅎ'이 'ㄴ'으로 실현되는 예도 존재하기 때문에 이 시기의 'ㅎ'이 'ㄷ'으로만 실현되었다고 단정할 수는 없다. 이러한 실현 양상은 'ㅎ'으로 끝나는 다른 용언 어간도 마찬가지이다.
7. 표준 발음법에 의하면 '걷-, 듣-'와 같은 어간들은 (2ㄹ)의 조건에서 어간 말음 'ㄷ'이 그대로 발음되어야 한다. 그러나 현실 발음에서는 어간 말음 'ㄷ'이 탈락한다. 여기에 대해서는 7장의 (7ㄴ)에 대한 설명을 참고할 수 있다.
8. '히읗[히읃]'과 같은 예는 표면상 종성 'ㅎ'이 'ㄷ'으로 실현된 것처럼 보인다. 그러나 모음으로 시작하는 조사와 결합할 때 '히읗이[히으시], 히읗을[히으슬]'과 같이 실현되는 것에서 알 수 있듯이, 발음의 차원에서 '히읗'의 말음은 'ㅎ'이 아닌 'ㅅ'으로 보아야 한다. 또한 '놓치다'와 같은 예는 복합어로서 그 형성 시기나 어원을 명확히 알기 어렵기 때문에 공시론적 과정에 의해 'ㅎ'이 'ㄷ'으로 바뀐 예로 인정하기 어렵다.

이처럼 (1ㄷ)에서 'ㅎ'이 'ㄷ'으로 바뀐다고 하는 것은 직접적인 관찰을 통한 것은 아니다. 그런데 'ㅎ'이 'ㄷ'으로 바뀌는 것을 간접적으로나마 확인했다고 해서 공시론적 차원에서의 문제점이 모두 해결된 것은 아니다. (1ㄷ)에서 'ㅎ'을 제외한 나머지 자음들이 종성에서 'ㄷ'으로 바뀐 것은 (1ㄱ, ㄴ)과 비슷한 조음적 과정의 결과라고 할 수 있다. 각 자음의 조음 위치에서 기류를 막아 폐쇄시키면 평파열음 'ㅂ, ㄷ, ㄱ' 중 하나가 되는 것이다.[9]

반면에 'ㅎ'은 동일한 과정을 거친다면 후두 파열음이 되어야 하는데, 실제로는 'ㄷ'이 되는 것이다. 이러한 특수성에 대해 해명이 전혀 불가능한 것은 아니다. 가령 현대 한국어에서 후두 파열음인 'ㆆ'은 자음 목록에 설정할 수 없다거나, 자음 목록에 포함되어도 종성에서는 실현될 수 없어서 'ㄷ'이 되었다고 할 수도 있다. 다만 이럴 경우 'ㅎ'이 'ㅂ, ㄷ, ㄱ' 중 'ㄷ'으로 바뀌어야만 하는 이유를 더 해명해야 한다. 그리고 여기에 대해 한국어 자음의 조음 위치는 치조음이 가장 무표적이기 때문에 음절 종성의 'ㅎ'이 'ㄷ'으로 바뀐다고 해석하기도 한다.[10] 그런데 이렇게 해석하는 순간 'ㅎ'이 'ㄷ'으로 바뀌는 음운 변동은 다른 자음들이 평파열음으로 바뀌는 것과는 달라질 수밖에 없다. 평파열음화는 자음의 특정 위치에서 일어나는 폐쇄의 결과일 뿐, 조음 위치의 무표성 때문에 적용되는 것은 아니기 때문이다.

굳이 치조음의 무표성에 기대지 않더라도 종성에서 'ㅎ'이 'ㄷ'으로 바뀌는 변동을 다른 자음들의 평파열음화와 구분하는 방식은 이전 논의에서 종종 발견된다. 각주 5)에서 언급했던 이승재(1980), 최명옥(1982)를 보면 평파열음화의 적용 환경에서 'ㅎ'이 제외되어 있다. 이

9. 경구개음인 'ㅈ, ㅊ'의 경우 조음 위치가 유지되지 못하고 치조음으로 바뀌는데, 여기에는 뒤에서 자세히 살펴보겠지만 역사적인 이유가 명확히 존재한다. 'ㅈ, ㅊ'이 'ㄷ'으로 바뀌는 조음적인 이유 자체는 다른 자음들과 차이 나지 않는다.

10. 미명세 이론(underspecification theory)에서는 치조음에 대해서만 조음 위치 자질을 표시하지 않는 방식을 통해 이것을 구체화한다.

두 논의는 모두 'ㅎ'을 다른 자음과 달리 'j, w'와 같은 대범주로 묶기 때문에 장애음에 적용되는 평파열음화를 'ㅎ'에 적용하기가 어렵다. 이런 입장에서는 (2ㄷ, ㄹ)을 기술할 때 평파열음화에 의존하지 않고 다른 방법을 택해야 한다.

이승재(1980: 38, 55)에서는 (2ㄷ)의 경우 'ㆆ'이 직접 'ㄴ'으로 바뀐다고 보았으며, (2ㄹ)은 'ㅎ'과 'ㅅ'이 합쳐져 'sʰ'가 된 후 이런 자음이 음운 체계에 없기 때문에 'ㅆ'으로 실현된다고 해석했다. 이승재(1980)은 'ㅎ'이 'ㄷ'으로 바뀌는 과정 자체를 설정하지 않고서 (2ㄷ, ㄹ)을 설명하는 것이다. 반면, 최명옥(1982: 150)에서는 (2ㄷ)에 대해 후음인 'ㅎ, ㆆ'이 'ㄷ'으로 바뀌는 음운 규칙을 따로 설정하여 설명한다. 이러한 후음의 평파열음화는 일반적인 장애음의 평파열음화와 구분되는 별도의 규칙이다.[11] 최명옥(1982)에서는 (2ㄹ)의 경우 7장의 (7ㄱ)에 제시한 마찰음화로 설명한다.

이 외에 배주채(1989: 81~82)에서는 'ㅎ'이 'ㄷ'으로 바뀌는 것을 평파열음화의 범주 안에 넣으면서도, 다른 장애음의 평파열음화와 적용 환경이 동일하지 않기 때문에 형식화를 달리하고 있다. 배주채(1989)의 방식대로라면 적어도 'ㅎ'의 평파열음화와 다른 장애음의 평파열음화를 하나의 단일한 규칙으로 통합할 수는 없다. 이진호(2003: 185)에서는 종성에 놓인 'ㅎ'의 실현 방향을 'ㄷ'으로 고정하지 않고 후행하는 자음의 조음 위치에 따라 여러 가지로 실현될 수 있는 가능성을 제시했다. 여기에 따르면 (2ㄷ, ㄹ)은 결과적으로 'ㅎ'이 'ㄷ'으로 바뀔 수밖에 없지만 그 과정은 평파열음화와는 다른 것이 된다.

이처럼 이전의 여러 논의에서 이미 'ㅎ'이 'ㄷ'으로 바뀌는 과정을 다른 장애음의 평파열음화와 분리할 수 있다는 입장을 취한 바가 있

11. 그러나 이렇게 구분해야 하는 이유에 대해서는 구체적인 근거나 설명이 제시되지 않았다.

다. 이러한 일련의 방안들이 나온 것은 그만큼 (1ㄷ)에 속하는 자음들의 실현을 단일하고 균질적인 방법으로 설명하기 쉽지 않음을 잘 말해 준다. 그리고 이러한 상황은 8.2에서 살펴보겠지만 평파열음화의 역사적 적용 양상이 단순치 않은 데에서 비롯된다. 공시론적 기술의 복잡성이 통시적 변화의 특수성과 관련된다는 것은 이미 기존 논의에서도 지적된 바 있는데, 이것을 음절 종성과 관련된 평파열음화의 구조적 복잡성에서도 확인할 수 있다.

8.2. 한국어 종성 실현의 통시론

앞서 (1)에서 현대 한국어의 평파열음화를 이루는 세 가지 하위 변동 각각을 구체적으로 확인한 바 있다. 그런데 이러한 변동 각각이 역사적으로 실재했다는 보장은 없다. 현대 한국어의 공시론적 기술은 현대 한국어의 음운 체계를 바탕으로 현대 한국어에 존재하는 형태소들에 근거하여 이루어진다. 그러므로 형태소들의 구조가 다르든지 또는 음운 체계 등이 다르면 공시론에서 설정한 음운 규칙은 통시적 음운 변화의 내용과 얼마든지 달라질 수 있다. 실제로 음절 종성에서 일어난 역사적 변화 양상을 자세히 검토해 보면 (1ㄱ~ㄷ)에서 설정한 공시론적 변동 중에는 통시적 음운 변화와 무관한 것들이 상당히 많다.

우선 (1ㄱ)부터 살피기로 한다. 'ㅍ'이 'ㅂ'으로 바뀌는 변동은 현대 한국어에서는 자명하다고 생각하지만 역사적으로 이 변화가 실재하려면 'ㅍ'이 음절 종성에서 실현되는 단계가 있었어야 한다. 그래야만 음절 종성에서 'ㅍ'이 'ㅂ'으로 바뀌는 변화가 일어날 수 있고, 공시적 음운 변동과도 일치하게 되는 것이다. 그런데 'ㅍ'이 음절 종성에서 실현되었을 가능성은 오로지 후기 중세 한국어 이전 시기에만 기대할 수 있다. 15세기 이래로 'ㅍ'은 종성에서 실현된 적이 없기 때문이다.

전기 중세 한국어를 포함하여 고대 한국어의 종성 체계를 다룬 모든 논의에서 'ㅍ'이 음절 종성에서 실현되었음을 보여 주는 자료는 지금까지 제시된 바가 없다. 후기 중세 한국어 이전 시기에 'ㅍ'으로 끝나는 형태소가 존재하지 않았기 때문이든 'ㅍ'이 실제로 발음되지 않았기 때문이든 'ㅍ'이 종성에서 발음되었음을 조금이라도 시사하는 자료는 없는 것이다.[12] 더욱이 5장의 (23)에 제시된 것처럼 'ㅍ'에 해당하는 'p^h'를 자음으로 가진 242개 언어 중 이 자음이 종성에서 실현되는 언어는 7개에 불과하다. 이러한 여러 가지 상황을 고려하면 한국어에서 'ㅍ'이 'ㅂ'으로 실현되는 것은 역사적으로는 실재하지 않은 변동일 가능성이 크다. 즉, 역사적 음운 변화와는 다른 방식의 공시론적 기술이 이루어지는 것이다.

이제 논의의 대상을 (1ㄴ)으로 돌리기로 한다. (1ㄱ)과 달리 (1ㄴ)에서는 평파열음화의 입력형이 'ㅋ'과 'ㄲ'의 두 가지이다. 그런데 'ㅋ'과 'ㄲ'이 음절 종성에서 'ㄱ'으로 바뀌는 변화가 역사적으로 실재했을 가능성은 (1ㄱ)의 'ㅍ'이 'ㅂ'으로 바뀌는 변화가 존재했을 가능성만큼이나 매우 낮은 편이다. 'ㅋ'의 경우 현대 한국어에서도 'ㅋ'으로 끝나는 형태소가 매우 드물지만, 그 이전에는 존재하지 않았던 것으로 보인다. 또한 현대 한국어에서 'ㄲ'으로 끝나는 형태소 역시 예전에는 모두 다른 형태를 가지고 있었다.

(3) 현대 한국어 'ㅋ, ㄲ' 말음 형태소의 이전 형태[13]

ㄱ. 브ᅀᅥ귓~브ᅀᅥ빗, 브ᅀᅥ베, 브ᅀᅥ븨셔 (부엌) 녀그로, 녀글, 녀글, 녀긔셔, 녀기오 (녘)

ㄴ. 밧기, 밧그로, 밧ᄀᆞᆯ, 밧긔셔 (밖), 닷가, 닷고미, 닷ᄀᆞ니, 닷ᄀᆞ시니 (닦-)

---

12. 이것은 7장의 논의 과정에서 이미 확인된 바이다

13. 문헌 자료의 출처는 생략한다. 자세한 출처는 이진호 외 편(2015)를 참고할 수 있다.

(3ㄱ)은 현대 한국어의 'ㅋ' 말음 체언이 후기 중세 한국어에서 나타나는 모습을 보인 것이다. 현대 한국어에는 'ㅋ'으로 끝나는 형태소가 '부엌'와 '녘'의 두 가지밖에 없다.[14] 그런데 후기 중세 한국어에서는 이 둘마저도 'ㅋ'으로 끝나지 않았다. '부엌'은 'ㄱ' 또는 'ㅂ'으로 끝났으며, '녘' 역시 'ㄱ'으로 끝났다.[15] 근대 한국어 이전 시기에 'ㅋ'으로 끝나는 형태소가 존재했다는 증거는 없다.

또한 'ㅋ'이 음절 종성에서 발음되던 시기가 있었다는 근거도 별로 없다. 이것은 앞서 살핀 'ㅍ'의 경우와 동일하다. 후기 중세 한국어는 물론이고, 그 이전 시기의 차자 표기에서도 종성 'ㅋ'의 존재가 확인되지 않는다. 더욱이 'ㅋ'으로 끝나는 형태소 자체가 극히 드물었다는 점을 고려하면 종성에서 'ㅋ'이 발음되던 시기를 기대하기란 매우 어렵다. 게다가 5장의 (23)에서 'k^h'를 음소로 지니는 243개 언어 중 불과 7개 언어에서만 이 자음이 종성으로 실현된다는 것을 봐도 'ㅋ'이 음절 종성에서 발음되었을 가능성은 그리 높지 않아 보인다. 이러한 사정은 'ㅋ'이 음절 종성에서 'ㄱ'으로 바뀌는 음운 변화가 역사적으로 실재하지 않았음을 말해 준다.

(3ㄴ)은 현대 한국어에서 'ㄲ'으로 끝나는 형태소들이 후기 중세 한국어에서는 어떤 형태였는지를 말해 준다. '밖, 닦-'과 같이 'ㄲ'으로 끝나는 형태소들은 예외 없이 후기 중세 한국어에서는 'ㅺ'이라는 자음군을 어간 말음으로 가지고 있었다.[16] 이 형태소들은 이후 다음과 같은 과정을 거쳐 현재와 같은 모습을 지니게 되었다.

---

14. 물론 이 형태소들이 결합한 복합어는 더 존재한다. 이 외에 '키읔'은 표기상으로는 'ㅋ'으로 끝나지만 '키읔이[키으기], 키읔을[키으글], 키읔에[키으게]'에서 보듯 발음상으로는 'ㄱ'으로 끝난다. 더욱이 '키읔'은 한글 맞춤법 통일안의 제정과 더불어 새로 만들어진 것이므로 예전 시기에는 존재하지도 않았다.

15. (3ㄱ)에서 '브섭'과 '브석'는 소위 PK-교체에 의해 공존하게 되었다.

16. 형태소 말음으로서의 'ㅺ'은 된소리를 나타내는 초성의 합용 병서와 달리 'ㅅ'과 'ㄱ'으로 이루어진 자음군을 나타낸다.

(4) ‘ㄲ’ 말음 형태소의 변화 과정[17]

ㄱ. 닷가 > 닫가 > 닫까 > 닥까 > 다까 (닶+아)

ㄴ. 닷다 > 닫다 > 닫따 (닶+다)

(4)는 ‘닶-’을 통해 어간말 ‘ㄲ’으로의 변화를 간략히 나타낸 것이다. (4ㄱ)은 모음으로 시작하는 어미와 결합할 때의 형태 변화이고 (4ㄴ)은 자음으로 시작하는 어미와 결합할 때의 형태 변화이다. 여기서 보듯 ‘닶-’에서 ‘닦-’으로의 변화에는 위치 동화가 중요하게 작용했다. ‘ㅺ’의 ‘ㅅ’이 종성에서 ‘ㄷ’으로 바뀐 후 후행하는 자음의 조음 위치에 동화되어 ‘ㄲ’이 나올 수 있었다.[18]

이처럼 후기 중세 한국어 시기에는 ‘ㄲ’으로 끝나는 형태소가 발견되지 않는다. 더욱이 현대 한국어의 경음 중에는 ‘ㄲ’과 ‘ㅆ’만이 형태소 말음으로 존재할 수 있을 뿐이며, 이 둘도 이전에는 모두 경음이 아닌 다른 형태가 형태소 말음으로 쓰였다. 또한 경음은 전기 중세 한국어에 와서야 음소로 확립되었다. 이런 점을 종합적으로 고려하면 경음이 음절 종성에서 그대로 발음되던 시기가 한국어의 역사에서 존재했다고 보기는 매우 어렵다. 따라서 음절 종성에서 ‘ㄲ’이 ‘ㄱ’으로 바뀌는 변화가 음운사적으로 실재하는 것 역시 생각할 수 없다.

이제 (1ㄷ)의 평파열음화를 역사적으로 검토할 차례이다. 앞서 확인했듯이 (1ㄷ)은 공시론적 기술 양상이 단순하지 않았는데, 통시적 변화 과정 역시 복잡한 편이다. (1ㄷ)에 포함된 다양한 자음들의 평파

17. 형태소의 말음 ‘ㅺ’이 ‘ㄲ’으로 바뀌는 과정에 대해서는 김주필(2008)에서 자세히 다룬 적이 있다. 이 책에서는 변화 단계를 간소화하여 제시하기로 한다.

18. 다만 이 변화의 완료는 순수 음운론적인 과정에 의해서만 이루어지지는 않았다. 어간말의 ‘ㄲ’이 온전하게 나타나는 것은 모음으로 시작하는 어미와 결합할 때로 한정되고 자음으로 시작하는 어미, 특히 ‘ㄱ’이 아닌 다른 자음으로 시작하는 어미와 결합할 때는 어간의 말음이 ‘ㄷ’으로만 나타날 뿐이다. 결국 일종의 불규칙적 교체를 보이게 되는데, 이것을 규칙화하는 과정에서 신형인 ‘닦-’ 형태가 새로운 단일 어간으로 자리 잡게 되었다.

열음화 중에 역사적으로 확인되는 것은 'ㅅ'이 'ㄷ'으로 바뀌는 변화이다. 이 변화는 (1)에 제시된 다양한 자음의 평파열음화 중 유일하게 역사적으로 실재하는 것이다. 후기 중세 한국어 시기에는 'ㅅ'이 음절 종성에서 실현되었으며 16세기를 거치면서 'ㄷ'으로 바뀌었다. 그러므로 종성 'ㅅ'이 'ㄷ'으로 바뀌는 것은 통시적인 변화와 공시론적인 변동이 일치한다.[19] 그러나 (1ㄷ)의 나머지 자음들은 그렇지가 못하다.

우선 'ㅌ'의 경우는 (1ㄱ)에서 살핀 'ㅍ'의 경우와 그 사정이 동일하다. 현대 한국어나 후기 중세 한국어 시기에 'ㅌ'으로 끝나는 형태소는 매우 많다. 그러나 'ㅌ'이 종성에서 발음되었다는 증거는 전혀 찾을 수가 없다. 후기 중세 한국어의 한글 표기는 물론 그 이전 시기의 차자 표기에서도 종성 'ㅌ'을 표기했다고 생각되는 예는 존재하지 않는다. 6장의 (23)에 제시된 자료를 봐도 't^h'를 음소로 가진 200개 언어 중 3개 언어에서만 이 자음이 종성으로 실현될 뿐이다. 이처럼 한국어 내적인 양상을 보나 전체 언어의 경향성을 보나 'ㅌ'이 종성에서 발음되는 것을 기대하기는 어렵다. 따라서 'ㅌ'이 'ㄷ'으로 바뀌는 역사적 변화는 실제로 존재하지는 않은 듯하다.

'ㅆ'이 'ㄷ'으로 바뀌는 변화도 역사적으로는 실재하지 않았다. 'ㅆ'으로 끝나는 형태소는 용언 어간 중 '있-'과 문법 형태소 중에는 '-았/었-, -겠-'으로 국한된다.[20] 이 중 문법 형태소에는 기원적으로 '있-'이 결합되어 있기 때문에 현대 한국어에서 'ㅆ'을 가진 형태소는 모두 '있-'과 관련이 있다. 그런데 '있-'의 말음은 후기 중세 한국어 시기에

---

19. 엄밀히 말하면 'ㅅ'은 종성에서 'ㄷ'으로 바뀌던 시기에 치음이었을 가능성이 높기 때문에 역사적으로는 치음 'ㅅ'이 치조음 'ㄷ'으로 바뀐 셈이 된다. 반면 현대 한국어의 공시론적 기술에서는 치조음인 'ㅅ'이 치조음인 'ㄷ'으로 변동하게 된다. 그래서 통시적 변화와 공시론적 기술 사이에 미세한 차이가 없는 것은 아니다.

20. 어간의 기저형을 어떻게 설정하느냐에 따라서는 '넋', '값, 없-'이 'ㄳ', 'ㅄ'이 아닌 'ㄱㅆ', 'ㅂㅆ'으로 끝난다고 볼 수 있기는 하다. 그런데 그렇더라도 'ㅆ'이 음절 종성에서 발음되던 시기가 역사적으로 존재하지 않았다는 점은 달라지지 않는다.

는 'ㅆ'이 아니라 'ㅅ'이었다.[21] 송철의(2000)에 따르면 '잇-'이 '있-'으로 바뀐 것은 19세기 말엽에 와서의 일이라고 한다. 따라서 음절 종성에서 발음되던 'ㅆ'이 'ㄷ'으로 바뀌는 변화 역시 역사적으로 존재했다고 볼 수는 없다. 19세기에 'ㅆ'이 종성에서 발음되고 있었을 리는 만무하기 때문이다.

(1ㄷ)에서 파찰음에 해당하는 'ㅈ'과 'ㅊ'이 'ㄷ'으로 바뀌는 것은 함께 묶어서 살피기로 한다. 7.2에서 살펴본 것처럼 전기 중세 한국어 시기에는 'ㅈ'이 종성에서 발음되었던 것으로 보인다. 그렇지만 종성의 'ㅈ'이 'ㄷ'으로 직접 바뀌는 역사적 변화는 일어나지 않았다.[22]

(5) 치음 및 치조음 계열의 음절 종성 실현 양상

	치음		치조음
전기 중세	ㅈ	ㅅ	ㄷ
후기 중세	ㅅ		ㄷ
근대 이후	-		ㄷ

(5)는 치음과 치조음이 종성에서 어떻게 실현되었는지를 시기별로 정리한 것이다. 후기 중세 한국어 이전에는 'ㅈ, ㅅ, ㄷ'이 모두 종성에서 실현되었다. 후기 중세 한국어 시기에는 더 이상 'ㅈ'이 종성에서 실현되지 못하고 'ㅅ'으로 바뀌었다. 그 후 'ㄷ'으로 바뀌면서 현재에 이르고 있다. 여기서 알 수 있듯이 'ㅈ'이 직접 'ㄷ'으로 바뀌는 변화는 역사적으로는 실재하지 않았다. 'ㅈ'은 종성에서 'ㅅ'을 거쳐 'ㄷ'으로 바뀐 것인데, 현대 한국어의 공시론적 기술에서는 이러한 중간 단계

21. 중세 한국어 시기에는 '있-'이 '이시-, 잇-, 시-'의 세 가지 형태로 나타났다. 어떤 형태든 'ㅆ'은 나타나지 않고 'ㅅ'만 나타날 뿐이다.

22. 'ㅊ'의 경우에는 종성에서 발음되던 시기가 있었는지 확신하기 어렵지만, 이후에 서술할 'ㅈ'과 동일한 이유 때문에 종성에서 'ㄷ'으로 바뀌는 역사적 변화가 존재했다고 볼 수는 없다.

를 설정할 필요가 없기 때문에 간단하게 'ㅈ'이 직접 'ㄷ'으로 변한다고 할 뿐이다.[23]

마지막으로 (1ㄷ)의 'ㅎ'에 대해 살피도록 한다. 'ㅎ'이 종성에 놓이는 조건은 (2ㄷ, ㄹ)이다. 이런 환경에서 후기 중세 한국어의 'ㅎ'은 다음과 같이 실현되었다.

(6) 후기 중세 한국어의 'ㅎ' 종성 실현 양상

ㄱ. 놀노니, 놀논디라, 논는, 논느라

ㄴ. 놋사ᄫᆞ라, 노쏘바, 노쏩고

(6)은 '놓-'이 'ㄴ' 또는 'ㅅ'으로 시작하는 어미와 결합할 때 어간 말음 'ㅎ'이 어떻게 실현되었는지를 보여 준다. (6ㄱ)과 (6ㄴ)은 각각 현대 한국어의 (2ㄷ)과 (2ㄹ)에 대응한다. (6ㄱ)의 경우 현대 한국어와 달리 비음 동화가 적용되지 않은 형태가 공존했으며, (6ㄴ)은 'ㅎ'이 종성에서 'ㅅ'으로 실현되는 형태가 공존하고 있다. 특히 (6ㄴ)의 경우 어떤 활용형이든 'ㅎ'이 'ㄷ'으로 바뀌는 통시적 변화와는 무관한 형태이다. 다시 말해 'ㅎ'이 'ㄷ'으로 바뀌는 통시적 변화가 적어도 (2ㄹ)과 같은 조건에서는 일어났다고 보기 어려운 것이다.[24]

이상으로 평파열음화의 공시론적 기술에 포함된 종성의 변동 각각이 실제 역사적 변화로서 존재했는지 여부를 살펴보았다. 그 결과 통

---

23. 특히 종성의 'ㅈ'이 'ㅅ'을 거쳐 'ㄷ'으로 바뀐 이후에는 'ㅈ'의 조음 위치가 치음에서 경구개음으로 변화하는 재음운화가 추가로 일어났다. 이로 인해 종성 'ㅈ'의 통시적 변화 과정과 공시론적 기술의 내용은 더욱 멀어지게 되었다. 즉, 공시 음운론에서는 경구개음 'ㅈ'이 치조음 'ㄷ'으로 바뀐다고 기술하게 되지만, 역사적으로는 치음인 'ㅈ'이 경구개음으로 변화하기 이전에 같은 치음인 'ㅅ'으로 바뀌어서 변화의 방향이나 성격 모두 현대 한국어의 공시적 기술과는 다른 것이다.

24. 만약 'ㅎ'이 'ㄷ'으로 바뀐 이후에 다른 변화를 거쳐 (6ㄴ)이 되었다면, 이전에 'ㄷ'으로 끝나는 다른 용언 어간들도 후기 중세 한국어에서 (6ㄴ)과 같은 모습을 보여야 하는데, 실제로는 그렇지가 않다.

시적 변화의 내용과 공시론적 기술이 일치하는 것은 'ㅅ'이 'ㄷ'으로 바뀌는 것 이외에는 없음을 확인하게 되었다. 나머지 자음들의 종성 실현은 역사적으로는 그런 변화가 존재했던 적이 없으며, 다만 공시 음운론에서 그렇게 기술한 것에 불과했다. 특히 자음에 따라 통시적인 변화 양상이 다르고, 그 변화의 시기도 비슷한 것이 아니라 오랜 기간에 걸쳐 있었다. 이러한 특수성이 음절 종성의 실현에 있어 공시론과 통시론의 내용이 상당히 차이 나도록 만든 결정적 이유이다.

9장 한국어 종성 체계의 유형론적 특징

이 장에서는 지금까지 2부에서 확인했던 전체 언어 종성의 유형론적 특성 및 7장과 8장에서 확인한 한국어 종성 체계를 대비하여, 한국어의 종성 체계는 어떠한 유형론적 경향성을 지니는지를 검토할 것이다. 내용은 크게 세 가지이다. 5장에서 다룬 양적 측면, 6장에서 다룬 질적 측면에 비추어 현대 한국어 종성 체계의 특성을 살피고, 7장에서 검토한 한국어 종성 체계의 변화가 유형론적 경향성의 측면에서는 어떻게 해석될 수 있는지를 고찰할 것이다.

9.1. 양적 측면의 유형론적 특징

현대 한국어의 종성에는 7개의 자음이 실현될 수 있다. 19개의 자음 중 7개의 자음이 종성에 실현되므로 종성 실현 비율은 36.8%이다. 이러한 양상을 795개 언어에서 확인되는 수치와 비교하면 다음과 같다.

(1) 현대 한국어 종성 체계의 양적 특성

	한국어	전체 언어
종성 개수	7	8.55
종성 실현 비율	36.8%	43.8%

(1)을 보면 현대 한국어의 종성 체계는 전체 언어의 평균에는 못 미치는 것을 알 수 있다. 종성의 개수도 평균보다 1.5개가량 더 적으며, 종성 실현 비율 역시 약 7%p 정도가 더 낮다. 이것은 현대 한국어의 종성 체계가 평균적인 종성 체계보다는 좀 더 제약을 받아서 단순한 구조로 되어 있음을 말해 준다.[1]

현대 한국어의 이러한 특성은 장애음들이 음절 종성에서 겪는 음성적 폐쇄 과정과 무관하지 않을 것이다. 많은 언어들에서 종성에 놓인 자음은 그 조음 과정이 초성에 비해 불완전하게 끝나기 마련이다. 그런데 이러한 불완전성이 현대 한국어의 장애음에 있어서는 특히 강하게 작용해서, 장애음의 경우는 음성적 미파음으로 실현되는 'ㅂ, ㄷ, ㄱ'만 종성에서 발음되는 것이다. 이로 인해 한국어 종성은 개수도 적고 실현 비율도 적은 것이다. 한국어의 장애음에만 국한한다면 15개 중 3개의 자음만 종성에서 실현되므로 종성 실현 비율이 20%에 불과하다.

그렇지만 전반적으로는 전체 언어의 표준적인 형태에서 크게 벗어나지 않는다고 보아도 무방할 듯하다. 그 근거는 여러 가지이다. 우선 795개 언어 중에는 종성에 올 수 있는 자음의 개수가 7개인 언어가 90개로 가장 많다. 한국어는 바로 이 범주에 속해 있다. 또한 5장의 (4)에서 종성의 개수에 따라 언어들을 5개의 등급으로 나눈 데 따르면 한국어는 평균에 해당하는 보통 등급(7~9개)에 속한다. 그뿐만 아니

1. 제약을 더 받는다는 것은 종성에서 실현될 수 있는 자음의 종류가 더 제한된다는 것이며, 결과적으로 종성 체계는 더 적은 자음으로 이루어지므로 단순해진다.

라 5장 (13)의 종성 실현 비율에 따른 등급 구분에서도 한국어는 보통 등급(34.1~56.9%)에 속한다. 이처럼 한국어는 (1)의 구체적인 수치에서는 전체 평균에 다소 못 미치는 모습을 보이지만, 전반적으로는 표준적인 범위에 속해 있다고 할 수 있다.

한국어 종성 체계의 특성은 한국어가 속한 같은 어족 내의 다른 언어들 또는 한국어가 사용되는 대권역인 아시아의 다른 언어들과 비교해서 살피는 것도 필요하다. 한국어가 알타이 어족에 속하는지의 여부는 지속적인 논란이 있었지만, 현재 언어의 계통 정보를 제공하는 대부분의 웹 사이트에서는 한국어를 알타이 어족의 일원으로 설정하지는 않는다. Glottolog, Ethnologue, WALS, Phoible에서는 모두 한국어를 Koreanic 또는 Korean과 같은 독자적인 어족으로 분류하고 있는 것이다.[2] 게다가 여기서의 논의 대상인 795개 언어 중 알타이 어족으로 분류되는 언어는 존재하지 않는다. 그래서 부득이하게 한국어의 종성 체계를 어족 차원에서 비교하기는 어렵고, 대신 아시아 권역의 다른 언어들과 비교해 보기로 한다.

(2) 한국어와 아시아 언어의 종성 체계 비교

	한국어	아시아 언어
종성 개수	7	8.3
종성 실현 비율	36.8%	36.9%

(2)를 보면 한국어의 종성 체계는 전체 언어의 평균적인 형태보다 아시아 언어의 평균적인 형태에 훨씬 더 가까움을 알 수 있다. 종성 개수의 차이도 줄었지만 무엇보다도 종성 실현 비율에서 거의 동일한 수치를 나타낸다. 이것이 우연한 것인지, '지역'이라는 변수가 종성 체계의 유사성에 관여하는지는 현재로서 판단하기 어렵다.

2. 물론 이 어족에는 오로지 한국어만 속하게 된다.

이상에서 종성과 관련된 몇몇 수치를 검토한 결과 한국어는 전체 언어가 보이는 일반적인 통계치와 큰 차이가 없으며, 같은 지역권인 아시아의 언어와도 매우 비슷한 모습임이 확인되었다. 그런데 이러한 양상은 현대 한국어의 종성 목록을 이루는 7개 자음의 구체적인 면면을 살펴보아도 드러난다. 'ㅂ, ㄷ, ㄱ, ㅁ, ㄴ, ㅇ, ㄹ'의 7개 자음이 각각 'p, t, k, m, n, ŋ, ɾ'에 대응한다고 볼 때, 이 자음들은 종성으로서의 언어 빈도 또는 종성 실현 비율이 매우 높은 자음들이다.[3]

(3) 한국어 종성 자음들의 언어 빈도와 종성 실현 비율

언어 빈도수			종성 실현 비율		
자음	순위	빈도	자음	순위	비율
ㅁ(m)	1	675	ㅇ(ŋ)	1	93.1% (536/576)
ㄴ(n)	2	628	ㄴ(n)	2	90.1% (628/697)
ㅇ(ŋ)	3	536	ㅁ(m)	4	86.0% (675/785)
ㄱ(k)	4	521	ㄱ(k)	8	67.9% (521/767)
ㅂ(p)	5	475	ㅂ(p)	9	66.2% (475/717)
ㄷ(t)	6	430	ㄷ(t)	10	65.0% (430/662)
ㄹ(ɾ)	10	198	ㄹ(ɾ)	13	56.6% (198/350)

(3)은 5장의 (21)과 (22)에 비추어 한국어 종성 목록에 포함된 7개의 자음 각각이 어느 정도로 일반적인지를 보여 준다. 언어 빈도수를 기준으로 하면 한국어 종성 7개는 모두 전체 언어에서 나타나는 218개의 종성 중에서 상위 10위 안에 포함되어 있다. 종성 실현 비율의 차원에서 보더라도 언어 빈도수만큼은 아니지만 7개의 종성 모두가

3. 음성적으로는 한국어의 유음이 음절 종성에서 설측음인 'l'로 실현되지만, 음소 층위에서는 탄설음인 'ɾ'로 실현된다고 보아야 한다. 한국어 유음 'ㄹ'의 대표 변이음은 'ɾ'로 보기도 하고 'l'로 보기도 하는 등 이견이 존재한다. 그러나 다른 자음의 경우 음절 초성에서의 일반적인 실현형이 대표 변이음임을 고려하면 'ㄹ'도 'ɾ'로 보는 편이 합리적이다.

상위권에 포진해 있다. 즉, 한국어의 7개 종성 각각은 전 세계의 언어에서 종성으로 가장 빈번하게 나타나는 자음들 중 하나인 것이다. 이처럼 현대 한국어의 종성 체계는 전체적인 수치뿐만 아니라 개별 종성의 빈도나 종성 실현 비율에서도 매우 보편적이고 일반적인 범주를 벗어나지 않는다.

9.2. 질적 측면의 유형론적 특징

여기서는 6장에서 살폈던 음절 종성의 질적인 특징에 비추어 현대 한국어의 종성 체계가 어떤 양상을 보이는지를 검토하기로 한다. 구체적으로는 종성 목록의 선호도, 조음 방법과 조음 위치로 본 종성 목록의 구성, 함의 관계의 준수 양상 등을 살필 것이다. 우선 7개 자음으로 이루어진 현대 한국어의 종성 목록이 전체 자음의 선호도에 비추어 어떠한 모습인지부터 고찰한다.

6장의 (1)에 따르면 7개의 자음으로 이루어진 종성 목록은 90개 언어에서 총 45가지가 나타날 정도로 다양하다. 또한 12장의 자료를 검토해 보아도 45가지의 종성 목록 중 둘 이상의 언어에서 나타나는 것이 7개에 불과할 정도이다. 7개의 자음으로 구성된 대부분의 종성 목록은 한 언어에서만 발견되는 것이다. 이것을 감안하면 현대 한국어의 종성 목록은 꽤 일반적인 유형에 속한다고 할 수 있다. 6장의 (4ㄱ)에는 5개 이상의 언어에서 보이는 고빈도 종성 목록이 4개 제시되어 있는데, 이 중 두 번째로 빈도가 높은 ⓑ-유형이 현대 한국어의 종성 목록이기 때문이다. (4ㄱ)에 제시된 4개의 목록 중 3개(ⓐ, ⓒ, ⓓ)는 세 쌍의 파열음-비음 조합에 후음이 추가되었다는 공통점을 지니는데, ⓑ는 후음 대신 유음이 포함되어 이들과 구분되는 별도의 유형이다. 이처럼 현대 한국어의 종성 목록은 7개의 자음으로 이루어진 종성 목록 중 빈도가 높은 두 그룹 중 한 그룹을 대표한다고 할 수 있다.

특히 ⓑ-유형이 나타나는 8개 언어 중 파푸아뉴기니에서 사용되는 Nek어를 제외한 나머지는 아시아 지역에 속한다는 점에서 지역적 공통성도 찾을 수 있다.

한국어 종성 목록이 양적인 측면뿐만 아니라 질적인 측면에서서도 특수성보다는 보편성을 더 따른다는 것은 종성 목록을 이루는 자음들의 조음 방법과 조음 위치를 검토해 보아도 잘 드러난다. 현대 한국어의 7개 종성은 조음 방법으로 보면 파열음 3개, 비음 3개, 유음 1개로 이루어져 있다. 3개의 조음 방법으로 이루어져 있으며 그 조합 유형은 6장의 (5)에 제시된 것 중 PNL-형이 된다. 이 유형은 3개의 조음 방법으로 이루어진 종성 목록 중 가장 빈도가 높은 유형이다. 종성에서 선호되는 조음 방법의 측면에서 보더라도 6장의 (21)을 통해 수립한 '비음>파열음>유음>마찰음>파찰음'의 선호도 위계에서 순위가 높은 3개의 조음 방법만으로 종성 목록이 이루어져 있다.

또한 종성 목록에 포함되어 있는 자음들 중 유음을 제외하면 3개의 주요 조음 위치에서 파열음과 비음이 하나씩 대립을 이루는 구조로 되어 있다. 즉, 'ㅂ-ㅁ', 'ㄷ-ㄴ', 'ㄱ-ㅇ'과 같은 3개의 대립쌍이 존재하며 여기에 유음 'ㄹ'이 추가된 형태인 것이다. 6장에서 확인한 것처럼 종성 목록이 둘 이상의 조음 방법으로 이루어질 경우 동일한 조음 위치에서 파열음과 비음의 대립쌍이 포함되는 것이 많은 언어에서 발견되는 전형적인 형태이다. 그런 점에서 한국어의 종성 목록은 보편성을 띠고 있다고 할 수 있다.

조음 위치의 측면에서서도 마찬가지이다. 한국어의 종성 목록은 양순음(ㅂ, ㅁ), 치조음(ㄷ, ㄴ, ㄹ), 연구개음(ㄱ, ㅇ)의 세 가지 조음 위치로 이루어져 있다. 6장의 (30)에 제시된 언어 분포에 따르면 종성의 조음 위치가 3개인 언어가 795개 언어 중 227개로 가장 많다. 또한 227개 언어 중에서 '양순음+치조음+연구개음'의 조합을 가진 언어가 175개로 절대다수를 차지한다.[4] 이 유형은 단순히 빈도수만 높은 것이 아니라, 3개의 주요 조음 위치가 모두 포함되어 있다는 점에서 가장 보편성을 지니고 있다고 할 수 있다. 795개 언어 중 610개 언어의 종성 목록에는 3개의 주요 조음 위치가 모두 포함되어 있다. 이처럼 한국어의 종성 목록은 3개의 주요 조음 위치만으로 이루어져 있어서, 조음 위치에 관한 한 보편적 경향성을 따르면서도 매우 단순한 구조를 지닌다.

결과적으로 질적인 측면에서 볼 때 한국어 종성 목록은 보편성과 경제성을 모두 확보하고 있다고 할 수 있다. 조음 방법의 경우 '비음, 파열음, 유음'과 같이 선호도 1~3위의 부류르만 이루어져 있으며, 조음 위치 역시 주요 조음 위치로만 구성되어 있다. 전 세계의 언어에서 가장 선호되는 요소들이 종성 목록에 모두 포함되어 있다는 점에서 보편성을 가지는 동시에 선호도가 낮은 부류는 전혀 포함하고 있지 않기 때문에 경제성도 띠고 있는 것이다.

9.3. 한국어 종성 체계의 변천에 대한 유형론적 검토

7장에서 각 시기별 한국어 종성 체계가 어떠한지를 간략히 검토한 바 있다. 일부 내용에 있어서는 여전히 이견이 존재하지만 7장에서 구분한 세 시기의 종성 목록을 순서대로 제시하면 다음과 같다.

(4) 시기별 한국어의 종성 목록
　ㄱ. 후기 중세 이전: { ㅂ, ㄷ, ㄱ / ㅅ, ㅿ, ㆆ / ㅈ / ㅁ, ㄴ, ㅇ / ㄹ(ɾ) }
　ㄴ. 후기 중세: { ㅂ, ㄷ, ㄱ / ㅅ, ㅿ / ㅁ, ㄴ, ㅇ / ㄹ(ɾ) }
　ㄷ. 후기 중세 이후: { ㅂ, ㄷ, ㄱ / ㅁ, ㄴ, ㅇ / ㄹ(ɾ) }

---

4. 6장 (33ㄴ)의 (a)-유형이 여기에 해당한다.

(4ㄱ)에서부터 시간의 흐름과 더불어 종성 목록이 변천해 온 과정을 보면 종성에 포함된 자음의 숫자가 지속적으로 감소해 왔음을 확인할 수 있다. (4ㄱ)의 11종성 체계가 (4ㄴ)에서는 9종성 체계로 줄었고 (4ㄷ)에서는 7종성 체계로 줄었다. 이러한 종성 목록의 단순화는 종성 구조의 변화에서도 확인된다. 10장에서 더 자세히 논의하겠지만 후기 중세 한국어 시기에는 종성에서 2개의 자음으로 이루어진 자음군이 발음되었다. 그러나 이후 자음군 단순화의 확산과 더불어 현대 한국어에서는 자음군이 더 이상 종성에서 발음되지 못한다. 이처럼 한국어의 종성 체계는 그 목록이든 구조든 지속적으로 단순화를 지향해 왔다고 할 수 있다.

이러한 종성 체계의 단순화 못지않게 종성 체계가 보편성 또는 일반성을 지향했다는 점도 확인할 수 있다. 종성 목록이 줄어들고 종성 구조가 단순해졌다고 해서 보편적이고 일반적인 종성 목록이 나타나는 것은 아니다. 예컨대 선호도가 매우 높은 자음 부류가 종성 목록에서 사라졌다면, 아무리 종성 목록이 줄어들었다고 해도 그러한 종성 체계가 일반적이라고 하기는 어렵다.

(4ㄱ~ㄷ)의 종성 변화를 보면, 조음 방법의 측면에서는 파찰음(ㅈ)과 마찰음의 일부(ㅎ)가 먼저 사라지고 그 후에 나머지 마찰음(ㅅ, ㅿ)이 사라졌다. 이러한 소멸 순서는 종성에서 선호되는 자음의 조음 방법 위계를 정확히 반영하고 있다. 가장 선호도가 낮은 파찰음과 그 다음으로 낮은 마찰음의 일부가 먼저 없어지고, 나머지 마찰음이 없어졌다. 반면 선호도가 높은 상위 부류인 비음, 파열음, 유음은 시기와 상관없이 안정적으로 종성 목록에 포함되어 있다. 이러한 변화의 결과가 9.2에서 확인한 질적 차원의 보편성이었던 것이다.

조음 위치 측면의 변화는 많이 이루어지지는 않았다. (4ㄱ)에서 (4ㄴ)으로 바뀌면서 후음이 먼저 사라졌다. 또한 치음과 치조음이 구분되었다고 볼 경우 (4ㄴ)에서 (4ㄷ)으로 바뀌면서 치음(ㅅ, ㅿ)이 치조음(ㄷ)으로 합류되는 변화가 종성 체계에서 확인된다.[5] 이러한 변화들로 인해 조음 위치의 개수가 계속 줄었을 뿐만 아니라, 종성 목록이 양순음, 치조음, 연구개음이라는 3가지의 주요 조음 위치만으로 이루어지는 결과를 낳았다. 이러한 조음 위치의 변화 중 어느 하나라도 수반되지 않았더라면 그것은 현대 한국어의 종성 체계와 비교할 때 일반적이지 않은 종성 체계가 나왔을 것이다. 그런 점에서 음절 종성에서 후음이 사라지거나 치음과 치조음의 대립이 소멸한 변화는 한국어 종성 체계가 보편성과 일반성을 지니는 데 기여한 바가 분명하다.

5. 후기 중세 한국어의 치음과 치조음은 성운학의 오음(五音)에 따라 인위적으로 구분했을 뿐, 조음 위치의 차원에서는 구별되지 않았다고 보는 태도도 존재한다. 이러한 입장에서는 치음과 치조음의 구별이 조음 위치가 아닌 조음 방법과 관련이 있다. 즉, 마찰음과 파찰음은 치음에 속하고 파열음은 치조음에 속한다는 것이다. 이 책에서는 치음과 치조음의 위치 차이를 인정하는 방식을 택한다. 물론 어떤 입장을 취하든 전체적인 취지에는 영향을 주지 않는다.

10장 중세 한국어 종성 자음군의 유형론적 특징

이 장에서는 15세기 한국어의 종성에서 발음되던 자음군에 대해 살피도록 한다. 자음군이 종성에서 발음될 수 있었다는 점은 현대 한국어와 15세기 한국어의 중요한 차이점 중 하나이다. 15세기 한국어의 종성 자음군을 유형론적으로 분석하기 위해 우선 종성에서 실현되는 자음군의 일반적 성격을 고찰하고, 여기에 근거하여 15세기 한국어의 종성 자음군이 어떤 특징을 가지는지 검토할 것이다.

10.1. 종성 자음군의 언어 유형론

4장의 (9)와 (10)에 대한 설명에서 언급한 것처럼 795개 언어 중 종성에 자음군이 오는지 여부가 명확히 확인된 언어는 698개이다. 이 중 자음군이 종성에서 발음되는 언어는 100개이다. 그러나 이 중에는 종성 자음군 위치에 따른 자음의 분포가 기술되지 않거나 종성 자음군의 목록이 제시되지 않은 언어가 상당수 존재한다. 특히 종성에 3개 이상의 자음이 발음되는 언어의 경우에는 더욱더 그러하다. 이런 언어들을 가지고는 종성의 자음군에 대한 구체적 논의를 하기가 어렵다. 결과적으로 여기서 논의 대상으로 삼는 언어들은 자음군의 위치에 따른 자음의 결합 양상과 자음군 목록까지 명확히 제시된 46개 언어로 한정된다.[1] 참고로 논의 대상이 되는 언어의 목록은 다음과 같다.

(1) 종성 자음군의 분석 대상 언어 목록

Aari, Anjam, Ayoquesco Zapotec, Bakhtiari, Biak, Bininj Kun-Wok, Boruca, Bunan, Burarra, Chavacano, Dizin, Djinang, Guayabero, Guragone, Gurindji, Huehuetla Tepehua, Hungarian, Iwaidja, Kashmiri, Lakondê, Lalana Chinantec, Lelepa, Mehek, Murriny Patha, Naskapi, Ngarinman, Ngkontar Ngkolmpu, Northern Gondi, Nung(Myanma), Pichi, Pisaflores Tepehua, San Francisco Matlatzinca, San Juan Guelavía Zapotec, Siamou, Situ, Southern Balochi, Sumbawa, Tadaksahak, Taos Northern Tiwa, Urim, Wadiyara Koli, Wadjiginy, Woods Cree, Yanesha′, Yecuatla Totonac, Yinchia

종성 자음군에 포함되는 것은 순수하게 자음만으로 이루어진 연쇄에 국한한다. 반모음과 자음으로 이루어진 연쇄는 자음군으로 분석하지 않는다.[2] 또한 동일한 자음 연쇄로 된 중복 자음(geminate)도 종성 자음군에서 제외한다. 중복 자음만으로 된 종성을 가진 언어 자체도 많지 않지만, 이러한 중복 자음은 분석 태도에 따라서는 하나의 자음으로 볼 여지가 있어서 종성 자음에 포함하지 않는 것이 타당해 보인다.[3] 결과적으로 여기서 종성 자음군으로 분류하는 것은 서로 다른 두 개의 자음으로 구성되어 있다.

---

1. 이 언어들은 모두 종성에 최대 2개의 자음까지만 발음이 된다. 그런데 후기 중세 한국어도 최대 2개의 자음까지 종성에서 발음되었기 때문에, 검토 대상 중 종성에서 최대 3개 이상 발음되는 언어가 제외되었다고 해도 후기 중세 한국어의 종성 자음군을 논의하는 데 별다른 문제는 발생하지 않는다.
2. 이 책에서는 일관되게 반모음은 종성 목록에서 제외하고 있다. 4장에서도 언급한 바와 같이 자음군을 가진 언어의 비율이 다른 연구와 비교할 때 적은 것은 이러한 영향이 크다.
3. Dizin어의 경우 'nn'과 같은 중복 자음이 종성에서 발음된다고 알려져 있다.

종성 자음군에 대한 고찰은, 우선 기존 논의에서 종성 자음군의 일반적 속성으로 제시했던 것들의 타당성을 검트하는 것으로부터 시작하기로 한다. Greenberg(1965)에서 Gordon(2016)에 이르기까지 종성 자음군의 특징에 대해서는 여러 가지가 언급되어 왔다. 그중 대표적인 내용은 다음과 같다.

(2) 종성 자음군의 일반적 경향성

ㄱ. 많은 자음이 포함된 자음군은 그보다 적은 수의 자음이 포함된 자음군의 존재를 함의한다.

ㄴ. 중성에서 멀어질수록 자음군을 이루는 자음의 공명도는 더 낮아진다.

ㄷ. 공명도가 높은 자음들로 구성된 자음군이 선호된다.

ㄹ. 공명도가 낮은 자음이 중성에 가까운 자음군은 선호되지 않는다.

ㅁ. 장애음만으로 자음군이 이루어질 경우 유성성은 일치한다.

ㅂ. 치조음(치음도 포함)이 자음군에 포함되는 경향이 강하다.

(2)에 제시된 여러 특성 중 (2ㄱ)은 6장의 (42)에서 이미 다룬 바 있다. 이것은 부인할 수 없는 것으로 절대적인 보편성을 가지므로 따로 다루지는 않는다. (2ㄴ)은 4장의 (1ㄹ)에서 언급된 것으로, 공명도 배열 원리를 직접 반영한다. 그런데 4장에서도 언급한 것처럼 (2ㄴ)은 예외가 존재한다. 이러한 예외는 여기서의 논의 대상인 언어들에서도 드러난다. 예외의 유형은 크게 두 가지로 나눌 수 있다.

(3) 공명도 배열 원리의 두 가지 예외

ㄱ. 종성 자음군을 이루는 두 자음의 공명도가 동일한 경우

ㄴ. 종성 자음군의 선행 자음이 후행 자음보다 공명도가 낮은 경우

(3ㄱ)과 같이 종성 자음군의 선행 자음과 후행 자음의 공명도가 동일한 경우는 여러 언어에서 나타난다.[4] 그런데 자음의 조음 방법에 따라 빈도에는 적지 않은 차이가 있다.

(4) 자음군의 선행 자음과 후행 자음의 공명도가 동일한 경우

		파열+파열	마찰+마찰	비+비	유+유
ㄱ.	언어 빈도	16	7	3	2
ㄴ.	자음군 종류	45	19	5	2

(4)는 종성 자음군을 이루는 자음의 조음 방법이 동일한 경우를 대상으로 언어 빈도와 자음군의 종류를 나타내고 있다. (4ㄱ)은 해당 조합이 몇 개 언어의 종성에서 발견되는지를 가리키고, (4ㄴ)은 전체 46개 언어의 자음군 중 몇 개에서 나타나는지를 가리킨다. 예컨대 '파열음+파열음'으로 이루어진 종성 자음군은 16개 언어에서 나타나며, 이들 언어에서 이런 구조의 자음군은 45가지가 존재한다.[5]

(4)에서는 파열음끼리의 조합으로 된 자음군이 가장 많은 언어에서 나타나며 그 수도 가장 많다.[6] (4)를 보면 장애음의 경우에 조음 방법이 동일한 자음끼리 이루어진 자음군이 상대적으로 많이 나타나는 반면, 비음이나 유음과 같은 공명음의 경우에는 그러한 구성의 종성

---

4. 논의의 편의를 위해 조음 방법이 동일하면 공명도가 동일한 것으로 간주하고자 한다. 또한 자음의 공명도 크기는 조음의 간극을 고려하여 '유음>비음>마찰음>파열음(파찰음 포함)'과 같이 설정하기로 한다. 이것은 4장의 (5)에 제시된 공명도 위계와는 다소 차이가 나지만, 전체적인 경향성을 살피는 데에는 큰 지장을 주지 않는다.
5. 동일한 자음군이 서로 다른 언어에서 나타나도 이들은 각각 따로 계산된다. 따라서 45가지 자음군이 존재한다고 함은 형태가 서로 다른 45가지의 자음군이 발견된다는 의미는 아니다.
6. (4)에서는 파열음 속에 파찰음을 포함했는데, 파찰음과 파찰음으로 이루어진 자음군은 46개 언어에서는 발견되지 않는다. 이것은 6장에서 살핀 것처럼 파찰음 자체가 종성에서는 선호도가 가장 낮은 자음이라는 특징에서 비롯된 것으로 생각된다.

자음군이 비교적 적다. 따라서 (2ㄴ)의 예외 중에서 공명도가 서로 동일한 유형의 예외는 장애음에서 많이 나타난다고 할 수 있다.

(2ㄴ)에 대한 예외는 자음군의 후행 자음이 선행 자음보다 공명도가 높은 (3ㄴ)에서 훨씬 더 두드러진다. 기존 논의에서는 이러한 예외로 '파열음+치찰성 마찰음'의 구조로 된 자음군을 많이 언급했는데, 실제로는 좀 더 다양한 유형의 예외가 나타난다. (3ㄴ)에 속하는 예외의 유형은 다음과 같다.

(5) 자음군의 후행 자음이 선행 자음보다 공명도가 높은 경우

	파열+마찰	파열+비	파열+유	마찰+비	마찰+유	비+유
언어 빈도	17	4	4	4	4	3
자음군 종류	58	9	12	13	11	4

(5)에서 압도적인 다수를 차지하는 자음군의 유형은 '파열음+마찰음'의 유형이다. '파열음+마찰음'의 종성 자음군은 46개 언어 중 17개에서 나타나며, 이런 구조에 해당하는 자음군의 수도 58개에 달한다. 기존 논의에서는 이런 자음군의 마찰음 자리에 치찰성 마찰음이 많이 나타난다고 지적했는데, 이러한 경향이 두드러지는 것은 사실이다.[7] 특히 's'가 다른 치찰성 자음보다 더 많이 나타난다.[8] 물론 치찰성을 가지지 않은 마찰음이 포함되는 경우도 없지는 않다. 가령 Guayabero어에는 'px, tx, kx', Yecuatla Totonac어에는 'qɬ'과 같은 자음군이 발견되기도 한다. 그러나 치찰성 마찰음에 비하면 드문 편이다.

(5)에 제시된 예외적인 자음군의 구조를 보면 자음군의 선행 자음

7. 4장에서 언급했듯이 Gordon(2016: 117)에서는 치찰음의 강한 소음으로 인해 음절 주변부에 와도 지각이 쉬우며 이것이 종성 자음군의 후행 자음에 치찰음이 많이 나타나는 요인이 된다고 분석했다.

8. 자음군의 위치에 따른 자음들의 빈도는 뒤에서 다로 다루기로 한다.

에는 파열음이 오는 경우가 많다. (5)에 제시된 6가지 자음군의 조합 유형 중 3가지의 자음군이 파열음으로 시작하며, 각각의 빈도나 가짓수도 높은 편이다. 선행 자음보다 후행 자음의 공명도가 더 높으려면 선행 자음의 공명도가 낮을수록 더 유리하므로 예외에 속하는 자음군의 선행 자음에 파열음이 많이 오는 것은 자연스러운 일이다. 동일한 논리대로라면 (5)에 포함된 자음군의 후행 자음에는 공명도가 높은 자음이 많이 올 것이 기대된다. 그러나 실제로는 마찰음이 가장 많이 발견되고 공명도가 높은 유음이나 비음은 마찰음에는 못 미치고 있다.

(4)와 (5)에서 살펴본 것처럼 (2ㄴ)은 여러 가지 유형의 예외가 존재하는 것이 사실이다. 그러나 이러한 예외가 (2ㄴ)을 종성 자음군의 특성으로 인정하지 못할 만큼 많은 것은 아니다. 종성 자음군 중에는 (2ㄴ)을 잘 따르는 것이 훨씬 더 많다.

(6) 공명도 배열 원리를 잘 따르는 종성 자음군

	마찰+파열	비+파열	비+마찰	유+파열	유+마찰	유+비
언어 빈도	20	35	12	35	11	16
자음군 종류	72	103	36	144	43	47

(6)은 모두 자음군의 선행 자음이 후행 자음보다 공명도가 더 커서 공명도 배열 원리를 잘 지키는 경우들이다. (4)나 (5)에 나타나는 자음군들과 비교하면 언어의 빈도수나 자음군의 종류가 훨씬 더 많은 것을 쉽게 확인할 수 있다. 그런 점에서 (2ㄴ)을 종성 자음군에서 나타나는 일반적 경향으로 인정하는 데에는 별다른 무리가 없다.

다음으로 (2ㄷ)은 4장의 (6)에서 확인한 바와 같이 종성에 공명음이 선호되는 경향과 무관하지 않다. 다만 공명도가 높은 자음으로 구성된다는 것이 가리키는 바가 다소 불분명한 점이 있기는 하다. (2ㄷ)

를 확인하기 위해서는 자음군을 이루는 자음들의 조음 방법을 검토할 필요가 있다. 46개 언어에서 나타나는 모든 자음군들을 조음 방법의 조합 방식에 따라 정리한 결과는 다음과 같다.

(7) 조음 방법으로 본 종성 자음군의 구성[9]

C_1 \ C_2	파열음	마찰음	비음	유음	합계
파열음	16 (45)	17 (58)	4 (9)	4 (12)	38 (118)
마찰음	20 (72)	7 (19)	4 (13)	4 (11)	35 (115)
비음	35 (103)	12 (36)	3 (5)	3 (4)	53 (148)
유음	35 (144)	11 (43)	16 (47)	2 (2)	64 (236)
합계	81 (321)	47 (156)	27 (74)	13 (29)	-

(7)은 자음군을 이루는 자음들의 조음 방식 조합이 몇 개의 언어에서 발견되며, 그러한 자음군이 몇 개나 나타나는지를 보여 준다. 괄호 밖의 숫자는 언어 빈도수, 괄호 안의 숫자는 자음군의 수를 가리킨다. 가령 '마찰음+파열음'의 종성 자음군 조합은 20개 언어에서 나타나며, 이들 언어에서 나타나는 자음군의 수는 총 72개이다.[10] (7)에서는 16가지의 가능한 조합 유형이 모두 나타나지만, 만약 파열음에서 파찰음을 따로 분리하면 25가지의 가능한 유형 중 총 22가지가 나타나고 있다. 발견되지 않은 3가지 자음군은 모두 파찰음이 선행하는 유형이다.[11]

(7)의 결과를 볼 때, (2ㄷ)에서 공명도가 높은 자음들로 이루어진 자음군이 선호된다는 것은 종성 자음군의 선행 자음을 기준으로 하면 어느 정도 인정할 수 있다. 비음이나 유음과 같은 공명음이 선행하

9. 'C_1'과 'C_2'는 각각 자음군의 선행 자음과 후행 자음을 가리킨다. 이하도 마찬가지이다.
10. 72개의 자음군 중에는 같은 자음군이 여러 언어에서 나타나기도 한다.
11. 여기서도 파찰음이 종성에서 선호되지 않는다는 사실이 잘 드러난다.

는 자음군이 많은 언어에서 다양한 자음군으로 존재하고 있으며, 장애음이 선행하는 자음군보다는 수적으로 훨씬 우세한 것이 확인된다. 비음과 유음 중에서는 공명도가 높은 유음으로 시작하는 자음군이 비음으로 시작하는 자음군보다 더 많이 나타난다. 이처럼 공명도가 높은 자음이 종성 자음군의 선행 자음으로 더 선호되는 경향이 분명히 드러난다. 공명도 배열 원리를 지키기 위해서라도 종성 자음군의 선행 자음은 공명도가 높을수록 더 유리한 것이 사실이다.

그러나 자음군의 후행 자음을 기준으로 하거나 자음군을 이루는 두 자음 모두를 기준으로 할 경우에는 (2ㄷ)이 성립되기 어렵다. 후행 자음의 경우에는 파열음이나 마찰음과 같은 장애음이 오는 자음군의 빈도가 공명음이 오는 자음군의 빈도보다 훨씬 높다. 또한 두 개의 공명음으로 이루어진 자음군은 다른 구성의 자음군보다도 더 드물게 나타난다. 이러한 사정을 고려할 때 (2ㄷ)은 공명음이 선행하는 자음군이 더 선호된다고 바꾼다면, 그 보편성이 훨씬 더 높아진다고 할 수 있다.

만약 (2ㄷ)의 내용을 수정할 경우에는 그것의 유효성도 더 높아질 뿐만 아니라 (2ㄹ)과 통합해서 단일한 경향성으로 묶을 수 있다는 장점도 있다. (2ㄹ)에서 공명도가 낮은 자음이 종성에 가까운 자음군이란 곧 장애음으로 시작하는 자음군을 가리킨다고 볼 수 있다. 앞에서도 확인한 것처럼 공명음으로 시작하는 자음군보다는 장애음으로 시작하는 자음군이 종성에서는 덜 선호되는 것이 사실이다. 따라서 (2ㄷ)과 (2ㄹ)은 하나로 묶어서 종성 자음군의 선행 자음에 대한 선호도로 일반화하는 것이 가능하다. 즉, 공명도가 높은 자음으로 시작하는 종성 자음군이 선호된다고 통합할 수 있는 것이다.

(2ㅁ)은 종성의 자음군이 장애음으로만 구성될 경우의 경향성을 가리킨다. 이러한 자음군에서는 유성음끼리만 나타나든지 무성음끼리만 나타난다는 것이 (2ㅁ)의 내용이다. (2ㅁ)은 매우 강력한 경향성

을 가진 것이 사실이지만 역시 예외는 존재한다.

(8) (2ㅁ)의 예외 사례

ㄱ. Biak어: vs, vk

ㄴ. Dizin어: bt, bs

ㄷ. Guayabero어: dt, ds, dx

ㄹ. Bakhtiari어: hd. zg

ㅁ. Boruca어: ʔb, ʔd, ʔg, xd, xg

ㅂ. Wadiyara Koli어: ɦs

ㅅ. Woods Cree어: hð

(8)는 (2ㅁ)의 예외 사례를 모두 제시한 것이다. 46개 언어 중 7개 언어에서 이러한 예외가 나타난다. 적지 않은 언어에서 나타나기는 하지만, 자음군의 수가 모두 합쳐도 16가지에 불과하고 동일한 자음군이 복수의 언어에서 나타나는 경우도 없다. 이것은 (2ㅁ)의 예외가 체계적이고 어떤 경향성을 지닌다기보다는 언어마다 산발적으로 나타난다는 점을 말해 준다. 즉, 양적으로나 질적으로 (2ㅁ)의 예외는 일반적이지 않은 것이다.

(8)에는 후음으로 시작하는 자음군이 많이 보인다. 종성에서의 빈도가 높은 'ʔ'이나 'h'는 물론이고, 빈도가 낮은 'ɦ'로 시작하는 자음군도 존재한다.[12] 후음은 자음으로 분류되기는 하지만 언어에 따라서는 반모음과 비슷하게 기능하는 경우도 없지는 않다. 그래서 후음과 반모음을 활음(glide)이라는 범주로 묶기도 하는 것이다. 이런 경우의 후음은 장애음과는 구분된다. 그런 점에서 (8)에서 후음으로 시작하는 자음군은 (2ㅁ)의 전형적인 예외에서 제외될 가능성도 없지 않으

12. 12장의 자료에 따르면 'ɦ'는 두 언어에서만 종성으로 실현될 뿐이다.

며, 그에 따라 (2ㅁ)의 예외 역시 더 줄어들 여지가 있다.

(8)을 보면 파찰음이 포함된 자음군은 전혀 존재하지 않는다. 또한 파열음이 하나 이상 포함된 자음군이 그렇지 않은 자음군보다 수적으로 훨씬 더 많다. 파열음으로 시작하는 경우 그것이 후두 파열음 'ʔ'이 아닌 한, 해당 파열음이 모두 유성음이라는 점도 발견된다. 이러한 구성상의 몇몇 특징이 (2ㅁ)의 예외가 되는 데 어떤 작용을 했는지는 현재로서 알기 어렵다.

마지막으로 (2ㅂ)을 검토하기로 한다. 지금까지 검토한 종성 자음군의 특징이 대체로 자음의 조음 방법과 관련된다면 (2ㅂ)은 자음의 조음 위치와 관련된다는 점에서 그 성격이 구분된다. 자음군의 구성에서 치조음(치음 포함)이 선호된다는 것은 Greenberg(1965) 이래로 계속 언급되어 왔다. 46개의 대상 언어에서 나타나는 자음군을 조음 위치의 측면에서 보면 치조음을 포함하지 않는 경우보다 치조음을 포함하는 경우가 훨씬 더 많은 것은 부인하기 어려운 사실이다.[13] 따라서 (2ㅂ) 역시 종성 자음군의 일반적 경향성으로 인정할 수 있다.

이상의 논의를 통해 기존에 알려진 종성 자음군의 경향성은 대체로 타당하다는 것을 확인할 수 있었다. 물론 (2ㄷ)과 같이 좀 더 정밀하게 수정해야 하며 (2ㄹ)과 합쳐야 할 것도 없지는 않다. 또한 유효성의 정도에 있어서도 차이가 나서 (2ㄱ)과 같이 절대적으로 성립하는 보편적 특성이 있는 반면, 예외를 어느 정도 허용하는 특성들도 있다. 그렇지만 종성 자음군의 구조적 측면에서의 특징은 상당 부분 드러났다고 생각된다.

이제 (2)에서 다루지 않은 사항들을 좀 더 깊이 있게 검토해 보고자 한다. 종성의 자음군이 여러 언어에서 실현되기는 하지만 한 언어 내

---

13. 종성 자음군의 조음 위치 조합에 대해서는 뒤에서 더 자세히 다루기로 한다. 여기서는 치조음의 포함 여부만 간략히 언급한다.

의 종성 자음군 종류는 언어에 따라 상당한 편차를 보인다. 46개 언어 각각에 존재하는 종성 자음군의 숫자는 다음과 같다.

(9) 종성 자음군 수의 언어별 분포

자음군 수	언어 수	자음군 수	언어 수
1	1	7	2
2	6	9	2
3	3	10	5
5	5	11	4
6	5	12~93	13

(9)를 보면 최소인 1개의 자음군만 가지는 언어가 1개 있는 반면, 무려 93개의 자음군을 가지는 언어도 1개 있다.[14] 자음군의 수가 많은 언어일수록 종성 자음군과 관련된 일반적 경향성의 예외가 많다. 예컨대 종성 자음군을 각각 25개 이상 가지는 7개 언어는 모두 공명도 배열 원리와 관련된 (2ㄴ)의 예외가 존재한다. 또한 이 언어들 중 4개는 (2ㅁ)의 예외도 포함하고 있다.

(9)를 보면 자음군의 개수가 언어마다 상당한 차이를 나타낸다. 자음군의 개수가 어떤 요소와 관련이 있는지를 살피기 위해 자음의 수, 종성의 수, 선행 자음(C_1)의 수, 후행 자음(C_2)의 수와 자음군의 수 사이의 상관관계를 살펴보았다.

(10) 자음군 수와 관련성이 있는 요소

	자음의 수	종성의 수	선행 자음의 수	후행 자음의 수
상관 계수	0.410	0.298	0.913	0.839

14. 1개의 자음군만 가지는 언어는 Lakondê어이고, 93개의 자음군을 가지는 언어는 헝가리어이다.

(10)을 보면 모든 변수는 자음군의 수와 양의 상관관계를 가진다. 그러나 상관 계수로 보면 종성의 숫자가 가장 관계가 적고, 자음군을 이루는 선행 자음의 숫자가 자음군의 수와 가장 밀접한 관계를 맺는다. 이것은 자음군의 수가 많거나 적은 것은 자음군의 선행 자음에 대한 제약과 직접적인 관련이 있음을 말해 준다. 즉, 선행 자음의 제약이 적어서 이 자리에 많은 자음이 오는 언어일수록 자음군의 수가 많고, 선행 자음의 제약이 많아서 여기에 적은 자음이 오는 언어는 자음군의 수 역시 적다.

(9)의 언어별 자음군 종류는 편차가 적지 않아서 평균값이 큰 의미를 가지지는 않지만 46개 언어는 평균 13.5개의 자음군을 가진다. 이러한 수치는 (9)의 표에서는 최고 등급에 해당하므로 표면상 많아 보일 수도 있다. 그런데 실제로는 그렇지 않다. 이론적으로 가능한 종성 자음군의 개수는 종성에 오는 자음의 종류가 N개라고 할 때 N×(N-1)개가 된다. 이것은 동일한 자음으로 이루어진 자음군을 배제한 결과이다. 그리고 여기서의 논의 대상인 46개 언어의 종성 평균 개수는 정확히 14개이다. 그렇다고 할 때 이론적으로는 182(14×13)개의 자음군이 존재할 수 있다. 그런데도 불구하고 실제로는 1/10 정도에 해당하는 13.5개밖에 나타나지 않으므로 자음군의 평균 개수는 오히려 적다고 해야 한다.

이것은 자음군의 선행 자음이나 후행 자음에 올 수 있는 자음의 종류가 상당히 제약되어 있음을 말해 준다. 아무리 종성에 많은 자음이 온다고 하더라도, 선행 자음이나 후행 자음에 실현되는 자음의 종류가 제한되면 자음군은 많이 나타나기 어렵다. 예컨대 San Juan Guelavía Zapotec어는 24개 자음 중 23개가 종성에서 실현될 수 있지만, 자음군의 경우 선행 자음에 2개, 후행 자음에 1개의 자음만 가능해서 자음군 수가 모두 합쳐도 2개에 불과하다. Tadaksahak어 역시 30개 자음 중 27개나 종성에서 실현되지만, 자음군의 경우에는 선행 자음에 3개, 후행 자음에 1개의 자음만 나타나서 총 3개 자음군만 발견될 뿐이다. 반면 Mehek어는 자음의 숫자가 11개에 불과하고 종성에서 총 8개의 자음이 실현될 수 있지만, 자음군의 선행 자음에 4개, 후행 자음에 7개가 올 수 있으며 도합 25가지의 자음군이 존재하는 것이다.[15]

이러한 상황은 종성 자음군을 선행 자음과 후행 자음으로 나누어 분석적으로 고찰할 필요가 있음을 말해 준다. 이미 앞에서 조음 방법이나 조음 위치의 관점에서 일부 사실이 다루어지기도 했지만, 선행 자음과 후행 자음에 따른 차이를 좀 더 자세히 살펴보기로 한다. 먼저 선행 자음과 후행 자음에 오는 자음의 가짓수를 살펴보기로 한다.

(11) 선행 자음과 후행 자음의 개수에 따른 언어 분포

자음 개수 / 위치	1	2	3	4	5	6	7	8	9	10~
선행 자음	2	15	7	6	4	[illegible]	0	4	2	5
후행 자음	10	3	4	3	8	5	3	3	2	5

(11)은 선행 자음과 후행 자음의 가짓수에 따라 언어가 어떻게 분포되어 있는지를 보여 준다. (11)에서 선행 자음은 언어별로 최소 1개에서 최대 23개까지 나타나며, 후행 자음은 최소 1개에서 최대 21개까지 나타난다.[16] 그런 점에서 이 둘의 차이는 별로 없다. 다만 개수별

15. San Juan Guelavía Zapotec어는 Knudson & Jones(1977)을, Tadaksahak어는 Christiansen-Bolli(2010)을, Mehek어는 Hatfield(2016)을 참고할 수 있다.

16. Kumzari어는 25개의 자음을 가지는데, 종성 자음군의 선행 자음과 후행 자음에 각각 24개의 자음이 올 수 있어서 이 책의 논의 대상인 795개 언어 중에서는 그 수가 가장 많다. Wal Anonby(2015: 29)에 따르면 이 언어는 종성 자음군의 구성에도 별다른 제약이 별로 없어서 매우 많은 종성 자음군이 존재할 것으로 예상된다. 그런데 이 언어의 종성 자음군 목록이나 자음 결합에 대한 구체적인 언급이 전혀 없어서 실재하는 자음군의 양상을 파악할 수가 없다. 그래서 종성 자음군의 논의 대상인 46개 언어에서는 제외되었다.

언어 분포에서는 약간의 차이가 있다. 선행 자음은 2가지가 오는 언어가 15개로 가장 많지만 후행 자음은 1가지만 오는 언어가 10개로 가장 많다. 평균적으로 선행 자음에는 4.8개의 자음이 실현될 수 있고 후행 자음에는 5.4개의 자음이 실현될 수 있다. 또한 각 언어에서 이론적으로 가능한 자음군의 개수는 평균 39.3개이다.[17] 이 중 앞에서 본 바와 같이 실제로는 13.5개의 자음군이 나타나므로 이론적으로 가능한 자음군 중 1/3만 실재한다. 빈칸으로 남는 2/3는 (2ㄴ~ㅂ)에 해당하는 경향성에 위배되는 것일 수도 있고 우연히 나타나지 않는 것일 수도 있다.

(11)을 보면 선행 자음과 후행 자음에 오는 자음의 평균값에 있어 후행 자음이 선행 자음보다 많지만 둘 사이의 차이가 크다고 보기는 어렵다. 이것은 개별 언어별로 자음군의 선행 자음과 후행 자음의 수를 비교해 보아도 드러난다.

(12) 선행 자음과 후행 자음 숫자의 대소 비교

	$C_1 > C_2$	$C_1 = C_2$	$C_1 < C_2$
언어 수	18	9	19

(12)를 보면 선행 자음의 수가 후행 자음의 수보다 많은 언어가 18개이고 그 반대가 19개로 큰 차이가 없다. 또한 선행 자음의 수와 후행 자음의 수가 동일한 언어도 9개이다. 자음군의 위치에 따른 자음 수의 대소 관계는 우열을 가리기가 매우 어렵다. 이처럼 (11)과 (12)를 통해서, 종성 자음군을 이루는 각 자음은 선후 위치에 따라서 수적인 차이가 크게 드러나지는 않음을 확인할 수 있다.

---

17. 이 수치는 각 언어의 자음군을 이루는 선행 자음과 후행 자음의 개수를 곱한 값을 합친 후 46개 언어로 나눈 결과이다. 이럴 경우 동일한 두 개의 자음으로 이루어진 자음군의 존재를 배제할 수 없다는 문제점이 발생하기 때문에 정확성이 다소 떨어질 우려가 있기는 하다.

이번에는 자음군의 위치와 자음의 질적 특성이 어떤 관련이 있는지를 검토하기로 한다. 자음의 특성은 자음의 조음 방법과 조음 위치를 구분하여 살핀다. 우선 조음 방법의 경우는 앞서 제시된 (7)을 통해 확인이 가능하다. (7)에 따르면 자음군 내의 조음 위치에 따라 선호되는 자음의 조음 방법에 뚜렷한 차이가 있다. 선행 자음의 경우에는 비음이나 유음과 같은 공명음이 선호되는 반면, 후행 자음의 경우에는 파열음이나 마찰음과 같은 장애음이 더 선호된다. 이것은 언어의 빈도수나 자음군의 가짓수에서 명확히 드러나고 있다. 이러한 결과는 종성 자음군의 일반적인 구성이 공명도 배열 원리를 따르는 경향이 존재한다는 점에 비추어 보면 당연한 것이다. 선행 자음의 공명도가 후행 자음보다 크려면 선행 자음에 공명도가 높은 자음이 오고 후행 자음에 공명도가 낮은 자음이 오는 것이 자연스러운 일이다.

이상의 논의를 통해 종성 자음군에서 선행 자음에는 공명음이, 후행 자음에는 장애음이 오는 것이 자연스럽다는 사실이 드러났다. 이것은 자음 부류가 아닌 개별 자음의 빈도를 보아도 확인이 가능하다. 자음군에 포함되는 자음을 선행 자음과 후행 자음으로 나누어 그 빈도를 조사하면 다음과 같다.

(13) 종성 자음군의 선행 자음과 후행 자음에 오는 자음의 빈도 순위

순위	선행 자음(C_1)		순위	후행 자음(C_2)	
	자음	언어 빈도		자음	언어 빈도
1	l	22	1	k	24
1	n	22	2	t	19
3	m	17	3	p	16
4	k	13	4	s	15
5	ɾ	12	5	g	12
6	r	10	5	m	12
7	p	8	7	n	11

순위	선행 자음(C_1)		순위	후행 자음(C_2)	
	자음	언어 빈도		자음	언어 빈도
7	ɭ	8	8	ŋ	10
9	s	7	9	ʧ	9
9	ŋ	7	10	ʃ	8
11	ʔ	6	11	b	7
12	f	5	11	d	7
12	ɲ	5	13	f	5
12	ɽ	5	13	ɹ	5
12	h	5	13	ʔ	5

(13)은 종성 자음군의 선행 자음 또는 후행 자음 위치에 오는 자음이 5개 이상 언어에서 나타나는 것만을 모아서 정리한 것이다.[18] 자음군의 선행 자음(C_1)에는 공명음이 매우 높은 빈도를 보이고 있다. 장애음 중에서 'k'는 비교적 빈도가 높지만 대체로 공명음들의 빈도가 높은 편이다. 반면 자음군의 후행 자음(C_2)은 정반대의 모습이다. 언어 빈도가 높은 최상위권은 모두 파열음이나 마찰음과 같은 장애음이 차지하고 있다. 이처럼 대범주인 자음 부류뿐만 아니라 개별 자음에 있어서도 종성 자음군의 선행 자음과 후행 자음에 놓이는 자음의 선호도에는 뚜렷한 차이가 존재한다.

한편, 자음 중에는 자음군의 선행 자음과 후행 자음에 모두 올 수 있는 것도 존재한다. 예를 들어 영어의 'p'는 'apt'에서는 종성 자음군의 선행 자음에 놓이지만 'lamp'에서는 후행 자음에 놓인다. 이처럼 한 언어에서 자음군의 선행 자음과 후행 자음에 모두 올 수 있는 자음이 어떤 특징을 지니는지 여부를 살펴보는 것도 의미가 있다.

---

18. 795개 언어에서 종성에 오는 자음의 종류는 218개이지만, 종성 자음군으로 제한하면 그 종류는 63가지로 줄어든다.

(14) 종성 자음군의 선행 자음과 후행 자음에 모두 올 수 있는 자음

자음	k	m, n	s	p	b, f, r̥, ʃ	t̪, l, r, g, ŋ
언어 수	7	6	5	4	3	2

(14)는 동일한 자음이 둘 이상의 언어에서 종성 자음군의 선행 자음과 후행 자음에 모두 오는 경우를 정리한 것이다.[19] 공명도 배열 원리를 고려한다면 자음군의 선행 자음과 후행 자음에 모두 오기에 유리한 자음은 마찰음이나 비음과 같이 공명도 순위가 중간인 부류이다. 그래야만 해당 자음의 앞이나 뒤에 공명도가 더 높거나 낮은 자음이 오기에 유리하다. 그런데 예상외로 공명도가 가장 낮은 파열음에 속하는 'k'가 7개의 언어에서 종성 자음군의 모든 위치에 올 수 있다. 'k' 이외에 또 다른 파열음인 'p'도 (14)에서 상대적으로 언어 빈도가 높은 편이며, 'b, g'도 (14)에 포함되어 있다.[20] 이 언어들에서 파열음이 선행하는 자음군은 모두 공명도 배열 원리를 어기는 예외가 될 수밖에 없다. 이처럼 종성 자음군의 일반적인 경향인 공명도 배열 원리를 어기면서도 이러한 파열음들이 자음군의 모든 위치에 올 수 있는 이유에 대해서는 앞으로 해명이 필요할 듯하다.[21]

(14)에서 'k, p'를 제외한다면 언어 빈도가 높은 자음들은 예상처럼 비음이나 마찰음에 속한다. 'm, n'이나 's'는 자음군의 모든 위치에 오는 경우가 많은 편이다. 동일한 비음이라도 연구개 비음인 'ŋ'는 상대적으로 적은 언어에서만 자음군의 선행 자음과 후행 자음에 오고 있

19. 93개의 자음군이 나타나는 헝가리어에서는 한 자음이 자음군의 선행 자음과 후행 자음에 모두 오는 경우가 상대적으로 많은 편이다. 그러나 이 언어에서만 발견되는 경우가 적지 않아서 (14)에 포함되지는 않았다.

20. 흥미로운 것은 변자음에 해당하는 'k, p, b, g'가 (14)에 포함되어 있는 반면 중자음에 속하는 't, d'는 (14)에서 보이지 않는다는 점이다. 치음인 't̪'만이 2개 언어에서 자음군의 모든 위치에 나타날 뿐이다.

21. 아울러 공명도가 가장 높은 유음의 경우에는 공명도가 가장 낮은 파열음에 비해 자음군의 선행 자음과 후행 자음에 모두 오는 언어의 빈도가 낮은 편인데, 여기에 대한 설명도 있어야 할 것이다.

다. 마찰음 중에서는 소음성(strident)을 동반하는 ‘s, ʃ, f’가 (14)에서 높은 언어 빈도를 보인다.

이제 자음군을 이루는 선행 자음과 후행 자음이 조음 위치에 있어서도 어떤 경향성을 보이는지를 검토하기로 한다. 자음의 조음 위치는 조음 방법에 비해 훨씬 세분화되어 있으며, 여기서의 논의 대상인 자음군의 일부로 나타나는 자음으로만 한정해도 양순음, 순치음, 치음, 치조음, 권설음, 경구개치조음, 연구개음, 구개수음, 후음의 9가지가 나타난다.[22] 그러나 일부 조음 위치는 나타나는 종성 자음의 수가 극히 드물기도 하고 전체적인 경향성을 파악하는 데 있어 지나치게 세분화된 체계는 오히려 방해가 될 수도 있다. 그래서 인접한 조음 위치를 묶어서 순음(양순음, 순치음), 치조음(치음, 치조음), 경구개음(경구개치조음, 경구개음), 연구개음(연구개음, 구개수음), 후음의 다섯 가지 조음 위치로 재편하기로 한다. 이에 따라 종성 자음군의 선행 자음과 후행 자음에 나타나는 조음 위치의 조합을 정리하면 다음과 같다.

(15) 선행 자음과 후행 자음의 조음 위치 조합

C_1 \ C_2	순음	치조음	경구개음	연구개음	후음	합계
순음	8 (12)	12 (51)	6 (10)	5 (11)	4 (4)	35 (88)
치조음	17 (64)	28 (141)	15 (38)	28 (98)	4 (8)	92 (349)
경구개음	8 (8)	8 (12)	4 (7)	14 (24)	1 (3)	35 (54)
연구개음	4 (7)	16 (40)	8 (10)	4 (6)	4 (4)	36 (67)
후음	8 (12)	12 (36)	6 (6)	6 (10)	1 (1)	33 (65)
합계	45 (103)	76 (280)	39 (71)	57 (149)	14 (20)	-

22. 자음군이 아닌 단일 자음이 종성에 나타나는 경우에는 이보다 더 다양한 조음 위치를 확인할 수 있다. 자세한 내용은 6장의 (29)에 제시되어 있다.

(15)는 앞서 제시한 (7)과 동일한 성격이되, 다만 조음 방식의 조합이 아닌 조음 위치의 조합을 나타낸다. 각각의 조음 위치 조합이 몇 개의 언어에서 나타나며, 자음군의 수는 몇 가 인지를 보여 준다. 예를 들어 '순음+연구개음'의 조합으로 된 종성 자음군은 5개 언어에서 발견되며, 자음군의 수는 11개이다.

(15)를 보면 2개의 자음으로 된 종성 자음군에서는 치조음으로의 편중이 강하게 나타나는 것을 확인할 수 있다. 자음군의 선행 자음이든 후행 자음이든 치조음의 빈도가 가장 높다. 또한 동일한 조음 위치들로 이루어진 자음군들 중에서는 '치조음+치조음'의 조합으로 이루어진 자음군이 다른 자음군에 비해 언어 빈드수나 자음군의 수 모두 가장 많은 모습이다.

치조음 이외의 조음 위치는 큰 차이가 나지는 않지만 양순음과 연구개음이 상대적으로 높은 빈도를 보인다. 특히 자음군의 후행 자음에는 양순음보다 연구개음이 확연하게 높은 빈도수를 나타낸다. 후음의 경우에는 자음군의 위치에 따라 상당히 큰 편차를 지닌다. 자음군의 선행 자음에서는 치조음을 제외한 다른 조음 위치와 거의 대등한 수준이지만, 자음군의 후행 자음에서는 뚜렷한 열세가 드러난다. 그 결과 '후음+후음'의 조합으로 된 종성 자음군은 극히 드물게 발견될 뿐이다.[23]

10.2. 중세 한국어 종성 자음군의 유형론적 검토

앞 절에서 46개 언어를 대상으로 하여 음절 종성에 실현되는 자음군의 특성과 구조 등을 자세히 검토하였다. 이러한 경향성에 비추어 후

23. 이런 형태의 종성 자음군 예는 San Francisco Matlatzinca어의 'ʔh'에서 확인할 수 있다. Pérez(2007: 65)에 따르면 이 언어의 종성 자음군은 모두 후드 파열음 'ʔ'로 시작한다.

기 중세 한국어의 종성 자음군은 어느 정도의 보편성과 특수성을 가지는지를 살필 것이다. 후기 중세 한국어에서 확인되는 종성 자음군의 목록은 다음과 같다.

(16) 후기 중세 한국어의 종성 자음군 목록

ㄱ. ㄳ(넋, 魂), ㅄ(값, 價)

ㄴ. ㄵ(앉-, 坐), ᇝ(오ᇝ-, 縮)

ㄷ. ㄺ(ᄃᆞᆰ, 鷄), ㄻ(옮-, 移), ㄼ(여듧, 八)

(16)은 후기 중세 한국어의 종성 자음군을 선행 자음의 종류에 따라 제시한 것이다. (16ㄱ~ㄷ)은 각각 파열음, 비음, 유음으로 시작하는 종성 자음군의 예이다. 괄호 안에 제시된 형태소와 같이 자음군을 가지는 형태소 뒤에 모음으로 시작하는 문법 형태소가 결합해서 연음이 일어나는 조건이 아닌 한 이들 형태소의 말음은 (16)에 제시된 자음군으로 종성에서 발음되었다. 반면, (16)에 포함되지 않은 어간말 자음군은 뒤에서 언급하겠지만 자음군 단순화의 적용을 받음으로써 종성에서 자음군으로 발음되지 않았다.

(16)에 제시된 종성 자음군을 보면 후기 중세 한국어에서 단일 종성으로 실현되던 9개의 종성 중 'ㄷ, ㅅ, ㆁ, ㅿ'으로 시작하는 것은 존재하지 않는다. 이 자음들도 음절 종성에 발음되었으므로, 이 자음들로 시작하는 종성 자음군 역시 이론적으로는 나타날 수 있다. 그러나 9개의 자음 중 5개의 자음으로 시작하는 종성 자음군만 확인이 된다. 따라서 'ㄷ, ㅅ, ㆁ, ㅿ'으로 시작하는 종성 자음군의 부재에 대해 간략히 검토하기로 한다.

일반적으로 'ㄷ'으로 시작하는 겹받침을 가진 형태소는 없다고 알려져 왔으나, 이진호(2004)에서는 '삯'을 통해 'ㄷㄱ'이라는 어간말 자음군이 예전에 존재했으리라 추정했다. 그렇다면 이 형태소의 말음인

'ㄷㄱ'이 종성에서 자음군으로 실현될 가능성도 없지 않다. 그러나 실제로는 '삳'으로만 나타날 뿐 '사ᇊ'을 확인할 수는 없다. 이것을 볼 때 'ㄷ'으로 시작하는 종성 자음군은 없었다고 봐야 할 듯하다.[24]

'ㅅ'으로 시작하는 종성 자음군은 'ㅺ, ㅼ'과 같은 어간말 자음군을 가진 여러 형태소(다ᇧ-, 무ᇧ-, 마ᇨ- 등)에서 나타날 수 있을 것으로 기대된다. 이런 형태소들이 다른 형태소와 결합하는 과정에서 'ㅺ, ㅼ'이 종성에서 그대로 발음되는 조건이 만들어지기 때문이다. 그런데 종성에 놓인 'ㅺ, ㅼ'은 항상 자음군 단순화의 적용을 받아서 후행 자음이 탈락하였다. 이것은 예외 없이 일어나기 때문에 'ㅅ'으로 시작하는 종성 자음군이 존재하지 않는 것은 체계적 빈칸으로 볼 수밖에 없다.

'ㆁ[ŋ]'의 경우 'ㆁ'과 다른 자음으로 이루어진 어간말 자음군 자체가 존재하지 않았다. 또한 형태소의 결합 과정에서 'ㆁ'으로 시작하는 자음군이 새로이 형성될 가능성도 없었다. 따라서 'ㆁ'으로 시작하는 자음군의 존재는 후기 중세 한국어에서 발견할 수 없다. 다만 다른 비음으로 시작하는 종성 자음군이 (16)에서 나타나므로 'ㆁ'과 다른 자음으로 이루어진 종성 자음군이 없는 것은 우연한 빈칸에 좀 더 가까워 보인다.

'ㅿ'으로 시작하는 종성 자음군이 없는 것은 여러 가지 이유가 복합적으로 작용한다. 우선 'ㅿ'과 다른 자음으로 이루어진 어간말 자음군이 있으면 'ㅿ'으로 시작하는 종성 자음군도 발음되었을 가능성이 높다. 그런데 규칙적 교체를 하는 형태소에서는 그런 예가 발견되지 않는다.[25] 또한 'ㅿ'과 다른 자음으로 이루어진 자음군이 설령 종성에 존

24. 후기 중세 한국어에서 나타나는 '삳'은 '사ᇊ'이 아닌 '샅'의 이형태일 수도 있다. 그러나 '삳'이 '사ᇊ'의 이형태이든 '샅'의 이형태이든 종성에서 'ㄷㄱ'으로 실현되는 형태가 확인되지 않는 한, 종성 자음군으로서 'ㄷㄱ'을 설정할 수는 없다.

25. 불규칙적 교체를 하는 형태소 중에는 모음으로 시작하는 문법 형태소와 결합할 때에 한해 'ㅿ'과 다른 자음의 결합으로 끝나는 이형태를 인정할 수 있다. 가령 '아ᅀᆞ'의 경우 '아ᇫ이, 아ᇫ올'과 같이 모음으로 시작하는 조사와 결합할 때 '아ᇫㅇ[azɦ]'과 같

재한다고 하더라도, 'ㅿ'의 분포 제약 때문에 'ㅿ' 뒤에는 'ㅇ[ɦ]'이나 'ㅸ'과 같은 유성 장애음이 와야만 한다.[26] 그런데 후기 중세 한국어의 음절 종성에서 'ㅇ[ɦ]'이나 'ㅸ'은 음절 종성에 올 수 있는 9개의 자음에 속하지 않는다. 따라서 'ㅿ'으로 시작하는 종성 자음군은 구조적으로 존재할 수 없으며, 이러한 부재는 곧 체계적 빈칸임을 강력히 시사한다.

이제 (16ㄱ~ㄷ)에 제시된 종성 자음군에 대해서 검토할 차례이다. 이들은 모두 문헌의 표기에서 그 존재가 명확히 드러난다. 당시 문헌이 대체로 음소를 밝혀 적는 표음주의 표기법을 채택하고 있다는 점에서, 음절 종성에서 자음군이 실제로 발음되었다고 보는 편이 합리적이다.

(16ㄱ)과 같이 파열음으로 시작하는 종성 자음군은 모두 후행 자음이 'ㅅ'이었다. 'ㄳ'은 '넋, 삯'과 같은 체언에서만 나타나는 자음군으로, 체언 뒤에 휴지기가 오거나 자음으로 시작하는 조사와 결합할 때 종성 자음군으로 실현되었다고 추측된다.[27] 'ㅄ'은 '값'이라는 체언과 '없-'이라는 용언이 모두 존재하지만, 흥미롭게도 '없-' 뒤에 자음으로 시작하는 형태소가 결합하면 항상 자음군 단순화가 적용되어 'ㅅ'이 탈락했다. 그런 점에서 'ㅄ'이 종성에서 실제로 발음되었는지 의문이 생길 수도 있다. 그러나 '값'의 경우에는 '값, 값과'와 같은 자료가 나타나며, 자음군 단순화가 적용되어 'ㅄ' 중 자음이 하나 탈락하는 경우는 보이지 않는다. 따라서 비록 체언에 국한되더라도 'ㅄ'은 종성 자음군의 목록에 포함해야 할 것이다.

은 이형태가 분석되어 나온다. 그러나 이런 경우에는 'ㅿ+자음'이 음절 종성에 놓이지 못하고 'ㅿ' 뒤의 자음이 항상 후행 음절의 초성에서 실현되기 때문에 종성 자음군이 나타나지 않는다. 여기에 대해서는 이기문(1962)를 참고할 수 있다.

26. 'ㅿ'의 분포 제약에 대해서는 이기문(1972: 126)에서 언급한 바 있다.

27. '넋, 삯'의 'ㄳ'이 종성에 그대로 표기되는 예는 그리 많지는 않다. '삯'의 경우에는 모음으로 시작하는 조사와 결합하는 형태만이 확인되고, '넋'은 단독형의 예만 확인될 뿐이다. 그러나 자음군 단순화가 적용되어 'ㄳ' 중 어느 하나가 탈락한 예가 보이지 않는다는 점에서 'ㄳ'은 종성에서 발음되었다고 본다.

(16ㄴ)은 'ㄴ, ㅁ'과 같은 비음으로 시작하는 종성 자음군의 예이다. 비음에 후행하는 자음은 (16ㄱ)과 마찬가지로 모두 'ㅅ'이다. (16ㄴ)은 어간말 자음군을 가진 용언 어간 뒤에 자음으로 시작하는 어미가 올 때 실현되는 예이다. 원래 용언 어간의 말음은 'ㅅ'이 아니라 'ㅈ, ㅊ'과 같은 파찰음인데, 이 자음들이 종성에서 그대로 실현될 수 없어서 'ㅅ'으로 바뀌었다.

(16ㄷ)은 유음인 'ㄹ'로 시작하는 종성 자음군이다. 종성에서 자음군이 실현되는 조건은 (16ㄱ, ㄴ)과 별반 다를 것이 없다. (16ㄷ)에는 빠졌지만 후기 중세 한국어에 존재했을 것으로 추정되는 종성 자음군 중에 'ㄹㅅ'이 있다. 후기 중세 한국어에는 '돐(回)'이라는 체언이 존재했다. 이 체언은 현대에 와서 그 형태가 '돌'로 바뀌기 이전까지 계속 자음군을 유지하였다. '돐' 뒤에 모음으로 시작하는 문법 형태소가 결합하지 않는 한 체언의 말음 'ㄹㅅ'은 음절 종성에서 그대로 실현되었을 것으로 추정된다. 그러나 그런 조건에서 실현된 '돐'의 문헌 예가 없어서 'ㄹㅅ'이 종성 자음군으로서 실재했는지를 단정하기가 어렵다.[28]

이상에서 살펴본 후기 중세 한국어의 종성 자음군이 다른 언어들과 비교할 때 어떠한 공통점과 차이점을 가지는지를 살필 차례가 되었다. 앞서 (2)에서는 종성 자음군과 관련된 보편적인 경향들이 제시되었다. 이 중 절대적으로 성립하는 (2ㄱ)를 제외한 나머지 특징들에 비추어 볼 때 후기 중세 한국어는 대체로 보편적인 경향성을 잘 따르는 것으로 확인된다.

우선, (2ㄴ)의 측면을 보면, (16ㄱ)에 제시된 2개의 자음군은 공명도 배열 원리에 대한 예외가 되지만 (16ㄴ, ㄷ)에 제시된 5개의 자음군은 공명도 배열 원리를 잘 따르고 있다. 수적으로 볼 때 (2ㄴ)의 경향을 따르는 자음군의 수가 더 많다. 또한 예외가 되는 (16ㄱ)의 'ㄱㅅ,

28. 여기서는 'ㄹㅅ'을 제외하고 논의를 진행한다.

ㅄ'도 모두 치찰성 마찰음인 'ㅅ'으로 끝나고 있어서, 다른 언어에서 보이는 공명도 배열 원리의 예외들과 비슷한 속성을 공유한다. 이 정도면 (2ㄴ)의 측면에서 후기 중세 한국어는 보편적인 경향성을 따른다고 보아도 무방할 듯하다.

(2ㄷ, ㄹ)의 차원에서도 비슷한 모습이다. (16ㄱ~ㄷ)을 보면 (16ㄱ)은 공명도가 낮은 파열음으로 시작하고, (16ㄴ, ㄷ)은 공명도가 높은 비음이나 유음으로 시작한다. 공명도가 높은 자음이 선행하는 종성 자음군의 수가 더 많은 것이 확인된다. 그런 점에서 (2ㄷ, ㄹ)의 일반적 경향성을 따른다고 할 수 있다.

(2ㅁ)은 (16ㄱ)에서만 확인이 가능하다. 한국어의 파열음 'ㄱ, ㅂ'과 마찰음 'ㅅ'은 모두 무성음에 해당한다. 따라서 (2ㅁ)은 완벽하게 지키고 있는 셈이다. (2ㅂ) 역시 마찬가지이다. (16ㄱ, ㄴ)의 종성 자음군은 후행 자음에 치음인 'ㅅ'이 오고, (16ㄷ)의 종성 자음군은 선행 자음에 치조음인 'ㄹ'이 온다. 즉, 후기 중세 한국어의 7개 종성 자음군에는 모두 치조음(치음 포함)이 들어 있는 것이다.

이상에서 보듯 (2ㄴ~ㅂ)에 제시된 종성 자음군의 일반적 경향성에 대해 후기 중세 한국어는 상당히 보편적인 모습을 보인다. (2ㅁ, ㅂ)은 모두 완전하게 부합하며, (2ㄴ~ㄹ)은 일부 예외가 있지만 다수가 일반적 경향을 준수한다. 예외는 다른 언어들에서 나타나는 예외에 비추어 수적으로 더 많다거나 질적으로 더 특수하다고 보기 어렵다. 단일 종성의 경우와 마찬가지로 자음군으로 이루어진 종성에서도 한국어는 특수성보다는 보편성을 훨씬 강하게 드러낸다.

마지막으로 후기 중세 한국어의 종성 자음군을 선행 자음과 후행 자음으로 나누어 분석적 관점에서 유형론적 특징을 고찰하기로 한다. (16)의 자음군을 보면 선행 자음에는 'ㄱ, ㅂ, ㄴ, ㅁ, ㄹ'의 5개 자음이 오고, 후행 자음에는 'ㅅ, ㄱ, ㅁ, ㅂ'의 4개 자음이 온다. 이러한 수치는 (11)에서 살폈던 평균 수치와 비교할 때 선행 자음은 평균을 약간 상회하고 후행 자음은 평균을 좀 더 하회한다. 또한 선행 자음의 종류가 후행 자음의 종류보다 더 많은데, 이것은 (12)에서 보듯 일반적 경향성에서 벗어나지 않는다.

(16)에 제시된 종성 자음군을 이루는 자음들의 조합을 조음 방법과 조음 위치의 측면에서 정리하면 다음과 같다.

(17) 후기 중세 한국어 종성 자음군의 조음 방법과 조음 위치[29]

ㄱ. 파열음+마찰음(2/7), 비음+마찰음(2/7), 유음+파열음(2/7), 유음+비음(1/7)

ㄴ. 순음+치조음(2/7), 치조음+순음(2/7), 치조음+치조음(1/7), 치조음+연구개음(1/7), 연구개음+치조음(1/7)

(17ㄱ)은 조음 방법의 측면에서 어떤 조합의 자음군이 어느 정도 나타나는지를 보인 것이다. 총 4가지 조합이 나타나는데, 특정한 조합으로의 편중은 드러나지 않는다. (7)에 제시된 전체 언어의 경향성에 비추어 볼 때, 앞에서도 언급했듯이 비음이나 유음과 같은 공명으로 시작하는 종성 자음군이 많다는 점에서 전체적인 흐름에 부합하고 있다고 할 수 있다.

(17ㄴ)은 조음 위치의 조합이 어떠한지의 양상이다. 7개의 자음군에서 총 5가지의 조합 유형이 나올 만큼 고르게 분산되어 있다. (15)에 제시된 전체적인 양상과 비교하면, 후음으로 끝나는 매우 특수한 자음군이 포함되어 있다거나, 또는 '치조음+치조음'과 같은 가장 높은 빈도의 유형이 빠져 있다거나 하는 예외적인 상황은 찾아볼 수 없다. 다만 다른 언어들의 경우 '치조음+치조음'의 조합이 빈도나 자음군의 종류에 있어 가장 우세한 모습이지만 후기 중세 한국어의 경우

29. 괄호 안 '/'의 왼쪽은 해당 유형에 속하는 종성 자음군의 수, 오른쪽은 전체 종성 자음군의 수를 가리킨다.

에는 이런 유형으로 'ㄵ'만 존재한다는 점이 눈에 띈다. 그렇더라도 후기 중세 한국어의 종성 자음군 숫자가 7개에 불과하기 때문에 이것을 가지고 보편적 경향으로부터 멀리 동떨어져 있다고 말하기는 어려울 것이다.

제4부
결론 및 종성 자료

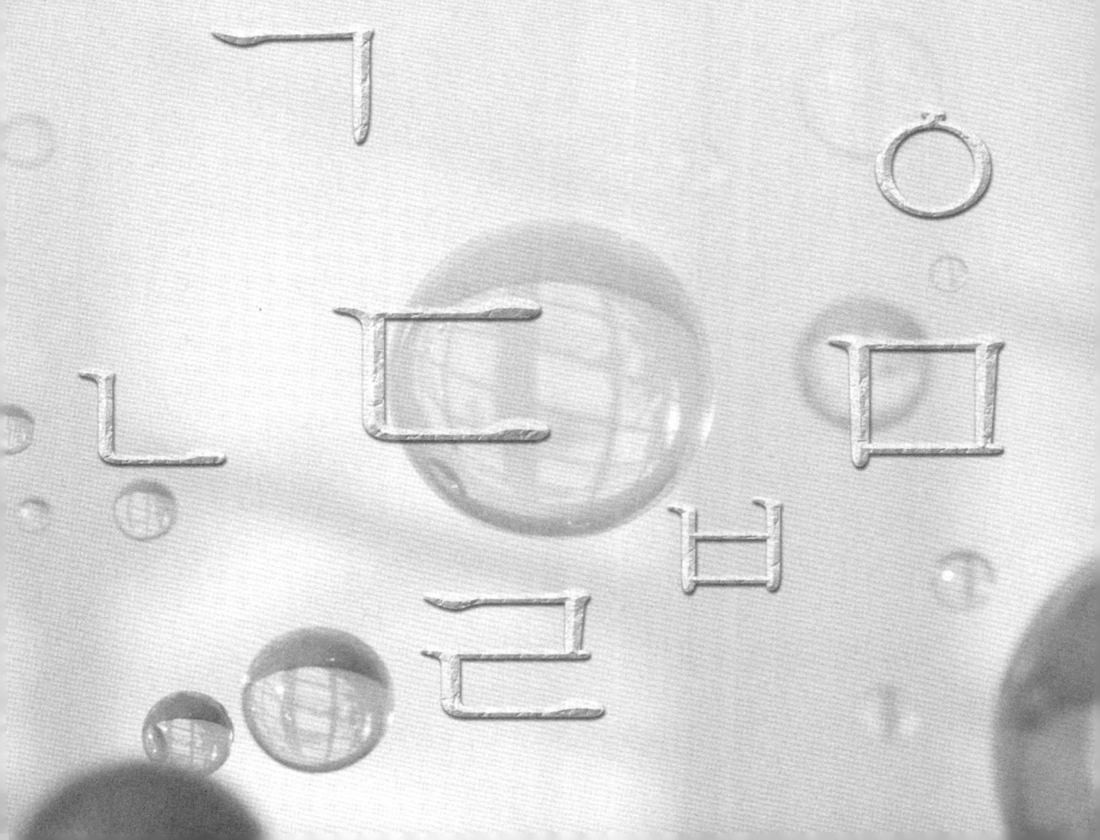

11장 결론

지금까지 한국어의 종성 체계가 전 세계의 여러 언어들과 비교하여 어떠한 보편성과 특수성을 가지고 있는지를 살펴보았다. 795개 언어라는 대규모 자료에 근거하여 각 언어들의 종성 목록을 정리하고, 이에 기반하여 음절 종성과 관련된 여러 경향성을 확인할 수 있었다. 또한 한국어의 종성 체계에 대한 여러 쟁점들을 살펴보고 각 시기별 종성 체계를 확정하여, 다양한 측면에서 언어 유형론적 시각으로 그 내용을 검토하였다.

기존 논의에서 한국어 음운론의 유형론적 특징에 대한 서술은 매우 소략하게 이루어졌다. 서술의 대상도 적었을 뿐만 아니라, 기술의 내용도 주위의 잘 알려진 일부 언어와의 단순 대조 이상의 수준을 넘어서지 못했다. 장애음이 평음, 경음, 유기음의 삼항 대립을 이룬다는 간략한 서술이 그 주요 내용이었음은 이러한 사정을 보여 주는 대표적인 사례이다. 이런 상황에서 한국어의 음절 종성을 유형론적 서술의 대상으로 삼는다는 것은 기대하기는 어렵다.

이러한 문제는 한국어 음운론에서만 비롯된 것은 아니다. 한국어 종성 체계의 유형론적 서술이 이루어지기 위해서는 먼저 전 세계 언어의 종성에 대한 탐구가 선행되어야 한다. 물론 4장에서 인용한 것처럼 일부 하위 주제에 대한 연구는 존재하기도 하지만, 음절 종성에 대한 종합적이고 실증적인 연구는 불완전하게 이루어졌던 것이 사실이다. 이 책은 이러한 연구 상황을 타개하기 위해, 음절 종성에 대한 서술이 어느 정도 이루어진 795개 언어의 선행 연구를 바탕으로 하여 음절 종성의 양적, 질적 특성들을 깊이 있게 다루어 보았다. 그리고 여기에 비추어 한국어 종성 체계를 검토했다.

그 결과 현대 한국어의 종성 체계는 특수성보다는 보편성이 압도적으로 두드러졌다. 종성의 개수나 종성 실현 비율과 같은 양적인 측면에서는 전체 언어의 평균보다 약간 낮은 모습이었지만 표준적인 구간 내에 위치하고 있다. 또한 종성 목록의 구성과 같은 질적인 측면에서는 가장 빈도가 높은 부류에 속하고 있다. 현대 한국어의 종성 목록이 이러한 모습을 가지게 된 데에는 종성에서 일어난 음운 변화도 큰 역할을 했다. 예전으로 거슬러 올라갈수록 한국어의 종성 목록은 현재보다는 좀 더 특수성을 간직하고 있었다. 그러나 일반성에서 벗어나는 자음들이 종성에서 선호되는 자음들로 변화하면서 그 결과 보편성과 일반성을 띠게 되었다. 앞으로 한국어 음운론의 유형론적 특징을 서술할 때에는 이러한 종성 체계의 보편적이고 일반적인 특성이 한 항목으로 추가될 수 있을 것이다.

2부의 서술 과정에서 음절 종성에 대한 여러 가지 보편적인 경향성이 발견되었다. 그러나 그러한 특성이 나타나는 이유에 대해서는 명확하게 서술하지 못하고 넘어간 것들이 적지 않다. 여러 언어에서 나타나는 공통적인 경향이라면 그에 대한 이유가 존재하기 마련이다. 여기에 대한 해명을 위해서는 조음 음성학 또는 실험 음성학의 도움이 절대적으로 필요하다. 앞으로 이런 방면으로의 보완이 이루어진다면, 음절 종성에 대한 언어학적 탐구는 더욱더 큰 성과를 얻을 수 있으리라고 생각된다.

12장 종성 관련 자료 모음

이 장에서는 검토 대상인 795개 언어의 종성과 관련된 자료들을 정리하여 제시한다. 본문에서는 논의의 편의를 위해 일부 자료만 다루었다. 그러나 연구자들의 편의를 위해서는 음절 종성과 관련된 전체 자료를 정리하여 제시하는 것도 의미가 있다. 이 장에 제시되는 자료는 크게 두 가지 유형이다. 하나는 종성으로 실현되는 자음의 언어 빈도수이고, 다른 하나는 각 언어들에 나타나는 개별적인 종성 목록이다.

12.1. 종성 빈도

종성 빈도는 두 가지 수치가 구분된다. 하나는 각 자음들이 795개 언어 중 몇 개의 언어에서 나타나는지를 보여 주는 절대 빈도이다. 하나의 언어 이상에서 종성으로 실현되는 자음은 모두 218개이며, 이 자음들이 몇 개의 언어에서 종성으로 실현되는지를 정리하여 순위별로 제시하면 다음과 같다.

순위	종성	언어 빈도 수	순위	종성	언어 빈도 수
1	m	675	32	ɭ	24
2	n	628	32	ɣ	24
3	ŋ	536	36	ɖ	23
4	k	521	37	ʂ	21
5	p	475	38	d̪	20
6	t	430	39	ʒ	19
7	l	354	40	β	15
8	ʔ	283	40	ɾ̠	15
9	s	271	40	ɬ	15
10	ɾ[1]	198	40	ɟ	15
11	h	169	40	χ	15
12	b	160	45	^{m}b	14
13	ɲ	153	45	ɸ	14
14	r	139	47	^{n}d	12
15	g	134	48	ɻ	11
16	d	123	48	tʃ’	11
17	ʃ	97	48	ʎ	11
18	ɹ̠	90	48	k’	11
19	n̪	89	52	ɓ	10
20	tʃ	88	52	ç	10
21	f	75	52	k^{w}	10
22	dʒ	42	52	^{ŋ}g	10
22	x	42	56	p’	9
24	c	41	56	ɾ̪	9
25	z	40	56	t’	9
26	ts	37	59	p^{h}	7
27	ɻ	36	59	tʂ	7
28	s̪	28	59	l^{j}	7
28	q	28	59	ɕ	7
30	ɽ	27	59	k^{h}	7
31	ʈ	25	59	ʁ	7
32	v	24	59	ɗ	7
32	ɳ	24	66	θ	6

순위	종성	언어 빈도 수	순위	종성	언어 빈도 수
66	ⁿs	6	88	xʲ	3
66	ʦ'	6	88	ɢ	3
66	nʲ	6	88	ʀ	3
70	ᶬf	5	88	ʕ	3
70	ʑ	5	88	kp	3
70	l̥	5	105	bʰ	2
70	ʐ	5	105	mʰ	2
70	ʄ	5	105	m̥	2
70	ŋʷ	5	105	ʈʲ	2
70	ŋm	5	105	ɖʲ	2
77	ʈʰ	4	105	ʈ'	2
77	ð	4	105	ɖ	2
77	ȵʲ	4	105	ɬ	2
77	tʲ	4	105	ʦʰ	2
77	dz	4	105	dʲ	2
77	ʈʰ	4	105	ⁿt	2
77	tʂ	4	105	tˤ	2
77	ʧʰ	4	105	dˤ	2
77	ʨ	4	105	s'	2
77	q'	4	105	sˤ	2
77	ħ	4	105	zˤ	2
88	pʲ	3	105	ɫ	2
88	ᵐp	3	105	nʰ	2
88	mʲ	3	105	nˤ	2
88	ⁿɖ	3	105	ɾ̥	2
88	ɮ	3	105	ɾˤ	2
88	tʰ	3	105	rɾ²	2
88	sʲ	3	105	ɽ̊	2
88	ŋ̊	3	105	lˀ	2
88	ᶮʤ	3	105	ɖʰ	2
88	ɳ	3	105	ɖʐ	2
88	ᵑk	3	105	gʰ	2
88	xʷ	3	105	kʲ	2

순위	종성	언어 빈도 수	순위	종성	언어 빈도 수
105	gʲ	2	142	tʷ	1
105	ŋʰ	2	142	dˀ	1
105	ŋ̊	2	142	tˠ	1
105	ʟ[3]	2	142	dˠ	1
105	qʷ	2	142	zʲ	1
105	ʔʷ	2	142	ⁿz	1
105	ɦ	2	142	sˠ	1
105	kpʷ	2	142	zˠ	1
105	ŋmʷ	2	142	ɮ	1
142	ʰp	1	142	ʦʰ	1
142	pʷ	1	142	ⁿʦ	1
142	bʲ	1	142	ⁿdz	1
142	bˀ	1	142	ʦʲ	1
142	pʷˠ	1	142	tɬ	1
142	ᵖm	1	142	tɬ’	1
142	mʷ	1	142	nˀ	1
142	mˀ	1	142	ᵗn	1
142	m’	1	142	nn[5]	1
142	mˤ	1	142	lʰ	1
142	mʷˠ	1	142	lʱ[6]	1
142	mm[4]	1	142	lˤ	1
142	pf	1	142	ll[7]	1
142	ɖʰ	1	142	rˀ	1
142	ɳʈ	1	142	ɾʰ	1
142	ʈʰʲ	1	142	ɾʲ	1
142	θ’	1	142	ⁿr	1
142	ɮʲ	1	142	ɖ[8]	1
142	ⁿdʐ	1	142	tʂʰ	1
142	ɳ’	1	142	tʂ’	1
142	ɭʲ	1	142	ʰʧ	1
142	ɽʲ	1	142	ʧʲ	1
142	ʰt	1	142	ʈ	1
142	dʰ	1	142	ʥ	1

순위	종성	언어 빈도 수	순위	종성	언어 빈도 수
142	tɕ^{h}	1	142	ɠ	1
142	ɭ̥	1	142	k'^{w}	1
142	c^{h}	1	142	ɣ^{j}	1
142	ɟ^{h}	1	142	^{k}ŋ	1
142	ʝ	1	142	q^{h}	1
142	ɲ̊	1	142	q'^{w}	1
142	^{h}k	1	142	ʛ	1
142	g^{w}	1	142	χ^{w}	1
142	g^{ʔ}	1	142	^{N}ʔ	1
142	k^{l}	1	142	ʈk	1

다음으로 제시하는 것은 각 자음들이 종성으로 실현되는 비율이다. 이것은 어떤 자음이 그것을 음소로 가진 전체 언어들 중 어느 정도의 언어에서 종성으로 실현되는지 그 비율을 나타낸다. 빈도가 높은 자음과 낮은 자음을 구분하지 않고 빈도에 따라 제시했기 때문에 절대 빈도가 매우 낮아도 종성 실현 비율이 매우 높을 수 있다. 참고를 위해 괄호 안의 '/' 오른쪽에 해당 자음을 가진 언어의 수, 왼쪽에 그 자음이 종성으로 실현되는 언어의 수를 제시해 두었다. 비율의 순서에 따라 종성을 배열한 결과는 아래와 같다.

1. 'ɾ'은 flap과 tap을 모두 구분하지 않고 모두 합친 것을 가리킨다. 유음 중에서 설측음이 아닌 자음은 크게 진동음(trill)인 'r'과 진동음이 아닌 'ɾ'로 양분하였다.
2. 'rr'은 simple trill인 'r'에 대비되는 multiple trill을 가리킨다.
3. 'ɪ'은 연구개 유음이라는 매우 독특한 자음을 가리킨다. Yom어를 비롯한 일부 언어에서만 발견된다.
4. 'mm'은 lenis 'm'에 대립되는 fortis를 가리킨다.
5. 'nn'은 lenis 'n'에 대립되는 fortis를 가리킨다.
6. 'l^{ɾ}'는 설측음 중 flap과 non-flap이 구분되는 언어에서 flap 설측음을 가리킨다. 이 자음은 Iwaidja어나 Weri어와 같이 호주 또는 그 인근에서 쓰이는 극소수의 언어에서만 음소로 기능한다고 보고되었다.
7. 'lː'은 lenis 'l'에 대립하는 fortis를 가리킨다.
8. 'ᶑ'은 유성 권설 내파음을 가리키며, Wadiyara Koli어에서 종성으로 실현된다고 알려져 있다.

순위	종성	종성 실현 비율	순위	종성	종성 실현 비율
1	ħ	100% (4/4)	1	ɣ^{j}	100% (1/1)
1	ʓ	100% (3/3)	1	^{k}ŋ	100% (1/1)
1	ʀ	100% (3/3)	1	q'^{w}	100% (1/1)
1	t^{ʕ}	100% (2/2)	1	ɢ	100% (1/1)
1	d^{ʕ}	100% (2/2)	1	ʈk	100% (1/1)
1	s^{ʕ}	100% (2/2)	39	ŋ	93.1% (536/576)
1	z^{ʕ}	100% (2/2)	40	ŋ̊	90.8% (89/98)
1	n^{ʕ}	100% (2/2)	41	n	90.1% (628/697)
1	ɾ^{ʕ}	100% (2/2)	42	ɳ	88.9% (24/27)
1	q^{w}	100% (2/2)	42	ɭ	88.9% (24/27)
1	kp^{w}	100% (2/2)	44	m	86.0% (675/785)
1	b^{ʔ}	100% (1/1)	45	ɼ	83.3% (15/18)
1	p^{wɣ}	100% (1/1)	46	ɽ	77.1% (27/35)
1	m^{ʕ}	100% (1/1)	47	ʕ	75.0% (3/4)
1	^{p}m	100% (1/1)	48	ʈ	73.8% (90/122)
1	m^{wɣ}	100% (1/1)	49	ʔ	73.5% (283/385)
1	^{n}ʈ	100% (1/1)	50	r	71.6% (139/194)
1	θ'	100% (1/1)	51	^{ɱ}f	71.4% (5/7)
1	ʓ^{j}	100% (1/1)	52	ɻ	68.8% (11/16)
1	ŋ̊'	100% (1/1)	52	ʎ	68.8% (11/16)
1	ɽ^{j}	100% (1/1)	54	χ	68.2% (15/22)
1	d^{ʔ}	100% (1/1)	55	k	67.9% (521/767)
1	t^{ɣ}	100% (1/1)	56	ŋ̊^{j}	66.7% (4/6)
1	d^{ɣ}	100% (1/1)	56	q'	66.7% (4/6)
1	s^{ɣ}	100% (1/1)	56	rr	66.7% (2/3)
1	z^{ɣ}	100% (1/1)	56	ʟ	66.7% (2/3)
1	n^{ʔ}	100% (1/1)	56	ŋm^{w}	66.7% (2/3)
1	^{t}n	100% (1/1)	61	p	66.2% (475/717)
1	ll	100% (1/1)	62	t	65.0% (430/662)
1	ɖ	100% (1/1)	63	ɽ	64.3% (9/14)
1	ʧ^{j}	100% (1/1)	64	q	63.6% (28/44)
1	g^{ʔ}	100% (1/1)	65	x^{w}	60.0% (3/5)
1	k^{l}	100% (1/1)	65	x^{j}	60.0% (3/5)

순위	종성	종성 실현 비율	순위	종성	종성 실현 비율
65	ɢ	60.0% (3/5)	100	ð	44.4% (4/9)
68	l	59.4% (354/596)	101	ɲ	44.1% (153/347)
69	ɾ	56.6% (198/350)	102	s	44.1% (271/615)
70	ɻ	55.4% (36/65)	103	ʧ’	44.0% (11/25)
71	ɸ	50.0% (14/28)	104	t’	42.9% (9/21)
71	^{n}s	50.0% (6/12)	105	ɬ	41.7% (15/36)
71	s^{j}	50.0% (3/6)	106	x	40.4% (42/104)
71	ɬ	50.0% (2/4)	107	ʈ^{j}	40.0% (2/5)
71	l^{ʔ}	50.0% (2/4)	107	ɖ^{j}	40.0% (2/5)
71	mm	50.0% (1/2)	107	ʈ’	40.0% (2/5)
71	m^{ʔ}	50.0% (1/2)	107	ꞎ	40.0% (2/5)
71	m’	50.0% (1/2)	107	ʔ^{w}	40.0% (2/5)
71	ʈ^{hj}	50.0% (1/2)	112	p’	39.1% (9/23)
71	^{n}dʑ	50.0% (1/2)	113	ʄ	38.5% (5/13)
71	z^{j}	50.0% (1/2)	114	c	37.6% (41/109)
71	tɬ’	50.0% (1/2)	115	k’	36.7% (11/30)
71	nn	50.0% (1/2)	116	ʁ	35.0% (7/20)
71	l^{f}	50.0% (1/2)	117	ʦ’	33.3% (6/18)
71	l^{ʕ}	50.0% (1/2)	117	ɖ	33.3% (2/6)
71	r^{ʔ}	50.0% (1/2)	117	ɾ̥	33.3% (2/6)
71	^{h}ʧ	50.0% (1/2)	117	^{h}p	33.3% (1/3)
71	tʂ’	50.0% (1/2)	117	ɻ^{j}	33.3% (1/3)
71	ɭ	50.0% (1/2)	117	^{h}t	33.3% (1/3)
71	ɟ^{h}	50.0% (1/2)	117	tɬ	33.3% (1/3)
71	ɠ	50.0% (1/2)	117	^{n}r	33.3% (1/3)
71	χ^{w}	50.0% (1/2)	117	^{h}k	33.3% (1/3)
71	^{N}ʔ	50.0% (1/2)	117	k’^{w}	33.3% (1/3)
94	ʐ	49.1% (28/57)	127	h	32.2% (169/525)
95	ç	47.6% (10/21)	128	ʒ	30.2% (19/63)
96	ʃ	46.6% (97/208)	129	s’	28.6% (2/7)
97	ɖ	45.1% (23/51)	129	ɖ^{h}	28.6% (2/7)
98	ʂ	44.7% (21/47)	131	b	28.0% (160/572)
99	ʈ	44.6% (25/56)	132	g	27.7% (134/484)

순위	종성	종성 실현 비율	순위	종성	종성 실현 비율
133	nʲ	27.3% (6/22)	165	ɾ̥	15.4% (2/13)
133	^{n}ɖ	27.3% (3/11)	167	ᵑg	15.2% (10/66)
135	ɭʲ	26.9% (7/26)	168	mʲ	15.0% (3/20)
136	β	26.8% (15/56)	168	ᵑk	15.0% (3/20)
137	ɣ	26.4% (24/91)	170	dʐ	14.3% (7/49)
138	ʧ	26.3% (88/334)	171	ɗ	14.0% (7/50)
139	ʐ	26.3% (5/19)	172	tʂ	13.8% (4/29)
140	f	26.2% (75/286)	173	v	13.7% (24/175)
141	d	25.4% (123/485)	174	pʲ	13.6% (3/22)
142	ɖ	25.0% (20/80)	175	ɭ̊	13.5% (5/37)
142	ʑ	25.0% (5/20)	176	mʰ	13.3% (2/15)
142	ŋm	25.0% (5/20)	176	kʲ	13.3% (2/15)
142	gʲ	25.0% (2/8)	178	tʲ	12.5% (4/32)
142	ŋʰ	25.0% (2/8)	179	ᶮʤ	12.5% (3/24)
142	ɾʲ	25.0% (1/4)	179	dʲ	12.5% (2/16)
142	ʝ	25.0% (1/4)	181	ɾʰ	12.5% (1/8)
149	ʈʂ	24.1% (7/29)	181	ʈ	12.5% (1/8)
150	z	23.5% (40/170)	183	kʷ	11.1% (10/90)
151	θ	23.1% (6/26)	183	^{n}dz	11.1% (1/9)
151	ŋʷ	23.1% (6/26)	183	tʷ	11.1% (1/9)
153	ʤ	22.1% (42/190)	186	tʰ	10.8% (4/37)
154	pf	20.0% (1/5)	187	ʈʂʰ	10.5% (2/19)
154	ɮ	20.0% (1/5)	187	^{n}t	10.5% (2/19)
154	^{n}ʦ	20.0% (1/5)	189	ɕ	10.4% (7/67)
154	ʦʲ	20.0% (1/5)	190	gʰ	10.0% (2/20)
158	ʦ	18.8% (37/197)	191	ɳ	9.7% (3/31)
159	^{m}b	18.4% (14/76)	192	ɦ	9.5% (2/21)
160	^{n}d	17.6% (12/68)	193	^{n}z	9.1% (1/11)
160	^{m}p	17.6% (3/17)	194	bʰ	8.7% (2/23)
162	ɓ	17.5% (10/57)	195	ŋ̊	8.1% (3/37)
163	ɖʰ	16.7% (1/6)	196	ɻʰ	8.0% (4/50)
164	ɟ	16.1% (15/93)	197	lʰ	7.1% (1/14)
165	nʰ	15.4% (2/13)	198	bʲ	6.7% (1/15)

순위	종성	종성 실현 비율	순위	종성	종성 실현 비율
198	ɲ̊	6.7% (1/15)	209	ɱ̊	4.9% (2/41)
200	ʧʰ	6.6% (4/61)	210	kp	4.6% (3/65)
200	ʨ	6.6% (4/61)	211	gʷ	3.0% (1/33)
202	dʰ	6.3% (1/16)	212	pʰ	2.9% (7/242)
203	ŋ̊	6.1% (2/33)	213	kʰ	2.9% (7/243)
204	qʰ	5.9% (1/17)	214	cʰ	2.8% (1/36)
205	dz	5.4% (4/74)	215	ʥ	2.6% (1/39)
206	pʷ	5.3% (1/19)	216	ʨʰ	2.0% (1/49)
206	tʂʰ	5.3% (1/19)	217	tʰ	1.5% (3/200)
208	mʷ	5.0% (1/20)	218	ʦʰ	1.2% (1/82)

12.2. 종성 목록

각 언어들에 나타나는 종성 목록은 종성의 가짓수에 따라 일차로 정리한 후 종성을 이루는 자음의 부류에 따라 제시하기로 한다. 자음의 부류는 파열음(P), 마찰음(F), 파찰음(A), 비음(N), 유음(L)과 같이 조음 방식에 따라 구분되는 것을 가리키며, 예외적으로 후음(G)은 일반적인 조음 방식을 따르지 않기 때문에 별도의 부류로 분리한다. 내파음(implosive)이나 방출음(ejective)도 편의상 파열음에 포함하여 제시한다. 자음의 부류에 따른 종성 유형은 편의상 약자로 나타내기도 한다. 예컨대 NL-형 종성 목록은 비음(N)과 유음(L)으로 이루어진 것을 가리킨다. 개별 종성 목록 아래의 [ ] 안에는 해당 언어들과 언어의 수를 밝혀 둔다. 같은 유형에 속하는 여러 종성들의 목록은 언어 빈도의 순서에 따라 배열한다.

12.2.1. 종성이 1개인 경우 (48개 언어)

【1】 N-형 종성 목록 (27개 언어)

하나의 비음만 나타나는 종성 목록이며 4가지 하위 유형이 존재한다.

자음 부류	비음
종성 목록	ŋ

[Aja(Benin), Beng, Biao Mon, Central Mashan Hmong, Eka, Kayan Lahwi, Kucong, Láá Láá Bwamu, Lahta-Zayein Karen, Lawu, Migabac, Tosu, Western Maninkakan, Xuzhang Lalo, Yangliu, Yintale Karen, 총 16개 언어]

자음 부류	비음
종성 목록	m

[Baoulé, Ghayavi, Kasem, Kilivila, Lachi, Wedau, 총 6개 언어]

자음 부류	비음
종성 목록	n

[Eastern Maninkakan, Northern Rengma Naga, Oki-No-Erabu, Southern Amami-Oshima, 총 4개 언어]

자음 부류	비음
종성 목록	n̰

[Pwo Eastern Karen, 총 1개 언어]

【2】 G-형 종성 목록 (19개 언어)

하나의 후음만 나타나는 종성 목록이며 1가지 하위 유형이 존재한다.

자음 부류	후음
종성 목록	ʔ

[Benabena, Cofán, Dano, Geba Karen, Kɔki, Koreguaje, Kotiria, Mezontla Popoloca, Nopala Chatino, Ocaina, Resígaro, Sochiapam Chinantec, Tenharim-Parintintin-Diahoi, Usila Chinantec, Yagaria, Wa'ikhana, Zacatepec Chatino, Zenzontepec Chatino, Zotung Chin, 총 19개 언어]

【3】 P-형 종성 목록 (1개 언어)

하나의 파열음만 나타나는 종성 목록이며 1가지 하위 유형이 존재한다.

자음 부류	파열음
종성 목록	k

[Obokuitai, 총 1개 언어]

【4】 L-형 종성 목록 (1개 언어)

하나의 유음만 나타나는 종성 목록이며 1가지 하위 유형이 존재한다.

자음 부류	유음
종성 목록	ɾ

[Ngäbere, 총 1개 언어]

12.2.2. 종성이 2개인 경우 (49개 언어)

【1】 N-형 종성 목록 (30개 언어)

두 개의 비음이 나타나는 종성 목록이며 4가지 하위 유형이 존재한다.

자음 부류	비음
종성 목록	m, n

['Are'are, Baré, Choapan Zapotec, Chuave, Gapapaiwa, Gbari, Gua, Huambisa, Kanoê, Lijili, Mbelime, Oko-Eni-Osayen, Omagua, Orokaiva, South Nuaulu, Tsuvadi, Warapu, Wutung, Yine, 총 19개 언어]

자음 부류	비음
종성 목록	n, ŋ

[Duoluo Gelao, Guiqiong, Horned Miao, Krache, Pa Na, Qujiang Hakka-Shibei Shaoguan Tuhua, 총 6개 언어]

자음 부류	비음
종성 목록	ȵ, ŋ

[Biao-Jiao Mien, Mandarin Chinese, Southern Qiang, 총 3개 언어]

자음 부류	비음
종성 목록	n, ŋ

[Chumburung, Nchumbulu, 총 2개 언어]

【2】 NG-형 종성 목록 (11개 언어)

비음과 후음이 하나씩 나타나는 종성 목록이며 3가지 하위 유형이 존재한다.

자음 부류	비음	후음
종성 목록	ŋ	ʔ

[Chak, Kenswei Nsei, Marma, Pu-Xian Chinese, Usui, Vengo, Wu Chinese, 총 7개 언어]

자음 부류	비음	후음
종성 목록	n	ʔ

[Ozumacín Chinantec, Sabanê, Western Keres, 총 3개 언어]

자음 부류	비음	후음
종성 목록	ŋ	ʔ

[Pwo Western Karen, 총 1개 언어]

【3】 FL-형 종성 목록 (3개 언어)

마찰음과 유음이 하나씩 나타나는 종성 목록이며 3가지 하위 유형이 존재한다.

자음 부류	마찰음	유음
종성 목록	f	l

[Tafi, 총 1개 언어]

자음 부류	마찰음	유음
종성 목록	s	l

[Calunga, 총 1개 언어]

자음 부류	마찰음	유음
종성 목록	ʃ	l

[Towa, 총 1개 언어]

【4】 G-형 종성 목록 (2개 언어)

두 개의 후음이 나타나는 종성 목록이며 1가지 하위 유형이 존재한다.

자음 부류	후음
종성 목록	ʔ, h

[Andoquero, Siona-Tetete, 총 2개 언어]

【5】 PN-형 종성 목록 (1개 언어)

파열음과 비음이 하나씩 나타나는 종성 목록이며 1가지 하위 유형이 존재한다.

자음 부류	파열음	비음
종성 목록	p	ŋ

[Woi, 총 1개 언어]

【6】 NL-형 종성 목록 (1개 언어)

비음과 유음이 하나씩 나타나는 종성 목록이며 1가지 하위 유형이 존재한다.

자음 부류	비음	유음
종성 목록	n	ɾ

[Cocama-Cocamilla, 총 1개 언어]

【7】 LG-형 종성 목록 (1개 언어)

유음과 후음이 하나씩 나타나는 종성 목록이며 1가지 하위 유형이 존재한다.

자음 부류	유음	후음
종성 목록	ɾ	ʔ

[Tataltepec Chatino, 총 1개 언어]

12.2.3. 종성이 3개인 경우 (42개 언어)

【1】 N-형 종성 목록 (17개 언어)

세 개의 비음으로 이루어진 종성 목록이며 3가지 하위 유형이 존재한다.

자음 부류	비음
종성 목록	m, ɲ, ŋ

[Bafut, Côông, Gilbertese, Hamtai, Kela(Papua New Guinea), Lambya, Mungbam, Tawra, Western Sisaala, Yalahatan-Haruru-Awaiya, 총 10개 언어]

자음 부류	비음
종성 목록	m, n, ɲ

[Asháninka, Ashéninka Perené, Caquinte, Haya, Komo(Democratic Republic of Congo), Ndengereko, 총 6개 언어]

자음 부류	비음
종성 목록	m, n̪, ŋ

[Manam, 총 1개 언어]

【2】 PN-형 종성 목록 (5개 언어)

파열음과 비음으로 이루어진 종성 목록이며 5가지 하위 유형이 존재한다.

자음 부류	파열음	비음
종성 목록	p	m, n

[Kesawai, 총 1개 언어]

자음 부류	파열음	비음
종성 목록	p	ɲ, ŋ

[Phukha, 총 1개 언어]

자음 부류	파열음	비음
종성 목록	b	m, n

[Cuiba, 총 1개 언어]

자음 부류	파열음	비음
종성 목록	k	m, n

[Pemon, 총 1개 언어]

자음 부류	파열음	비음
종성 목록	t, k	ŋ

[Bangolan, 총 1개 언어]

【3】 NG-형 종성 목록 (5개 언어)

비음과 후음으로 이루어진 종성 목록이며 4가지 하위 유형이 존재한다.

자음 부류	비음	후음
종성 목록	m, n	ʔ

[Awa(Papua New Guinea), Gadsup, 총 2개 언어]

자음 부류	비음	후음
종성 목록	n, ŋ	ʔ

[Trió, 총 1개 언어]

자음 부류	비음	후음
종성 목록	m, n	ʔ

[Hagei Gelao, 총 1개 언어]

자음 부류	비음	후음
종성 목록	n	ʔ, h

[Lalana Chinantec, 총 1개 언어]

【4】 NL-형 종성 목록 (4개 언어)

비음과 유음으로 이루어진 종성 목록이며 4가지 하위 유형이 존재한다.

자음 부류	비음	유음
종성 목록	m, n	l

[Golin, 총 1개 언어]

자음 부류	비음	유음
종성 목록	n	r, l

[Siamou, 총 1개 언어]

자음 부류	비음	유음
종성 목록	n, ŋ	r

[Dongxiang, 총 1개 언어]

자음 부류	비음	유음
종성 목록	n, ŋ	l

[Ginyanga, 총 1개 언어]

【5】 F-형 종성 목록 (3개 언어)
세 개의 마찰음으로 이루어진 종성 목록이며 1가지 하위 유형이 존재한다.

자음 부류	마찰음
종성 목록	s, ʂ, ʃ

[Cashinahua, Chácobo, Yawanawa, 총 3개 언어]

【6】 FN-형 종성 목록 (1개 언어)
마찰음과 비음으로 이루어진 종성 목록이며 1가지 하위 유형이 존재한다.

자음 부류	마찰음	비음
종성 목록	s	m, n

[Teop, 총 1개 언어]

【7】 FG-형 종성 목록 (1개 언어)
마찰음과 후음으로 이루어진 종성 목록이며 1가지 하위 유형이 존재한다.

자음 부류	마찰음	후음
종성 목록	s, ʃ	h

[Poyanáwa, 총 1개 언어]

【8】 PFN-형 종성 목록 (1개 언어)
파열음, 마찰음, 비음으로 이루어진 종성 목록이며 1가지 하위 유형이 존재한다.

자음 부류	파열음	마찰음	비음
종성 목록	k	v	ŋ

[Makuri Naga, 총 1개 언어]

【9】 PNL-형 종성 목록 (1개 언어)

파열음, 비음, 유음으로 이루어진 종성 목록이며 1가지 하위 유형이 존재한다.

자음 부류	파열음	비음	유음
종성 목록	k	n	ɾ

[Guajá, 총 1개 언어]

【10】 PNG-형 종성 목록 (1개 언어)

파열음, 비음, 후음으로 이루어진 종성 목록이며 1가지 하위 유형이 존재한다.

자음 부류	파열음	비음	후음
종성 목록	k	ŋ	ʔ

[Ugong, 총 1개 언어]

【11】 FNL-형 종성 목록 (1개 언어)

마찰음, 비음, 유음으로 이루어진 종성 목록이며 1가지 하위 유형이 존재한다.

자음 부류	마찰음	비음	유음
종성 목록	s	r	l

[Sãotomense, 총 1개 언어]

【12】 FNG-형 종성 목록 (1개 언어)

마찰음, 비음, 후음으로 이루어진 종성 목록이며 1가지 하위 유형이 존재한다.

자음 부류	마찰음	비음	후음
종성 목록	x	m	ʔ

[Apalaí, 총 1개 언어]

【13】 NLG-형 종성 목록 (1개 언어)

비음, 유음, 후음으로 이루어진 종성 목록이며 1가지 하위 유형이 존재한다.

자음 부류	비음	유음	후음
종성 목록	n	l	ʔ

[Teojomulco Chatino, 총 1개 언어]

12.2.4. 종성이 4개인 경우 (42개 언어)

【1】 NL-형 종성 목록 (11개 언어)

비음, 유음으로 이루어진 종성 목록이며 5가지 하위 유형이 존재한다.

자음 부류	비음	유음
종성 목록	m, n	ɾ, l

[Anfillo, Dobel, Kachama-Ganjule-Haro, Miya, Mpade, 총 5개 언어]

자음 부류	비음	유음
종성 목록	m, n	r, l

[Wara, Yeri, 총 2개 언어]

자음 부류	비음	유음
종성 목록	m, n, ŋ	l

[Mundabli, Yanda Dom Dogon, 총 2개 언어]

자음 부류	비음	유음
종성 목록	n, ɲ	r, l

[Garrwa, 총 1개 언어]

자음 부류	비음	유음
종성 목록	m, n, ŋ	ɾ

[Monsang Naga, 총 1개 언어]

【2】 N-형 종성 목록 (7개 언어)

네 개의 비음으로 이루어진 종성 목록이며 2가지 하위 유형이 존재한다.

자음 부류	비음
종성 목록	m, n, ɲ, ŋ

[Gikyode, Kaingang, Kono(Sierra Leone), Manda-Matumba, Nawuri, Ncane, 총 6개 언어]

자음 부류	비음
종성 목록	m, n̪ ɲ, ŋ

[Ligbi, 총 1개 언어]

【3】 NG-형 종성 목록 (6개 언어)

비음, 후음으로 이루어진 종성 목록이며 3가지 하위 유형이 존재한다.

자음 부류	비음	후음
종성 목록	m, n, ŋ	ʔ

[Bantik, Buginese, Kamasa, Sangil, 총 4개 언어]

자음 부류	비음	후음
종성 목록	m, n̪, ŋ	ʔ

[Senthang Chin, 총 1개 언어]

자음 부류	비음	후음
종성 목록	m, n, ɲ	h

[Dzubukua, 총 1개 언어]

【4】 FN-형 종성 목록 (4개 언어)

마찰음, 비음으로 이루어진 종성 목록이며 3가지 하위 유형이 존재한다.

자음 부류	마찰음	비음
종성 목록	s, ʂ, ʃ	n

[Panobo, Shipibo-Conibo, 총 2개 언어]

자음 부류	마찰음	비음
종성 목록	s, ʂ	m, n

[Shanenawa, 총 1개 언어]

자음 부류	마찰음	비음
종성 목록	v	m, n, ɲ

[Tiv, 총 1개 언어]

【5】 PN-형 종성 목록 (3개 언어)

파열음, 비음으로 이루어진 종성 목록이며 2가지 하위 유형이 존재한다.

자음 부류	파열음	비음
종성 목록	k	m, n, ŋ

[Biangai, Cun, 총 2개 언어]

자음 부류	파열음	비음
종성 목록	t, k	n, ɲ

[Dai Zhuang, 총 1개 언어]

【6】 PNL-형 종성 목록 (2개 언어)

파열음, 비음, 유음으로 이루어진 종성 목록이며 2가지 하위 유형이 존재한다.

자음 부류	파열음	비음	유음
종성 목록	b, k	ŋ	ɾ

[Limbum, 총 1개 언어]

자음 부류	파열음	비음	유음
종성 목록	t	n	ɾ, l

[Yalarnnga, 총 1개 언어]

【7】 PNG-형 종성 목록 (2개 언어)

파열음, 비음, 후음으로 이루어진 종성 목록이며 2가지 하위 유형이 존재한다.

자음 부류	파열음	비음	후음
종성 목록	b, k	m	ʔ

[Nda′nda′, 총 1개 언어]

자음 부류	파열음	비음	후음
종성 목록	k	n	ʔ, h

[Lakondê, 총 1개 언어]

【8】 FNG-형 종성 목록 (2개 언어)

마찰음, 비음, 후음으로 이루어진 종성 목록이며 2가지 하위 유형이 존재한다.

자음 부류	마찰음	비음	후음
종성 목록	s, ʃ	n	h

[Isconahua, 총 1개 언어]

자음 부류	마찰음	비음	후음
종성 목록	s	m, n	h

[Sakhalin Ainu, 총 1개 언어]

【9】 FG-형 종성 목록 (1개 언어)

마찰음, 후음으로 이루어진 종성 목록이며 1가지 하위 유형이 존재한다.

자음 부류	마찰음	후음
종성 목록	θ, s, x	ʔ

[Amahuaca, 총 1개 언어]

【10】 FL-형 종성 목록 (1개 언어)

마찰음, 유음으로 이루어진 종성 목록이며 1가지 하위 유형이 존재한다.

자음 부류	마찰음	유음
종성 목록	s, ʂ, ʃ	l

[Kaxararí, 총 1개 언어]

【11】 PFN-형 종성 목록 (1개 언어)

파열음, 마찰음, 비음으로 이루어진 종성 목록이며 1가지 하위 유형이 존재한다.

자음 부류	파열음	마찰음	비음
종성 목록	b	s	m, n

[Aimele, 총 1개 언어]

【12】 PNL-형 종성 목록 (1개 언어)

파열음, 비음, 유음으로 이루어진 종성 목록이며 1가지 하위 유형이 존재한다.

자음 부류	파열음	비음	유음
종성 목록	p	m, ŋ	r

[Kyerung, 총 1개 언어]

【13】 FNL-형 종성 목록 (1개 언어)

마찰음, 비음, 유음으로 이루어진 종성 목록이며 1가지 하위 유형이 존재한다.

자음 부류	마찰음	비음	유음
종성 목록	ɸ	m, n	l

[Bahinemo, 총 1개 언어]

12.2.5. 종성이 5개인 경우 (44개 언어)

【1】 PN-형 종성 목록 (9개 언어)

파열음, 비음으로 이루어진 종성 목록이며 4가지 하위 유형이 존재한다.

자음 부류	파열음	비음
종성 목록	p, t	m, n, ŋ

[Bamun, Dzao Min, Kamayura, Kim Mun, 총 4개 언어]

자음 부류	파열음	비음
종성 목록	p, t, k	m, n

[Galibi Carib, Puiron, Xingú Asuriní, 총 3개 언어]

자음 부류	파열음	비음
종성 목록	t, d	m, n, ŋ

[Cambap-Langa, 총 1개 언어]

자음 부류	파열음	비음
종성 목록	p, k	m, n, ŋ

[Taman(Myanmar), 총 1개 언어]

【2】 PNL-형 종성 목록 (9개 언어)

파열음, 비음, 유음으로 이루어진 종성 목록이며 8가지 하위 유형이 존재한다.

자음 부류	파열음	비음	유음
종성 목록	b	m, ɲ	ɾ, l

[Ngungwel, Southern Birifor, 총 2개 언어]

자음 부류	파열음	비음	유음
종성 목록	b	m, n, ŋ	l

[Lokaa, 총 1개 언어]

자음 부류	파열음	비음	유음
종성 목록	b	m, n	r, l

[Konkomba, 총 1개 언어]

자음 부류	파열음	비음	유음
종성 목록	k	m, n, ŋ	l

[Kula(Indonesia), 총 1개 언어]

자음 부류	파열음	비음	유음
종성 목록	t, k	m, n	l

[Maram Naga, 총 1개 언어]

자음 부류	파열음	비음	유음
종성 목록	t, k	n, ŋ	l

[Kamang, 총 1개 언어]

자음 부류	파열음	비음	유음
종성 목록	p, ʈ	m, ŋ	ɭ

[Kiowa, 총 1개 언어]

자음 부류	파열음	비음	유음
종성 목록	p, q	m, ŋ	ɽ

[Tibetan, 총 1개 언어]

【3】 NL-형 종성 목록 (7개 언어)

비음, 유음으로 이루어진 종성 목록이며 6가지 하위 유형이 존재한다.

자음 부류	비음	유음
종성 목록	m, n, ŋ	ɾ, l

[Belanda Viri, Humburi Senni Songhay, 총 2개 언어]

자음 부류	비음	유음
종성 목록	n, ɲ	ɾ, ɻ, l

[Kuku-Yalanji, 총 1개 언어]

자음 부류	비음	유음
종성 목록	m, n, ɲ	r, l

[Warrgamay, 총 1개 언어]

자음 부류	비음	유음
종성 목록	m, n, ŋ	l, ʟ

[Yom, 총 1개 언어]

자음 부류	비음	유음
종성 목록	m, n, ɲ, ŋ	l

[Northern Kissi, 총 1개 언어]

자음 부류	비음	유음
종성 목록	m, n, ɲ	ɾ, l

[Nyawaygi, 총 1개 언어]

【4】 PNG-형 종성 목록 (5개 언어)

파열음, 비음, 후음으로 이루어진 종성 목록이며 4가지 하위 유형이 존재한다.

자음 부류	파열음	비음	후음
종성 목록	t, k	n, ŋ	ʔ

[Lianghe Achang, Tsat, 총 2개 언어]

자음 부류	파열음	비음	후음
종성 목록	p, k	m, ŋ	ʔ

[Chintang, 총 1개 언어]

자음 부류	파열음	비음	후음
종성 목록	k	m, n, ŋ	ʔ

[Geko Karen, 총 1개 언어]

자음 부류	파열음	비음	후음
종성 목록	p, b	m, ŋ	ʔ

[Yabem, 총 1개 언어]

【5】 NG-형 종성 목록 (2개 언어)

비음, 후음으로 이루어진 종성 목록이며 2가지 하위 유형이 존재한다.

자음 부류	비음	후음
종성 목록	m, n, ɲ, ŋ	ʔ

[Bamunka, 총 1개 언어]

자음 부류	비음	후음
종성 목록	m, n, ɲ	ʔ, h

[Maquiritari, 총 1개 언어]

【6】 PFN-형 종성 목록 (2개 언어)

파열음, 마찰음, 비음으로 이루어진 종성 목록이며 2가지 하위 유형이 존재한다.

자음 부류	파열음	마찰음	비음
종성 목록	t, k	s, ʃ	n

[Matís, 총 1개 언어]

자음 부류	파열음	마찰음	비음
종성 목록	p, k	x	m, ŋ

[Mato, 총 1개 언어]

【7】 FNG-형 종성 목록 (2개 언어)

마찰음, 비음, 후음으로 이루어진 종성 목록이며 2가지 하위 유형이 존재한다.

자음 부류	마찰음	비음	후음
종성 목록	s, ʂ, ʃ	n	ʔ

[Cashibo-Cacataibo, 총 1개 언어]

자음 부류	마찰음	비음	후음
종성 목록	s	m, ŋ	ʔ, h

[Waimiri-Atroari, 총 1개 언어]

【8】 NLG-형 종성 목록 (2개 언어)

비음, 유음, 후음으로 이루어진 종성 목록이며 2가지 하위 유형이 존재한다.

자음 부류	비음	유음	후음
종성 목록	m, n, ŋ	r	ʔ

[Apatani, 총 1개 언어]

자음 부류	비음	유음	후음
종성 목록	m, n, ŋ	ɾ	ʔ

[Parakanã, 총 1개 언어]

【9】 N-형 종성 목록 (1개 언어)

비음으로만 이루어진 종성 목록이며 1가지 하위 유형이 존재한다.

자음 부류	비음
종성 목록	m, n, ɲ, ŋ, ŋm

[Nafaanra, 총 1개 언어]

【10】 P-형 종성 목록 (1개 언어)

파열음으로만 이루어진 종성 목록이며 1가지 하위 유형이 존재한다.

자음 부류	파열음
종성 목록	b, [illegible], d, k, g

[Zo'é, 총 1개 언어]

【11】 PG-형 종성 목록 (1개 언어)

파열음, 후음으로 이루어진 종성 목록이며 1가지 하위 유형이 존재한다.

자음 부류	파열음	후음
종성 목록	p, t, k	ʔ, h

[Mure, 총 1개 언어]

【12】 PFA-형 종성 목록 (1개 언어)

파열음, 마찰음, 파찰음으로 이루어진 종성 목록이며 1가지 하위 유형이 존재한다.

자음 부류	파열음	마찰음	파찰음
종성 목록	p, t, k	ɣ	ʤ

[Suyá, 총 1개 언어]

【13】 PANG-형 종성 목록 (1개 언어)

파열음, 파찰음, 비음, 후음으로 이루어진 종성 목록이며 1가지 하위 유형이 존재한다.

자음 부류	파열음	파찰음	비음	후음
종성 목록	p	ʦ	m, n	ʔ

[Huichol, 총 1개 언어]

【14】 FNLG-형 종성 목록 (1개 언어)

마찰음, 비음, 유음, 후음으로 이루어진 종성 목록이며 1가지 하위 유형이 존재한다.

자음 부류	마찰음	비음	유음	후음
종성 목록	s̪	ŋ	r, l	ʔ

[Coastal Konjo, 총 1개 언어]

12.2.6. 종성이 6개인 경우 (77개 언어)

【1】 PN-형 종성 목록 (45개 언어)

파열음, 비음으로 이루어진 종성 목록이며 4가지 하위 유형이 있다.

자음 부류	파열음	비음
종성 목록	p, t, k	m, n, ŋ

[Akuntsu, Athpariya, Baha Buyang, Bantawa, Bisu, Bouyei, Cao Miao, Cemuhî, Chadong, Chashan, Cross River Mbembe, E, Júma, Kemtuik, Konyak Naga, Leinong Naga, Ma Manda, Maonan, Mulam, Nankina, Nukna, Nung(Viet Nam), Pyen, Rongmei Naga, Sateré-Mawé, Shan, Southern Dong, Southern Pinghua, Sui, Tai Daeng, Tai Pao, Tày, T'en, Turung, Uri, Wantoat, Yau(Morobe Province), Zeme Naga, 총 38개 언어]

자음 부류	파열음	비음
종성 목록	p, t̪, k	m, n̪, ŋ

[Ono, Selepet, Thai, Timbe, Vietnames, 총 5개 언어]

자음 부류	파열음	비음
종성 목록	p, t, k	m, n, ɲ

[Iatmul, 총 1개 언어]

자음 부류	파열음	비음
종성 목록	b, d, g	m, n, ŋ

[Kenyang, 총 1개 언어]

【2】 PNG-형 종성 목록 (8개 언어)

파열음, 비음, 후음으로 이루어진 종성 목록이며 6가지 하위 유형이 있다.

자음 부류	파열음	비음	후음
종성 목록	p, t, k	m, n	ʔ

[Puinave, Oro Win, Urupa, 총 3개 언어]

자음 부류	파열음	비음	후음
종성 목록	p, t, k	m, n	h

[Chang Naga, 총 1개 언어]

자음 부류	파열음	비음	후음
종성 목록	t, k	m, n, ŋ	ʔ

[Khumi Chin, 총 1개 언어]

자음 부류	파열음	비음	후음
종성 목록	p, ṭ	m, ṇ, ŋ	ʔ

[Kaduo, 총 1개 언어]

자음 부류	파열음	비음	후음
종성 목록	p, k	m, ṇ, ŋ	ʔ

[Sangtam Naga, 총 1개 언어]

자음 부류	파열음	비음	후음
종성 목록	ʈ, k	n, ŋ	ʔ, h

[Kerinci, 총 1개 언어]

【3】 NL-형 종성 목록 (6개 언어)

비음, 유음으로 이루어진 종성 목록이며 5가지 하위 유형이 있다.

자음 부류	비음	유음
종성 목록	m, n, ɲ, ŋ	ɾ, l

[Bongo, Koyraboro Senni Songhai, 총 2개 언어]

자음 부류	비음	유음
종성 목록	n, ɳ, ɲ	ɾ, l, ɭ

[Yanda, 총 1개 언어]

자음 부류	비음	유음
종성 목록	m, n, ɲ, ŋ	r, l

[Bissa, 총 1개 언어]

자음 부류	비음	유음
종성 목록	m, n, ɲ	r, ɽ, l

[Dyaabugay, 총 1개 언어]

자음 부류	비음	유음
종성 목록	m, n, ŋ, $ŋ^w$	ɾ, l

[Bana, 총 1개 언어]

【4】 PNL-형 종성 목록 (5개 언어)

파열음, 비음, 유음으로 이루어진 종성 목록이며 5가지 하위 유형이 있다.

자음 부류	파열음	비음	유음
종성 목록	p, ȶ, k	n, ŋ	ɾ

[Gaikundi, 총 1개 언어]

자음 부류	파열음	비음	유음
종성 목록	b	m, n, ŋ	r, l

[Mbe, 총 1개 언어]

자음 부류	파열음	비음	유음
종성 목록	p, b	m, n, ŋ	l

[Nimboran, 총 1개 언어]

자음 부류	파열음	비음	유음
종성 목록	b, d, g	m, n	l

[Taos Northern Tiwa, 총 1개 언어]

자음 부류	파열음	비음	유음
종성 목록	p, t, k	m, n	l

[Nzadi, 총 1개 언어]

【5】 NG-형 종성 목록 (2개 언어)

비음, 후음으로 이루어진 종성 목록이며 2가지 하위 유형이 있다.

자음 부류	비음	후음
종성 목록	m, n, ɳ, ȵ, ŋ	ʔ

[Nung(Myanma), 총 1개 언어]

자음 부류	비음	후음
종성 목록	m, n, ɲ, ŋ	ʔ, h

[Panare, 총 1개 언어]

【6】 FNL-형 종성 목록 (2개 언어)

마찰음, 비음, 유음으로 이루어진 종성 목록이며 2가지 하위 유형이 있다.

자음 부류	마찰음	비음	유음
종성 목록	ɣ	m, n ɲ, ŋ	l

[Mesaka, 총 1개 언어]

자음 부류	마찰음	비음	유음
종성 목록	ʂ, x	m, ŋ	r, ɻ

[Sierra de Juárez Zapotec, 총 1개 언어]

【7】 FNG-형 종성 목록 (2개 언어)

마찰음, 비음, 후음으로 이루어진 종성 목록이며 2가지 하위 유형이 있다.

자음 부류	마찰음	비음	후음
종성 목록	s, ʃ	n, ŋ	ʔ, h

[Cha´palaa, 총 1개 언어]

자음 부류	마찰음	비음	후음
종성 목록	s, ʃ	m, n	ʔ, h

[Temoaya Otomi, 총 1개 언어]

【8】 PFNG-형 종성 목록 (2개 언어)

파열음, 마찰음, 비음, 후음으로 이루어진 종성 목록이며 2가지 하위 유형이 있다.

자음 부류	파열음	마찰음	비음	후음
종성 목록	t, k	s	n, ŋ	h

[Huachipaeri, 총 1개 언어]

자음 부류	파열음	마찰음	비음	후음
종성 목록	b, t, k	s	m	h

[Bauzi, 총 1개 언어]

【9】 PNLG-형 종성 목록 (2개 언어)

파열음, 비음, 유음, 후음으로 이루어진 종성 목록이며 2가지 하위 유형이 있다.

자음 부류	파열음	비음	유음	후음
종성 목록	k	m, n, ŋ	l	h

[Aralle-Tabulahan, 총 1개 언어]

자음 부류	파열음	비음	유음	후음
종성 목록	ʈ, k	n, ŋ	r	ʔ

[Sika, 총 1개 언어]

【10】 PFN-형 종성 목록 (1개 언어)

파열음, 마찰음, 비음으로 이루어진 종성 목록으로 1가지 하위 유형이 있다.

자음 부류	파열음	마찰음	비음
종성 목록	d, k	s, ʂ, ʃ	n

[Matsés, 총 1개 언어]

【11】 NLG-형 종성 목록 (1개 언어)

비음, 유음, 후음으로 이루어진 종성 목록이며 1가지 하위 유형이 있다.

자음 부류	비음	유음	후음
종성 목록	m, ɲ, ŋ	ɾ, l	ʔ

[Manange, 총 1개 언어]

【12】 PFNL-형 종성 목록 (1개 언어)

파열음, 마찰음, 비음, 유음으로 이루어진 종성 목록이며 1가지 하위 유형이 있다.

자음 부류	파열음	마찰음	비음	유음
종성 목록	t	ɣ	m, n, ŋ	ɾ

[Bakoko, 총 1개 언어]

12.2.7. 종성이 7개인 경우 (91개 언어)

【1】 PNG-형 종성 목록 (40개 언어)

파열음, 비음, 후음으로 이루어진 종성 목록이며 6가지 하위 유형이 있다.

자음 부류	파열음	비음	후음
종성 목록	p, t, k	m, n, ŋ	ʔ

[Awetí, Cauho, Daai Chin, Hpon, Iu Mien, Kaang, Lao, Luxi Achang, Maang, Makyan Naga, Man Met, Mang, Maru, Nocte Naga, Northeastern Thai, Northern Jinghpaw, Pangwa Naga, Pela, Shanke, Singpho, Southern Jinghpaw, Wancho Naga, Yimchungru Naga, Yoy, Zaiwa, 총 25개 언어]

자음 부류	파열음	비음	후음
종성 목록	p, t̪, k	m, n̪, ŋ	ʔ

[Kado, Khamti, Limbu, Lü, Min Nan Chinese, Ngomba, 총 6개 언어]

자음 부류	파열음	비음	후음
종성 목록	p, t, k	m, n, ɲ	ʔ

[Chapakura, Kitemoka, Napeca, Torá, Wanyam, Yaru, 총 6개 언어]

자음 부류	파열음	비음	후음
종성 목록	p, t, k	m, n, ŋ	h

[Sedang, 총 1개 언어]

자음 부류	파열음	비음	후음
종성 목록	p, t	m, n, ŋ	ʔ, h

[Achinese, 총 1개 언어]

자음 부류	파열음	비음	후음
종성 목록	b, d, g	m, n	ʔ, h

[Fe'fe', 총 1개 언어]

【2】 PNL-형 종성 목록 (25개 언어)

파열음, 비음, 유음으로 이루어진 종성 목록이며 14가지 하위 유형이 있다.

자음 부류	파열음	비음	유음
종성 목록	p, t, k	m, n, ŋ	ɾ

[Bori-Karko, Hills Karbi, Korean, Mru, Nek, Tagin, Tawang Monpa, Wanang, 총 8개 언어]

자음 부류	파열음	비음	유음
종성 목록	p, t, k	m, n, ŋ	r

[Bokar-Ramo, Chocangacakha, Sorbung, 총 3개 언어]

자음 부류	파열음	비음	유음
종성 목록	p, k	m, n, ŋ	ɾ, l

[Lamjung-Melamchi Yolmo, Seke(Nepal), 총 2개 언어]

자음 부류	파열음	비음	유음
종성 목록	p, t, k	m, n	ɾ, l

[Maring Naga, Namia, 총 2개 언어]

자음 부류	파열음	비음	유음
종성 목록	p, t, k	m, n, ŋ	l

[Kman, 총 1개 언어]

자음 부류	파열음	비음	유음
종성 목록	p, d, k	m, n, ŋ	l

[Donga Mambila, 총 1개 언어]

자음 부류	파열음	비음	유음
종성 목록	p, ʈ, k	m, ɳ, ŋ	ɾ

[Ao Naga, 총 1개 언어]

자음 부류	파열음	비음	유음
종성 목록	ʈ, k	m, ɳ, ŋ	ɽ, l

[Abui, 총 1개 언어]

자음 부류	파열음	비음	유음
종성 목록	d, k	m, n, ɲ	ɾ, l

[Sankaran Maninka, 총 1개 언어]

자음 부류	파열음	비음	유음
종성 목록	b, t, k	m, n, ŋ	l

[Fang(Equatorial Guinea), 총 1개 언어]

자음 부류	파열음	비음	유음
종성 목록	b, g	m, n, ŋ	r, l

[Northern Dagara, 총 1개 언어]

자음 부류	파열음	비음	유음
종성 목록	b	m, n, ɲ, ŋ	ɾ, l

[Western Karaboro, 총 1개 언어]

자음 부류	파열음	비음	유음
종성 목록	b, d, g	m, n, ŋ	ɾ

[Suruí, 총 1개 언어]

자음 부류	파열음	비음	유음
종성 목록	b, ʈ, k	m, ɳ, ŋ	l

[Telefol, 총 1개 언어]

【3】 PN-형 종성 목록 (5개 언어)

파열음, 비음으로 이루어진 종성 목록이며 5가지 하위 유형이 있다.

자음 부류	파열음	비음
종성 목록	p, b, t, k	m, n, ŋ

[Ahom, 총 1개 언어]

자음 부류	파열음	비음
종성 목록	p, t, k	m, n, ɳ, ŋ

[Hlai, 총 1개 언어]

자음 부류	파열음	비음
종성 목록	p, t, k, g	m, n, ŋ

[Ikpeng, 총 1개 언어]

자음 부류	파열음	비음
종성 목록	p, t, k	m, n, ɲ, ŋ

[Karitiâna, 총 1개 언어]

자음 부류	파열음	비음
종성 목록	b, d, k, g	m, n, ŋ

[Meta′, 총 1개 언어]

【4】 PFNL-형 종성 목록 (5개 언어)

파열음, 마찰음, 비음, 유음으로 이루어진 종성 목록이며 5가지 하위 유형이 있다.

자음 부류	파열음	마찰음	비음	유음
종성 목록	p, ʈ, k	s	m, ŋ	r

[Border Kuna, 총 1개 언어]

자음 부류	파열음	마찰음	비음	유음
종성 목록	t, k	z	m, n, ŋ	ɾ

[Tenetehara, 총 1개 언어]

자음 부류	파열음	마찰음	비음	유음
종성 목록	k	f, s	m, n, ɲ	l

[Kom(Cameroon), 총 1개 언어]

자음 부류	파열음	마찰음	비음	유음
종성 목록	t, k	s	m, n, ŋ	l

[Pagu, 총 1개 언어]

자음 부류	파열음	마찰음	비음	유음
종성 목록	p, t, k	s	m, n	ɾ

[San Blas Kuna, 총 1개 언어]

【5】 NL-형 종성 목록 (4개 언어)

비음, 유음으로 이루어진 종성 목록이며 4가지 하위 유형이 있다.

자음 부류	비음	유음
종성 목록	m, n̪, n, ɲ, ŋ	r, l

[Biri, 총 1개 언어]

자음 부류	비음	유음
종성 목록	m, n, ɲ, ŋ	ɾ, r, l

[Central-Eastern Niger Fulfulde, 총 1개 언어]

자음 부류	비음	유음
종성 목록	m, n, ɲ, ŋ	r, ɹ, l

[Wakawaka, 총 1개 언어]

자음 부류	비음	유음
종성 목록	m, n̪, n̪ʲ, ɳ, ŋ	ɽ, ɻ

[Wanyi, 총 1개 언어]

【6】 PFN-형 종성 목록 (3개 언어)

파열음, 마찰음, 비음으로 이루어진 종성 목록이며 3가지 하위 유형이 있다.

자음 부류	파열음	마찰음	비음
종성 목록	p, t̪, k	β	m, n̪, ŋ

[Hote, 총 1개 언어]

자음 부류	파열음	마찰음	비음
종성 목록	p, t, k	s, ʃ	m, n

[Korubo, 총 1개 언어]

자음 부류	파열음	마찰음	비음
종성 목록	p, t, k	s	m, n, ŋ

[Tshangla, 총 1개 언어]

【7】 FNL-형 종성 목록 (2개 언어)

마찰음, 비음, 유음으로 이루어진 종성 목록이며 2가지 하위 유형이 있다.

자음 부류	마찰음	비음	유음
종성 목록	f, s, ʃ	m, n	ɾ, l

[Bussa, 총 1개 언어]

자음 부류	마찰음	비음	유음
종성 목록	ʂ	m, ɳ	ɽ, ɭ

[Inga, 총 1개 언어]

【8】 PAN-형 종성 목록 (1개 언어)

파열음, 파찰음, 비음으로 이루어진 종성 목록이며 1가지 하위 유형이 있다.

자음 부류	파열음	파찰음	비음
종성 목록	p, t	ʧ	m, n, ɲ, ŋ

[Maxakalí, 총 1개 언어]

【9】 PFAN-형 종성 목록 (1개 언어)

파열음, 마찰음, 파찰음, 비음으로 이루어진 종성 목록이며 1가지 하위 유형이 있다.

자음 부류	파열음	마찰음	파찰음	비음
종성 목록	p, t, k	ʃ	ʦ	m, n

[Isthmus Mixe, 총 1개 언어]

【10】 PFNG-형 종성 목록 (2개 언어)

파열음, 마찰음, 비음, 후음으로 이루어진 종성 목록이며 2가지 하위 유형이 있다.

자음 부류	파열음	마찰음	비음	후음
종성 목록	t̪, k	x	m, n̪, ŋ	ʔ

[Danau, 총 1개 언어]

자음 부류	파열음	마찰음	비음	후음
종성 목록	p, k	v	m, n, ŋ	ʔ

[Lotha Naga, 총 1개 언어]

【11】 PNLG-형 종성 목록 (1개 언어)

파열음, 비음, 유음, 후음으로 이루어진 종성 목록이며 1가지 하위 유형이 있다.

자음 부류	파열음	비음	유음	후음
종성 목록	p, t, k	m, n	ɾ	h

[Pará Gavião, 총 1개 언어]

【12】 FNLG-형 종성 목록 (1개 언어)

마찰음, 비음, 유음, 후음으로 이루어진 증성 목록이며 1가지 하위 유형이 있다.

자음 부류	마찰음	비음	유음	후음
종성 목록	f, s̪, ʃ	m, n̪	ɹ̪	h

[Fulniô, 총 1개 언어]

【13】 PFNLG-형 종성 목록 (1개 언어)

파열음, 마찰음, 비음, 유음, 후음으로 이루어진 종성 목록이며 1가지 하위 유형이 있다.

자음 부류	파열음	마찰음	비음	유음	후음
종성 목록	t̪, k	s̪	n̪	ɾ̪, ɹ̪	ʔ

[Makasae-Makalero, 총 1개 언어]

12.2.8. 종성이 8개인 경우 (63개 언어)

【1】 PFNL-형 종성 목록 (20개 언어)

파열음, 마찰음, 비음, 유음으로 이루어진 종성 목록이며 17가지 하위 유형이 있다.

자음 부류	파열음	마찰음	비음	유음
종성 목록	p, t, k	s	m, n	r, l

[Cacaopera, Mauwake, 총 2개 언어]

자음 부류	파열음	마찰음	비음	유음
종성 목록	p, t, k	s	m, n, ŋ	r

[Barok, Baham, 총 2개 언어]

자음 부류	파열음	마찰음	비음	유음
종성 목록	b, t, k	s	m, n, ŋ	l

[Mian, Tifal, 총 2개 언어]

자음 부류	파열음	마찰음	비음	유음
종성 목록	p, t, k	s	m, n, ŋ	l

[Atong(India), 총 1개 언어]

자음 부류	파열음	마찰음	비음	유음
종성 목록	p, t, k	s	m, ŋ	r, l

[Papuan Malay, 총 1개 언어]

자음 부류	파열음	마찰음	비음	유음
종성 목록	p, t, k	ʁ	m, n, ŋ	ɾ

[Avá-Canoeiro, 총 1개 언어]

자음 부류	파열음	마찰음	비음	유음
종성 목록	p, ʈ, k	ç	m, ɳ, ŋ	ɾ

[Dakpakha, 총 1개 언어]

자음 부류	파열음	마찰음	비음	유음
종성 목록	p, k	ʃ	m, n, ŋ	r, l

[Dzongkha, 총 1개 언어]

자음 부류	파열음	마찰음	비음	유음
종성 목록	p, ʈ, k	s	m, n	r, l

[Waigeo, 총 1개 언어]

자음 부류	파열음	마찰음	비음	유음
종성 목록	t, d, k, g	s	m, n	l

[Faiwol, 총 1개 언어]

자음 부류	파열음	마찰음	비음	유음
종성 목록	b, d, k	s	m, n, ɲ	l

[Koonzime, 총 1개 언어]

자음 부류	파열음	마찰음	비음	유음
종성 목록	t, k	f, s	m, n	r, l

[Mehek, 총 1개 언어]

자음 부류	파열음	마찰음	비음	유음
종성 목록	t, k	f, s	m, n, ŋ	l

[Bimin, 총 1개 언어]

자음 부류	파열음	마찰음	비음	유음
종성 목록	p, t, k	f, s	m, n	r

[Abun, 총 1개 언어]

자음 부류	파열음	마찰음	비음	유음
종성 목록	b, k	f, s	m, n, ŋ	l

[Oku, 총 1개 언어]

자음 부류	파열음	마찰음	비음	유음
종성 목록	t	v, ɣ	m, n, ŋ	ɾ, l

[Khroskyabs, 총 1개 언어]

자음 부류	파열음	마찰음	비음	유음
종성 목록	t	v, ɣ	m, n, ŋ	ɾ, l

[Tshobdun, 총 1개 언어]

【2】 PNL-형 종성 목록 (15개 언어)

파열음, 비음, 유음으로 이루어진 종성 목록이며 10가지 하위 유형이 있다.

자음 부류	파열음	비음	유음
종성 목록	p, t, k	m, n, ŋ	r, l

[Haka Chin, Hausa States Fulfulde, Kharam Naga, Mizo, 총 4개 언어]

자음 부류	파열음	비음	유음
종성 목록	p, t, k	m, n, ŋ	ɾ, l

[Chothe, Milang, Pankhu, 총 3개 언어]

자음 부류	파열음	비음	유음
종성 목록	p, t, k, k^w	m, n, ŋ	l

[Burum-Mindik, 총 1개 언어]

자음 부류	파열음	비음	유음
종성 목록	p, ʈ, k	m, ɳ, ŋ	r, ɭ

[Lepcha, 총 1개 언어]

자음 부류	파열음	비음	유음
종성 목록	p, ʈ, t, k	m, n ŋ	ɾ

[Solu-Khumbu Sherpa, 총 1개 언어]

자음 부류	파열음	비음	유음
종성 목록	d	m, n, ɲ, ŋ	ɾ, ɹ, l

[Warrongo, 총 1개 언어]

자음 부류	파열음	비음	유음
종성 목록	ɓ, ɗ, k	m, n, ŋ	r, l

[Kuo, 총 1개 언어]

자음 부류	파열음	비음	유음
종성 목록	b, d, g	m, n, ŋ	ɾ, l

[Nkem-Nkum, 총 1개 언어]

자음 부류	파열음	비음	유음
종성 목록	p, b, k	m, n, ŋ	ɾ, l

[Kyak, 총 1개 언어]

자음 부류	파열음	비음	유음
종성 목록	b, d, g	m, n, ŋ, $ŋ^w$	ɾ

[Nizaa, 총 1개 언어]

【3】 PNG-형 종성 목록 (8개 언어)

파열음, 비음, 후음으로 이루어진 종성 목록이며 2가지 하위 유형이 있다.

자음 부류	파열음	비음	후음
종성 목록	p, t, k	m, n, ŋ	ʔ, h

[Central Berawan, Kiput, Moken, Nyeu, Rumai Palaung, Zhenkang Wa, 총 6개 언어]

자음 부류	파열음	비음	후음
종성 목록	p, t, k	m, n, ɲ, ŋ	ʔ

[East Berawan, Krenak, 총 2개 언어]

【4】 PNLG-형 종성 목록 (7개 언어)

파열음, 비음, 유음, 후음으로 이루어진 종성 목록이며 6가지 하위 유형이 있다.

자음 부류	파열음	비음	유음	후음
종성 목록	p, t, k	m, n, ŋ	ɾ	ʔ

[Damu, Yakkha, 총 2개 언어]

자음 부류	파열음	비음	유음	후음
종성 목록	p, t, k	m, n, ɲ	ɾ	ʔ

[Kuyubi, 총 1개 언어]

자음 부류	파열음	비음	유음	후음
종성 목록	t, k	m, n, ŋ	ɾ, l	ʔ

[Dhimal, 총 1개 언어]

자음 부류	파열음	비음	유음	후음
종성 목록	p, k	m, n, ŋ	ɾ, l	ʔ

[Sikkimese, 총 1개 언어]

자음 부류	파열음	비음	유음	후음
종성 목록	p, t, k	m, n, ŋ	r	ʔ

[Anu, 총 1개 언어]

자음 부류	파열음	비음	유음	후음
종성 목록	p, t, k	m, n, ŋ	l	ʔ

[Laha(Viet Nam), 총 1개 언어]

【5】 PFNLG-형 종성 목록 (5개 언어)

파열음, 마찰음, 비음, 유음, 후음으로 이루어진 종성 목록이며 5가지 하위 유형이 있다.

자음 부류	파열음	마찰음	비음	유음	후음
종성 목록	p, ɹ, k	f	m, ŋ	ɺ	h

[Alabama, 총 1개 언어]

자음 부류	파열음	마찰음	비음	유음	후음
종성 목록	p, t, k	s	n	r, l	ʔ

[Bunak, 총 1개 언어]

자음 부류	파열음	마찰음	비음	유음	후음
종성 목록	t	s, ʃ	m, n	ɾ	ʔ, h

[San Francisco Matlatzinca, 총 1개 언어]

자음 부류	파열음	마찰음	비음	유음	후음
종성 목록	p, t, k	s	m, n	r	h

[Tugun, 총 1개 언어]

자음 부류	파열음	마찰음	비음	유음	후음
종성 목록	t, k	ɬ, ç	n, ŋ̟	l	ʔ

[Upper Tanana, 총 1개 언어]

【6】 PFNG-형 종성 목록 (2개 언어)

파열음, 마찰음, 비음, 후음으로 이루어진 종성 목록이며 2가지 하위 유형이 있다.

자음 부류	파열음	마찰음	비음	후음
종성 목록	p, ʈ, k	s	m, ɳ, ŋ	h

[Bumthangkha, 총 1개 언어]

자음 부류	파열음	마찰음	비음	후음
종성 목록	p, t, k	s, x	m, n	ʔ

[Sanapaná, 총 1개 언어]

【7】 PN-형 종성 목록 (1개 언어)

파열음, 비음으로 이루어진 종성 목록이며 1가지 하위 유형이 있다.

자음 부류	파열음	비음
종성 목록	p, t, c, k, q	m, n, ŋ

[Northwest Alaska Inupiatun, 총 1개 언어]

【8】 NL-형 종성 목록 (1개 언어)

비음, 유음으로 이루어진 종성 목록이며 1가지 하위 유형이 있다.

자음 부류	비음	유음
종성 목록	m, ɳ, n, ɲ, ŋ	ɾ, r, l

[Wulguru, 총 1개 언어]

【9】 PFN-형 종성 목록 (1개 언어)

파열음, 마찰음, 비음으로 이루어진 종성 목록이며 1가지 하위 유형이 있다.

자음 부류	파열음	마찰음	비음
종성 목록	p, t, k	s, ʃ	m, n, ɲ

[Wayuu, 총 1개 언어]

【10】 PAN-형 종성 목록 (1개 언어)

파열음, 파찰음, 비음으로 이루어진 종성 목록이며 1가지 하위 유형이 있다.

자음 부류	파열음	파찰음	비음
종성 목록	p, t, k	ʧ	m, n, ɲ, ŋ

[Tai Do-Mene-Yo, 총 1개 언어]

【11】 PFAN-형 종성 목록 (1개 언어)

파열음, 마찰음, 파찰음, 비음으로 이루어진 종성 목록이며 1가지 하위 유형이 있다.

자음 부류	파열음	마찰음	파찰음	비음
종성 목록	p, t, k	ʃ	ʦ	m, n, ŋ

[Coatlán Mixe, 총 1개 언어]

【12】 PFANG-형 종성 목록 (1개 언어)

파열음, 마찰음, 파찰음, 비음, 후음으로 이루어진 종성 목록이며 1가지 하위 유형이 있다.

자음 부류	파열음	마찰음	파찰음	비음	후음
종성 목록	p, t, k	ʂ	ʦ	m, n	h

[Tlahuitoltepec Mixe, 총 1개 언어]

12.2.9. 종성이 9개인 경우 (51개 언어)

【1】 PFNL-형 종성 목록 (25개 언어)

파열음, 마찰음, 비음, 유음으로 이루어진 종성 목록이며 18가지 하위 유형이 있다.

자음 부류	파열음	마찰음	비음	유음
종성 목록	p, t, k	s	m, n, ŋ	ɾ, l

[Gbaya-Mbodomo, Khaling, Koch, Mengen, Siar-Lak, 총 5개 언어]

자음 부류	파열음	마찰음	비음	유음
종성 목록	p, t, k	s	m, n, ŋ	r, l

[Bierebo, Goemai, Kalamang, Kim, 총 4개 언어]

자음 부류	파열음	마찰음	비음	유음
종성 목록	p, t, k	s	m, n, ŋ	l, $l^{ɾ}$

[Weri, 총 1개 언어]

자음 부류	파열음	마찰음	비음	유음
종성 목록	p, t, k	s	m, n, ɲ, ŋ	ɾ

[Mandari, 총 1개 언어]

자음 부류	파열음	마찰음	비음	유음
종성 목록	p, t, k	x	m, n, ŋ	ɽ, l

[Bonan, 총 1개 언어]

자음 부류	파열음	마찰음	비음	유음
종성 목록	p, t̪, k	s̪	m, n, ŋ	r, l

[Bahing, 총 1개 언어]

자음 부류	파열음	마찰음	비음	유음
종성 목록	p, ʈ, k	ʂ	m, ɳ, ŋ	ɻ, ɭ

[Bunan, 총 1개 언어]

자음 부류	파열음	마찰음	비음	유음
종성 목록	p, ʈ, k	ʂ	m, ɳ, ŋ	ɽ, ɭ

[Eastern Newari, 총 1개 언어]

자음 부류	파열음	마찰음	비음	유음
종성 목록	p, ʈ, k	ʂ	m, ɳ, ŋ	ɽ, ɭ

[Kurtokha, 총 1개 언어]

자음 부류	파열음	마찰음	비음	유음
종성 목록	p, t, k	f, s	m, n, ŋ	r

[Kuot, 총 1개 언어]

자음 부류	파열음	마찰음	비음	유음
종성 목록	p, k	f, s, ʕ	m, n, ŋ	ɾ

[Nyokon, 총 1개 언어]

자음 부류	파열음	마찰음	비음	유음
종성 목록	p, t, k	f, s	m, n, ŋ	l

[Kusaal, 총 1개 언어]

자음 부류	파열음	마찰음	비음	유음
종성 목록	p, k	β, f, s	m, n	r, l

[Biak, 총 1개 언어]

자음 부류	파열음	마찰음	비음	유음
종성 목록	p, t, k	β, s	m, n, ŋ	ɾ

[Wandamen, 총 1개 언어]

자음 부류	파열음	마찰음	비음	유음
종성 목록	ʈ	ʂ, ɣ, ʁ	m, ɳ, ŋ	ɽ, ɭ

[Japhug, 총 1개 언어]

자음 부류	파열음	마찰음	비음	유음
종성 목록	t, k	f, s	m, n, ŋ	r, l

[Lavukaleve, 총 1개 언어]

자음 부류	파열음	마찰음	비음	유음
종성 목록	b, d, g, kp	z	m, n, ŋ	l

[Eton-Mengisa, 총 1개 언어]

자음 부류	파열음	마찰음	비음	유음
종성 목록	b, t, d, k	s	m, n, ŋ	l

[Una, 총 1개 언어]

【2】 PNLG-형 종성 목록 (6개 언어)

파열음, 비음, 유음, 후음으로 이루어진 종성 목록이며 6가지 하위 유형이 있다.

자음 부류	파열음	비음	유음	후음
종성 목록	b, t, d	m, n, ŋ	ɾ, l	ʔ

[Bine, 총 1개 언어]

자음 부류	파열음	비음	유음	후음
종성 목록	b, d, g	m, n, ŋ	r, l	ʔ

[Dii, 총 1개 언어]

자음 부류	파열음	비음	유음	후음
종성 목록	p, t, k	m, n, ŋ	ɾ, l	ʔ

[Nga La, 총 1개 언어]

자음 부류	파열음	비음	유음	후음
종성 목록	p, t, k	m, n, ŋ	ɽ, l	ʔ

[Western Bru, 총 1개 언어]

자음 부류	파열음	비음	유음	후음
종성 목록	p, t, k	m, n, ŋ	l	ʔ, h

[Jeh, 총 1개 언어]

자음 부류	파열음	비음	유음	후음
종성 목록	p, t, k	m, n, ŋ	r, l	ʔ

[Ralte, 총 1개 언어]

【3】 PFANG-형 종성 목록 (5개 언어)

파열음, 마찰음, 파찰음, 비음, 후음으로 이루어진 종성 목록이며 5가지 하위 유형이 있다.

자음 부류	파열음	마찰음	파찰음	비음	후음
종성 목록	p, t, t^w, k, k^w	s	ʧ	n	h

[Naskapi, 총 1개 언어]

자음 부류	파열음	마찰음	파찰음	비음	후음
종성 목록	p, t, k	s, ʂ	ʦ	m, n	h

[Ayutla Mixe, 총 1개 언어]

자음 부류	파열음	마찰음	파찰음	비음	후음
종성 목록	p, t, k	ʃ	ʦ	m, n, ŋ	ʔ

[Chimalapa Zoque, 총 1개 언어]

자음 부류	파열음	마찰음	파찰음	비음	후음
종성 목록	p, t, k	s	ʦ	m, n	ʔ, h

[Menominee, 총 1개 언어]

자음 부류	파열음	마찰음	파찰음	비음	후음
종성 목록	p, t̪, k	ð, s̪	ʦ	m, n	h

[Woods Cree, 총 1개 언어]

【4】 PFNLG-형 종성 목록 (3개 언어)

파열음, 마찰음, 비음, 유음, 후음으로 이루어진 종성 목록이며 3가지 하위 유형이 있다.

자음 부류	파열음	마찰음	비음	유음	후음
종성 목록	p, t, k	s	m, n, ŋ	ɾ	ʔ

[Kalaktang Monpa, 총 1개 언어]

자음 부류	파열음	마찰음	비음	유음	후음
종성 목록	p, t, k	s, ɬ	m, n	l	h

[Movima, 총 1개 언어]

자음 부류	파열음	마찰음	비음	유음	후음
종성 목록	g	f, s	m, n, ɲ, ŋ	l	ʔ

[Mmen, 총 1개 언어]

【5】 PNL-형 종성 목록 (2개 언어)

파열음, 비음, 유음으로 이루어진 종성 목록이며 2가지 하위 유형이 있다.

자음 부류	파열음	비음	유음
종성 목록	p, t, c, k	m, n, ɲ, ŋ	l

[Muak, 총 1개 언어]

자음 부류	파열음	비음	유음
종성 목록	d̪ʲ	m, n̪, n, ɳ	r, ɻ, l, ɭ

[Yanyuwa, 총 1개 언어]

【6】 PFNG-형 종성 목록 (2개 언어)

파열음, 마찰음, 비음, 후음으로 이루어진 종성 목록이며 2가지 하위 유형이 있다.

자음 부류	파열음	마찰음	비음	후음
종성 목록	p, b, t, d, k	v	m, n	ʔ

[Wano, 총 1개 언어]

자음 부류	파열음	마찰음	비음	후음
종성 목록	p, t̪, k	s̪, ʃ, x	m, n̪	h

[Stoney, 총 1개 언어]

【7】 PFANLG-형 종성 목록 (2개 언어)

파열음, 마찰음, 파찰음, 비음, 유음, 후음으로 이루어진 종성 목록이며 2가지 하위 유형이 있다.

자음 부류	파열음	마찰음	파찰음	비음	유음	후음
종성 목록	ʈ, k	s̠, ʃ	ʦ, ʧ	ŋ	ɻ	h

[Highland Puebla Nahuatl, 총 1개 언어]

자음 부류	파열음	마찰음	파찰음	비음	유음	후음
종성 목록	p, t, k	s	ʧ	m, n	l	h

[Northeast Maidu, 총 1개 언어]

【8】 NL-형 종성 목록 (1개 언어)

비음, 유음으로 이루어진 종성 목록이며 1가지 하위 유형이 있다.

자음 부류	비음	유음
종성 목록	m, n, ɳ, ɲ, ŋ	ɾ, l, ɭ, ʎ

[Pitjantjatjara, 총 1개 언어]

【9】 PAG-형 종성 목록 (1개 언어)

파열음, 파찰음, 후음으로 이루어진 종성 목록이며 1가지 하위 유형이 있다.

자음 부류	파열음	파찰음	후음
종성 목록	p, b, t, d, k, g	ʤ	ʔ, h

[Nukak Makú, 총 1개 언어]

【10】 PNG-형 종성 목록 (1개 언어)

파열음, 비음, 후음으로 이루어진 종성 목록이며 1가지 하위 유형이 있다.

자음 부류	파열음	비음	후음
종성 목록	p, b, t, d, k	m, n, ŋ	h

[Liangmai Naga, 총 1개 언어]

【11】 PFAN-형 종성 목록 (1개 언어)

파열음, 마찰음, 파찰음, 비음으로 이루어진 종성 목록이며 1가지 하위 유형이 있다.

자음 부류	파열음	마찰음	파찰음	비음
종성 목록	p, ṭ, k	s, ʃ, x	ʧ	m, ŋ

[Assiniboine, 총 1개 언어]

【12】 PANL-형 종성 목록 (1개 언어)

파열음, 파찰음, 비음, 유음으로 이루어진 종성 목록이며 1가지 하위 유형이 있다.

자음 부류	파열음	파찰음	비음	유음
종성 목록	p, t, k	ʧ	m, n, ɲ, ŋ	l

[Muong, 총 1개 언어]

【13】 PANLG-형 종성 목록 (1개 언어)

파열음, 파찰음, 비음, 유음, 후음으로 이루어진 종성 목록이며 1가지 하위 유형이 있다.

자음 부류	파열음	파찰음	비음	유음	후음
종성 목록	p, t, k	ʧ	m, n, ɲ	ɾ	ʔ

[Apinayé, 총 1개 언어]

12.2.10. 종성이 10개인 경우 (45개 언어)

【1】 PFNLG-형 종성 목록 (14개 언어)

파열음, 마찰음, 비음, 유음, 후음으로 이루어진 종성 목록이며 12가지 하위 유형이 있다.

자음 부류	파열음	마찰음	비음	유음	후음
종성 목록	p, t, k	s	m, n, ŋ	r, l	h

[Sursurunga, Brunei-Sabah Malay, 총 2개 언어]

자음 부류	파열음	마찰음	비음	유음	후음
종성 목록	p, t, k	s	m, n, ŋ	ɾ, l	ʔ

[Hmar, Koi, 총 2개 언어]

자음 부류	파열음	마찰음	비음	유음	후음
종성 목록	p, t, k	s	m, n, ŋ	r, l	ʔ

[Balantak, 총 1개 언어]

자음 부류	파열음	마찰음	비음	유음	후음
종성 목록	p, t, d, k	s	m, n, ŋ	l	h

[Roma, 총 1개 언어]

자음 부류	파열음	마찰음	비음	유음	후음
종성 목록	p, t, k	s, x	m, n, ŋ	l	h

[Semat, 총 1개 언어]

자음 부류	파열음	마찰음	비음	유음	후음
종성 목록	p, t, k	s	m, n, ŋ	l	ʔ, h

[Thavung, 총 1개 언어]

자음 부류	파열음	마찰음	비음	유음	후음
종성 목록	p, t, k	s, z	m, n, ŋ	ɽ	ʔ

[Awar, 총 1개 언어]

자음 부류	파열음	마찰음	비음	유음	후음
종성 목록	p, t, k	ʃ	m, n, ŋ	r, l	h

[Standard Malay, 총 1개 언어]

자음 부류	파열음	마찰음	비음	유음	후음
종성 목록	p, t̪, k	s	m, n, ŋ	r, l	ʔ

[Madurese, 총 1개 언어]

자음 부류	파열음	마찰음	비음	유음	후음
종성 목록	p, t̪, k	ʃ	m, n̪, ŋ	l	ʔ, h

[Haroi, 총 1개 언어]

자음 부류	파열음	마찰음	비음	유음	후음
종성 목록	p, t̪, k	s̪	m, n̪, ŋ	r̪, l̪	h

[Batak Karo, 총 1개 언어]

자음 부류	파열음	마찰음	비음	유음	후음
종성 목록	p, b, t, k, g	s	m, n	l	h

[Misima-Paneati, 총 1개 언어]

【2】 PFNL-형 종성 목록 (9개 언어)

파열음, 마찰음, 비음, 유음으로 이루어진 종성 목록이며 9가지 하위 유형이 있다.

자음 부류	파열음	마찰음	비음	유음
종성 목록	p, t, k	β, s, ɉ	m, n	r, l

[Maiani, 총 1개 언어]

자음 부류	파열음	마찰음	비음	유음
종성 목록	p, t, k	β, s	m, n, ŋ	ɾ, l

[Tigak, 총 1개 언어]

자음 부류	파열음	마찰음	비음	유음
종성 목록	t	v, x, ɣ, χ	m, n, ŋ	ɽ, l

[Horpa, 총 1개 언어]

자음 부류	파열음	마찰음	비음	유음
종성 목록	b, ɓ	f, s, z	m, n	ɾ, ɽ, l

[Hausa, 총 1개 언어]

자음 부류	파열음	마찰음	비음	유음
종성 목록	p, k	s, ʂ, ʃ	m, n	ɾ, l, ʎ

[Totoro, 총 1개 언어]

자음 부류	파열음	마찰음	비음	유음
종성 목록	p, t, k	s, ʃ	m, n, ɲ, ŋ	ɾ

[Teribe, 총 1개 언어]

자음 부류	파열음	마찰음	비음	유음
종성 목록	p, t, d, k	s	m, n, ŋ	ɾ, l

[Kafoa, 총 1개 언어]

자음 부류	파열음	마찰음	비음	유음
종성 목록	p, t, q	s, ɕ	m, n, ŋ	r, l

[Tu, 총 1개 언어]

자음 부류	파열음	마찰음	비음	유음
종성 목록	p, t, k	s, ɣ	m, n, ŋ	r, l

[Yil, 총 1개 언어]

【3】 PNLG-형 종성 목록 (5개 언어)

파열음, 비음, 유음, 후음으로 이루어진 종성 목록이며 4가지 하위 유형이 있다.

자음 부류	파열음	비음	유음	후음
종성 목록	p, t, k	m, n, ŋ	ɾ, l	ʔ, h

[Eastern Cham, Bit, 총 2개 언어]

자음 부류	파열음	비음	유음	후음
종성 목록	p, t, c, k	m, n, ɲ, ŋ	l	h

[Arem, 총 1개 언어]

자음 부류	파열음	비음	유음	후음
종성 목록	p, t, k	m, n, ŋ	r, ɽ	ʔ, h

[Shwe Palaung, 총 1개 언어]

자음 부류	파열음	비음	유음	후음
종성 목록	p, t, k	m, n, ŋ	l, l̥	ʔ, h

[Blang, 총 1개 언어]

【4】 PNL-형 종성 목록 (4개 언어)

파열음, 비음, 유음으로 이루어진 종성 목록이며 3가지 하위 유형이 있다.

자음 부류	파열음	비음	유음
종성 목록	p, t, c, k	m, n, ɲ, ŋ	ɾ, l

[Hung, Maleng, 총 2개 언어]

자음 부류	파열음	비음	유음
종성 목록	b, k	m, n̪, n, ɲ, ŋ	r, l, ɭ

[Malayalam, 총 1개 언어]

자음 부류	파열음	비음	유음
종성 목록	p, b, t, d, k, g	m, ɲ, ŋ	ɾ

[Murik(Papua New Guinea), 총 1개 언어]

【5】 PANG-형 종성 목록 (3개 언어)

파열음, 파찰음, 비음, 후음으로 이루어진 종성 목록이며 2가지 하위 유형이 있다.

자음 부류	파열음	파찰음	비음	후음
종성 목록	p, t, k	ʧ	m, n, ɲ, ŋ	ʔ, h

[Samtao, Ximeng-Menglian Awa, 총 2개 언어]

자음 부류	파열음	파찰음	비음	후음
종성 목록	p, t, k	ʨ	m, n, ɲ, ŋ	ʔ, h

[Ruching Palaung, 총 1개 언어]

【6】 PFN-형 종성 목록 (2개 언어)

파열음, 마찰음, 비음으로 이루어진 종성 목록이며 2가지 하위 유형이 있다.

자음 부류	파열음	마찰음	비음
종성 목록	p, t, k	s	m, m^h, n, n^h, ŋ, $ŋ^h$

[Eastern Magar, 총 1개 언어]

자음 부류	파열음	마찰음	비음
종성 목록	p, b, t, d, k, g	s	m, n, ŋ

[Nabak, 총 1개 언어]

【7】 PNG-형 종성 목록 (2개 언어)

파열음, 비음, 후음으로 이루어진 종성 목록이며 1가지 하위 유형이 있다.

자음 부류	파열음	비음	후음
종성 목록	p, t, c, k	m, n, ɲ, ŋ	ʔ, h

[Nyaheun, Western Lawa, 총 2개 언어]

【8】 PN-형 종성 목록 (1개 언어)

파열음, 비음으로 이루어진 종성 목록이며 1가지 하위 유형이 있다.

자음 부류	파열음	비음
종성 목록	p, pʷ, t, c, k	m, mʷ, n, ɲ, ŋ

[Belep, 총 1개 언어]

【9】 FNL-형 종성 목록 (1개 언어)

마찰음, 비음, 유음으로 이루어진 종성 목록이며 1가지 하위 유형이 있다.

자음 부류	마찰음	비음	유음
종성 목록	θ, s	m, n, ɲ	r, rr, l, ʎ

[Asturian-Leonese-Cantabrian, 총 1개 언어]

【10】 PFAN-형 종성 목록 (1개 언어)

파열음, 마찰음, 파찰음, 비음으로 이루어진 종성 목록이며 1가지 하위 유형이 있다.

자음 부류	파열음	마찰음	파찰음	비음
종성 목록	p, ʈ, t, k, g	s	ʧ	m, n, ŋ

[Bom-Kim, 총 1개 언어]

【11】 PFANG-형 종성 목록 (1개 언어)

파열음, 마찰음, 파찰음, 비음, 후음으로 이루어진 종성 목록이며 1가지 하위 유형이 있다.

자음 부류	파열음	마찰음	파찰음	비음	후음
종성 목록	p, t, k	s	ʦ	m, n, ŋ	ʔ, h

[Highland Popoluca, 총 1개 언어]

【12】 PANLG-형 종성 목록 (1개 언어)
파열음, 파찰음, 비음, 유음, 후음으로 이루어진 종성 목록이며 1가지 하위 유형이 있다.

자음 부류	파열음	파찰음	비음	유음	후음
종성 목록	t, k, g	ʧ	m, n, ŋ	ɾ, l	ʔ

[Gata', 총 1개 언어]

【13】 PFANLG-형 종성 목록 (1개 언어)
파열음, 마찰음, 파찰음, 비음, 유음, 후음으로 이루어진 종성 목록이며 1가지 하위 유형이 있다.

자음 부류	파열음	마찰음	파찰음	비음	유음	후음
종성 목록	b, t, k	s	ʦ	m, n, ŋ	l	h

[Apma, 총 1개 언어]

12.2.11. 종성이 11개인 경우 (48개 언어)

【1】 PFNLG-형 종성 목록 (15개 언어)
파열음, 마찰음, 비음, 유음, 후음으로 이루어진 종성 목록이며 13가지 하위 유형이 있다.

자음 부류	파열음	마찰음	비음	유음	후음
종성 목록	p, t, k	s	m, n, ŋ	r, l	ʔ, h

[Iban, Kele(Papua New Guinea), Mateq, 총 3개 언어]

자음 부류	파열음	마찰음	비음	유음	후음
종성 목록	p, t, k, g	s	m, n, ŋ	r, l	ʔ

[Tondano, 총 1개 언어]

자음 부류	파열음	마찰음	비음	유음	후음
종성 목록	p, t, k	s, x	m, n, ŋ	r, l	h

[Lote, 총 1개 언어]

자음 부류	파열음	마찰음	비음	유음	후음
종성 목록	p, t, k	s, ʃ	m, n, ŋ	l	ʔ, h

[Washo, 총 1개 언어]

자음 부류	파열음	마찰음	비음	유음	후음
종성 목록	p, t, k	ʃ	m, n, ɽ	ɾ, l	ʔ, h

[Chru, 총 1개 언어]

자음 부류	파열음	마찰음	비음	유음	후음
종성 목록	p, t, d, k	s	m, n, ŋ	r, l	ʔ

[Arop-Lokep, 총 1개 언어]

자음 부류	파열음	마찰음	비음	유음	후음
종성 목록	p, ʈ, k	s, ç	m, ɳ, ŋ	r, ɭ	ʔ

[Wayu, 총 1개 언어]

자음 부류	파열음	마찰음	비음	유음	후음
종성 목록	p, b, t, d, k	f, s	m, n	r	ʔ

[Sobei, 총 1개 언어]

자음 부류	파열음	마찰음	비음	유음	후음
종성 목록	p, b, t, g	f, s	m, n	l	ʔ, h

[Mufian, 총 1개 언어]

자음 부류	파열음	마찰음	비음	유음	후음
종성 목록	p, ʈ, c, k	ç	m, ȵ, ŋ	l	ʔ, h

[Kaco', 총 1개 언어]

자음 부류	파열음	마찰음	비음	유음	후음
종성 목록	t, k	ɸ, f, s	m, n, ŋ	r, l	h

[Kola, 총 1개 언어]

자음 부류	파열음	마찰음	비음	유음	후음
종성 목록	p, t, k, g	s	m, n, ɲ, ŋ	r	ʔ

[Yinchia, 총 1개 언어]

자음 부류	파열음	마찰음	비음	유음	후음
종성 목록	p, t, k	s	m, n, ŋ	r, l	ʔ, h

[Halang, 총 1개 언어]

【2】 PFNL-형 종성 목록 (9개 언어)

파열음, 마찰음, 비음, 유음으로 이루어진 종성 목록이며 7가지 하위 유형이 있다.

자음 부류	파열음	마찰음	비음	유음
종성 목록	p, t, k	f, s, ɬ	m, n, ŋ	ɾ, l

[Musey, Saya, 총 2개 언어]

자음 부류	파열음	마찰음	비음	유음
종성 목록	p, t, k	f, s	m, n, ɲ, ŋ	r, l

[North Moluccan Malay, Ternate, 총 2개 언어]

자음 부류	파열음	마찰음	비음	유음
종성 목록	p, b, t, k	f, s, z	m, n	ɾ, l

[Malabar-Sri Lanka Portuguese, 총 1개 언어]

자음 부류	파열음	마찰음	비음	유음
종성 목록	t, k, k^w	f, s, x	m, n, ŋ	ɾ, l

[Sunwadia, 총 1개 언어]

자음 부류	파열음	마찰음	비음	유음
종성 목록	p, b, t, d, k, g	s	m, n	ɾ, l

[Chavacano, 총 1개 언어]

자음 부류	파열음	마찰음	비음	유음
종성 목록	p, b, t, d, k, g	s	m, n, ŋ	l

[Kankanaey, 총 1개 언어]

자음 부류	파열음	마찰음	비음	유음
종성 목록	^{m}b, t, ^{n}d, k, ^{ŋ}g	ɸ, s	m, n	r, l

[Yessan-Mayo, 총 1개 언어]

【3】 PNLG-형 종성 목록 (5개 언어)

파열음, 비음, 유음, 후음으로 이루어진 종성 목록이며 5가지 하위 유형이 있다.

자음 부류	파열음	비음	유음	후음
종성 목록	p, t, c, k	m, n, ɲ, ŋ	ɾ, l	h

[Car Nicobarese, 총 1개 언어]

자음 부류	파열음	비음	유음	후음
종성 목록	p, t, c, k	m, n, ɲ, ŋ	l	ʔ, h

[Central Chong, 총 1개 언어]

자음 부류	파열음	비음	유음	후음
종성 목록	p, ɽ, ɖ, k, g	m, n, ŋ	r, l	ʔ

[Eastern Puroik, 총 1개 언어]

자음 부류	파열음	비음	유음	후음
종성 목록	b, ʈ, ɖ	m, n, ŋ	ɾ, ɽ, l	ʔ, h

[Ho, 총 1개 언어]

자음 부류	파열음	비음	유음	후음
종성 목록	p, t, k	m, n, ŋ	r, rˀ, l, lˀ	ʔ

[Tedim Chin, 총 1개 언어]

【4】 PFANLG-형 종성 목록 (5개 언어)

파열음, 마찰음, 파찰음, 비음, 유음, 후음으로 이루어진 종성 목록이며 5가지 하위 유형이 있다.

자음 부류	파열음	마찰음	파찰음	비음	유음	후음
종성 목록	p, t, k	s	ʤ	m, n, ŋ	r, l	ʔ

[Situ, 총 1개 언어]

자음 부류	파열음	마찰음	파찰음	비음	유음	후음
종성 목록	p, t, k	s	ʧ	m, n, ŋ	r, l	h

[Petats, 총 1개 언어]

자음 부류	파열음	마찰음	파찰음	비음	유음	후음
종성 목록	p, t, k	s	ʧ	m, n, ɲ, ŋ	r	h

[Loniu, 총 1개 언어]

자음 부류	파열음	마찰음	파찰음	비음	유음	후음
종성 목록	p, t, k	s	ʧ	m, n	r, l	ʔ, h

[Macaguán, 총 1개 언어]

자음 부류	파열음	마찰음	파찰음	비음	유음	후음
종성 목록	p, t, k	s, ʃ	ʧ	m, n, ɲ	ɽ	ʔ

[Wapishana, 총 1개 언어]

【5】 PFANL-형 종성 목록 (4개 언어)

파열음, 마찰음, 파찰음, 비음, 유음으로 이루어진 종성 목록이며 4가지 하위 유형이 있다.

자음 부류	파열음	마찰음	파찰음	비음	유음
종성 목록	b, t, g	s	ʧ	m, n, ɲ, ŋ	ɾ, l

[Fur, 총 1개 언어]

자음 부류	파열음	마찰음	파찰음	비음	유음
종성 목록	p, t̪, t, k	s	ʧ	m, n̪, ŋ	ɾ, l

[Darai, 총 1개 언어]

자음 부류	파열음	마찰음	파찰음	비음	유음
종성 목록	p, t, ṭ, k	s	ʧ	m, n, ŋ	ɾ, l

[Eastern Tamang, 총 1개 언어]

자음 부류	파열음	마찰음	파찰음	비음	유음
종성 목록	b, t, d, g	f, ʃ	ʤ	m, n	ɾ, ɽ

[Ukaan, 총 1개 언어]

【6】 PANLG-형 종성 목록 (3개 언어)

파열음, 파찰음, 비음, 유음, 후음으로 이루어진 종성 목록이며 3가지 하위 유형이 있다.

자음 부류	파열음	파찰음	비음	유음	후음
종성 목록	p, t, k	ʧ	m, n, ŋ	l, ɭ	ʔ, h

[Cua, 총 1개 언어]

자음 부류	파열음	파찰음	비음	유음	후음
종성 목록	p, k	ʧ	m, n, ɲ, ŋ	ɾ, l	ʔ, h

[Northern Khmer, 총 1개 언어]

자음 부류	파열음	파찰음	비음	유음	후음
종성 목록	p, t, k	ʧ	m, n, ɲ, ŋ	ɾ	ʔ, h

[Somray of Battambang-Somre of Siem Reap, 총 1개 언어]

【7】 PANL-형 종성 목록 (2개 언어)

파열음, 파찰음, 비음, 유음으로 이루어진 종성 목록이며 2가지 하위 유형이 있다.

자음 부류	파열음	파찰음	비음	유음
종성 목록	p, b, t, d, k	ʤ	m, n, ŋ	r, l

[Lamkang, 총 1개 언어]

자음 부류	파열음	파찰음	비음	유음
종성 목록	b, ɖ, g	ʤ	ɱ, n̪, ɲ, ŋ	ɾ, ɽ, ɹ

[Tumak, 총 1개 언어]

【8】 PG-형 종성 목록 (1개 언어)

파열음, 후음으로 이루어진 종성 목록이며 1가지 하위 유형이 있다.

자음 부류	파열음	후음
종성 목록	p, b, bʔ, t, d, dʔ, k, g, gʔ	ʔ, h

[Kakua, 총 1개 언어]

【9】 NL-형 종성 목록 (1개 언어)

비음, 유음으로 이루어진 종성 목록이며 1가지 하위 유형이 있다.

자음 부류	비음	유음
종성 목록	m, n̪, n̪ʲ, ɳ, ɲ, ŋ	ɾ, l̪, l̪ʲ, ɭ, ʎ

[Dieri, 총 1개 언어]

【10】 PFNG-형 종성 목록 (1개 언어)

파열음, 마찰음, 비음, 유음으로 이루어진 종성 목록이며 1가지 하위 유형이 있다.

자음 부류	파열음	마찰음	비음	후음
종성 목록	p, t, k, q	s, ɬ, ʃ	m, n	ʔ, h

[Yecuatla Totonac, 총 1개 언어]

【11】 PFLG-형 종성 목록 (1개 언어)

파열음, 마찰음, 유음, 후음으로 이루어진 종성 목록이며 1가지 하위 유형이 있다.

자음 부류	파열음	마찰음	유음	후음
종성 목록	p, b, t, d, k, t̪k	s, ʃ, x	l	ʔ

[Bribri, 총 1개 언어]

【12】 PANLG-형 종성 목록 (1개 언어)

파열음, 파찰음, 비음, 유음, 후음으로 이루어진 종성 목록이며 1가지 하위 유형이 있다.

자음 부류	파열음	파찰음	비음	유음	후음
종성 목록	p, t̪, k	ʧ	m, n̪, ɲ, ŋ	l	ʔ, h

[Central Khmer, 총 1개 언어]

12.2.12. 종성이 12개인 경우 (38개 언어)

【1】 PFNL-형 종성 목록 (14개 언어)

파열음, 마찰음, 비음, 유음으로 이루어진 종성 목록이며 14가지 하위 유형이 있다.

자음 부류	파열음	마찰음	비음	유음
종성 목록	p, b, t, d, k, g	s	m, n, ŋ	ɾ, l

[Bariai, 총 1개 언어]

자음 부류	파열음	마찰음	비음	유음
종성 목록	p, b, t, d, k, g	s	m, n, ŋ	r, l

[Lamogai, 총 1개 언어]

자음 부류	파열음	마찰음	비음	유음
종성 목록	p, b, t, d, k, g	s, x	m, n, ŋ	l

[Mouk-Aria, 총 1개 언어]

자음 부류	파열음	마찰음	비음	유음
종성 목록	p, ʈ, k	s, z, ɬ, ʃ, ʒ	m, n, ŋ	l

[Awa-Cuaiquer, 총 1개 언어]

자음 부류	파열음	마찰음	비음	유음
종성 목록	p, b, t, d, k, g	s, z	m, n	ɾ, l

[Meriam, 총 1개 언어]

자음 부류	파열음	마찰음	비음	유음
종성 목록	p, b, ʈ, k, g	s, z	m, ɳ, ŋ	ɽ, ɭ

[Bekwil, 총 1개 언어]

자음 부류	파열음	마찰음	비음	유음
종성 목록	p, t, k, kp^w	f, s	m, n, ŋ, $ŋm^w$	r, l

[Lelepa, 총 1개 언어]

자음 부류	파열음	마찰음	비음	유음
종성 목록	p, b, t, d, k, g	β, s, ʒ	m, n	r

[Miani, 총 1개 언어]

자음 부류	파열음	마찰음	비음	유음
종성 목록	ɟ, k, kpʷ	β, s, ɣ	m, n, ŋ, ŋmʷ	ɾ, l

[Vurës, 총 1개 언어]

자음 부류	파열음	마찰음	비음	유음
종성 목록	p, b, d, ʈ, ɖ, k	s	m, n, ŋ	r, l

[Thulung, 총 1개 언어]

자음 부류	파열음	마찰음	비음	유음
종성 목록	p, ᵐp, ɟ, ⁿɟ, k, ᵑk	f, ʂ	m, ɳ	ɽ, ɭ

[Bullom So, 총 1개 언어]

자음 부류	파열음	마찰음	비음	유음
종성 목록	p, t, k, kʷ	β, s, ɣ	m, n, ŋ, ŋʷ	ʟ

[Hiw, 총 1개 언어]

자음 부류	파열음	마찰음	비음	유음
종성 목록	p, t, k	s	m, ᵖm, n, ᵗn, ŋ, ᵏŋ	r, l

[Urim, 총 1개 언어]

자음 부류	파열음	마찰음	비음	유음
종성 목록	p, t, k, g, kp	v, s	m, n, ŋm	r, l

[Lewo, 총 1개 언어]

【2】 PFNLG-형 종성 목록 (9개 언어)

파열음, 마찰음, 비음, 유음, 후음으로 이루어진 종성 목록이며 9가지 하위 유형이 있다.

자음 부류	파열음	마찰음	비음	유음	후음
종성 목록	p, t̪, c, k	s̪, x	m, n, ɲ, ŋ	l	ʔ

[Central Nicobarese, 총 1개 언어]

자음 부류	파열음	마찰음	비음	유음	후음
종성 목록	p, t, c, k	s	m, n, ɲ, ŋ	l	ʔ, h

[Lamet, 총 1개 언어]

자음 부류	파열음	마찰음	비음	유음	후음
종성 목록	p, t, d, k, g, q	s	m, ŋ	l	ʔ, h

[Pilagá, 총 1개 언어]

자음 부류	파열음	마찰음	비음	유음	후음
종성 목록	p, t̪, c, k	ç	m, n̪, ɲ, ŋ	r	ʔ, h

[Sapuan, 총 1개 언어]

자음 부류	파열음	마찰음	비음	유음	후음
종성 목록	p, t, c, k	ɕ	m, n, ɲ, ŋ	l	ʔ, h

[Semnam, 총 1개 언어]

자음 부류	파열음	마찰음	비음	유음	후음
종성 목록	p, t, k	v, s, x	m, n, ŋ	ɾ, l	h

[Southeast Ambrym, 총 1개 언어]

자음 부류	파열음	마찰음	비음	유음	후음
종성 목록	p, b, t, d, k, g	v, s	m, n	ɾ	ʔ

[Southeastern Tepehuan, 총 1개 언어]

자음 부류	파열음	마찰음	비음	유음	후음
종성 목록	p, t, k	ɸ, s, ɣ	m, n, ŋ	r, l	ʔ

[Ningil, 총 1개 언어]

자음 부류	파열음	마찰음	비음	유음	후음
종성 목록	b, t, d, k, g	ɸ, ʃ	m, n, ŋ	l	ʔ

[Tagakaulu Kalagan, 총 1개 언어]

【3】 PNLG-형 종성 목록 (5개 언어)

파열음, 비음, 유음, 후음으로 이루어진 종성 목록이며 1가지 하위 유형이 있다.

자음 부류	파열음	비음	유음	후음
종성 목록	p, t, c, k	m, n, ɲ, ŋ	ɾ, l	ʔ, h

[Bih, Brao, Central Mnong, Sô, Sou, 총 5개 언어]

【4】 PNL-형 종성 목록 (3개 언어)

파열음, 비음, 유음으로 이루어진 종성 목록이며 2가지 하위 유형이 있다.

자음 부류	파열음	비음	유음
종성 목록	p, t̪, t, c, k	m, n̪, n, ɲ, ŋ	r, l

[Northeastern Dinka, Southwestern Dinka, 총 2개 언어]

자음 부류	파열음	비음	유음
종성 목록	b, ɖ, d, ɟ, g	m, ɳ, n, ɲ, ŋ	ɾ, l

[Yorta Yorta, 총 1개 언어]

【5】 PANLG-형 종성 목록 (3개 언어)

파열음, 파찰음, 비음, 유음, 후음으로 이루어진 종성 목록이며 3가지 하위 유형이 있다.

자음 부류	파열음	파찰음	비음	유음	후음
종성 목록	p, t, k	ʨ	m, n, ɲ, ŋ	ɾ, l	ʔ, h

[Kuy, 총 1개 언어]

자음 부류	파열음	파찰음	비음	유음	후음
종성 목록	p, t, k	ʧ	m, n, ɲ, ŋ	ɾ, l	ʔ, h

[Lawi, 총 1개 언어]

자음 부류	파열음	파찰음	비음	유음	후음
종성 목록	p, t, c, k	ʨ	m, n, ɲ ŋ	l	ʔ, h

[Chong of Chanthaburi, 총 1개 언어]

【6】 PFANL-형 종성 목록 (2개 언어)

파열음, 마찰음, 파찰음, 비음, 유음으로 이루어진 종성 목록이며 2가지 하위 유형이 있다.

자음 부류	파열음	마찰음	파찰음	비음	유음
종성 목록	p, t, k, g	s, ʃ	ʧ	m, n, ŋ	r, l

[Shor, 총 1개 언어]

자음 부류	파열음	마찰음	파찰음	비음	유음
종성 목록	p	s̪, z̪, χ, ʂ, ʐ, ʁ	ʦ̪, ɖʐ	m, n	ɻ

[Stodsde, 총 1개 언어]

【7】 PFANG-형 종성 목록 (1개 언어)

파열음, 마찰음, 파찰음, 비음, 후음으로 이루어진 종성 목록이며 1가지 하위 유형이 있다.

자음 부류	파열음	마찰음	파찰음	비음	후음
종성 목록	p, t, k	s, ɬ, ʃ	ʦ, tɬ, ʧ	m, n	h

[Orizaba Nahuatl, 총 1개 언어]

【8】 PFANLG-형 종성 목록 (1개 언어)

파열음, 마찰음, 파찰음, 비음, 유음, 후음으로 이루어진 종성 목록이며 1가지 하위 유형이 있다.

자음 부류	파열음	마찰음	파찰음	비음	유음	후음
종성 목록	p, t, k	s	ʧ	m, n, ɲ, ŋ	r, l	ʔ

[Sumbawa, 총 1개 언어]

12.2.13. 종성이 13개인 경우 (34개 언어)

【1】 PFNLG-형 종성 목록 (19개 언어)

파열음, 마찰음, 비음, 유음, 후음으로 이루어진 종성 목록이며 12가지 하위 유형이 있다.

자음 부류	파열음	마찰음	비음	유음	후음
종성 목록	p, b, t, d, k, g	s	m, r, ŋ	ɾ, l	ʔ

[Agusan Manobo, Bolinao, Bonggi, Tagabawa, Tombonuo, Tonsea, 총 6개 언어]

자음 부류	파열음	마찰음	비음	유음	후음
종성 목록	p, t, c, k	s	m, n, ɲ, ŋ	ɾ, l	ʔ, h

[Bulo Stieng, Oy, 총 2개 언어]

자음 부류	파열음	마찰음	비음	유음	후음
종성 목록	p, b, t, d, k, g	s	m, n, ŋ	r, l	ʔ

[Tobilung, West Coast Bajau, 총 2개 언어]

자음 부류	파열음	마찰음	비음	유음	후음
종성 목록	p, b, t, d, k, g	s	m, n, ŋ	ɾ, l	h

[Nehan, 총 1개 언어]

자음 부류	파열음	마찰음	비음	유음	후음
종성 목록	p, b, t, d, k, g	s	m, n, ŋ	r, l	h

[Dungmali, 총 1개 언어]

자음 부류	파열음	마찰음	비음	유음	후음
종성 목록	p, t, c, k	ʃ	m, n, ɲ, ŋ	ɾ, l	ʔ, h

[Pacoh, 총 1개 언어]

자음 부류	파열음	마찰음	비음	유음	후음
종성 목록	p, t, c, k	ç	m, n, ɲ, ŋ	ɾ, l	ʔ, h

[Tampuan, 총 1개 언어]

자음 부류	파열음	마찰음	비음	유음	후음
종성 목록	p, b, t̪, d, k, g	s̪	m, n̪, ŋ	r, l	ʔ

[Pendau, 총 1개 언어]

자음 부류	파열음	마찰음	비음	유음	후음
종성 목록	b, t, d, k, g	s	m, n, ŋ	ɾ, l	ʔ, h

[Kwara'ae, 총 1개 언어]

자음 부류	파열음	마찰음	비음	유음	후음
종성 목록	p, b, t̪, d̪, k, g	s	m, n̪, ŋ	ɾ	ʔ

[Iraya, 총 1개 언어]

자음 부류	파열음	마찰음	비음	유음	후음
종성 목록	p, t, c, k	ɸ, ɕ	m, n, ɲ, ŋ	l	ʔ, h

[Maniq, 총 1개 언어]

자음 부류	파열음	마찰음	비음	유음	후음
종성 목록	t, k, kp	f, s, x	m, n, ŋ, ŋm	r, l	ʔ

[Vera'a, 총 1개 언어]

【2】 PFANLG-형 종성 목록 (5개 언어)

파열음, 마찰음, 파찰음, 비음, 유음, 후음으로 이루어진 종성 목록이며 5가지 하위 유형이 있다.

자음 부류	파열음	마찰음	파찰음	비음	유음	후음
종성 목록	p, t̪, k	ʃ	ʧ	m, n̪, ɲ, ŋ	ɾ̪, ɹ̪	ʔ, h

[Chrau, 총 1개 언어]

자음 부류	파열음	마찰음	파찰음	비음	유음	후음
종성 목록	p, t, k	ç	ʧ	m, n, ɲ, ŋ	r, l	ʔ, h

[Krung, 총 1개 언어]

자음 부류	파열음	마찰음	파찰음	비음	유음	후음
종성 목록	p, t, k	ɕ	ʧ	m n, ɲ, ŋ	r, l	ʔ, h

[Nyahkur, 총 1개 언어]

자음 부류	파열음	마찰음	파찰음	비음	유음	후음
종성 목록	p, t, k, q	θ, ʃ	ʦ	m, n	ɾ, l	ʔ, h

[Wintu, 총 1개 언어]

자음 부류	파열음	마찰음	파찰음	비음	유음	후음
종성 목록	p, b, t, d, k, g	s	ʤ	m, n, ŋ	l	ʔ

[Yakan, 총 1개 언어]

【3】 PFANL-형 종성 목록 (4개 언어)

파열음, 마찰음, 파찰음, 비음, 유음으로 이루어진 종성 목록이며 4가지 하위 유형이 있다.

자음 부류	파열음	마찰음	파찰음	비음	유음
종성 목록	ʈ, k	s, sʲ, ʃ	ʦ, ʦʲ, ʈ͡ʂ	m, n, ɲ	ɾ, l

[Basque, 총 1개 언어]

자음 부류	파열음	마찰음	파찰음	비음	유음
종성 목록	b, t, d, k, g	ɸ, s	ʤ	m, n, ŋ	r, l

[Batuley, 총 1개 언어]

자음 부류	파열음	마찰음	파찰음	비음	유음
종성 목록	p, k, k^{w}	s, ʂ, ʃ	tʂ	m, n, ɲ	r, l, l^{j}

[Guambiano, 총 1개 언어]

자음 부류	파열음	마찰음	파찰음	비음	유음
종성 목록	p, p^{wɣ}, t, k	f, s	ʧ	m, m^{wɣ}, ɳ, ŋ	r, ɻ

[Satawalese, 총 1개 언어]

【4】 PFNL-형 종성 목록 (2개 언어)

파열음, 마찰음, 비음, 유음으로 이루어진 종성 목록이며 2가지 하위 유형이 있다.

자음 부류	파열음	마찰음	비음	유음
종성 목록	p, t, k, kp	f, s	m, n, ŋ, ŋm	r, ^{n}r, l

[South Efate, 총 1개 언어]

자음 부류	파열음	마찰음	비음	유음
종성 목록	p, b, ^{m}p, t, ^{n}t, k, ^{ŋ}k	s, ^{n}s	m, n	r, l

[Ngkontar Ngkolmpu, 총 1개 언어]

【5】 PNL-형 종성 목록 (1개 언어)

파열음, 비음, 유음으로 이루어진 종성 목록이며 1가지 하위 유형이 있다.

자음 부류	파열음	비음	유음
종성 목록	p, ʈ, t, t^{j}, k	m, ɳ, n, n^{j}, ŋ	ɾ, r, l

[Gugadj, 총 1개 언어]

【6】 PFNG-형 종성 목록 (1개 언어)

파열음, 마찰음, 비음, 후음으로 이루어진 종성 목록이며 1가지 하위 유형이 있다.

자음 부류	파열음	마찰음	비음	후음
종성 목록	b, t, d, k, g	s, ʃ, x	m, n, ɲ, ŋ	ʔ

[Boruca, 총 1개 언어]

【7】 PNLG-형 종성 목록 (1개 언어)

파열음, 비음, 유음, 후음으로 이루어진 종성 목록이며 1가지 하위 유형이 있다.

자음 부류	파열음	비음	유음	후음
종성 목록	p, b, ʈ, ɖ, k, g	m, n, ŋ	ɾ, ɺ	ʔ, h

[Buhid, 총 개 언어]

【8】 PANLG-형 종성 목록 (1개 언어)

파열음, 파찰음, 비음, 유음, 후음으로 이루어진 종성 목록이며 1가지 하위 유형이 있다.

자음 부류	파열음	파찰음	비음	유음	후음
종성 목록	p, ʈ, ɖ, t, d	ʤ	m, n, ɲ, ŋ	ɾ, l	ʔ

[Pnar, 총 1개 언어]

12.2.14. 종성이 14개인 경우 (34개 언어)

【1】 PFNLG-형 종성 목록 (9개 언어)

파열음, 마찰음, 비음, 유음, 후음으로 이루어진 종성 목록이며 7가지 하위 유형이 있다.

자음 부류	파열음	마찰음	비음	유음	후음
종성 목록	p, b, t, d, k, g	s	m, n, ŋ	ɾ, l	ʔ, h

[Lotud, Mamanwa, Tempasuk Dusun, 총 3개 언어]

자음 부류	파열음	마찰음	비음	유음	후음
종성 목록	p, b, t, d, k, g	s	m, n, ŋ	r, l	ʔ, h

[Ternateño, 총 1개 언어]

자음 부류	파열음	마찰음	비음	유음	후음
종성 목록	p, b, t, d, k, g	s, ɬ	m, n, ŋ	ɾ, l	ʔ

[Labuk-Kinabatangan Kadazan, 총 1개 언어]

자음 부류	파열음	마찰음	비음	유음	후음
종성 목록	p, p', t, t', k, k'	s, ɬ, ʃ	m, n	l	ʔ, h

[Pisaflores Tepehua, 총 1개 언어]

자음 부류	파열음	마찰음	비음	유음	후음
종성 목록	p, b, t, d, k	f, s	m, n, ŋ	r, l	ʔ, h

[Helong, 총 1개 언어]

자음 부류	파열음	마찰음	비음	유음	후음
종성 목록	p, t, c, k	ɕ	m, n, ɲ, ŋ	r, l, l̥	ʔ, h

[Mlabri, 총 1개 언어]

자음 부류	파열음	마찰음	비음	유음	후음
종성 목록	p, ʈ, k, q	β, ʂ, ʐ, ʁ	m, ɳ, ŋ	ɾ, ɭ	ʔ

[Kavalan, 총 1개 언어]

【2】 PFANL-형 종성 목록 (7개 언어)

파열음, 마찰음, 파찰음, 비음, 유음으로 이르어진 종성 목록이며 7가지 하위 유형이 있다.

자음 부류	파열음	마찰음	파찰음	비음	유음
종성 목록	p, b, t, d, k, g, q	s	ʤ	m, n, ŋ	r, l

[Anjam, 총 1개 언어]

자음 부류	파열음	마찰음	파찰음	비음	유음
종성 목록	p, t, k	f, s, ʃ, x, ʀ	pf, ʦ	m, n, ŋ	l

[German, 총 1개 언어]

자음 부류	파열음	마찰음	파찰음	비음	유음
종성 목록	p, b, ᵐb, t, ⁿd, ᵑg	f, v, s	ʦ	m, n, ŋ	l

[Iceve-Maci, 총 1개 언어]

자음 부류	파열음	마찰음	파찰음	비음	유음
종성 목록	b, ᵐb, d, ⁿd, g, ᵑg	s	ʤ, ᶮʤ	m, n, ɲ, ŋ	l

[Kol(Cameroon), 총 1개 언어]

자음 부류	파열음	마찰음	다찰음	비음	유음
종성 목록	p, b, t, d, k, g	f, s, ʁ	ʧ	m, n, ŋ	l

[Pichi, 총 1개 언어]

자음 부류	파열음	마찰음	파찰음	비음	유음
종성 목록	p, b, t̪, ʈ, k, g	s̪	ʧ	m, n̪, ɳ, ŋ	ɾ, ɻ

[Thangmi, 총 1개 언어]

자음 부류	파열음	마찰음	파찰음	비음	유음
종성 목록	b, t, d, k, g	f, s	ʤ	m, n, ɳ, ŋ	ɾ, l

[Wogeo, 총 1개 언어]

【3】 PFNG-형 종성 목록 (6개 언어)

파열음, 마찰음, 비음, 후음으로 이루어진 종성 목록이며 6가지 하위 유형이 있다.

자음 부류	파열음	마찰음	비음	유음
종성 목록	p, b, t̪, t, k, g	s̪, z̪, s, z, ʑ	m, n	l

[Chimborazo Highland Quichua, 총 1개 언어]

자음 부류	파열음	마찰음	비음	유음
종성 목록	p, b, t, d, k, g	s, z, ʃ, ʒ	m, n, ŋ	l

[Cogui, 총 1개 언어]

자음 부류	파열음	마찰음	비음	유음
종성 목록	p, b, t̪, d̪, ʈ, k, g	s, χ	m, n̪, ŋ	ɾ, l

[Darma, 총 1개 언어]

자음 부류	파열음	마찰음	비음	유음
종성 목록	p, t, k	s	m, m^h, n, n^h, ŋ, $ŋ^h$	ɾ, $ɾ^h$, l, l^h

[Western Magar, 총 1개 언어]

자음 부류	파열음	마찰음	비음	유음
종성 목록	p, b, t, d, k, g	β, s, z, ɣ	m, n, ŋ	ɾ

[Mangga Buang, 총 1개 언어]

자음 부류	파열음	마찰음	비음	유음
종성 목록	p, ᵐb, t, ⁿd, k	f, ᵐf, s, ⁿs	m, n, ɲ, ŋ	l

[Yangben, 총 1개 언어]

【4】 PFANLG-형 종성 목록 (5개 언어)

파열음, 마찰음, 파찰음, 비음, 유음, 후음으로 이루어진 종성 목록이며 5가지 하위 유형이 있다.

자음 부류	파열음	마찰음	파찰음	비음	유음	후음
종성 목록	p, ʈ, k, q	s, ɬ, ʃ, x	ʦ, ʧ	m, n	[illegible]	ʔ

[Filomena Mata Totonac, 총 1개 언어]

자음 부류	파열음	마찰음	파찰음	비음	유음	후음
종성 목록	p, t, d, k	ɸ, s, x	ʧ	m, n	r, l	ʔ, h

[Guayabero, 총 1개 언어]

자음 부류	파열음	마찰음	파찰음	비음	유음	후음
종성 목록	p, t, k	ɸ, ɕ	ʧ	m, n, ɲ, ŋ	ɾ, l	ʔ, h

[Jehai, 총 1개 언어]

자음 부류	파열음	마찰음	파찰음	비음	유음	후음
종성 목록	p, t, k	f, s, ʃ	ʦ, ʧ	m, n	ɾ, l	ʔ, h

[Maltese, 총 1개 언어]

자음 부류	파열음	마찰음	파찰음	비음	유음	후음
종성 목록	p, t, k, kʷ	s, ɬ, ʃ	ʦ, ʧ	m, n	l	ʔ, h

[Zuni, 총 1개 언어]

【5】 PNL-형 종성 목록 (4개 언어)

파열음, 비음, 유음으로 이루어진 종성 목록이며 2가지 하위 유형이 있다.

자음 부류	파열음	비음	유음
종성 목록	p, t, c, ʈ, k	m, n, ɳ, ɲ, ŋ	ɾ, ɽ, l, ɭ

[Burarra, Djinang, 총 2개 언어]

자음 부류	파열음	비음	유음
종성 목록	b, d, ɖ, ɟ, g	m, n, ɳ, ɲ, ŋ	ɾ, ɽ, l, ɭ

[Guragone, Nakara, 총 2개 언어]

【6】 PFANG-형 종성 목록 (2개 언어)

파열음, 마찰음, 파찰음, 비음, 후음으로 이루어진 종성 목록이며 2가지 하위 유형이 있다.

자음 부류	파열음	마찰음	파찰음	비음	후음
종성 목록	p, t, c, k	s, ç, ʂ	ʦ, ʧ	m, n, ɲ	ʔ, h

[Muniche, 총 1개 언어]

자음 부류	파열음	마찰음	파찰음	비음	후음
종성 목록	p, t, k, kˡ	f, s, ɬ, ʃ, x	ʦ, ʧ	m, n	ʔ

[Nivaclé, 총 1개 언어]

【7】 PNLG-형 종성 목록 (1개 언어)

파열음, 비음, 유음, 후음으로 이루어진 종성 목록이며 1가지 하위 유형이 있다.

자음 부류	파열음	비음	유음	후음
종성 목록	b, d, ɖ, ɟ, g	m, n, ɳ, ɲ, ŋ	ɾ, l, ɭ	ʔ

[Bininj Kun-Wok, 총 1개 언어]

12.2.15. 종성이 15개인 경우 (22개 언어)

【1】 PNL-형 종성 목록 (9개 언어)

파열음, 비음, 유음으로 이루어진 종성 목록이며 7가지 하위 유형이 있다.

자음 부류	파열음	비음	유음
종성 목록	b, d, ɖ, ɟ, g	m, n, ɳ, ɲ, ŋ	ɾ, ɹ, l, ɭ, ʎ

[Gurindji, Ngarinman, 총 2개 언어]

자음 부류	파열음	비음	유음
종성 목록	b, d, ɖ, ɟ, g	m, n, ɳ, ɲ, ŋ	ɾ, ɽ, l, ɭ, ʎ

[Nyigina, Nyulnyul, 총 2개 언어]

자음 부류	파열음	비음	유음
종성 목록	b, d, ɖ, ɟ, g	m, n, ɳ, ɲ, ŋ	ɾ, ɽ, ɹ, l, ɭ

[Iwaidja, 총 1개 언어]

자음 부류	파열음	비음	유음
종성 목록	b, d, ɖ, ɟ, k	m, n, ɳ, ɲ, ŋ	ɾ, ɹ, l, ɭ, ʎ

[Jingulu, 총 1개 언어]

자음 부류	파열음	비음	유음
종성 목록	p, t, d, ʈ, ȶ, k	m, n, ɳ, ȵ, ŋ	ɾ, ɽ, l, ɭ

[Murriny Patha, 총 1개 언어]

자음 부류	파열음	비음	유음
종성 목록	p, t, ʈ, c, k	m, n, ɳ, ɲ, ŋ	r, ɹ, ɻ, l, ɭ

[Wadjiginy, 총 1개 언어]

자음 부류	파열음	비음	유음
종성 목록	p, ^{m}b, t̠, ^{n}d̠, t, ^{n}d, k, ^{ŋ}g	m, n̠, n, ŋ	ɾ, ɻ̠, ɫ

[Melpa, 총 1개 언어]

【2】 PFNLG-형 종성 목록 (7개 언어)

파열음, 마찰음, 비음, 유음, 후음으로 이루어진 종성 목록이며 7가지 하위 유형이 있다.

자음 부류	파열음	마찰음	비음	유음	후음
종성 목록	p, b, t, d, k, g	s, z	m, n, ŋ	ɾ, l	ʔ, h

[Bargam, 총 1개 언어]

자음 부류	파열음	마찰음	비음	유음	후음
종성 목록	b, ^{m}b, d, ^{n}d, g	f, ^{ɱ}f, s, ^{n}s	m, n, ɲ, ŋ	l	h

[Elip, 총 1개 언어]

자음 부류	파열음	마찰음	비음	유음	후음
종성 목록	p, ᵐb, t, ⁿd, k	f, ᵐf, s, ⁿs	m̚, n, ɲ, ŋ	l	h

[Nubaca, 총 1개 언어]

자음 부류	파열음	마찰음	비음	유음	후음
종성 목록	p, b, t, d, k, g	ɸ, s	m̚, n, ɲ, ŋ	ɾ, l	h

[Marori, 총 1개 언어]

자음 부류	파열음	마찰음	비음	유음	후음
종성 목록	p, b, t, d, ɟ, k, g	ʃ	m̚, n, ɲ, ŋ	ɾ	ʔ, h

[Nadëb, 총 1개 언어]

자음 부류	파열음	마찰음	비음	유음	후음
종성 목록	p, ɓ, t, c, ʄ, k	f, s	m̚, n, ɲ, ŋ	l	ʔ, h

[Noon, 총 1개 언어]

자음 부류	파열음	마찰음	비음	유음	후음
종성 목록	p, t, k	s	m, m̥, n, n̥, ŋ, ŋ̊	ɾ, ɾ̥, l, l̥	h

[Ulwa, 총 1개 언어]

【3】 PFANLG-형 종성 목록 (4개 언어)

파열음, 마찰음, 파찰음, 비음, 유음, 후음으로 이루어진 종성 목록이며 4가지 하위 유형이 있다.

자음 부류	파열음	마찰음	파찰음	비음	유음	후음
종성 목록	p, t, k, q	s, ɬ, ʃ	ʦ, ʧ	m, n	ɾ, r	ʔ, h

[Huehuetla Tepehua, 총 1개 언어]

자음 부류	파열음	마찰음	파찰음	비음	유음	후음
종성 목록	p, t, k	f, v, s, ʃ	ʧ	m, n, ɲ, ŋ	r, l	h

[Pite Saami, 총 1개 언어]

자음 부류	파열음	마찰음	파찰음	비음	유음	후음
종성 목록	p, ᵐb, ʈ, ⁿɖ, k, ᵑg	s	ʦ, ⁿʣ	m, ŋ	ɾ, r, l	h

[San Dionisio del Mar Huave, 총 1개 언어]

자음 부류	파열음	마찰음	파찰음	비음	유음	후음
종성 목록	p, b, t, d, k, g	s	ʧ, ʤ	m, n, ŋ	ɾ, l	ʔ

[Upper Kinabatangan, 총 1개 언어]

【4】 PFNL-형 종성 목록 (2개 언어)

파열음, 마찰음, 비음, 유음으로 이루어진 종성 목록이며 2가지 하위 유형이 있다.

자음 부류	파열음	마찰음	비음	유음
종성 목록	p, b, ʈ, ɖ, t, d, k, g	s, z	m, n, ŋ	r, l

[Kala Lagaw Ya, 총 1개 언어]

자음 부류	파열음	마찰음	비음	유음
종성 목록	ᵐb, d, ⁿd, g, ᵑg	f, s, z, ʃ, ʒ	m, n, ɲ, ŋ	l

[Makaa, 총 1개 언어]

12.2.16. 종성이 16개인 경우 (15개 언어)

【1】 PFANL-형 종성 목록 (5개 언어)

파열음, 마찰음, 파찰음, 비음, 유음으로 이루어진 종성 목록이며 5가지 하위 유형이 있다.

자음 부류	파열음	마찰음	파찰음	비음	유음
종성 목록	p, b, ʈ, ɖ, k, g	s, z, ʂ, ʐ	ʧ, ʤ	m, ŋ	r, ɻ

[Ayoquesco Zapotec, 총 1개 언어]

자음 부류	파열음	마찰음	파찰음	비음	유음
종성 목록	t, ɗ, k	f, s, z, ɬ, ɮ, x, ɣ	ʦ	m, n, ŋ	r, l

[Hdi, 총 1개 언어]

자음 부류	파열음	마찰음	파찰음	비음	유음
종성 목록	p, b, p^h, t, d, t^h, k, g, k^h	s	ʨ, dz	m, n	ɾ, l

[Kathmandu Valley Newari, 총 1개 언어]

자음 부류	파열음	마찰음	파찰음	비음	유음
종성 목록	b, d, g	f, s, x	ʧ, ʤ	m, n, ɲ, ŋ	r, l, ɭ, ʎ

[Kobon, 총 1개 언어]

자음 부류	파열음	마찰음	파찰음	비음	유음
종성 목록	p, b, t, d, k, g	s, x	ʧ, ʤ	m, n, ɲ, ŋ	ɾ, l

[Orok, 총 1개 언어]

【2】 PFNLG-형 종성 목록 (4개 언어)

파열음, 마찰음, 비음, 유음, 후음으로 이루어진 종성 목록이며 4가지 하위 유형이 있다.

자음 부류	파열음	마찰음	비음	유음	후음
종성 목록	p, ɓ, t, c, ʄ, k	f, s	m, n, ɲ, ŋ	r, l	ʔ, h

[Lehar 총 1개 언어]

자음 부류	파열음	마찰음	비음	유음	후음
종성 목록	p, b, t, d, k, g	f, s, ç, x, ʀ	m, n, ŋ	l	h

[Hunsrik, 총 1개 언어]

자음 부류	파열음	마찰음	비음	유음	후음
종성 목록	p, b, t, d, ʈ, ɖ, k, g	s	m, n, ŋ	l, ɭ	ʔ

[Puyuma, 총 1개 언어]

자음 부류	파열음	마찰음	비음	유음	후음
종성 목록	p, b, t, d, k, g, q	ɸ, s, ħ	m, n, ŋ	ɾ, l	ʔ

[Teiwa, 총 1개 언어]

【3】 PFNL-형 종성 목록 (3개 언어)

파열음, 마찰음, 비음, 유음으로 이루어진 종성 목록이며 3가지 하위 유형이 있다.

자음 부류	파열음	마찰음	비음	유음
종성 목록	p, b, t, d, k	f, v, s, z, x, ɣ	m, n, ŋ	r, l

[Dutch, 총 1개 언어]

자음 부류	파열음	마찰음	비음	유음
종성 목록	p, b, ᵐb, ʈ, ɖ, ⁿɖ, k, g, ᵑg	β, ʂ	m, ɳ, ŋ	ɽ, ɻ

[Mala(Papua New Guinea), 총 1개 언어]

자음 부류	파열음	마찰음	비음	유음
종성 목록	b, ^{m}b, t, d, ^{n}d, k, g	f, ^{m}f, s, ^{n}s	m, n, ɲ, ŋ	l

[Mmaala, 총 1개 언어]

【4】 PFANLG-형 종성 목록 (3개 언어)

파열음, 마찰음, 파찰음, 비음, 유음, 후음으로 이루어진 종성 목록이며 3가지 하위 유형이 있다.

자음 부류	파열음	마찰음	파찰음	비음	유음	후음
종성 목록	p, b, t, d, k, g	s, ʃ	ʧ, ʤ	m, n, ŋ	ɾ, l	ʔ

[Masbatenyo, 총 1개 언어]

자음 부류	파열음	마찰음	파찰음	비음	유음	후음
종성 목록	p, t, t^{j}, ṭ, k	s, s^{j}	ʦ, ʧ	m, n, n^{j}	ɾ, l, l^{j}	h

[Southern Ohlone, 총 1개 언어]

자음 부류	파열음	마찰음	파찰음	비음	유음	후음
종성 목록	p, t̺, k, g, q, ɢ	s̺	ʧ, ʤ	m, n̺, ɲ	ɾ̺, l̺, ʎ	ʔ

[Toba, 총 1개 언어]

12.2.17. 종성이 17개인 경우 (5개 언어)

【1】 PFANLG-형 종성 목록 (4개 언어)

파열음, 마찰음, 파찰음, 비음, 유음, 후음으로 이루어진 종성 목록이며 4가지 하위 유형이 있다.

자음 부류	파열음	마찰음	파찰음	비음	유음	후음
종성 목록	p, t, ṭ, k, q	s, ʃ, x, χ	ʦ, ʧ	m, n	ɾ, l	ʔ, h

[Chimariko, 총 1개 언어]

자음 부류	파열음	마찰음	파찰음	비음	유음	후음
종성 목록	p, b, ʈ, ɖ, t̪, d̪, k, g	s	ʧ, ʤ	m, n	r, ɽ, l	h

[Dandami Maria, 총 1개 언어]

자음 부류	파열음	마찰음	파찰음	비음	유음	후음
종성 목록	b, t, d, dʲ, k, g	ð, s, ʃ	ʧ	m, n, nʲ	r, l, lʲ	ʔ

[Forest Enets, 총 1개 언어]

자음 부류	파열음	마찰음	파찰음	비음	유음	후음
종성 목록	p, pʰ, t, tʲ, k, kʰ	f, s, ʃ	ʦ, ʧ	m, n, ɲ	r	ʔ, h

[Mosetén-Chimané, 총 1개 언어]

【2】 PFANL-형 종성 목록 (1개 언어)

파열음, 마찰음, 파찰음, 비음, 유음으로 이루어진 종성 목록이며 1가지 하위 유형이 있다.

자음 부류	파열음	마찰음	파찰음	비음	유음
종성 목록	p, b, ʈ, ɖ, t̪, d̪, k, g	ʃ	ʧ, ʤ	m, n̪, ɲ, ŋ	r, l

[Rangpuri, 총 1개 언어]

12.2.18. 종성이 18개인 경우 (7개 언어)

【1】 PFANL-형 종성 목록 (3개 언어)

파열음, 마찰음, 파찰음, 비음, 유음으로 이루어진 종성 목록이며 3가지 하위 유형이 있다.

자음 부류	파열음	마찰음	파찰음	비음	유음
종성 목록	p, t, ʈ, ɖ, t, ʈ, ɖ, k, g	ʃ	ʤ	m, n, ɳ, ŋ	ɾ, l, ɭ

[Betta Kurumba, 총 1개 언어]

자음 부류	파열음	마찰음	파찰음	비음	유음
종성 목록	p, b, t, d, k, g	f, v, s, z, ʃ	ʧ, ʤ	m, n, ŋ	ɾ, l

[Daman-Diu Portuguese, 총 1개 언어]

자음 부류	파열음	마찰음	파찰음	비음	유음
종성 목록	p, ^{m}b, t, ^{n}d, k, ^{ŋ}g	f, v, s, ^{n}z, [illegible]	ʦ, dz, ^{n}dz	m, n, ŋ	l

[Iyive, 총 1개 언어]

【2】 PFANLG-형 종성 목록 (3개 언어)

파열음, 마찰음, 파찰음, 비음, 유음, 후음으로 이루어진 종성 목록이며 3가지 하위 유형이 있다.

자음 부류	파열음	마찰음	파찰음	비음	유음	후음
종성 목록	p, b, ^{m}p, t, ^{n}t, k, ^{ŋ}k	f, s	ʦ, dz, ^{n}dz	m, n, ŋ	r	ʔ, ^{N}ʔ

[Adzera, 총 1개 언어]

자음 부류	파열음	마찰음	파찰음	비음	유음	후음
종성 목록	p, p', t, t', k, k'	s, ʃ	ʦ, ʦ', ʧ, ʧ'	m, n	ɾ, l	ʔ, h

[Tojolabal, 총 1개 언어]

자음 부류	파열음	마찰음	파찰음	비음	유음	후음
종성 목록	p, ᵐb, t, ⁿd, k	f, ᵐf, s, ⁿs	ʧ, ⁿʤ	m, n, ɲ, ŋ	ɾ, l	h

[Mbule, 총 1개 언어]

【3】 PFNL-형 종성 목록 (1개 언어)

파열음, 마찰음, 비음, 유음으로 이루어진 종성 목록이며 1가지 하위 유형이 있다.

자음 부류	파열음	마찰음	비음	유음
종성 목록	p, b, t, d, k, g	f, v, s, z, ʃ, ʒ, ʀ	m, n, ɲ, ŋ	l

[French, 총 1개 언어]

12.2.19. 종성이 19개인 경우 (6개 언어)

【1】 PFNLG-형 종성 목록 (3개 언어)

파열음, 마찰음, 비음, 유음, 후음으로 이루어진 종성 목록이며 2가지 하위 유형이 있다.

자음 부류	파열음	마찰음	비음	유음	후음
종성 목록	p, b, t, d, c, ɟ, k, g	ɸ, s, ɣ	m, n, ɲ, ŋ	ɹ, l	ʔ, h

[Kensiu, 총 1개 언어]

자음 부류	파열음	마찰음	비음	유음	후음
종성 목록	p, ɓ, t, ɗ, c, ʄ, k, ɠ	f, s, ʃ, χ	m, n, ɲ	r, l	ʔ, h

[Konso, 총 1개 언어]

자음 부류	파열음	마찰음	비음	유음	후음
종성 목록	p, b, ɓ, t, ɗ, c, ʄ, k, g	f, s	m, r, ɲ, ŋ	r, l	ʔ, h

[Palor, 총 1개 언어]

【2】 PFANL-형 종성 목록 (2개 언어)

파열음, 마찰음, 파찰음, 비음, 유음으로 이루어진 종성 목록이며 2가지 하위 유형이 있다.

자음 부류	파열음	마찰음	파찰음	비음	유음
종성 목록	p, pʲ, t, k	β, s, ʂ, ʃ, x	ʦ, ʈʂ, ʧ, ʧʲ	m, mʲ, n, nʲ	ɾ, lʲ

[Yaneshaˊ, 총 1개 언어]

자음 부류	파열음	마찰음	파찰음	비음	유음
종성 목록	p, b, ʈ, ɖ, t̪, d̪, k, g	s, z, ʃ	ʧ, ʤ	m, n̪, ŋ	ɾ, ɽ, ɹ

[Northern Gondi, 총 1개 언어]

【3】 PFANLG-형 종성 목록 (1개 언어)

파열음, 마찰음, 파찰음, 비음, 유음, 후음으로 이루어진 종성 목록이며 1가지 하위 유형이 있다.

자음 부류	파열음	마찰음	파찰음	비음	유음	후음
종성 목록	p, b, t̪, d̪, ʈ, ɖ, k, g	s	ʧ, ʤ	m, n, ŋ	ɾ, ɽ, l, ɭ	h

[Far Western Muria, 총 1개 언어]

12.2.20. 종성이 20개인 경우 (1개 언어)

【1】 PFANLG-형 종성 목록 (1개 언어)

파열음, 마찰음, 파찰음, 비음, 유음으로 이루어진 종성 목록이며 1가지 하위 유형이 있다.

자음 부류	파열음	마찰음	파찰음	비음	유음	후음
종성 목록	p, b, t, d, k, g, q, ɢ	f, s, z, ʃ, ʒ	ʧ, ʤ	m, n	ɾ, l	h

[Bakhtiari, 총 1개 언어]

12.2.21. 종성이 21개인 경우 (8개 언어)

【1】 PFANLG-형 종성 목록 (7개 언어)

파열음, 마찰음, 파찰음, 비음, 유음, 후음으로 이루어진 종성 목록이며 6가지 하위 유형이 있다.

자음 부류	파열음	마찰음	파찰음	비음	유음	후음
종성 목록	p, ɓ, t̪, ɗ̪, k, k^{w}	f, v, ɬ, ɮ, s, z, x, x^{w}	ʧ	m, n̪, $ŋ^{w}$	r̪, ɹ	$ʔ^{w}$

[Daba, Mazagway, 총 2개 언어]

자음 부류	파열음	마찰음	파찰음	비음	유음	후음
종성 목록	p, p', t̪, t̪', k, k', q, q'	s, ʃ, χ	ʦ, ʦ', ʧ, ʧ'	m, n	ɾ, l	ʔ, h

[Poqomchi′, 총 1개 언어]

자음 부류	파열음	마찰음	파찰음	비음	유음	후음
종성 목록	b, ᵐb, t, d, ⁿd, k, g, ᵑk	ɸ, β, s, ɣ	ʧ, ʤ, ᶮʤ	m, n, ɲ, ŋ	ɾ	ʔ

[Kamasau, 총 1개 언어]

자음 부류	파열음	마찰음	파찰음	비음	유음	후음
종성 목록	p, b, t, d, k, g, q	f, s, z, ʃ, ʒ, x, ɣ	ʧ, ʤ	m, n	ɾ, l	h

[Dari, 총 1개 언어]

자음 부류	파열음	마찰음	파찰음	비음	유음	후음
종성 목록	p, b, t, d, ɖ, c, ɟ, k, g, q	v, s, z	ʨ	m, n, ŋ	r, ɭ, ʎ	ʔ

[Paiwan, 총 1개 언어]

자음 부류	파열음	마찰음	파찰음	비음	유음	후음
종성 목록	p, b, t̪, ɖ, ʈ, c, ɟ, k, g	β, ʂ, ç	ʧ, ʤ	m, n̪, ɲ, ŋ	ɽ	ʔ, h

[Tohono O′odham, 총 1개 언어]

【2】 PFANL-형 종성 목록 (1개 언어)

파열음, 마찰음, 파찰음, 비음, 유음으로 이루어진 종성 목록이며 1가지 하위 유형이 있다.

자음 부류	파열음	마찰음	파찰음	비음	유음
종성 목록	p, b, t, d, k, g	f, v, θ, ð, s, z, ʃ, ʒ	ʧ, ʤ	m, n, ŋ	ɾ, l

[English, 총 1개 언어]

12.2.22. 종성이 22개인 경우 (2개 언어)

【1】 PFANLG-형 종성 목록 (2개 언어)

파열음, 마찰음, 파찰음, 비음, 유음, 후음으로 이루어진 종성 목록이며 2가지 하위 유형이 있다.

자음 부류	파열음	마찰음	파찰음	비음	유음	후음
종성 목록	p, p', ʈ, ʈ', k, k', q, q'	s, ʃ, χ	ʦ', ʧ, ʧ'	m, m', ŋ, ŋ'	ɾ, l	ʔ, h

[Poqomam, 총 1개 언어]

자음 부류	파열음	마찰음	파찰음	비음	유음	후음
종성 목록	b, t, d, t', k, g, k'	f, s, z, ʃ, ʒ	ʧ, ʤ, ʧ'	m, n, ɲ	ɾ, l	ʔ, h

[Silt'e, 총 1개 언어]

12.2.23. 종성이 23개인 경우 (10개 언어)

【1】 PFANLG-형 종성 목록 (6개 언어)

파열음, 마찰음, 파찰음, 비음, 유음, 후음으로 이루어진 종성 목록이며 6가지 하위 유형이 있다.

자음 부류	파열음	마찰음	파찰음	비음	유음	후음
종성 목록	p, b, p', t, d, ɗ, k, g, q	f, s, z, ʃ, ʒ	ʦ, ʦ', ʧ, ʧ'	m, n	ɾ, l	ʔ

[Aari, 총 1개 언어]

자음 부류	파열음	마찰음	파찰음	비음	유음	후음
종성 목록	p, b, ʰp, t, d, ʰt, k, g, ʰk	f, v, s, z, ʃ, ʒ	ʧ, ʤ, ʰʧ	m, n	ɾ, l	h

[Michif, 총 1개 언어]

자음 부류	파열음	마찰음	파찰음	비음	유음	후음
종성 목록	p, pʰ, p', t, tʰ, t', k, kʰ, k'	s, ʃ, x	ʧ, ʧʰ, ʧ'	m, mˀ, n, nˀ	l, lˀ	ʔ, h

[Northern Yokuts, 총 1개 언어]

자음 부류	파열음	마찰음	파찰음	비음	유음	후음
종성 목록	p, ɓ, t, t', k, k', q, q'	s, ʂ, ʃ, x	ʦ, ʦ', tʂ, tʂ', ʧ, ʧ'	m, n	r, l	ʔ

[Q'anjob'al, 총 1개 언어]

자음 부류	파열음	마찰음	파찰음	비음	유음	후음
종성 목록	p, b, t, d, ʈ, ɖ, k, g	s, z, ʃ, ʒ, ɣ, χ	ʧ, ʤ	m, n	ɾ, ɹ, l	ʔ, h

[Southern Balochi, 총 1개 언어]

자음 부류	파열음	마찰음	파찰음	비음	유음	후음
종성 목록	p, b, t, d, k, g, kʲ, gʲ	f, s, z, ʃ, ʒ	ʧ, ʤ	m, n, nʲ, ŋ	ɾ, l, lʲ	h

[Texmelucan Zapotec, 총 1개 언어]

【2】 PFANL-형 종성 목록 (3개 언어)

파열음, 마찰음, 파찰음, 비음, 유음으로 이루어진 종성 목록이며 3가지 하위 유형이 있다.

자음 부류	파열음	마찰음	파찰음	비음	유음
종성 목록	p, b, t̪, d̪, t̪ʲ, d̪ʲ, k, g	f, v, x, s̪, z̪, ʃ, ʒ	t͡s, t͡ʃ, d͡ʒ	m, n̪, n̪ʲ	ɾ̪, l̪

[Hungarian, 총 1개 언어]

자음 부류	파열음	마찰음	파찰음	비음	유음
종성 목록	p, b, t, d, k, g, kʲ, q	f, v, s, z, ʃ, x, ɣ	t͡ʃ, d͡ʒ	m, n, ŋ	r, l, lʲ

[Crimean Tatar, 총 1개 언어]

자음 부류	파열음	마찰음	파찰음	비음	유음
종성 목록	p, b, t, d, k, g	s, z, ʂ, ʐ, ʃ, ʒ	t͡s, dz, t͡ʃ, d͡ʒ	m, mm, n, nn	ɾ, l, ll

[San Juan Guelavía Zapotec, 총 1개 언어]

【3】 PFNLG-형 종성 목록 (1개 언어)

파열음, 마찰음, 비음, 유음, 후음으로 이루어진 종성 목록이며 1가지 하위 유형이 있다.

자음 부류	파열음	마찰음	비음	유음	후음
종성 목록	p, t̪, k	f, v, θ, ð, s, x, ɣ	m, m̥, n, n̥, ɲ, ɲ̊, ŋ, ŋ̊	r, r̥, l, l̥	h

[Icelandic, 총 1개 언어]

12.2.24. 종성이 24개인 경우 (1개 언어)

【1】 PFANLG-형 종성 목록 (1개 언어)

파열음, 마찰음, 파찰음, 비음, 유음, 후음으로 이루어진 종성 목록이며 1가지 하위 유형이 있다.

자음 부류	파열음	마찰음	파찰음	비음	유음	후음
종성 목록	p, p', t, t', k^{w}, k', q, q^{w}, q', q'^{w}	θ, θ', ɬ, ʃ, x^{w}, x^{j}, χ, $χ^{w}$	tɬ', ʧ, ʧ'	m	l	ʔ

[Halkomelem, 총 1개 언어]

12.2.25. 종성이 25개인 경우 (3개 언어)

【1】 PFANLG-형 종성 목록 (2개 언어)

파열음, 마찰음, 파찰음, 비음, 유음, 후음으로 이루어진 종성 목록이며 2가지 하위 유형이 있다.

자음 부류	파열음	마찰음	파찰음	비음	유음	후음
종성 목록	p, b, p', t, d, t', k, g, k'	ɸ, s, z, ʃ, ʒ	ʦ, ʦ', ʧ, ʤ, ʧ'	m, n, ɽ	ɾ, l	h

[Dizin, 총 1개 언어]

자음 부류	파열음	마찰음	파찰음	비음	유음	후음
종성 목록	p, b, p^{h}, ʈ, ɖ, $ʈ^{h}$, t, d, t^{h}, k, g, k^{h}	ʂ, ʐ, ʃ	ʦ, $ʦ^{h}$, ʧ, ʤ, $ʧ^{h}$	m, ɳ	ɽ, ɻ	h

[Kashmiri, 총 1개 언어]

【2】 PFNL-형 종성 목록 (1개 언어)

파열음, 마찰음, 비음, 유음으로 이루어진 종성 목록이며 1가지 하위 유형이 있다.

자음 부류	파열음	마찰음	비음	유음
종성 목록	p, b, pʲ, bʲ, t, d, tʲ, dʲ	s, z, sʲ, zʲ, x, ɣ, xʲ, ɣʲ	m, mʲ, n, nʲ, ŋ	ɾ, ɾʲ, l, lʲ

[China Buriat, 총 1개 언어]

12.2.26. 종성이 26개인 경우 (2개 언어)

【1】 PFANL-형 종성 목록 (1개 언어)

파열음, 마찰음, 파찰음, 비음, 유음으로 이루어진 종성 목록이며 1가지 하위 유형이 있다.

자음 부류	파열음	마찰음	파찰음	비음	유음
종성 목록	p, pʲ, t̪, t̪ʰ, t̪ʲ, t̪ʰʲ, g, gʲ, ɢ	s̪, ɮ̪, ɮ̪ʲ, ʃ, x, xʲ	ʦ̪, ʦ̪ʰ, ʧ, ʧʰ	m, mʲ, n̪, n̪ʲ, ŋ	ɾ̪, ɾ̪ʲ

[Halh Mongolian, 총 1개 언어]

【2】 PFANLG-형 종성 목록 (1개 언어)

파열음, 마찰음, 파찰음, 비음, 유음, 후음으로 이루어진 종성 목록이며 1가지 하위 유형이 있다.

자음 부류	파열음	마찰음	파찰음	비음	유음	후음
종성 목록	p, b, t, d, tˠ, dˠ, k, g, q	f, ʃ, χ, ʁ, ħ	s, sˠ, zˠ, ʧ, ʤ	m, n	ɾ, l, ɬ	ʔ, h

[Kumzari, 총 1개 언어]

12.2.27. 종성이 27개인 경우 (1개 언어)

【1】 PFNLG-형 종성 목록 (1개 언어)

파열음, 마찰음, 비음, 유음, 후음으로 이루어진 종성 목록이며 1가지 하위 유형이 있다.

자음 부류	파열음	마찰음	비음	유음	후음
종성 목록	b, t, d, tˤ, dˤ, k, g, q	f, s, z, sˤ, zˤ, ʃ, ʒ, x, ɣ, ħ, ʕ	m, n, nˤ, ŋ	ɾ, ɾˤ, l	h

[Tadaksahak, 총 1개 언어]

12.2.28. 종성이 28개인 경우 (1개 언어)

【1】 PFNLG-형 종성 목록 (1개 언어)

파열음, 마찰음, 비음, 유음, 후음으로 이루어진 종성 목록이며 1가지 하위 유형이 있다.

자음 부류	파열음	마찰음	비음	유음	후음
종성 목록	b, t, d, tˤ, dˤ, k, g, q	f, s, z, sˤ, zˤ, ʃ, ʒ, χ, ʁ, ħ, ʕ	m, mˤ, n, nˤ	ɾ, ɾˤ, l, lˤ	ɦ

[Tunisian-Zuwara Berber, 총 1개 언어]

12.2.29. 종성이 29개인 경우 (2개 언어)

【1】 PFNLG-형 종성 목록 (1개 언어)

파열음, 마찰음, 비음, 유음, 후음으로 이루어진 종성 목록이며 1가지 하위 유형이 있다.

자음 부류	파열음	마찰음	비음	유음	후음
종성 목록	p, b, p^{h}, b^{h}, t̺, d̺, t̺^{h}, d̺, ʈ, ɖ, ʈ^{h}, ɖ^{h}, c, ɟ, c^{h}, ɟ^{h}, k, g, k^{h}, g^{h}	s̺	m, n̺, ɳ, ŋ	ɾ, ɽ, l	h

[Vaghri, 총 1개 언어]

【2】 PFANLG-형 종성 목록 (1개 언어)

파열음, 마찰음, 파찰음, 비음, 유음, 후음으로 이루어진 종성 목록이며 1가지 하위 유형이 있다.

자음 부류	파열음	마찰음	파찰음	비음	유음	후음
종성 목록	p, b, p', t, d, t', ɗ, k, g, k'	f, s, z, s', ʃ, ʒ, x, ɣ, χ	ʦ, ʧ, ʤ, ʧ'	m, n, ŋ	ɾ, l	h

[Dime, 총 1개 언어]

12.2.30. 종성이 30개인 경우 (1개 언어)

【1】 PFANLG-형 종성 목록 (1개 언어)

파열음, 마찰음, 파찰음, 비음, 유음, 후음으로 이루어진 종성 목록이며 1가지 하위 유형이 있다.

자음 부류	파열음	마찰음	파찰음	비음	유음	후음
종성 목록	b, t, d, t', k, g, k^{w}, k', g', k^{w}', q, q^{w}	β, f, s, z, s', ʃ, χ	ʧ, ʤ, ʧ'	m, n, ɲ, ŋ, ŋ^{w}	r, l	h

[Xamtanga, 총 1개 언어]

12.2.31. 종성이 33개인 경우 (1개 언어)

【1】 PFANLG-형 종성 목록 (1개 언어)

파열음, 마찰음, 파찰음, 비음, 유음, 후음으로 이루어진 종성 목록이며 1가지 하위 유형이 있다.

자음 부류	파열음	마찰음	파찰음	비음	유음	후음
종성 목록	p, b, p^h, ʈ, ɖ, ʈ^h, t, d, t^h, k, g, k^h, q, q^h	s, z, ʂ, ɕ, ɣ	ʦ, ʦ^h tʂ, dʐ, tʂ^h, ʨ, ʥ, ʨ^h	m, n, ŋ	ɾ, l	h

[Burushaski, 총 1개 언어]

12.2.32. 종성이 36개인 경우 (1개 언어)

【1】 PFANLG-형 종성 목록 (1개 언어)

파열음, 마찰음, 파찰음, 비음, 유음, 후음으로 이루어진 종성 목록이며 1가지 하위 유형이 있다.

자음 부류	파열음	마찰음	다찰음	비음	유음	후음
종성 목록	p, b, p^h, b^h, ɓ, t, d, t^h, d^h, ɗ, ʈ, ɖ, ʈ^h, ɖ^h, ᶑ, ʄ, k, g, k^h, g^h, ɠ	s, z, ʃ	ʄ, ʤ, ʧ^h	m, n, ɳ, ŋ	ɾ, ɽ, l, ɭ	ɦ

[Wadiyara Koli, 총 1개 언어]

참고문헌

강신항(1991), 고대국어의 음절말자음에 대하여, 『대동문화연구』 25, 성균관대 대동문화연구원, 7~28.

강창석(1984), 국어의 음절구조와 음운현상, 『국어학』 13, 국어학회, 199~228.

고광모(2012), 15세기 국어의 종성 /ㅅ/에 대하여-종성 /ㅅ/을 확인하고 선어말어미 {-ᄉᆞᆸ-}의 교체를 설명함-, 『국어학』 64, 국어학회, 3~34.

고동호(1987), 15세기 한국어의 변동규칙과 음절에 대하여, 서울대 석사학위논문.

곽충구(1994), 『함북 육진방언의 음운론-20세기 러시아의 Kazan에서 간행된 문헌자료에 의한-』, 태학사.

곽충구(1997), 음절의 변화, 『국어사연구』, 태학사, 387~421.

권인한(1998), 『조선관역어의 음운론적 연구』, 태학사.

김경아(1992), 중세국어 종성표기 ㅅ에 대하여, 『관악어문연구』 17, 서울대 국문과, 113~139.

김무림(1998), 고대 국어 음운, 『국어의 시대별 변천·실태 연구 3-고대 국어-』, 국립국어연구원, 7~39.

김봉국(2002), 강원도 남부지역 방언의 음운론, 서울대 박사학위논문.

김선미(1991), 겹받침 줄이기, 『언어연구』, 4, 서울대 언어연구회, 47~57.

김선정(2020), 한국어 어말 종성 발음의 유형적 특성, 『한국학논집』 78, 계명대 한국학연구원, 157~186.

김선철(2003), 『표준 발음 실태 조사(Ⅱ)』, 국립국어연구원.

김성규(1996ㄱ), '드틀'과 '듣글'의 공존, 『이기문교수 정년퇴임기념논총』, 신구문화사, 84~96.

김성규(1996ㄴ), 중세 국어 음운, 『국어의 시대별 변천·실태 연구 1-중세 국어-』, 국립국어연구원, 7~55.
김완진(1971), 『국어음운체계의 연구』, 일조각.
김완진(1983), 계림유사와 음절말 자음, 『국어학』 12, 국어학회, 35~46.
김유범(1998), 국어의 자음체계와 음절말 중화에 대한 통시적 조명, 『어문논집』 38, 안암어문학회, 295~316.
김정태(1989), 음운규칙의 공존성에 대한 연구, 충남대 석사학위논문.
김종택(1999), 고대국어 음절 말 자음의 음성 실현, 『한글』 245, 한글학회, 5~20.
김주필(1988), 중세국어 음절말 치음의 음성적 실현과 표기, 『국어학』 17, 국어학회, 203~228.
김주필(1999), 국어의 음절 내부 구조와 음운 현상, 『애산학보』 23, 애산학회, 45~72.
김주필(2008), 재구조화의 통시적 과정과 특성, 『이숭녕 현대국어학의 개척자』, 태학사, 1117~1148.
김진우(2008), 국어 음절론, 『한글』 282, 한글학회, 5~33.
김차균(1981), 음절이론과 국어의 음운 규칙, 『논문집』 8-1, 충남대 인문과학연구소, 1~45.
김 현(1997), 15세기 국어 자음연쇄에 대한 연구, 『국어연구』 145, 서울대 국어연구회.
김 현(2011), 공명도 및 관련 음운 현상에 대한 음성학적 접근, 『어문연구』 152, 한국어문교육연구회, 139~164.
문양수(1988), 음운론에서의 음절, 『언어학』 9·10, 한국언어학회, 45~73.
박종희(1993), 『국어 음운론 연구(Ⅱ)』, 원광대 출판국.
박창원(1984), 중세 국어의 음절말 자음 체계, 『국어학』 13, 국어학회, 171~197.
박창원(1987), 표면음성제약과 음운현상-고성지역어의 음절구조를 중심으로-, 『국어학』 16, 국어학회, 301~324.
배주채(1989), 음절말자음과 어간말자음의 음운론, 『국어연구』 91, 서울대 국어연구회.
배주채(1992), 음절말 평폐쇄음화에 대하여, 『관악어문연구』 17, 서울대 국문과, 181~204.
배주채(1996), 『국어음운론 개설』, 신구문화사.
소신애(2008), 중세 국어 음절말 유음의 음가와 그 변화-방언 자료와 문헌 자료에 근거하여-, 『국어학』 53, 국어학회, 35~64.
송철의(1982), 국어의 음절문제와 자음의 분포제약에 대하여, 『관악어문연구』

7, 서울대 국문과, 175~194.
송철의(1987), 십오세기 국어의 표기법에 대한 음운론적 고찰-훈민정음 창제 초기문헌을 중심으로-, 『국어학』 16, 국어학회, 325~360.
송철의(2000), 용언 '있다'의 통시적 발달에 대하여, 『朝鮮語研究』 1, 朝鮮語研究會, 207~237.
신승용(2001), 고대국어의 음절구조, 『어문학』 73, 한국어문학회, 67~90.
신승용(2007), 『국어 음절 음운론』, 박이정.
안병희(1959), 십오세기 국어의 활용어간에 대한 형태론적 연구, 『국어연구』 7, 서울대 국어연구회.
안병희(2003), 해례본의 팔종성에 대하여, 『국어학』 41, 국어학회, 3~24.
안상철(1995), 음절 음운론, 『언어연구』 13, 경희대 언어정보연구소, 39~107.
양순임(2001), 음절말 자음 중화의 원인, 『말소리』 41, 대한음성학회, 31~47.
엄태수(1999), 『한국어의 음운규칙 연구』, 국학자료원.
이경희(2000), 음절말 자음에 관련된 음소배열제약과 음운현상, 『한국어학』 12, 한국어학회, 213~236.
이기문(1962), 중세국어의 특수 어간 교체에 대하여, 『진단학보』 23, 진단학회, 119~153.
이기문(1963), 『국어표기법의 역사적 연구』, 한국연구원.
이기문(1972), 『국어사개설(개정판)』, 민중서관.
이기문(1983), '아자비'와 '아ᄌᆞ미', 『국어학』 12, 국어학회, 3~12.
이기석(1993), 『음절구조와 음운원리』, 한신문화사.
이동석(2020), 팔종성법의 실현 양상과 음운론적인 해석, 『국어사연구』 31, 국어사학회, 63~135.
이병건(1982), 음절 이론에 관해서, 『현대영어학연구』, 신아사, 58~75.
이병근(1979), 『음운현상에 있어서의 제약』, 탑출판사.
이병운(2000), 『중세국어의 음절과 표기법 연구』, 세종출판사.
이상신(2008), 전남 영암지역어의 공시음운론, 서울대 박사학위논문.
이석재(1995), 국어 음절말음의 조음간극에 대한 제약과 중화현상, 『언어』 20-4, 한국언어학회, 183~211.
이승재(1980), 구례지역어의 음운 체계, 『국어연구』 45, 서울대 국어연구회.
이승재(1983), 재구와 방언분화 - 어중 '-ㅅㄱ-'류 단어를 중심으로-, 『국어학』 12, 국어학회, 213~234.
이익섭(1992), 『국어표기법연구』, 서울대학교출판부.
이준환(2020), 「계림유사 고려방언」 전사 양상의 음운론적 접근, 『국어사연구』

31, 국어사학회, 7~46.
이진호(1997), 국어 어간말 자음군과 관련 현상에 대한 통시음운론, 『국어연구』 147, 서울대 국어연구회.
이진호(2003), 국어 ㅎ-말음 어간의 음운론, 『국어국문학』 133, 국어국문학회, 167~195.
이진호(2004), '샻(簞)'에 대한 국어사적 고찰, 『국어학』 43, 국어학회, 299~327.
이진호(2005), 『국어 음운론 강의』, 삼경문화사.
이진호(2008), 『통시적 음운 변화의 공시적 기술』, 삼경문화사.
이진호(2017ㄱ), 『국어 음운론 용어 사전』, 역락.
이진호(2017ㄴ), 언어 유형론 연구에서의 평균값 도출 방안: 음운 목록을 중심으로, 『건지인문학』 19, 전북대 인문학연구소, 221~240.
이진호(2018), 국어 음운론의 유형론적 연구를 위한 제언, 『한국학연구』 51, 인하대 한국학연구소, 429~454.
이진호(2020), 한국어 파열음 체계의 언어 유형론적 고찰, 『어문연구』 186, 한국어문교육연구회, 5~29.
이진호(2021), 자음의 종성 실현 양상에 대한 유형론적 고찰, 『언어와 정보 사회』 43, 서강대 언어정보연구소, 1~28.
이진호(2022), '윗옷'류 합성어와 관련된 몇 문제, 『관악어문연구』 47, 서울대 국문과, 171~189.
이진호(2023), 한국어 비음 체계의 언어 유형론적 고찰, 『진단학보』 140, 진단학회, 191~222.
이진호 외 편(2015), 『15세기 국어 활용형 사전』, 박이정.
이혁화(1999), 국어 자음의 음운론적 강도에 대하여, 『애산학보』 23, 애산학회, 165~193.
임석규(2007), 경북북부지역어의 음운론적 연구, 서울대 박사학위논문.
임용기(1986), 우리말 음절 짜임새의 역사적 변천 과정에 대하여, 『동방학지』 50, 연세대 국학연구원, 201~251.
전상범(2004), 『음운론』, 서울대학교출판부.
정승철(1996), 제주도 방언 'ㅎ'말음 용언 어간의 통시론, 『이기문교수 정년퇴임 기념논총』, 신구문화사, 738~753.
정승철(1997), 자음의 변화, 『국어사연구』, 태학사, 423~455.
정인호(2004), 원평북방언과 전남방언의 음운론적 대조 연구-용천 지역어와 화순 지역어를 중심으로-, 서울대 박사학위논문.
정철주(1995), 고대 국어의 음절말 자음과 음절 구조, 『어문학』 56, 한국어문학회, 1~27.
최명옥(1982), 『월성지역어의 음운론』, 영남대학교출판부.
최명옥(2004), 『국어 음운론』, 태학사.
최현배(1937), 『우리말본』, 연희전문학교 출판부.
한성우(2006), 『평안북도 의주방언의 음운론』, 월인.
허 용(2011), 한국어 자음 체계의 유형적 보편성 연구, 『이중언어학』 45, 이중언어학회, 331~351.
허 용(2022), 『자연 언어 음운 체계의 보편성-주요 30개 언어를 대상으로-』, 한국문화사.
허 웅(1958), 『국어음운론』, 정음사.
허 웅(1985), 『국어 음운학-우리말 소리의 오늘 · 어제-』, 샘문화사.
황국정(2000), 음절말 'ㅅ'의 음가에 대한 역사적 연구, 고려대 석사학위논문.
Academia de la Llingua Asturiana(2001), *Gramática de Llingua Asturiana*(3rd edition), Oviedo: Academia de la Llingua Asturiana.
Aronoff, M. & R. Oehrle eds.(1984), *Language, Sound, Structure*, Cambridge: MIT Press.
Bell, A. & J. B. Hooper eds.(1978), *Syllables and Segments*, Amsterdam: North Holland Publishing Company.
Blake, B. J. ed.(1971), *Papers on the Languages of Australian Aboriginals*, Canberra: Australian Institute of Aboriginal Studies.
Blevins, J.(1995), The syllable in phonological theory, in J. Goldsmith ed., *The Handbook of Phonological Theory*, Oxford: Blackwell, pp. 206~244.
Blevins, J.(2004), *Evolutionary phonology*, Cambridge: Cambridge University Press.
Boxwell, H. & M. Boxwell(1966), Weri phonemes, *Papers in New Guinea Linguistics* 5, pp. 77~93.
Bybee, J.(2001), *Phonology and Language Use*, Cambridge: Cambridge University Press.
Cabral, A. et al.(2010), Ensurdecimento vocálico em Zo'é, *Revista de Estudos da Linguagem* 18-1, pp. 51~60.
Cairns, C. E. & M. H. Feinstein(1982), Markedness and the Theory of Syllable Structure, *Linguistic Inquiry* 13-2, pp. 193~225.
Chomsky, N. & M. Halle(1968), *The sound pattern of English*, New York: Harper & Row.

Christiansen-Bolli, R.(2010), *A Grammar of Tadaksahak-A Berberised Songhay Language(Mali)-*, Köln: Rüdiger Köppe Verlag.

Clements, G. N.(1990), The role of the sonority cycle in core syllabification, in J. Kingston & M. E. Beckman eds., *Papers in Laboratory Phonology (1): Between the Grammar and Physics of Speech*, Cambridge: Cambridge University Press, pp. 283~333.

Clement, G. N. & S. J. Keyser(1983), *CV Phonology: A Generative Theory of the Syllable*, Cambridge: MIT Press.

Crystal, D.(1985), *A Dictionary of Linguistics and Phonetics*(2nd edition), Oxford: Basil Blackwell.

Dryer, M. & M. Haspelmath eds.(2013), *The World Atlas of Language Structures Online*, Leipzig: Max Planck Institute for Evolutionary Anthropology. [Available online at http://wals.info, Accessed on 2021-06-22.]

Easterday, S.(2017), Highly complex syllable structure: a typological study of its phonological characteristics and diachronic development, Doctral Dissertation of University of New Mexico.

Féry, C. & R. van de Vijver eds.(2003), *The syllable in Optimality Theory*, Cambridge: Cambridge University Press.

Fuge, E.(1987), Branching structure within the syllable, *Journal of Linguistics* 23-2, pp. 359~377.

Goldsmith, J.(1990), *Autosegmental and metrical phonology*, Oxford: Blackwell.

Gordon, M. K.(1999), Syllable weight: Phonetics, phonology, and typology, Doctral Dissertation of University of California at Los Angeles.

Gordon, M.(2016), *Phonological typology*, Oxford: Oxford University Press.

Greenberg, J. H.(1965), Some Generalizations concerning initial and final consonant sequences, *Linguistics* 18-3, pp. 5~34. [reprinted in Greenberg, J. H. ed.(1978), *Universals of Human Languages(Vol. 2)-Phonology-*, Stanford: Stanford Univesity Press.]

Guile, T.(1973), Glide-Obstruentization and the Syllable Coda Hierarchy, Papers from the Ninth Regional Meeting of the Chicago Linguistic Society, pp. 139~156.

Han, K.(2008), Word-Initial Onset and Word-Final Coda Typology, *The*

Journal of Linguistic Science 44, pp. 59~79.

Hanmaker, J. & J. Aissen(1974), The Sonority Hierarchy, *Natural Phonology Parasession*, Chicago: Chicago Linguistic Society, pp. 131~145.

Harley, M.(2020), Aspects of the Phonology and Morphology of Kyak, an Adamawa Language of Nigeria, *Language in Africa* 1-3, pp. 373~404.

Haspelmath, M. et al. eds.(2005), *The World Atlas of Language Structures*, Oxford: Oxford University Press.

Hatfield, A.(2016), A grammar of Mehek, Doctoral Dissertation of New State University at Buffalo.

Hooper, J. B.(1972), The syllable in phonological theory, *Language* 48-3, pp. 525~540.

Hooper, J. B.(1976), *An Introduction to Natural Generative Phonology*, New York: Academic Press.

Hudson, G.(1995), Consonant release and the syllable, *Linguistics* 33, pp. 655~672.

Hulst, H.(2017), Phonological Typology, in A. Y. Aikhenvald & R. M. W. Dixon eds., *The Cambridge Handbook of Linguistic Typology*, Cambridge: Cambridge University Press, pp. 39~77.

Hyman, L.(1973), The feature [Grave] in phonological theory, *Journal of Phonetics* 1, pp. 329~337.

Hyman, L.(2008), Universals in phonology, *The Linguistic Review* 25, pp. 81~135.

Hyman, L.(2018), What is phonological typology?, in L. Hyman & F. Plank eds., *Phonological Typology*, Berlin: De Gruyter Mouton, pp. 1~20.

Hyman, L. & F. Plank eds.(2018), *Phonological Typology*, Berlin: De Gruyter Mouton.

Itô, J.(1988), *Syllable Theory in Prosodic Phonology*, New York: Garland Publishing Inc.

Jakobson, R., C. Fant & M. Halle(1952), *Preliminaries to Speech Analysis: the distinctive features and their correlates*, Cambridge: MIT Press.

Jun, J.(2011), Positional Effects in Consonant Clusters, in M. von Oostendorp et al. eds., *The Blackwell Companion To Phonology*, Malden: Wiley-Blackwell, pp. 1103~1123.

Kackay, D. C.(1972), The structure of words and syllables: Evidence from errors in speech, *Cognitive Psychology* 3, pp. 210~227.

Kahn, D.(1976), *Syllable-based Generalizations in English Phonology*, Bloomington: Indiana University Linguistic Club.

Knudson, L. & T. Jones(1977), Guelavía Zapotec phonemes, *Studies in Otomanguean phonology*, Dallas: SIL & Texas University at Arlington, pp. 163~180.

Krämer, M. & D. Zec(2020), Nasal consonants, sonority and syllable phonotactics: the dual nasal hypothesis, *Phonology* 37-1, pp. 27~63.

Ladefoged, P.(1982), *A Course in Phonetics*(2nd edition), New York: Harcourt Brace Jovanovich.

Lass(1984), *Phonology-An Introduction to Basic Concepts-*, Cambridge: Cambridge University Press.

Laver, J.(1994), *Principles of phonetics*, Cambridge: Cambridge University Press.

Lee, J.(2020), *Inventories of the Plosive in the World's Languages*, Seoul: Jipmoondang.

Lee, J.(2022), *Phonological Typology of Plosives*, Seoul: SNU Press.

Maddieson, I.(1984), *Patterns of Sounds*, Cambridge: Cambridge University Press.

Maddieson, I.(2013), Syllable structure, in M. Dryer & M. Haspelmath eds.(2013), *The World Atlas of Language Structures Online*, Leipzig: Max Planck Institute for Evolutionary Anthropology.

Miller, B.(2012), Soronity and the larynx, in S. Parker ed., *The Sonority Controversy*, Berlin: De Gruyter Mouton, pp. 257~288.

Moran, S. P.(2012), Phonetics Information Base and Lexicon, Doctoral Dissertation of Washington University.

Murray, R. W.(1985), Phonological Strength and Preferred Syllable Structure, *Language Research* 21-4, pp. 479~501.

Nurse, D. & G. Phillipson eds.(2003), *The Bantu Languages*, Oxford: Routledge.

Parker, S. ed.(2012), *The Sonority Controversy*, Berlin: De Gruyter Mouton.

Pérez, N. L.(2007), Synchronic and diachronic Matlatzinkan phonology, Doctoral Dissertation of Michigan University.

Pulgram, E.(1970), *Syllable, Word, Nexus, Cursus*, The Hague: Mouton.

Pym, N.(1979), *Papers on Iwaidja phonology and grammar*, Darwin: SIL.

Redford, M.(1999), An articulatory basis for the syllable, Doctral Dissertation of University of Texas at Austin.

Rosero, M. W.(2014), A grammatical sketch of Masbatenyo, Master's Thesis in University of the Philippines.

Rousset, I.(2004), Structures syllabique et lexicales des langues du monde, Doctral Dissertation of Université Grenoble.

Selkirk, E. O.(1984), On the major class features and syllable theory, in M. Aronoff & R. Oehrle eds., *Language, Sound, Structure*, Cambridge: MIT Press, pp. 107~136.

Shankerlal, V.(1966), The dialect of the Vaghers of Okhamandal: descriptive grammar, Doctoral Dissertation of Gujarat University.

Soukka, M. & H. Soukka(2011), *Esquisses phonologiques du laalaa et palor (langues cangin du Sénégal)*, Göteborg: Department of Languages and Literatures in University of Gothenburg.

Trask, R. L.(1996), *A Dictionary of Phonetics and Phonology*, New York: Routledge.

VanDam, M.(2004), Word Final Coda Typology, *Journal of Universal Language* 5, pp. 119~148.

Vennemann, T.(1972), On the Theory of Syllabic Phonology, *Linguistische Berichte* 18, pp. 1~18.

Wal Anonby, C.(2015), A grammar of Kumzari: a mixed Perso-Arabian language of Oman, Doctral Dissertation of Leiden University.

Wiltshire, C.(2003), Beyond Codas: Word and Phrase-Final Alignment, in C. Féry & R. van de Vijver eds., *The syllable in Optimality Theory*, Cambridge: Cambridge University Press, pp. 254~268.

Wiltshire, C.(2018), Sonority Waves in Syllabification, in D. Brentari & J. L. Lee eds., *Shaping Phonology*, Chicago: University of Chicago Press, pp. 182~200.

Yasuhiro, Y. ed.(2010), *Grammatical Sketches from the Field*, Tokyo: Research Institute for Languages and Cultures of Asia and Africa in Tokyo University of Foreign Studies.

Yoshioka, N.(2012), A Reference Grammar of Eastern Burushaski, Doctoral

Dissertation of Tokyo University of Foreign Studies.
Zec, D.(1995), Sonority constraints on syllable structure, *Phonology* 12-1, pp. 85~129.
Zubair, S.(2016), A phonological description of Wadiyari, a language spoken in Pakistan, Master's Thesis of Payap University.

Abstract

Phonological Typology of the Korean Syllable Coda

Lee, Jinho(Seoul National University)

In this book, I examined the Korean syllable coda compared to many languages around the world. With the large-scale data of 795 languages, I compiled syllable coda inventories for each language, and identified many trends related to syllable coda. Based on these results, some important issues regarding the Korean syllable coda were examined. That is, the universality and particularity of syllable coda inventory of each historical period of Korean, the changes of syllable coda, and phonological processes applying in the syllable final are dealt from the typological perspective.

The description of the typological features of Korean phonology has been made at a very brief level. Not only were there little topics to discuss, but the content did not go beyond simple comparisons with some well-known languages. In this situation, it has been difficult to expect Korean syllable coda to be the object of typological description.

This is because discussion on the syllable structure of many languages requires more previous linguistic analysis. Comprehensive and empirical research on syllable coda has been done incompletely. In order to overcome this problem, I dealt in depth with the quantitative and qualitative characteristics of syllable coda based on previous research on 795 languages. And in light of this, the Korean syllable coda was reviewed.

As a result, the syllable coda of modern Korean overwhelmingly stands out for its universality rather than its particularity. In quantitative terms, such as the number and percentage of syllable coda, it was slightly below the average for all languages, but within the standard range. In addition, in terms of qualitative aspects, such as the organization of the syllable coda inventory, it belongs to the most frequent category. The phonological changes that have taken place in Korean have played a large role in the development of the modern Korean syllable coda. As the Korean syllable coda goes back in time, it was more typologically particular than it is today. However, the changes of disfavored consonants into favored ones in syllable final resulted in universality and generality. In presenting the typological features of Korean phonology in the future, an analysis of syllable coda could be added.

Several universal tendencies regarding syllable coda have been suggested in this book. However, the reasons for their occurrence have not been clearly explained and are overlooked. If there are common tendencies across many languages, there is bound to be a reason for them. To elucidate this, the help of articulatory phonetics or experimental phonetics is absolutely necessary. If improvements are made in this area, it is believed that linguistic exploration of syllable coda will be much more fruitful.

찾아보기

용어

ㅈ

ㅊ

언어

C

N

발간사

'한국학'은 이제 학문의 한 분야로 자리잡았다. 한국학을 전공으로 하는 학과도 생겨나고 한국학 연구자들의 국제학술대회도 자주 접할 수 있다. 한국사회가 짧은 시기에 보여 준 역동적인 변화에 대한 학문적 관심이 나라 안팎으로 증대된 결과일 것이다. 한국의 역사와 문화, 사회적 경험에 점점 더 많은 연구자들이 관심을 기울이는 것은 매우 반가운 일이다.

한국학이란 고정된 분과학문 체계 내의 한 부분 영역이 아니라 다양한 분과학문들이 함께 참여하는 학제적 연구의 성격을 지닌다. 한국학은 과거의 전통에 깊은 관심을 갖지만 현재의 문제들에도 주목하며 미래의 전망을 모색하는 작업도 포함한다. 인문학적 논의와 사회과학적 관심은 물론이고 자연과학적 문제의식과 예술적 시각이 함께 어우러지는 곳이다. 당연히 한국학은 국내의 연구자들이 자신의 특수성만을 부각시키는 폐쇄적인 장이 아니라 전 세계의 학자들이 자유롭게 참여하는 지적 토론의 공간이 되어야 한다. 한국을 대상으로 한 다양한 연구를 지원하며 진지한 논의와 지적 실험을 뒷받침하는 것이야말로 한국학의 가장 중요한 역할이라 할 것이다.

이런 의미에서 한국학은 한국의 문화와 역사적 경험을 전 인류의 문화유산과 역사적 경험의 한 부분으로 바라보는, 전 지구적 시각을 요구받고 있다. 한국학은 한국사회의 경험을 연구하되, 그것을 21세기 세계사적 과제들과 더불어 사고함으로써 새로운 문명적 대안을 모색하는 세계 학계의 논의에 적극적으로 동참하는 작업이 되어야 한다. 이런 종합적이고 개방적인 연구의 집적이 이루어질 때 한국의 특수성만을 절대화하는 오류에서 벗어나면서 동시에 서구의 눈으로 한국을 대상화, 타자화하는 오리엔탈리즘적 지역학의 한계도 극복할 수 있는 길이 열릴 것이다.

한국의 학문 발전에 큰 책임을 지고 있는 서울대학교 규장각한국학연구원은 한국학의 바람직한 발전을 위해 적극적인 역할을 하고자 한다. 이를 위해 별도의 연구재원을 마련하여 '21세기 신규장각 자료구축사업'을 추진하고, 이 사업의 결과물들을 모아 연구총서, 자료총서, 모노그래프를 출간하고 있다. 한국학 연구자들의 연구역량과 진지한 문제의식들이 결집됨으로써 한국학의 연구 수준이 더욱 높아지고 내용이 보다 풍부해지리라 믿는다. 이 연구 사업이 해를 거듭할수록 한국사회에 대한 이해가 깊어짐은 물론이고 한국의 경험을 통해 세계 학계의 시각과 논의도 더욱 풍성해질 것을 기대해 마지않는다.

2015년 2월

서울대학교 규장각한국학연구원 한국학연구사업위원회

저자 소개

이진호

부산에서 나고 자랐으며, 서울대학교 국어국문학과에서 문학사(1995년), 문학 석사(1997년), 문학 박사(2002년) 학위를 받았다. 세부 전공은 한국어 음운론이다. 전남대학교 국어국문학과 교수로 근무했으며(2003~2017년), 현재 서울대학교 국어국문학과 교수로 재직 중이다. 지은 책으로는 *Phonological Typology of Plosives*(2022년), 『국어 음운론 용어 사전』(2017년), 『국어 음운론 강의』(2005년) 외에 다수가 있다.

서울대학교 규장각한국학연구원 한국학연구총서

01 지방문학사: 연구의 방향과 과제 | 조동일
02 한국 근대과학 형성과정 자료 | 문만용 · 김영식
03 목석의 울음: 손창섭 문학의 정신분석 | 조두영
04 통일한국의 농업 | 김완배 · 김한호 · 이정재 · 이태호 · 정하우
05 현대 한국사회의 철학적 문제: 사회운영원리 | 백종현
06 한국유교의 과제 | 금장태
07 韓國 古代 · 中世初期 土地制度史: 古朝鮮~新羅 · 渤海 | 이경식
08 『무과총요』 연구 | 나영일
09 북한 주요 산업지역의 토지이용 변화와 개방지역에 관한 연구 | 황만익 · 이기석
10 재벌체제와 다국적기업: 경제개발의 두 가지 유형 | 이승훈
11 붉은악마와 월드컵 | 이순형
12 『조선왕조실록』 보존을 위한 기초 조사연구(1) | 송기중 · 신병주 · 박지선 · 이인성
13 한국 근대의 사회복지 | 안상훈 · 조성은 · 길현종
14 한국어 체언의 음변화 연구 | 이상억
15 조선 중기 무예서 연구 | 나영일 · 노영구 · 양정호 · 최복규
16 1950년대 사회주의 건설기의 북한 보건의료 | 황상익
17 후발 산업화와 국가의 동학: 탈관료화와 강성국가의 공동화 | 하용출
18 조선 후기의 기술도: 서양 과학의 도입과 미술의 변화 | 정형민 · 김영식
19 韓國 中世 土地制度史: 朝鮮前期 | 이경식
20 남북 언어의 문법 표준화 | 권재일
21 50권본 『화엄경』 연구 | 이승재
22 한 · 중 소화의 비교 | 서대석
23 고려전기의 전시과 | 이경식
24 개항기 전후 경상도의 육상교통 | 허우긍 · 도도로키 히로시
25 한국어의 주제와 통사 분석: 주제 개념의 새로운 전개 | 임홍빈
26 한국적 패션 디자인의 제다움 찾기: 전통미와 현대적 활용을 중심으로 | 김민자
27 한국 근대문학교육사 연구 | 우한용
28 『조선왕조실록』의 여진족 족명과 인명 | 김주원
30 삼국통일전쟁사 | 노태돈
31 한국의 사회운동과 진보정당 | 임현진
32 한국 행락문화의 변천과정 | 황기원
33 노래의 상상계 | 신범순

34 한국의 언어 민속지: 전라남북도 편 | 왕한석
35 주시경의 언어이론과 표기법 | 송철의
36 일제강점기의 철도 수송 | 허우긍
37 인권으로 읽는 동아시아: 한국과 일본의 인권 개선조건 | 정진성 · 공석기 · 구정우
38 정조와 정조시대 | 김인걸 외
39 문화의 정치와 지역사회의 권력구조: 안동과 안동김씨 | 김광억
40 한국어 명사구의 의미론: 한정성/특정성, 총칭성, 복수성 | 전영철
41 한국의 건강 불평등 | 김창엽 · 김명희 · 이태진 · 손정인
42 한국어의 재구조화 1 · 2 | 임홍빈
43 조선에 전해진 중국 문헌 | 이종묵 외 6인